社会工作硕士专业丛书

场景实践
中国特色社会工作理论体系的建构

CONTEXTUAL PRACTICE:
A Study on the Building of
Social Work Theory from Chinese Perspective

童敏 著

社会科学文献出版社
SOCIAL SCIENCES ACADEMIC PRESS (CHINA)

目　录

第一章　新时代中国社会工作实践的历史回顾

随着我国社会转型以及社会管理体制改革的深入，2006 年党的十六届六中全会提出"建设一支宏大的社会工作人才队伍"的战略部署，这是我国首次在国家层面开始启动社会工作职业化和专业化的发展进程。2008 年，我国正式实施全国范围内的社会工作者职业水平考试，产生了第一批助理社会工作师和中级社会工作师。之后，我国又出台了一系列鼓励政府购买社会工作服务、开发社会工作专业岗位以及促进社会工作专业人才队伍建设等方面的文件。在政府的大力推动下，我国社会工作的职业化和专业化得到了快速发展。截至 2020 年底，全国持证的社会工作者突破 66 万人，全国社会工作专业人才总量已到到 150 万人[1]。到 2021 年底，我国民办社会工作服务机构已经超过 1.3 万家[2]，乡镇（街道）社工站建成 1.7 万个[3]。显然，经过十五年的快速发展，无论是我国社会工作专业人才队伍的规模还是专业服务的岗位，都得到了极大的拓展，我国社会工作职业化和专业化体系已经初步形成。值得注意的是，随着我国实务领域社会工作职业化和专业化的快速发展，理论问题也逐渐凸显，如何总结提炼中国社会工作的本土实践经验，并在此基础上创建具有中国特色的社会工作理论体系，成为迫切需要解决的难题。

---

① 《图解：数说"十三五"时期民政事业改革发展成就》，中华人民共和国民政部，http：∥xxgk. mca. gov. cn：8011/gdnps/pc/content. jsp?id＝14886。

② 《民政部：2021 年度全国社会工作者职业水平考试报名人数达 82. 9 万 创历史新高》，转发《中国青年报》，https：∥baijiahao. baidu. com/s?id＝1715566349369206151&wfr＝spider&for＝pc。

③ 《回望 2021·数说民政：印记 2021》，中华人民共和国民政部，http：∥mzzt. mca. gov. cn/article/zt_2022gzhy/mzywgzjzsl/202112/20211200038913. shtml。

第一节 中国社会工作十五年本土实践的文献回顾

中国社会工作的职业化和专业化发展已经走过了十五年，其间积累的丰富的本土实践探索经验，成为中国本土社会工作理论体系建构的现实基础，亟须总结和反思。本研究通过对 2006～2021 年出现的有关社会工作的文献资料进行整理，以社会工作的职业化和专业化发展为主线，从历史的角度梳理中国社会工作十五年间的职业化和专业化发展状况，厘清中国社会工作本土实践的基本逻辑，以便与本研究的三种实践场域的行动研究相互印证，为建构中国本土社会工作理论体系找到现实基础。为了保证全面准确把握中国社会工作十五年来职业化和专业化发展的研究状况，本研究以中文社会科学引文索引（CSSCI）来源期刊为主要数据来源，同时结合《中国社会工作研究》、《社会建设》、《社会工作》以及《社会工作与管理》等社会工作专业期刊的数据，通过"社会工作"关键词的搜索，收集 2006～2021 年发表的中文学术论文；之后，再通过阅读研究论文的题目、关键词、摘要及部分研究论文的全文，对研究论文的内容进行分类、总结和整理，从历史的角度分析中国社会工作职业化和专业化发展进程中的本土经验。由于职业化和专业化既是呈现中国社会工作本土实践经验的重要线索，也是梳理本土理论逻辑的现实依据，本研究以此为标准将中国社会工作十五年来的本土实践划分为四个不同的发展阶段，即职业化准备阶段、职业化发展阶段、职业化与专业化并重发展阶段以及专业化主导综合发展阶段。

一 中国社会工作的职业化准备阶段（2006～2008 年）

中国社会工作的职业化准备阶段从 2006 年开始，直到 2008 年 6 月我国举办了第一届全国社会工作者职业水平考试。2006 年，民政部和人事部于 7 月 20 日联合颁发了《社会工作者职业水平评价暂行规定》和《助理社会工作师、社会工作师职业水平考试实施办法》，首次在国家制度层面上将社会工作者纳入国家的专业技术人员范畴。之后，党的十六届六中全会正式将社会工作专业人才队伍建设提上议程。这两项重大举措改变了中国社会工作发展的方式，促使中国社会工作从改革开放之后的教育先行逐步转向实践领域的开拓，开始了中国社会工作职业化的探索之路（文军、刘昕，

2015)。这一转变标志着中国社会工作正式踏上了另一种以实践领域开拓为重点的发展道路，职业化和专业化也因此成为中国社会工作本土实践的核心主题。

（一）以实习教育为依托探索本土实践

回顾这一阶段的社会工作实务研究可以发现，这一时期我国社会工作还缺乏实践领域的专业岗位，因而它的发展有一个显著特点，就是主要借助高校提供的社会工作专业实习教育的平台和机会探讨本土实践（童敏，2006）。虽然此时我国社会工作发展比较早的上海等地已经出现了社会工作的专业服务机构，但是这些机构普遍存在"与行政体制雷同、经费紧张、身份认同差以及与社会相关部门关系复杂"等问题（李太斌，2006）。这样，高校社会工作专业的师生就成为这一阶段本土实践探索的主力军。尽管这样的社会工作本土实践需要首先满足高校社会工作专业教育的要求，但是高校社会工作专业的师生们毕竟因此走出了校门来到实际的社会工作实践领域，开始在实践领域尝试社会工作的专业服务，如禁毒社会工作（黄洪基、田保传，2006）、民族社会工作（李林凤，2007）、学校社会工作（魏爽，2007）、医院社会工作（邓锁，2007）以及农村社会工作（古学斌、张和清、杨锡聪，2007）等。高校社会工作专业教育与实践领域的现实需求有了更为紧密的结合，不再局限于传统的以人群为标准划分的老年社会工作和青少年社会工作的议题讨论（刘志红，2006）。

在这一阶段的本土实践中，如何通过高校社会工作专业教师的有效督导保障社会工作专业实习任务的完成就成为最为核心的议题，它包括实习任务的安排、专业关系的建立、专业技能的学习以及实习教育中疑难问题的解决等（黄耀明，2006；刘斌志、沈黎，2006；童敏，2006）。在这一阶段，也有一些学者尝试站在观察者的位置分析在我国基层管理的社区体制中社会工作专业服务的可能发展空间，试图在社区中寻找服务弱势人群的机会（李林凤，2007；钟莹，2006）。不过，在缺乏实践领域专业岗位支持的情况下，这一阶段中国社会工作的本土实践探索是非常受限制的，不仅常常出现就社会工作来谈社会工作的现象，而且忽视社会制度的考察以及其中可能发展空间的现实分析，导致这一阶段中国社会工作的本土实践很容易出现与现实的生活基础和制度条件脱节的情况（钱宁，2007）。

（二）以宏观制度为焦点分析政策依据

在这一阶段国家政策的影响下，不少学者开始从我国社会福利保障体系的宏观层面来探索中国社会工作的发展，指出社会工作是现代社会福利保障体系的一部分，是现代社会正常运行不可或缺的社会服务支持系统。我国现有的社会福利保障体系一直以来轻视社会服务的输送，导致出现"重社会保障轻社会工作"的现象（周沛，2006）。为此，一些学者倡导关注社会工作的发展，把社会工作引入我国现有的社会福利保障体系中（赵淑兰、贾维周，2006；周沛，2007），从我国社会福利保障体系建设入手，加快中国社会工作的专业发展进程（陈崇林，2006）。只有这样，中国社会工作才能以现有的国家社会政策为依据，明确自身在现代化建设中拥有的主要功能和基本定位，找到专业发展的社会现实基础和制度设计依据（刘继同，2006）。

与宏观的社会福利保障体系分析相似，另一些学者也从国家政策层面探索中国社会工作发展的依据和条件。所不同的是，这些学者更为关注我国社会管理体制转型的现实要求，把社会工作的专业发展放在当前我国社会管理体制改革的要求下来考察，如王思斌（2007）和李迎生（2007）等学者就是站在和谐社会建设的角度指出中国社会工作职业化和专业化发展的必要性和可行性，并且认为只有通过社会政策的实施才能保障中国社会工作的健康发展。也有学者直接从我国政府的职能转变角度出发，分析推进中国社会工作的职业化发展的迫切性（翟桔红，2007）。显然，在这一阶段，由于缺乏本土专业实践作为支撑，有关中国社会工作职业化和专业化发展的讨论通常都是粗线条的。不过，正是借助这样的宏观社会政策层面的探索，中国社会工作的发展才有了宏观政策视角，不再把社会工作简单理解成一种帮助社会弱势人群的公益服务。

（三）以西方模式为蓝本对比本土经验

尽管这一阶段的中国社会工作本土实践主要借助高校专业实习教育的平台和机会，明显受到高校实习教育要求的影响，但是不少学者已经在本土实践的探索中开始有意识地关注本土实践经验的总结。他们尝试将西方的社会工作理论、方法和服务模式运用到中国的本土实践中，并且与本土实践的具体现实进行对话，试图在中国社会工作的本土实践中找到专业的服务逻辑。例如，郭伟和等（2006）学者就以西方社会工作的优势视角为蓝本结合具体案例分析青少年的社区整合干预模式，并重点讨论了如何促进西方专业社会工作服务模式与中国社会工作本土实践经验之间的良性互动；顾东辉、金红（2006）把西方社会工作注重的系统和场景等要素作为逻辑分析框架考察上海社会工作的评估机制，为中国本土社会工作的评估实践找到了理论依据；童敏（2007）在梳理本土实践经验的基础上与西方专业社会工作的服务要求进行对比，结合中国文化的特点分析中国社会工作本土实践的核心要求。从这些研究中可以看到，虽然在这一阶段我国社会工作职业化和专业化才刚刚起步，而且由于缺乏与在地社会制度的结合，本土实践的探索还非常粗浅，但是不少学者已经拥有了强烈的社会工作本土化的自觉意识，努力从我国社会工作的本土实践探索中寻找在地实践的逻辑。

回顾2006~2008年这一职业化准备阶段的国内有关社会工作职业化和专业化的研究文献可以发现，这一阶段的中国社会工作本土实践是以高校的社会工作专业实习教育平台为依托的，它在具体的实践领域既没有专门的工作岗位，也没有可参考的本土实务模式。不过，值得一提的是，这一阶段的中国社会工作已经走出高校进入现实的本土实践场域，迈出了中国社会工作职业化和专业化发展的关键的第一步，一方面开始积累中国社会工作的本土实践经验，寻找中国社会工作本土实践的服务逻辑；另一方面尝试站在宏观政策层面分析中国社会工作发展的制度依据，探索中国社会工作本土实践的社会现实基础。在这一阶段有一个重要特点值得关注，就是注重社会工作的本土化，它使中国社会工作的职业化和专业化发展从一开始就与本土化的探索紧密联系在一起。

二 中国社会工作的职业化发展阶段（2008~2011年）

2008年，我国正式举办了第一届全国社会工作者职业水平考试，产生了首批助理社会工作师和中级社会工作师。自此，我国有了自己的社会工作职业水平评价制度，这标志着我国社会工作向职业化和专业化发展迈出了关键的一步。2009年，民政部在总结第一批社会工作人才队伍建设试点经验的基础上，继续开展第二批社会工作人才队伍建设试点工作，进一步探索我国社会工作人才队伍的管理、使用、评价和培养模式以及专业岗位设置等社会工作职业化发展过程中的关键问题。同年，民政部还颁布了

《关于促进民办社会工作机构发展的通知》，把民办社会工作机构作为我国社会工作人才培养的主要载体和我国社会工作职业化推进的重要抓手，鼓励地方政府各部门采用政府购买服务等方式推进民办社会工作机构的培育。正是在政府的强力推动下，中国社会工作进入了职业化和专业化的快速发展阶段。这一阶段中国社会工作的发展呈现以下几个方面的显著变化。

（一）以灾害社会工作为契机拓展本土实践

对于中国社会工作的职业化和专业化发展而言，2008 年是一个具有标志意义的重要年份。这一年我国开启了全国社会工作者职业水平考试，而且四川出现了重大灾后社区重建的任务，这给职业化刚刚起步的中国社会工作带来新的发展契机。中国高校的社会工作教育者首次自觉地组织起来，建立各种形式的校地支援方式，主动走出校园来到灾区，参与四川的灾后重建工作，包括灾后居民安置的需求评估（顾东辉，2008）、灾后社会关系的恢复和重建（张昱，2008a）、遇难学生家长的辅导等（陈涛，2008）。为了更有效地帮助灾民，有些高校的社会工作教育者还在当地创办了社会工作站（张和清等，2008），主动与政府联系，创建灾后重建的持续介入的工作机制（彭善民，2009）。之后，不少学者从多个不同角度对四川灾害社会工作的本土实践进行了总结和提炼，探索中国社会工作本土实践的规律，其中既涉及微观层面的操作方式的讨论，如灾后重建中社会工作者的具体角色和行动策略（张和清等，2008）、社会工作服务方案的设计（费梅苹，2009a）、临床社会工作实务技术的运用等（高建秀，2009），也涉及宏观层面的学理的探索，如有学者从如何开展社会工作实务角度出发，反思灾后社区社会工作实务中出现的伦理问题（曾群，2009）以及灾后社会工作的介入空间和方式（张昱，2009）；也有学者直接站在灾后社会工作本土实践这一立场，考察本土社会工作专业化的实现方式，强调中国社会工作需要立足本土的微观实践，同时需要关注与社区建立伙伴合作关系（张宇莲，2009），特别是与政府的信任合作关系的建立，对中国社会工作的职业化和专业化发展至关重要（朱希峰，2009）。

尽管这一次四川的灾后重建过程反映出中国社会工作在职业化和专业化发展中存在的一些基本问题，如缺乏必要的制度保障、没有统一的服务标准、服务提供者的支持不足以及没有稳定的经费来源等，使中国社会工作的本土实践缺乏稳定性和持久性，并且导致专业成效不明显等问题的出

现（韦克难、黄玉浓、张琼文，2013），但是这次灾害社会工作的本土实践
是中国社会工作者第一次在全国平台上集体亮相，它让政府和社会各界特
别是社会工作教育者看到实践领域的社会工作专业岗位和制度建设对中国
社会工作发展的重要性。

值得注意的是，伴随着灾害社会工作的迅速拓展，中国社会工作在其
他领域的本土实践也在不断深入，特别是在具体技术层面的探索有了迅猛
发展。例如，有学者探讨个案工作方法如何有效运用到社区矫正（刘淑娟，
2008）、成年孤儿安置（关文静，2009）以及儿童社会工作（刘丽凤，
2010）等不同领域，或者分析个案管理如何有效运用于老年人社区照顾
（陈俊傲、陈丹群，2010）和社会救助（高灵芝、杨洪斌，2010）等不同实
践场所；也有学者探索如何在老年社会工作（孙唐水，2010）、禁毒社会工
作（彭善民，2010b）、精神疾病康复（刘芳、徐兴文，2010）以及大学生
的情绪管理（曾永辉、钟向阳、林媛，2010）和专业成长（李薇，2010）
等方面发挥小组工作的作用。正是由于针对社会工作本土实践的具体技术
手法进行了探索，这一阶段的中国社会工作发展呈现更为明显的职业化特
征，有了作为一种职业的社会工作的专业发展要求。在这一阶段，有关社
会工作理论也有了深入的讨论，常常涉及优势视角（宋莹，2008）、增能理
论（欧阳林舟、秦阿琳，2010）、生态系统理论（冯丽婕、时方，2010）以
及社会互动理论等（费梅苹，2009b）。这样，在这一阶段中国社会工作的
本土实践不仅有了强有力的理论支撑，而且在特定理论指导下有了更为丰
富的多样性和独特性，同时与理论探索结合得更为紧密。

（二）以岗位设置为核心创建职业体系

随着社会工作专业岗位的出现以及相关政策的出台，特别是深圳市等
地在购买社会工作服务方面的率先尝试，社会工作职业化这一主题迅速成
为中国社会工作发展的热点议题之一。学者们开始围绕中国社会工作如何
职业化展开讨论，如尹保华（2008）、张昱（2008b）和林卡（2009）等学
者在分析了中国社会工作职业化的外部环境条件和面临的现实问题后指出，
中国社会工作者作为国家专业人才队伍之一，政府在我国社会工作职业化
以及社会工作专业人才培养方面发挥着主导作用，因此中国社会工作的职
业化发展具有自己独特的发展要求，需要站在宏观制度体系建设的层面上
来规划。在这一阶段，有关我国社会工作宏观政策层面的研究开始聚焦于

中国社会工作职业体系的建设，如有的学者直接针对中国社会工作者职业资格认证制度（章长城、张婷，2010）以及职业社会工作者的专业标准与考核评价体系提出自己的见解（方舒，2010）。与此相联系，政府购买社会工作服务制度也开始受到人们的关注，它被视为中国社会工作职业化发展的重要形式之一。对此，有学者开始研究政府购买社会工作服务制度，分析政府购买社会工作服务的来源、基本形式以及现状等，尝试客观呈现政府购买社会工作服务的基本状况（陈少强、宋斌文，2008）；也有学者专门针对社会工作者职业认同的影响因素进行分析（安秋玲，2010），探索如何科学设置社会工作岗位，发挥社会工作者的专业作用（王秀江，2010）。王思斌、阮曾媛琪（2009）则运用了"嵌入性"的观点解释这一阶段中国社会工作职业化发展的基本特征，认为中国社会工作的职业化发展是一个由"专业性"社会工作嵌入传统的"行政性"社会工作的过程。同时，有高校的社会工作教育者从社会工作职业化角度来审视当下社会工作教育在社会工作专业人才培养方面存在的不足（行红芳，2010；杨敏，2010）。虽然这一阶段有不少学者开始关注中国社会工作职业化的体制建设，但是由于缺少与具体社会工作实践领域的对话，这一阶段中国社会工作职业化发展仍旧无法与社会工作的专业化发展结合起来，两者一直处于相互割裂的状态。

显然，中国社会工作的职业化在2008～2010年有了快速发展，不仅政府购买社会工作服务的力度不断加大，购买的数量和类型不断增加，而且社会工作者在这一阶段抓住了灾害重建这一重要的社会工作发展契机，发展出灾害社会工作的本土实践。在宏观政策层面上，这一阶段的研究焦点开始转向中国社会工作职业体系的建设，有了清晰的专业发展的政策讨论焦点；在微观层面上，这一阶段注重灾后社会工作本土实践经验的总结和社会工作专业服务技巧的应用，具有了更为明确的可操作性。虽然这一阶段中国社会工作已经踏上了职业化发展的道路，但是与专业化的结合尚处于初始阶段。

三 中国社会工作的职业化与专业化并重发展阶段（2011～2017年）

2011年，中共中央组织部、中共中央政法委员会、民政部等18个部门和组织联合发布《关于加强社会工作专业人才队伍建设的意见》。2012年，中央19个部门和组织联合出台《社会工作专业人才队伍建设中长期规划

（2011—2020 年）》，为中国社会工作的职业化和专业化发展提供了纲领性的指导原则。同年，民政部、财政部就政府购买社会工作服务提出指导意见，要求建立健全政府购买社会工作服务制度。这些国家政策层面的举措对中国社会工作职业化和专业化的发展起到了巨大的推动作用。在这一阶段，不仅中国社会工作职业化得到了快速稳步的发展，而且中国社会工作专业化的呼声也越来越高，受到人们的普遍关注。特别是随着本土实践的不断深入，中国社会工作的本土化要求也日益凸显，成为学者们探索的焦点。

（一）以社会工作机构为平台深耕专业服务

随着政府购买社会工作服务的广泛铺开，作为中国社会工作职业化发展重要载体的社会工作机构在这一阶段得到了快速发展，无论是机构的数量还是机构的体量都有了大幅度增加，社会工作机构的发展也因此成为许多学者关注的热点。不少学者开始探索本土社会工作实践的服务机制，在总结各地社会工作人才队伍建设和机制创新经验的基础上指出，政府购买社会工作服务既是推进中国社会工作职业化发展的重要路径（王卫平、徐若兰，2012），也是中国社会工作者开展本土实践的必要保障机制（徐翀，2012）。有学者直接针对我国的社会工作机构开展研究，分析我国社会工作机构面临的现实困境（陈蓓丽，2011）、发挥的作用与发展现状（谭丽、曹凤云，2012）、不同的发展模式（许小玲、彭华民，2015）以及具体的生成机制等（高丽、徐永祥，2016），以便能够找到我国社会工作机构发展的规律，为中国社会工作的职业化发展提供指引。

这一阶段中国社会工作的本土实践仍旧呈现不断细致化的发展趋势，表现出两个方面的特点。一是具体实践环节的细致化，即针对中国社会工作本土实务的某个具体操作环节，结合本土实践中的实际案例，探索提高中国社会工作本土实践专业性的方法和途径，如有学者在失独家庭的本土实践中针对叙事治疗中的问题外化、亮点发觉以及主流叙事的抗争等服务环节进行了深入探讨（黄耀明，2014）；二是具体实践领域的细致化，即根据中国社会工作不同本土实践领域的具体要求探索这些实践领域的社会工作专业化服务方式，如企业社会工作的实践方式（高钟，2012）、医务社会工作的服务要求（蔡屹、张昱，2013）、司法社会工作的实践路径（井世洁，2011）以及我国信访社会工作的服务流程和工作方法等（方萍，2014）。可以说，在这一阶段中国社会工作已经探索出自己的本土实践的专业服务机制、服务领域和服务方法，出现职业化与专业化并重的发展特征。

（二）以中国本土实践为基础梳理服务逻辑

随着我国社会工作机构力量的壮大，中国社会工作本土实践的服务领域迅速得到拓展，本土实践中社会工作专业岗位的功能也变得更为清晰。虽然早在中国社会工作职业化准备阶段就有学者注意到中国社会工作职业化发展中的本土化诉求，但是直到这一阶段，中国社会工作实践中的本土化研究才有了现实基础，成为学者们讨论的焦点。这一阶段的中国社会工作本土化研究主要涉及对本土化的专业方法、专业服务模式以及专业发展路径三个不同方面的探索。

在中国社会工作本土化的专业方法研究方面，学者们开始针对社会工作传统三大方法的本土实践经验进行总结，从本土实践出发提炼具有中国社会工作本土化特征的专业方法。例如，在这一阶段有学者直接针对个案工作的操作方式（潘泽泉、黄业茂，2013）、小组活动的服务方式（朱贻亮、宋玉，2011）和社区工作的实践方式（雷茜，2011；焦若水，2014）进行总结，根据中国社会工作本土实践场景的复杂性和多样性特征提出整合的社会工作，要求本土社会工作者学会综合运用社会工作传统的三大方法，而不是只选择其中一种方法开展服务（赵一红，2012）。有学者指出，在政府购买社会工作服务机制的推动下，中国社会工作采用了项目服务制，无论是个案工作、小组工作还是社区工作都需要围绕服务项目整合服务资源，开展专业服务，项目服务的专业化也因此成为中国社会工作本土实践走出专业化困境的关键（童敏，2016）。

在中国社会工作本土化的专业服务模式探索方面，学者们开始针对某一领域多年来的本土实践经验进行梳理，希望从中找到中国社会工作本土实践的服务模式。例如，在这一发展阶段有学者专门讨论禁毒社会工作本土实践的服务逻辑，提出中国禁毒社会工作的服务框架（范志海等，2011）；也有学者在总结本土实践中的学校社会工作（王佳，2013）、社区矫正社会工作（罗玲、范燕宁，2015）等服务领域的本土实践经验基础上，提出这些服务领域的本土发展模式，倡导依据中国社会工作本土实践的要求开展专业服务；赵一红（2016）则依据我国人口老龄化现状提出我国老年社会工作的本土化发展模式，希望中国社会工作走出自己的专业化发展道路。

在中国社会工作专业发展路径分析方面，学者们对比了中西方社会制度存在的差异，从制度角度入手探索中国社会工作的专业化发展道路。不过，需要注意的是，学者们对社会制度的内涵有不同的理解。有的侧重于对整个社会进行分析。例如，安秋玲（2012）就从中西方社会存在的"结构性差异"入手，分析这种"结构性差异"对中国社会工作本土实践的影响，倡导将"个人－家庭－社会"作为基本的逻辑框架设计本土实践的专业服务活动，以回应中国社会工作专业实践中的本土诉求。有的学者关注中国社会在社会组织方面存在的特征，强调利用中国社会各种群团组织以及慈善团体的独特位置和功能争取多方行政性资源的支持（吴建平，2011）。更多的学者则把"三社联动"作为中国社会工作本土实践的重要社会机制，认为只有借助中国社会这种独有的"三社联动"机制，才能找到中国社会工作专业发展的道路。例如，吕青（2012）分析了如何通过"三社联动"这种基层社会治理机制创新我国社会管理体制；顾东辉（2016）对"三社联动"这一概念进行梳理，厘清了其基本内涵和逻辑演变过程；王思斌（2016a）则对"三社联动"的内在逻辑进行阐述，归纳出这一基层社会治理机制存在的不同类型。尽管"三社联动"这一基层社会治理机制把社会工作者也纳入我国社会管理体制中，让我国社会工作的职业化和专业化发展有了与在地社会制度结合的具体路径，受到许多学者的关注，但是在实务操作层面，这样的结合"往往难以在社区实务项目中顺利实现"，导致中国社会工作的本土实践在社区活动中过于行政化，无法找到自己的专业落脚点（顾东辉，2016）。

值得注意的是，这一阶段尽管中国社会工作的本土实践有了迅猛发展，但是有关中国社会工作本土化的理论探索明显滞后，本土实践的理论化诉求也因此变得越来越迫切。有学者开始关注如何把理论研究与本土实践结合起来，提出行动反思的本土实践策略，让理论研究嵌入整个本土实践中（郭伟和等，2012）；也有学者从文化角度入手，认为需要将中国文化特性的分析与本土实践联系起来，找到具有我国文化特性的本土实践逻辑（刘华丽、卢又华，2014）。总体而言，这一阶段本土实践的理论提炼明显不足，不仅缺乏本土实践的理论总结，而且缺乏理论提炼方法的讨论。

（三）以政府购买服务为线索探索社会机制

在中国社会工作本土实践不断深入的过程中，这一本土服务机制存在和发展的社会条件也开始受到人们的关注。政府购买社会工作服务作为政府与社会工作实现联结的具体机制，需要有特定的历史发展诉求和社会的现实条件作为支撑。因此，政府购买社会工作服务背后的社会机制的揭示成为众多学者关注的焦点。这不仅能够帮助中国社会工作者明确自己的专业定位，而且能够让中国社会工作者了解本土化的社会工作发展路径，探索出中国社会工作的职业化和专业化发展道路。例如，有学者针对政府购买社会工作服务这一购买过程开展研究，揭示其中政府与社会工作机构之间存在的博弈关系（张学东，2014）；另一些学者直接将政府购买社会工作服务视为一种基层政社关系，考察这种基层政社关系在购买服务机制下的运行方式（朱健刚、陈安娜，2013）。这样，中国的社会工作就不能被简单视为一种服务机制，它同时具有了承接政府社会管理责任和实现有效社会管理的一种具体实现方式，是政府社会服务和公共服务责任的转移。

正是因为有了这样的考察，更多的学者站在政府管理社会的立场探索政府购买社会工作服务这一机制的具体要求，把社会工作服务作为社会力量响应政府号召参与基层社会治理的一种方式。例如，有学者直接针对政府购买社会工作服务这一机制从法律制度保障的角度进行分析（高亮、齐凤，2014），或者从社会治理机制创新的角度进行研究（宋国恺，2013）；也有学者把政府购买社会工作服务的基本原则、参与主体的功能定位（王思斌，2014）以及岗位设置（徐若兰、林孛，2014）等作为研究的焦点，探索增强政府管理功能的社会工作的服务输送机制。显然，这一阶段的社会工作服务具有了政社关系的逻辑框架，已经从自身专业服务的单向视角中跳出来，融入政府社会管理体制改革的宏观分析视野中。

（四）以社工实践为依据推动教学相长

随着中国社会工作本土实践的快速发展，中国社会工作者的实务能力培养也就成为一个突出的问题。这对于教育先行的中国社会工作教育来说，是一个巨大的挑战，不仅需要社会工作教育者走出校门，身体力行，成为中国社会工作本土实践的探索者，而且需要这些社会工作教育者具有在本土实践中将实践经验理论化的能力，能够把这些理论化的本土实践经验转化为学校的课程教学和实践教学的一部分，推动中国社会工作专业人才的培养。这样，在我国社会工作职业化和专业化快速发展的阶段，中国社会工作的教育改革也就势在必行，社会工作专业学生的职业化和专业化能力的培养就成为众多学者研究讨论的焦点。

　　在这一阶段许多学者意识到，中国社会工作的教育改革迫在眉睫。例如，有学者开始围绕如何培养学生的实务能力提出我国高校社会工作专业的课程内容、教学方法和教学技能的改革要求（唐梅，2012）；也有学者对我国高校社会工作教育的课程设置提出质疑，认为目前的高校课程设置缺乏实务能力培养的核心内涵（慈勤英、赵彬，2013）；还有学者直接把社会工作教育改革的目标放在学生的社会工作专业实务技能的培养上，倡导创建符合教学要求的社会工作实践基地，将社会工作的本土实践与本土的教育和研究结合起来，转变之前实践、教育、研究各自为政的教育方式（马良，2011；张宇莲，2011），主张一种以实务能力培养为核心的多元的综合社会工作实践教育模式（姜振华，2013）。尽管这些研究从不同侧面展现出我国高校社会工作教育在本土实践的推动下产生的不同改革要求，但是这些研究都强调高校社会工作教育需要与本土实践相结合，只有以此为基础，才能彻底改变以往中国社会工作教育与本土实践相互脱节的现象，让中国社会工作高校真正成为我国社会工作专业人才队伍培养的基地。

　　显然，这种以实务能力培养为核心的社会工作教育改革的重点是在本土实践过程中嵌入研究和教学的内容，让社会工作研究和教学始终围绕本土实践这条主线来开展。这样，社会工作本土实践与研究的关系也就成为学者们讨论的焦点，如古学斌（2015）、费梅苹（2007）、范明林（2015）、张和清（2015）等学者认为，在社会工作本土实践快速发展的背景下，本土实践与研究的有机结合势在必行，需要中国的社会工作学者主动走进实践场域中，通过自己的参与行动将研究者的身份与实务工作者的身份结合起来，促进中国社会工作本土实践经验的总结和提炼，推动中国社会工作实务研究的发展（古学斌，2015）。有学者则关注实务逻辑下的社会工作研究，提出参与式实务研究的方法，鼓励研究者与实务工作者组成实务研究团队，围绕在地实践的知识化探索本土实践的理论逻辑，让实务研究不脱离在地的处境，能够真正成为在地实践的推动力（童敏、林丽芬，2015）。

　　简而言之，这一阶段以政府购买服务为机制、以社会工作机构为平台、以本土实践为中心的中国社会工作服务体系逐渐建立起来，由此推动了实务与教学以及实务与研究的结合，让中国社会工作真正走向职业化和专业化发展的道路。

四 中国社会工作的专业化主导综合发展阶段（2017～2021年）

2017年召开的中国共产党第十九次全国代表大会做出了中国特色社会主义进入新时代的重大判断，并且提出"打造共建共治共享的社会治理格局"，这为中国社会工作指明了发展方向，也加快了中国社会工作与社会治理的融合。从2011年开始实施的中国第一个社会工作专业人才队伍建设的十年中长期规划，也逐渐进入尾声。这一阶段中国社会工作不仅取得了丰硕的职业化发展的成果，将社会工作者职业资格正式纳入《国家职业资格目录》，而且呈现由民政部与其他部门联合推进社会工作的跨部门的发展趋向，使中国社会工作出现了更为精专的服务领域，如医务社会工作、禁毒社会工作、精神卫生社会工作以及司法社会工作等。这样，中国社会工作的专业化发展要求逐渐凸显，成为这一发展阶段最为重要的社会工作主题。

（一）以职业认同为核心完善职业制度

经过十年的职业化发展，中国社会工作专业人才队伍得到迅速壮大，高校专业教育得到快速增加，专业服务领域得到迅猛拓展，同时各项制度逐渐建立起来，并且得到逐步完善（王才章，2019）。但是，随着职业化的深入，中国社会工作的专业发展也面临"三高"（高政策投入、高社会关注、高自我预期）期待与"三低"（低收入、低价值感、低归属感）现实之间的矛盾（刘柳、季叶青，2016；张超，2017），导致社会工作者频繁离职，这给中国社会工作的职业化发展带来严峻的挑战（孙中伟、周海燕，2019）。之所以出现社会工作职业认同的问题，是因为中国社会工作者的就业常常受制于弹性就业的市场机制与政府职能刚性转移的行政机制之间的拉扯，出现较低的工作回报以及不合理的薪酬结构（杨发祥、叶淑静，2016；李正东，2018）。具体而言，这些影响社会工作职业认同的因素包括高校的社会工作伦理价值教育的缺乏（易松国，2019）、社会工作者的情感支持网络不足以及专业学习和职业晋升空间有限等（仝秋含，2020）。职业认同不足恰恰反映出中国社会工作专业发展仍处于职业化不够充分（邓明国，2017）、专业水平低（王才章，2019）以及自主性弱等现实困境中（李晓凤，2018）。这样的困境在西部地区社会工作的发展中表现得更为明显，使西部地区社会工作的发展存在动力与后劲不足的现象（任文启、梁盼，2017）。

为了应对中国社会工作职业化和专业化发展中的困境，有学者建议采用"政府＋行业组织"的方式培养社会工作专业人才，将政府主导推进的优势与行业组织对市场的敏锐把握能力结合起来，以满足深度职业化对中国社会工作精专人才提出的需求（徐道稳，2021a）。也有学者提出，在关注中国社会工作职业化和专业化发展过程中很容易出现"降维"的现象，看上去培养了一批掌握专业技术和知识的专业人才，但是实际上因缺乏专业价值的认同而加剧了中国社会工作发展的行政化取向（郑广怀，2020）。正是在对中国社会工作职业化发展困境进行分析的基础上，有学者提出构建多元化社会工作体制的要求，认为中国社会工作的体制建设仍存在明显的规划不足、目标不清的问题（关信平，2020）。这样，创新社会工作的职业化体制也就成为中国社会工作发展的一项重要议题，包括发展社会企业、转化慈善组织以及设置体制内社会工作岗位等（徐道稳，2021a）。其中，社会工作职业资格认证制度建设尤为重要，它不仅关系到国家和社会对中国社会工作的认可，而且涉及中国社会工作者自身的职业认同和持续的内生发展动力（周文栋，2020）。因此，有学者指出，发展能够广泛吸纳实际社会工作者的多元化职业认证制度是中国社会工作职业化和专业化发展的必然要求（朱健刚、童秋婷，2017）。

（二）以专业发展为主导深化本土实践

在这一发展阶段，如何保障专业社会工作与传统行政性社会工作共同迈进专业化就成为迫切需要解决的难题，它需要中国社会工作者在与政府互动的过程中保持自己的专业性（文军、吕洁琼，2018）。然而，在实际的现实生活中，本土社会工作专业实践常常表现出操作化不强（顾东辉，2016）、服务边界不清（任文启，2017）、服务过于行政化（徐道稳，2017）、服务成效不明显（文军、吕洁琼，2018）以及自主性弱等特点（林雨欣，2021）。就社会工作专业化发展而言，它受到众多社会因素的影响，呈现出来的并不是一种直线发展方式，而是一种曲折的循环发展轨迹，大致表现为"专业化—专业下行—再专业化"三个相互衔接的不同发展阶段（陈文华、钟耀林、郑广怀，2020）。也就是说，中国社会工作在推进专业化发展进程中会出现"去专业化"的现象，无论是在专业价值理念还是专业技术知识方面，都会表现出逐渐远离"一般化"的发展趋势，转向更为现实的考察和安排（吴越菲，2018）。从理论与实践的关系来看，这种"去专业化"现象在专业化发展进程中会表现出从"知行分离"到"知行磨合"再到"知行合一"的发展特征,有了从现实的本土实践出发构建中国社会工作本土理论的要求(唐立、费梅苹,2021)。

在专业化的探寻过程中,社会工作的社会性发展要求就会显现出来(刘振、徐永祥,2019)。社会工作毕竟是一门面向社会的专业,中国社会工作的专业化发展也不例外,它也需要承担起促进制度和社会结构优化的社会环境改变的责任(郑广怀、孟祥哲、刘杰,2021)。这种社会工作的社会性要求并不是与专业性要求相对立的,只是强调社会工作是一门注重社会环境改变的学科,避免陷入以技术为本的专业化发展窠臼中(徐选国,2020)。除了社会性的考察之外,也有学者从本土化的角度审视中国社会工作的专业化发展,认为专业化与本土化是社会工作发展的两面,不可拆分开来理解(童志锋,2017)。专业发展一方面需要融入本土实践场景中,关注专业的本土化;另一方面需要利用本土资源促进专业的发展,注重本土的专业化(唐立、费梅苹,2021)。因而,中国社会工作需要找到自己专业化发展的现实基础,探寻自己的专业化发展道路(童敏,2020)。显然,这样的专业化发展道路是需要把社会工作放在中国自己的历史和文化的现实处境中来考察的,具有历史和文化自觉的深度社会工作实践的要求(童敏、许嘉祥,2019)。

正是在职业化和专业化的推动下,中国社会工作教育逐渐从"教育先行"的"单兵突进"的阶段进入教育与实践相互建构的新阶段(侯利文,2020)。这样,中国社会工作本土实践的专业性不仅来自实践经验的积累,而且来自专业教育水平的提升(杨锃、王群,2018)。理论在中国本土社会工作实践中的重要作用越来越突出(王思斌,2018)。它既需要中国社会工作者具备国际化与本土化融合发展的视野,也需要中国社会工作者具有不断反思的专业发展内生动力(唐立、费梅苹,2021)。

(三) 以嵌入发展为基础推进政社融合

中国社会工作走了一条嵌入式的发展道路,由专业社会工作者主动投入本土实际领域的服务中,逐渐发展为与政府主导的实际服务相融合的专业服务(王思斌,2011)。为此,许多学者对中国社会工作的具体嵌入过程开展了研究,认为这样的嵌入不仅涉及理念、服务和制度三个不同层面的变化(席小华,2017),而且涉及多个行政层级的融入(陈伟杰,2016),

甚至可能出现交错融合的多重嵌入的复杂情况（林顺利、孟亚男，2018）。这样的嵌入过程既体现为购买社会工作服务项目的数量、社会工作者的人数以及社会工作的服务领域等不同方面的增加这种数量上的明显变化，也体现为相关不同行动主体背后的行动规则以及宏观系统的运行原则等方面的改变这种内在的潜移默化的变化（陈立周，2017；徐选国，2019）。实际上，这种嵌入过程始终伴随着冲突和矛盾，除了可能减弱社会工作的自主性和专业性（罗强强，2018），使社会工作失去应有的专业影响力之外（朱建刚、陈安娜，2013），还可能导致专业嵌入的无果（徐选国、罗茜，2020）。显然，嵌入过程是一种双向或者多向的相互影响过程，涉及多个主体之间的交错影响，是一种"双向嵌入"（尹阿雳、赵环、徐选国，2016），甚至是一种更为复杂的"分层互嵌"（汪鸿波、费梅苹，2019）。

由于嵌入过程的复杂性，有学者强调这样的嵌入实际上是专业社会工作学会在复杂的组织场域中寻找与其他组织共生的机会（王杰、童敏，2021），也有学者认为这样的嵌入是融入在地生活并且学会从在地出发拓展自身的主体性和专业性的过程（韦克难、陈晶环，2019）。其中，有的方面需要"分"，有的方面需要"合"，以便能够保持专业发展中的相互平衡（何雪松、侯慧，2018）。为此，中国社会工作需要改变嵌入发展的视角，从之前以专业社会工作发展为主的单向视角转向以专业社会工作与行政性社会工作共同发展的关系视角，逐渐将之前的制度结构维度的静态分析转变成互动关系维度的动态考察，走"嵌合"发展的道路（王思斌，2020a）。显然，这种"嵌合"式发展涉及社会工作这种社会组织与政府相关部门之间的相互吸纳，建立起一种新型的政社合作关系，体现为政社互为主体（张和清、廖其能，2020）以及政社合作空间的拓展等（杜立婕、吕静淑，2021）。这样，社会工作的嵌入也就不能局限于系统之间的相互嵌入，而需要进一步嵌入现实生活中，推动现实生活发生改变（徐选国，2019）。

（四）以在地实践为核心建构本土理论

随着中国社会工作本土实践的不断深入，建构本土理论的呼声日趋强烈，许多中国社会工作学者把建构具有本土实践经验和文化内涵的社会工作理论作为自己的责任（何雪松，2017；郭伟和，2018；文军、陈倩雯，2019）。但是，学者们对于建构什么样的本土社会工作理论有不同的理解。有的依据社会理论与社会工作结合的程度将社会工作理论分为社会工作与社会理论的联结、为了社会工作的社会理论以及社会工作的社会理论三种类型，并且推崇第三种社会工作的社会理论的建构，以展现社会工作对社会理论的贡献（何雪松，2018）；有的则依据理论对实践的作用把社会工作理论简要划分为工作型社会工作理论和社会取向的社会工作理论两种类型，认为前者关注实务问题的解决，后者注重实务机制的理解（黄锐，2020）；也有学者基于社会工作的功能将社会工作理论概括为"关怀"（care）、"管控"（control）和"治愈"（cure）三种取向，并且注重以"关系为本"来建构社会工作理论，以便能够在患者与治疗者进行"此时此地"的互动交往过程中呈现他们的改变是如何发生的（何国良，2021）。值得注意的是，学者们普遍认同社会工作理论是一种实践理论，需要建立在实务经验基础之上（《社会工作》杂志编辑部，2019）。

如何将本土实践经验上升为理论成为这一阶段学者们讨论的焦点。这一阶段的本土社会工作理论建构不仅表现为实践经验吸纳不足（侯利文，2020）、干预与理论"两张皮"（郑广怀，2018）、缺乏系统性和整体性（何雪松等，2017），而且立足西方的个人主义世界观和价值观（何雪松，2017），缺乏本土自身的理论建构（李迎生，2019）。正因如此，中国社会工作本土理论建构呈现碎片化、零散性等特征，既无法展现社会工作者如何介入以及如何与服务对象相互影响的动态改变过程（黄锐，2019），也难以说明理论的借用与杂糅、实践与理论的整合以及实践性知识产生的多元综合路径（林茂，2021）。实际上，本土理论建构首先需要"知行合一"，即对西方社会工作知识的结构内化和对本土情景的反思建构（唐立、费梅苹，2021）。它不仅仅需要"理论自觉"，更需要"实践自觉"（杨超，2022）。

在本土社会工作理论建构中，找到自己的理论逻辑框架成为首要的任务。有学者主张以"行动 – 话语"为本土社会工作的基本逻辑框架，建立以增强服务对象参与意识为目标并且能够推动社会变迁的社会工作理论（郑广怀，2018）；也有学者将批判实在论引入本土社会工作理论的建构中，提出 CNIMC 理论模型，即关注社会工作的情境（Contexts）、需求（Needs）、介入（Interventions）、机制（Mechanisms）和改变（Changes）五个要素，以形成从服务对象改变到服务机制建设的综合社会工作理论（黄锐，2019）；还有学者倡导建立以生活为本的社会工作理论，认为中国本土社会工作是在社区这种日常生活场景中开始专业化探索的，帮助服务对象解决现实生活中的问题并且推动现实生活发生改变，成了中国本土社会工作的核心目标（童敏，2021）。在社区这种日常生活场景中开展专业服务意味着，中国本土社会工作需要创建"临床－制度"服务框架，将人群的临床服务与环境的制度服务整合起来并且以推动人的场景改变能力为核心建构具有关怀理性的中国本土的社会工作理论，以摆脱西方社会工作所倡导的个人主义价值观的羁绊（童敏、刘芳，2021）。这样，文化自觉就变得尤为重要，它是中国社会工作者创建本土理论的基础（童敏、刘芳，2019）。

　　显然，这一阶段中国社会工作的专业化发展要求日益受到人们的关注，它不仅表现在如何通过完善职业化制度设置提升社会工作者的职业认同以及如何通过加强服务的专业性推进本土实践的深入，以便能够保障社会工作专业服务的稳定性和持续性，而且表现在服务机制上借助嵌入方式的改善和变通促进政社融合，让中国社会工作能够更好地承担起新时代我国社会治理创新的历史责任。值得注意的是，经历了十多年的社会工作本土实践探索之后，中国社会工作者开始创建具有本土实践内涵的中国社会工作理论体系，自觉地探索中国的社会工作专业化发展道路。

第二节　新时代中国社会工作本土实践体系的历史回顾

　　通过梳理中国社会工作本土实践的十五年历程的文献研究资料可以发现，中国社会工作在职业化和专业化的探索过程中逐渐形成了本土实践体系。这一实践体系涉及三个核心的内容：一是以社会工作机构为平台，二是以中国本土实践为基础，三是以政府购买服务为线索。正是因为有了政府购买服务这个机制，中国社会工作才成为我国政府管理体制改革的一部分，拥有了职业化和专业化发展的社会历史基础。也正是在政府购买服务的推动下，我国本土的社会工作机构得到了迅猛发展，成为协助政府实现管理体制创新的重要平台。它不仅负有推进社会工作专业服务的重要责任，而且承担着储备社会工作专业人才的繁重任务，让中国社会工作的职业化和专业化发展有了现实的体制基础。在中国社会工作者的共同努力下，中国社会工作本土实践领域逐渐得到开发和拓展，使中国社会工作的职业化和专业化发展能够真正扎根于人们的日常生活中，拥有了现实的生活基础。值得注意的是，中国社会工作本土实践体系这三个部分的核心内容是紧密关联的,它们实际上呈现的是中国社会工作职业化和专业化发展需要回应的三个层面的不同诉求,除了能够解决服务对象现实生活中的实际困难之外,还需要协助政府实现社会管理体制创新和推进社会治理体系现代化的发展进程。

一 以政府购买服务为线索

我国的政府购买服务是在改革开放之后实现政府管理体制创新的一项重要举措,它的目的是"加快政府职能转变,创新社会治理体系,促进社会组织健康有序发展"(孙健、田明,2019)。2013 年,中共中央在《关于全面深化改革若干重大问题的决定》中对政府购买服务做出了国家制度层面的部署,提出"推广政府购买服务",并且要求"加快实施政社分开","适合由社会组织提供的公共服务和解决的事项,交由社会组织承担"。同年,国务院办公厅正式印发了《关于政府向社会力量购买服务的指导意见》,第一次在国家制度层面对政府购买服务做出了具体规定,这标志着通过政府购买服务引入社会组织力量参与社会治理已成为我国社会治理创新的核心机制之一(马俊达,2015)。因此,针对政府购买服务,中国社会工作者就不能仅仅从专业服务实施这样的技术层面来考察,而需要把它放在政府管理体制创新和社会组织参与社会治理的框架下来理解。

(一)政府购买服务的社会治理背景

我国的政府购买服务诉求是在改革开放进程中出现的。随着改革开放的深入,我国的社会结构和社会形态发生了巨大的变化,对政府的社会管理体制提出了严峻的挑战,需要政府创新原有的社会管理体制,以适应我国现代化快速发展的要求。这样,我国政府的社会管理体制就需要从原有的以管制为主逐渐向现在的以治理为主转变,出现了社会治理的诉求(涂冰燕,2019)。2013 年召开的中国共产党第十八届中央委员会第三次全体会议首次使用"社会治理"这一概念以取代传统的"社会管理"(王惠娜,2020),并且将"社会治理"与"政府治理"和"市场治理"并列,提出"凡属事务性管理服务,原则上都要引入竞争机制,通过合同、委托等方式向社会购买"的要求(马俊达,2015)。显然,"社会治理"这一概念的提出为政府购买服务提供了基本的指导框架,表明我国的政府购买服务其实是政府推进社会转型、实现国家治理体系和治理能力现代化的重要举措

（朱胤霖，2020），涉及我国政社关系的调整以及社会组织作用的发挥，从而优化我国的公共服务供给，增强社会发展的活力（向春玲，2019）。说到底，加强政府购买服务就是为了促进我国政府的社会管理体制从"一元主体"向"多元主体"转变（宇峰、张秋菊，2019），实现"共建共治共享"的多元参与的社会治理模式（刘娴、李诚，2019）。

不同的学者对社会治理有不同的理解。有学者认为，社会治理是国际社会环境的变化和我国政府的社会管理体制改革的要求，是政府对社会管理的过程和方式进行的主动创新（张卫、孙运宏、后梦婷，2019）。它包括基本民生的保障、国家公共安全的维护和社会治理机制的创新等（郭建芹，2018），涉及政府管理的重新定位和社会力量成长空间的拓展，其中最为核心的是保障多方利益得到充分表达和尊重（郑钧蔚，2015）。在中国的语境下，社会治理具有了将人民利益作为根本出发点的要求以及以促进居民自助互助和实现居民自治为目标的发展导向（李红，2019）。显然，正是在社会治理的要求下，政府购买服务有了引入社会力量并且推动在地居民参与和加快在地社会发展的功能，不再仅仅局限于政府社会事务和公共服务的外包（马俊达，2015）。这一发展趋势在 2017 年召开的中国共产党第十九次全国代表大会提出"打造共建共治共享的社会治理格局"的战略部署之后变得更为突出。中共中央明确指出"继续推进街道（乡镇）、城乡社区与驻社区单位共建互补，深入拓展区域化党建"的工作任务（姚迈新，2019）。2020 年，中国共产党第十九届中央委员会第五次全体会议强调要"畅通和规范市场主体、新社会阶层、社会工作者和志愿者等参与社会治理的途径"。特别是，近年来民政部开展的全国乡镇（街道）社工站建设计划，明确要求利用社会工作专业力量充实民政的基层服务，落实基层民生保障和推动乡村发展的要求。2021 年，我国投入资金约 24.9 亿元，已建成乡镇（街道）社工站 1.7 万余个，引领了 5000 余家社会工作机构扎根基层，4 万余名社会工作者驻站点开展服务，累计接受过服务的服务对象达到187968 人。[①] 我国乡镇（街道）社工站建设在促进基层社会治理体系和治理能力现代化建设方面具有一系列明显的优势（王思斌，2021）。

---

① 《2021，社工站建设取得重大进展！2022，愿我们拥有更美好的未来！》，中华人民共和国民政部，https：∥mzzt.mca.gov.cn/article/zt_2020sgjs/zhbd/202201/20220100039119.shtml。

（二）　政府购买服务下的多方联动

正是在政府购买服务的推动下，我国基层社会治理的"三社"，即社区、社会工作者和社会组织，才能建立起稳定的合作关系以开展各种社会治理的实践，"三社联动"机制才能得以确立（陈伟东、吴岚波，2019）。早在2010年，"三社联动"机制就开始受到我国政府的关注。2013年，民政部在结合多地实践经验的基础上总结提出"三社联动"的基本服务框架，即建立由社区居委会提供平台、专业社会工作者提供人才支撑以及社会组织（专业社会服务机构）提供服务产品的新型社区治理和服务机制（徐选国、徐永祥，2016）。实际上，"三社联动"机制的出现有其社会历史的发展需要。随着我国市场经济体制改革的深入，城市化进程不断加快，城市规模也随之不断扩大，人们逐渐从"单位人"变成了"社会人"，社区在城市管理中的重要作用越来越突出（吕青，2012）。一方面，物质生活水平的提高和社会变迁的加速导致个体需求日趋多样化，国家对社会的基层治理与整合越来越感到"有心无力"（叶南客，2017）；另一方面，政社分离推动社区成为基层社会治理的核心，而政府权力下移又增加了社区行政管理的负担（田舒，2016）。在这样的处境下，发展社会组织和社会工作专业以参与社区的管理和服务就成为势在必行的探索，"三社联动"机制应运而生，其目的是促进各方资源的有效整合（徐选国、徐永祥，2016）。

实际上，我国对社会工作在基层社会治理中的重要作用的理解也经历了一个不断变化的过程，从开始注重人群服务，关注社区弱势人群的帮扶，到强调社区治理，突出居民的参与和互助，实现基层的多元共治（王学梦、李敏，2018）。社会工作参与社区基层治理不仅能够优化我国基层社会治理的力量（吴婷婷，2019），增强社区居民的参与意识和责任意识（彭惠青、仝斌，2018），而且能够破解我国长期以来由行政力量占据社区治理主导地位导致的过度行政化的困局（田舒，2016），缓解我国公共服务成本不断升高但是成效不佳的问题，增强我国基层社区的柔性治理能力和治理的合法性基础（曹海军，2017）。值得注意的是，在"三社联动"机制的推动下，我国社会工作在社区层面的作用已经远远超出服务社区弱势人群的范围，除了帮助居民解决面临的生活困难之外，还包括促进居民社区参与和互助、培育社区的自组织以及增强社区居民的自治等（何敏桦、方洁虹，2019），有了在社区这个区域范围内增加多方参与和促进社区发展的功能（司武林、张彩云、张顿宸，2019）。显然，这是一种在社区环境中通过促进社区居民参与、互助以及社区资源运用能力的提升带动整个社区改变的服务策略（彭惠青、仝斌，2018）。2021年4月，中共中央、国务院印发了《关于加强基层治理体系和治理能力现代化建设的意见》，明确要求创新社区与社会组织、社会工作者、社区志愿者、社会慈善资源的"五社联动"机制。尽管我国的基层社会治理自此从"三社联动"机制转向了"五社联动"机制，但是它们的核心目标并没有改变，仍旧是为了促进社会力量参与基层社会治理以及社会资源的合理配置，探索一种以专业为支撑的具有中国特色的基层治理体系（任敏、齐力，2021）。

二　以社会工作机构为平台

目前，中国社会工作本土实践的职业化和专业化发展主要依托社会工作机构提供的专业服务。无论是社会工作服务项目的承接还是服务的实施以及服务成效的评估，都需要借助社会工作机构这个平台。正是因为有了社会工作机构，中国社会工作的本土实践一方面通过项目购买这一机制与政府建立起政社合作关系，成为实现我国政府社会管理体制改革创新的重要组成部分；另一方面通过项目的承接和实施与社区中需要服务的居民确定了专业服务合作关系，成为我国社会工作本土实践的现实载体。可以说，我国的社会工作机构发挥着中介桥梁的联结作用，把政府的外包服务与居民的受助需求进行对接，实现国家社会福利服务和公共服务的有效输送，解决居民的实际生活困难。此外，社会工作服务项目是否有成效、服务团队是否有能力胜任项目服务的专业要求以及是否有资格继续为有需要的居民提供专业服务等，都取决于整个社会工作机构的管理水平和服务能力，包括社会工作专业人才的储备和培养状况。

（一）体制外的民办社会工作机构

截至2021年底，我国开发设置社会工作专业岗位超过44万个，成立的社会工作机构超过1.3万家。① 我国社会工作机构主要有两种运营方式：

---

① 《民政部：2021年度全国社会工作者职业水平考试报名人数达82.9万 创历史新高》，转引自《中国青年报》，https://baijiahao.baidu.com/s？id=1715566349369206151&wfr=spider&for=pc。

"官办民营"和"民办民营"。无论采用哪种方式,我国社会工作机构都属于体制外的民办社会工作机构,其资金主要通过承接政府购买社会工作项目获得(严春鹤,2018)。这样,我国社会工作机构的发展就与政府购买服务机制的建设紧密联系在一起。2012年11月,民政部、财政部印发了《关于政府购买社会工作服务的指导意见》,明确指出引导社会工作机构按照公益导向原则组织实施社会工作服务项目,加快培养一支高素质的社会工作专业人才队伍。2013年9月,国务院办公厅印发了《关于政府向社会力量购买服务的指导意见》,强调政府向社会力量购买服务是创新公共服务提供方式、加快服务业发展、引导合理需求的重要途径。自此,政府向社会组织购买服务成为国家的基本方略,社会工作机构的发展有了必要的资金保障(易松国,2013)。2014年4月,民政部印发了《关于进一步加快推进民办社会工作服务机构发展的意见》,提出着力提升民办社会工作机构的服务水平,建立健全机构联系志愿者制度以及加强党群组织建设等要求。

1. 我国社会工作机构的发展状况

实际上,我国大多数社会工作机构都成立于2010年以后,是基于政府发展社会工作的需要,或者自主推动社会工作发展的要求。这样的现实处境导致我国的社会工作机构"催生性"强、"草根性"弱,虽然与政府大力推进社会工作的发展步伐相一致,但是缺乏很多草根社会组织所具有的使命意识和筹措社会资金的能力(易松国,2013)。就我国社会工作机构的发展形态而言,它呈现从政府直接推动到社会推动再到政社合作推动的有序发展轨迹(彭善民,2010a)。在政府直接推动的第一个阶段,我国社会工作机构以嵌入性发展为主。此时,中国社会工作专业处于恢复重建之中,政府对社会工作机构的嵌入指导表现出一种结构性的强嵌入(包括工作站的设置及管理、规章制度的上墙以及服务成效的考核等),而社会工作机构对政府的嵌入是一种制度性和职能性的弱嵌入(唐斌,2010)。这里所说的"嵌入性发展"是指"专业社会工作"对我国社会上普遍存在的"行政性非专业社会工作"领域的嵌入,是一种政府主导下的专业社会工作的发展策略(王思斌,2011)。在社会推动的第二个阶段,我国社会工作机构表现出协同性发展的特征。这种协同性发展方式不仅需要采取双主体视角,同时关注专业社会工作与行政性社会工作之间的协同发展,而且需要相互包容,看到各自的长处和不足,相互配合,取长补短,共同推进我国社会工作事业的发展（王思斌，2020a）。这种协同性发展的要求其实呈现的是我国多主体协同治理的逻辑，它既是我国社会组织积极参与社会治理的重要依据，也是我国社会工作机构发挥专业优势的现实条件（杨文才，2019）。在政社合作推动的第三个阶段，我国社会工作机构呈现融合性发展的特点。政府需要依托社会工作机构面向社会提供各类专业服务，以保障和改善民生进而增进社会福祉。相应地，我国社会工作机构需要获得政府的政策支持和资金保障，以满足社会工作机构自身发展和开展多样化专业服务的要求（冯元、高菲，2019）。这一阶段的融合性发展主要是指专业社会工作对群众工作、社区工作等非专业社会工作的融入（王思斌，2020a）。这样，"专业引领、融合发展"就成为这一阶段我国社会工作机构在专业发展中需要遵循的基本原则，它要求推动专业社会工作者与实际工作者之间开展有效合作，相互接纳、相互学习，并且在结构和功能上保持密切合作的步伐，保证在社会治理实践中更有效地实现社会服务的功能（王思斌，2020b）。

值得注意的是，根据中国社会工作动态调查（CSWLS）2019 年首轮全国性调查数据，我国社会工作机构在整体发展水平上存在显著的区域差异，东中西部地区发展存在严重不平衡的状况。东部地区在社会工作机构的发展方面不仅具有数量上的绝对优势，而且在服务质量和水平上也更胜一筹。总体而言，我国珠三角地区的社会工作机构发展水平最高（梁昆，2021）。我国中西部地区由于社会工作机构起步晚，缺乏经验积累和政策指导，存在很多问题和困难（陆士桢、郑玲，2013）。

2. 我国社会工作机构的专业服务

在政府的大力推动下，我国社会工作机构提供的专业服务从原来主要集中在社会福利、社会救助、社会慈善、社区建设等传统领域，逐步扩展到防灾减灾、司法矫正、就业援助、婚姻家庭服务、双拥服务、卫生服务、信访维稳、民族宗教、人口计生服务、流动人口服务、青少年辅导、流浪乞讨人员服务等新领域，多领域、多种类、多形式、规模化的社会工作机构的专业服务发展态势正在逐步形成（陆士桢、郑玲，2013）。中国共产党第十八届中央委员会第三次全体会议召开之后，我国社会工作机构参与创新社会治理实践，成为推进我国治理体制和治理能力现代化的重要组成部分（王思斌，2015）。这样，通过服务项目的购买和实施，我国社会工作机构能够与政府和高校联结起来，形成社会工作专业服务推进和专业人才培养的联动机制，共同推动中国社会工作的专业发展（刘媛媛、李树文，2018）。值得注意的是，截至 2020 年底，我国超过 1/4（26.56%）的社会工作机构尚无具有专业背景的专职社会工作者，其中，珠三角、长三角、其他区域的社会工作机构的这一比例分别为 7.81%、40.97% 和 22.61%，长三角区域最高，占比超过四成，这一现象将在一定程度上影响我国社会工作机构提供的专业服务（梁昆，2021）。

培养社会工作督导是保障和提升社会工作机构专业服务的重要方式。自 2009 年深圳市开始培养我国社会工作机构督导并建立督导选拔和考核制度以来，特别是 2012 年《社会工作专业人才队伍建设中长期规划（2011—2020 年）》出台之后，中国社会工作联合会启动了"全国社会工作督导人才培养计划"，到 2021 年底已培养督导学员千余名。2016 年中国社会工作教育协会社会工作督导专业委员会成立，为我国社会工作机构督导理论与实务的发展提供了强有力的支持和交流平台（童敏、史天琪，2019）。实际上，随着珠三角社会工作机构的发展，社会工作督导人才的培养也被提上日程。深圳引入了香港的专业力量，采用徒弟跟班式的督导培养模式，而广州则吸纳高校的专业师资，采取学院式的督导培养模式（张莉萍、韦晓冬，2011）。我国社会工作机构督导的作用不同于西方机构专业服务的督导，它始终与社会工作机构的项目购买、实施以及推广紧密联系在一起，常常涉及三种实践处境——项目处境、机构处境和社会处境，需要在项目主管、机构主管和机构负责人三个层次上发挥输送专业服务、培养专业人才和推动机构发展的作用（童敏、史天琪，2018）。

（二）我国社会工作机构的服务成效评估

我国社会工作机构的服务成效评估采用的是第三方评估方式。这种第三方评估方式不仅是我国政府购买社会服务的重要组成部分，被视为政府治理的一种有效手段（吴佳峻、高丽、徐选国，2021），而且是保障社会工作专业服务水平、促进社会工作健康发展的重要环节（姚进忠，2018）。第三方评估既需要考核政府购买社会服务的要求，也需要评估社会工作机构的专业服务成效，因而在具体的评估实践中常常受到结构性因素的影响，导致出现政府的治理要求与社会工作专业服务之间难以平衡的情况。这样的困难其实反映的恰恰是社会工作在开展专业服务过程中需要建立政社之间的分工与合作机制；否则，在政府持续投入资金进行第三方评估却看不到经由评估带来的专业服务成效的情况下，第三方评估就会陷入独立性不强、专业化水平不高、客观性不足、评估效益不明显等困境（韩江风，2019），甚至可能出现由结构性风险、合法性风险、有效性风险、道义性风险等（徐选国、黄颖，2017）导致的第三方评估失灵的现象（吴佳峻、高丽、徐选国，2021）。

在我国政府购买社会服务的背景下，第三方评估机构的注册、运作资金、办公场地、服务设施等条件的提供大多依赖政府支持，因而在评估过程中第三方评估机构与政府部门之间的关系很难保持平等，常常处于从属地位，这样它的独立性、客观性以及专业性就会受到挑战（刘江、张闻达，2020）。除了第三方评估机构的独立性不强之外，评估目标的多元化也容易使第三方评估机构面临价值标准选择的困境，在不同主体的价值标准之间很难做出取舍（卢敏，2020）。这样的矛盾其实反映的是针对社会工作专业服务的两条不同理解的路径：一种站在管理者的角度，依据管理主义的思维，注重对组织的绩效问责；另一种站在服务提供者的角度，依据专业主义的逻辑，关注专业服务的过程和服务成效（吴耀健，2020）。显然，我国的第三方评估需要放在政府购买社会服务的逻辑框架下来理解，它改善的关键是要找到政府的管理要求与第三方评估机构的专业要求之间矛盾的解决方法（刘江、张闻达，2020）。在此基础上，社会工作服务评估人才培养、评估指标体系的研究和开发以及服务评估程序完善等，就变得非常重要，这些措施能够增强我国第三方评估的专业性和公信力（徐道稳，2021b）。

可见，我国社会工作机构不仅承担着承接和实施社会工作专业服务的功能，还发挥着培养社会工作专业服务人才以及完善政府购买社会服务机制的作用，其背后体现的是我国社会治理机制创新的诉求。

三 以中国本土实践为中心

中国社会工作这十五年的发展始终围绕职业化、专业化和本土化三个主题展开。职业化是基础，影响着中国社会工作的基本发展走向，无论是职业化的准备阶段还是职业化的发展阶段，抑或是专业化主导的综合发展阶段，都始终围绕社会工作职业化这条发展主线逐步展开。专业化是核心，决定着中国社会工作的发展是否能够"嵌入"体制内，获得体制的专业认可。伴随着职业化的逐步深入，中国社会工作的专业化诉求变得越来越突出。本土化是根本，左右着中国社会工作的发展是否能够转化为体制创新的一部分，深入居民日常生活中的每个角落，成为我国社会管理体制创新和居民基本生活保障不可或缺的一部分。这十五年来的中国本土实践经验显示，中国社会工作的专业化发展需要依赖本土化的深入，而本土化的深入又需要借助专业化的提升，两者就像职业化这辆马车的两个轮子，一起推动中国社会工作职业化不断向前发展。

（一）民政试点推动的本土实践

中国社会工作的专业化和本土化不仅体现在技术层面，还涉及制度和结构因素，是制度和技术两个层面的结合。这也表明中国社会工作同时具有实务性和社会性的双重要求。

就我国社会工作的本土化而言，它是指专业社会工作全面融入党和国家的现代治理体系当中的过程（陆士桢、王志伟，2020），是一个政治性的过程（殷妙仲，2011）。民政部门是最早意识到社会工作对我国社会管理体制创新的价值和作用的，也是第一个将社会工作引入自己业务领域的政府职能部门（宫蒲光，2014）。从中国社会工作的恢复重建和发展历程来看，民政部门作为社会工作的行业主管部门，确实在推动中国社会工作的专业发展方面做出了巨大的贡献（彭秀良，2018）。

1. 民政试点推动

最早提出重建社会工作并且将社会工作与民政工作联系在一起的是雷洁琼先生，她在1983年全国民政工作理论研讨会上提出，民政工作是具有中国特色的社会工作，认为中国社会工作首先需要从发展社会福利事业的角度入手，促使我国的民政工作现代化（王思斌，2004）。1987年，著名的马甸会议（中国社会工作教育发展论证会）召开，民政部领导和部分高校教师共同讨论了中国社会工作学科重建的问题（彭华民，2017），并且为我国社会工作的职业归属做出了明确规定，由民政部负责社会工作的岗位设置和职业管理等方面的事务（彭秀良，2018）。1991年，我国开始尝试"民政工作社会工作化"，将社会工作基本要素融入民政工作中，改革传统的民政工作，变国家机制为社会机制，创立适应现代社会需要的新的民政工作运行机制（袁华音，1993）。

2006 年，中国共产党第十六届中央委员会第六次全体会议通过了《中共中央关于构建社会主义和谐社会若干重大问题的决定》，其中明确提出"建设宏大的社会工作人才队伍"的战略目标。之后，国家层面的社会工作试点工作开始在全国范围内铺开。这一时期的试点工作主要涉及三个方面：一是民政系统社会工作试点，二是青少年服务社会工作试点，三是社会工作介入灾后恢复重建试点。为保障社会工作试点工作的健康发展，民政部及时提供了业务指导（柳拯，2009）。同年，李学举部长在全国民政厅局长会议上作了重要讲话，要求高度重视民政干部职工队伍、社会工作人才队伍、社区志愿者队伍"三支队伍"建设，强调加强"三支队伍"建设对发挥政府行政主导作用、专业服务职能作用、社会公众参与作用将产生巨大的社会影响和效应（李学举，2006）。在这"三支队伍"中，民政干部职工队伍是从事民政工作的行政机关公务员，社会工作人才队伍是从事社会服务职业的专业人员，社区志愿者队伍是参与社会互助的基层志愿人员。显然，这"三支队伍"各自的性质不同，作用也不同，它们分别代表着行政力量、专业力量和公众力量。

2006 年，人事部和民政部联合印发《社会工作者职业水平评价暂行规定》和《助理社会工作师、社会工作师职业水平考试实施办法》，首次在国家层面推进我国社会工作的职业化进程。自此，中国社会工作走向专业化发展道路。2007 年，民政部确定了首批全国社会工作人才队伍建设试点单位，共有 90 家，均为民政系统内的事业单位。2009 年，民政部又开展了第二批全国社会工作人才队伍建设试点工作，选择了 169 家试点单位，其中 90% 以上仍然是民政系统内的事业单位（彭秀良，2018）。显然，中国社会工作从职业化和专业化发展初期就与民政工作有着密切关系，它本身就源于我国民政工作的改革需要，同时是推动民政工作发展的重要专业力量。

中国社会工作的专业化发展依赖我国各级民政部门的积极推动和大力支持，采取的是一种由政府主导的推进方式。民政部门作为中国社会工作事业的主要负责单位，无论是在社会工作的领域开拓还是专业岗位开发以及专业队伍建设等方面都发挥着至关重要的作用（童敏、刘芳，2021）。可以说，中国社会工作不仅是一个专业，而且是一种制度存在，没有民政部门的推动和制度化的保障，中国社会工作的专业化发展将举步维艰，这已成为中国社会工作专业发展的重要特征（卢磊、周世强，2015）。实际上，民政工作是中国本土（行政性、半专业化）的社会工作，民政部门主导着中国社会工作的专业化发展，除了将社会工作引入社会福利服务中，为民政工作注入新的专业元素之外，还在民政事业单位内部设置社会工作专业技术岗位，或者直接建立社会工作服务站点，或者通过政府购买服务方式将部分民政事务委托给社会工作机构，以推动专业社会工作与民政工作之间的相互结合（侯日云，2021）。

2. 专业性与行政性的矛盾

中国社会工作的恢复重建与快速发展是专业性社会工作与行政性社会工作相互交叉的产物，具有双向交互影响的特征，并且遵循了本土化发展的路径（彭秀良，2018）。总体而言，中国社会工作的发展呈现从依附式嵌入到有限自主性探寻再到共享发展的宏观结构转向，呈现专业社会工作的发展与政府的社会治理演进之间相互交错影响的复杂图景（徐选国、赵阳，2018）。这样，专业性与行政性之间的冲突始终是中国社会工作专业化发展过程中无法忽视的基本矛盾。这一方面是由于我国社会工作机构是在政府鼓励性政策的支持下得以迅速发展的，政府购买社会服务成了社会工作机构最主要的资金来源，使社会工作机构在专业发展的资金上对政府产生依赖性（易松国，2013）；另一方面是由于政府对社会工作专业角色的认知存在偏差，常常忽视专业服务的发展要求，导致社会工作机构在提供专业服务时缺乏独立性与自治性（冯元、高菲，2019），甚至有的地方政府还把政府与社会工作机构之间的合作关系理解成依附于政府的"伙计"关系（刘丽娟、王恩见，2021）。显然，在社会工作机构资金不足、专业服务能力偏弱的情况下，政府的支持和引导起着重要作用。尽管这样的处境很容易使中国社会工作的专业发展受到资源的影响，出现"被资源化"的困境（徐华、隋亮，2019），但是中国的专业社会工作是在政府培育下发展起来的，所谓"培育"，就意味着中国社会工作的专业发展将在较长一段时间内依赖政府的财政支持（何雪松、杨超，2019）。

实际上，在政府引入专业社会工作改革传统的社会服务机制过程中，不仅专业社会工作影响行政工作，行政工作也影响专业社会工作。行政思维的渗透既为专业社会工作提供了认同展现的空间，也限制了专业社会工作的自主发展空间（李倍倍，2019）。中国社会工作的专业发展一开始就处于一种"嵌入性发展"的状态，需要将一种新的制度注入之前的制度中，获得之前制度的认同（刘振、徐永祥，2017）。在传统社会服务机制的行政思维惯性驱使下，专业社会工作的嵌入实际上很容易因生存的要求陷入反向嵌入的处境中，遭受来自街居强势权力关系的影响（徐选国、黄景莲，2020）。在这种行政化的挑战面前，中国社会工作的专业发展会陷入两难困境：一方面受到"家长式庇护"关系和带有传统单位制色彩的项目制的社会治理模式的影响，更多地依赖行政资源，缺乏专业推动的内驱力；另一方面受到政府各部门的实用原则和绩效问责的影响，出现"全能化"和"技工化"现象，专业成效严重不足（吴耀健、陈安娜，2017）。这样的两难困境反映的恰恰是中国社会工作专业发展的独特处境，它既需要在现有的以行政性为主导的政府部门社会服务机制基础上推动专业社会工作的发展，也需要融入现有的政府部门的社会服务机制中，接受政府部门新管理主义的监管要求（吴耀健，2020）。因此，我国社会工作机构在提供专业服务时会面临行政性"同化"和"附属"的困境（张超，2019）。

3. 社区现实场景中的专业实践

中国社会工作的专业发展是在我国社会管理体制转型中出现的。伴随着我国经济转轨和社会转型，"单位制"逐步解体，社区成为基层社会治理实践的最基本载体，中国社会工作也因此作为"三社联动"的一员融入城乡社区基层社会治理现代化的发展历程中（唐忠新，2017）。正是在"三社联动"的服务框架下，社区弱势人群的社会工作专业服务也就不再只是针对弱势人群开展的传统意义上的人群帮扶的专业服务，它同时涉及社区社会组织资源的挖掘和调动以及社区平台作用的发挥（孙涛，2016）。有学者甚至直接将这样的社会工作专业服务与社区发展直接联系起来，强调这种社会工作专业服务的本质是发挥社区生活中不同主体各自的能动性，推动社区生活发生积极的改变（徐选国、徐永祥，2016）。随着我国社会管理体制改革的不断深入，社区在基层社会治理中的作用越来越突出。为了应对由社会转型带来的挑战，中国社会工作的专业发展也逐渐从社区的弱势人群帮扶转向社区多元治理主体的调动和治理机制的建设（王学梦、李敏，2018）。这样，中国社会工作就有了完善基层社会治理的责任，它需要协助社区党组织和居委会通过专业工作手法的运用激发和培养居民参与社区事务的热情和能力，挖掘社区中各类组织的活力，推动"共建共治共享"社会治理共同体的建设，进一步健全城乡社区服务体系（关信平，2021）。

中国社会工作的专业发展与我国社区基层社会治理创新密切相关，因而社区社会工作成为我国社会工作专业发展的优先领域，在社区这种日常生活场景的实践中如何保持社会工作专业的自主性就变成了中国社会工作专业发展的重要问题（何雪松、杨超，2019）。实际上，社区不仅是中国社会工作专业发展的重要领域（社区社会工作），而且是中国社会工作专业发展的重要落脚地。许多弱势人群的帮扶需要依托社区这个实践的场域才能开展专业服务，即使是一些院舍的重点人群的社会工作专业服务，也需要帮助他们回归家庭和社区（童敏、史天琪，2017）。显然，在日常生活场景中开展专业社会工作服务已经成为中国社会工作十多年来专业发展的一个显著特征（童敏、周燚，2019）。这除了与我国社会工作专业发展以民政试点推动为主要方式有关之外，还与我国社会管理体制的改革以及基层社会治理体制创新实践的要求相联系，特别是在民政部门不断扩大社会服务供给和提高社会服务质量的诉求下，专业社会工作的参与就变得不可或缺（关信平，2021）。可以说，中国社会工作就是一种在人们日常生活中开展的场景化专业服务，始终需要在日常生活场景中协助人们解决遭遇的实际问题，推动现实生活发生积极的改变，它需要把人的改变与环境的改善结合起来（童敏、刘芳，2021）。

（二）基层管理体制创新的本土实践

尽管中国社会工作的专业发展始于弱势人群的帮扶，但是中国独特的专业发展的社会背景，使专业社会工作的发展一开始就与民政工作紧密联系在一起，是民政工作专业化发展路径的探索。这样，民政管辖范围内的社区就自然成为中国社会工作专业发展的重要场所。随着我国社会管理体制改革的不断深入，社区逐渐从基层弱势人群的保障向基层社会治理创新转变，它在国家基层治理体系和治理能力现代化进程中发挥着重要作用。正是借助社区这个平台功能的增强，中国社会工作专业发展实现了从民政主导的弱势人群帮扶向国家战略主导的基层社会治理实践创新的转变。

1. 国家制度认可的专业实践

2013 年，中国共产党第十八届中央委员会第三次全体会议提出"创新社会治理体制"。2015 年，中国共产党第十八届中央委员会第五次全体会议明确指出，"加强和创新社会治理，推进社会治理精细化，构建全民共建共享的社会治理格局"。这样，专业社会工作参与社区服务的"三社联动"机制就作为基层社会治理创新的基本框架被引入基层社会治理创新机制的建设中，得到了政府尤其是民政部门的高度重视，开始在全国范围内推广开来。2017 年，中共中央、国务院出台了《关于加强和完善城乡社区治理的意见》，其中明确要求"继续推进街道（乡镇）、城乡社区与驻社区单位共建互补，深入拓展区域化党建"，特别是同年召开的中国共产党第十九次全国代表大会强调"打造共建共治共享的社会治理格局"和"推动社会治理重心向基层下移"，这为专业社会工作参与基层社会治理指明了方向。2020年，中国共产党第十九届中央委员会第五次全体会议提出"畅通和规范市场主体、新社会阶层、社会工作者和志愿者等参与社会治理的途径"。2021年，中共中央、国务院印发《关于加强基层治理体系和治理能力现代化建设的意见》，将"五社联动"作为推进我国基层社会治理创新的基本机制，这为全国乡镇（街道）社会工作站建设提供了基本的服务框架。《民政部关于深入学习贯彻习近平法治思想 深化新时代民政法治建设的意见》提出，"要加强社区治理、社会组织登记管理、慈善事业和社会工作等领域立法"。显然，中国专业社会工作的发展已经获得国家制度层面的认可，有望迎来从依附性立法到主体性立法的根本转变（徐道稳，2021c）。

专业社会工作参与基层社会治理有多条路径，它不仅可以通过社区工作的手法提高社区居民的自我管理能力，化解社区生活中的社会矛盾，而且可以通过社会服务的方式增强基层社会治理的合法性，实现基层社会治理的机制创新（陈成文、刘辉武、程珩，2014）。实际上，专业社会工作在基层社会治理实践中扮演多种角色，它既是专业服务的重要设计者和参与者，也是社区居民互助合作的促进者和社区机制创新的实践者（彭惠青、仝斌，2018）。在这些不同专业角色的扮演中，专业社会工作履行的根本职能是促进社区建设的发展，担负着基层社会治理创新的责任，具体表现为维护社区利益、推进社区自治、链接社会资源、化解社区矛盾以及实现社区融合等，将专业社会工作理念和手法真正融入基层社会治理的实践中（吴立忠，2017）。这样，党建引领就成为专业社会工作发展的基本要求，因为社会工作专业服务与新时代基层党建工作高度吻合（马良，2020）。通过与基层党建工作的结合，专业社会工作能够在基层社会治理创新实践中重新发挥党的群众路线的优良传统，广泛动员居民参与社区事务，增强社区居民的组织能力（郭丽强、郭伟和，2019）。因此，促进社区的多元发展并且动员社区居民构建"我们"的归属感，就成为专业社会工作参与基层社会治理的根本任务。只有这样，专业社会工作才能承担起实现"共建共治共享"社会治理新格局的任务（任文启，2021）。

2. 在地多元融入的专业实践

在基层社会治理实践中，中国社会工作需要在人们的日常现实生活中开展专业服务，它需要采取"在地陪伴"的行为逻辑，即通过利用在地资源、培养在地人才以及推动在地人才服务本地群众和基层政府组织的过程，将社会工作专业的价值理念和工作手法进行"属地化"，实现我国专业社会工作的可持续发展。显然，这样的专业社会工作实践就不像解决现实生活的实际问题那么简单，它需要将专业社会工作与在地基层社会治理实践相结合，包括多方面、多层次的在地融入，如在地职能的融入、在地关系的融入、在地组织的融入以及在地价值的融入等（杨明伟、王绪尧，2021）。这种在地多元融入的要求在专业社会工作介入民族地区的基层社会治理实践中更为突出。如果专业社会工作者希望提供的服务能够贴近少数民族群众的现实需求，就需要在专业服务中适时地调整自己使用的语言、穿着打扮、行为举止等，以适应在地文化习俗的要求。这样，专业社会工作者在基层社会治理实践中就拥有了"再本土"的能力，使中国社会工作专业实践能够保持具体化、在地化以及多元文化敏感性等专业服务的特色，避免专业实践流于形式（卢露、蓝慧颖，2020）。

在推动在地多元融入的过程中，文化是一个不可或缺的重要考察维度。这不仅因为社会工作是舶来品，它以西方个人主义为专业实践的价值基础，与中国文化有明显的冲突，而且因为这种基层社会治理实践的多元融入过程就是推动人们改变现实理解方式的过程，以帮助人们找到更为有效的解决现实问题的应对方式。从某种意义上而言，中国社会工作专业实践是一种文化实践，具有传承和挖掘中国传统优秀文化的责任（童敏、刘芳，2019）。这样，中国社会工作在基层社会治理实践中就需要关注文化精神维度的资源，将"精英民主"与"大众民主"结合起来，推动古代乡贤文化转化为现代乡村基层社会治理的资源（孙丽珍，2019）。实际上，中国传统优秀文化与专业社会工作倡导的助人自助的伦理价值有高度的契合性，如何将中国传统优秀文化转化为专业社会工作可用的伦理价值就成为中国社会工作专业发展的重要议题之一（童敏，2017），也是中国社会工作伦理本土化的现实诉求（韩中谊，2017）。只有这样，中国社会工作的专业发展才能不仅仅局限于现实生活实际问题的解决，而是能够融入人们日常的精神生活中，成为推动现实生活改变和实现基层社会治理现代化的重要专业力量之一（童敏、许嘉祥、蔡诗婕，2021）。

在专业社会工作这十五年的本土实践中，职业化可谓是其最显著的特点，从社会工作专业岗位的设置到政府购买社会工作服务的推行，都围绕中国社会工作职业化的发展。而社会工作职业化的发展对中国社会工作提出的挑战远远超出了专业岗位的设置，它让本土社会工作实务逐渐成为中国社会工作专业发展的关注焦点，无论是中国社会工作的教育还是研究都受到它的影响，使中国社会工作需要重新审视社会工作这门学科的性质以及实务所占的应有位置。尽管在专业化和本土化的推动下，中国社会工作获得了迅猛发展，开始着手本土实务经验和服务模式的总结，出现了服务领域分化和服务专精化发展的要求，但是这样的本土经验总结还处在开始阶段，无论是本土经验的系统性还是与本土体制的结合程度都有待提高，特别是本土经验的理论提炼，需要更多中国社会工作学者的关注。随着中国社会工作职业化的继续推进，专业化和本土化将成为中国社会工作未来专业发展的关键议题，而要完成这样的转变，中国社会工作将会面临以下三个方面的挑战。①实务研究。中国本土实践将进一步深化，急需能够提炼有效实务经验的研究方式，让实务工作者与研究者形成团队工作的方式，一方面创新实务探索，另一方面总结实务经验，使实务和研究能够形成良性循环。②实务理论。随着本土实务经验的进一步积累，理论的运用和提炼将成为中国社会工作发展的短板，一方面，实务工作者需要理论指导，深化本土实务的系统性、精准性和有效性；另一方面，理论工作者需要以实务经验为支撑，创新社会工作实务知识。两者结合才能保证中国社会工作理论和实务的良性发展。③文化实践。随着本土实践的深入以及与制度融合的加深，中国社会工作必然需要寻找文化的逻辑和意义，加入历史的维度考察中国社会工作的专业化和本土化发展，站在多元文化的角度与西方社会工作对话。总之，中国社会工作这十五年的本土实践不仅改变了中国本土的专业实务工作者，而且改变了中国本土的理论工作者，需要他们走出校门和办公室，融入现实的社会工作实践场域中，与实务工作者一起从更广阔的社会发展的视野重新理解和实践社会工作的本质——对人和社会的关怀。正是基于以上理解，本研究作为一种探索，尝试运用行动研究的方法走进一线实务工作者的实践场域中，与一线实务工作者一起总结中国本土社会工作实务的逻辑。

第二章　三种实践场域的社会工作行动研究

　　中国社会工作的职业化和专业化发展有着与西方不同的本土实践体系。在这种以政府购买服务为线索、以社会工作机构为平台、以中国本土实践为中心的社会工作本土实践体系下，中国社会工作的本土实践到底是依据什么逻辑展开的？它有什么规律可循？对此，中国社会工作者需要针对中国社会工作本土实践的具体开展过程进行研究，直接从中国本土实践经验中梳理出社会工作者的行动逻辑。显然，开展这种类型的研究比较有效的方法是行动研究，因为行动研究不仅能够通过梳理人们的行动经验找到事件发展变化的规律，而且能够借助行动这个手段探索行动背后展现的社会结构的影响，了解特定现实场景中人们的行动逻辑（Fouché, 2015）。更为重要的是，行动研究能够完整、动态地展现人与环境之间的相互影响，揭示人在特定现实场景中面临的多层面、多方面的选择要求（Reason & Bradbury, 2001）。为了促进研究者与实务工作者之间的合作，带动实务工作者的地方知识的生产，本书选择了参与式行动研究，需要研究者与实务工作者一同组成实务研究团队，共同商讨实务中遭遇的问题以及应对的办法，一起总结提炼实务的知识逻辑（Orr & Bennett, 2009）。目前，我国基层社会中需要帮扶的对象主要包括老（老年人）、弱（贫困人群）、残（残疾人）三类人群，他们也是中国社会工作者在基层专业实践中的重点服务对象。这三类人群代表三种不同类型的服务需求。老年人服务主要针对的是老年人的照顾需求，贫困人群服务主要面对的是贫困救助家庭的生活困难帮扶，残疾人服务主要处理的是残疾人的康复需求。为了深入了解中国社会工作本土实践的逻辑，本书根据老（老年人）、弱（贫困人群）、残（残疾人）三类人群设计了三种实践场域的社会工作行动研究，它们分别是老年人照顾服务的社会工作行动研究、贫困人群救助服务的社会工作行动研究以及严重精神障碍患者社区康复的社会工作行动研究。

第一节 老年人照顾服务的社会工作行动研究

我国早在 1999 年就已经进入老龄化社会，而且人口老龄化呈现加速增长的趋势。截至 2018 年底，我国 60 周岁及以上人口共 24949 万人，占总人口的 17.9%，其中 65 周岁及以上人口达到 16658 万人，占总人口的 11.9%①。目前，我国已有超过 1.8 亿名老年人患有慢性疾病，其中 75% 的老年人患有一种以上慢性疾病，而且失能、部分失能的老年人达到 4000 万名，慢性疾病已经严重威胁我国老年人的健康②。对此，我国相继出台了一系列政策法规来应对社会的老龄化以及相关的健康挑战（唐咏，2012）。2008 年，全国老龄办、发展改革委等 10 个部门联合下发了《关于全面推进居家养老服务工作的意见》，把居家养老服务作为老年人服务的重要组成部分；之后，我国又相继颁布了《国务院关于加快发展养老服务业的若干意见》和《国务院办公厅关于推进养老服务发展的意见》，直接把老年人的相关服务称为养老服务；2012 年，卫生部出台了《"健康中国 2020"战略研究报告》，把健康放在优先发展的战略地位，将"健康强国"作为我国的一项基本国策；2016 年，中共中央、国务院印发了《"健康中国 2030"规划纲要》，要求各地区各部门结合实际认真贯彻落实"健康中国"战略；2019 年，国务院成立了健康中国行动推进委员会，负责统筹推进《健康中国行动（2019—2030 年）》组织实施、监测和考核等相关工作；2021 年，中共中央、国务院颁布了《关于加强新时代老龄工作的意见》，明确提出"促进老年人社会参与"和"着力构建老年友好型社会"的要求；同年 12 月，《国务院关于印发"十四五"国家老龄事业发展和养老服务体系规划的通知》发布，要求到 2025 年每千名老年人配备社会工作者人数保持在 1 人以上，"引入专业社会工作者、社会组织等对基层老年协会进行培育孵化"，鼓励"更多老年人积极参与社区治理、文教卫生等活动"，"共同构建'一刻钟'居家养老服务圈"。显然，我国的老年人社会工作正是在这样的社会

---

① 《我国老年人失能发生率为 18.3% 慢病是主因》，人民网，http://health.people.com.cn/n1/2019/0730/c14739-31264748.html。

② 《超 1.8 亿老年人患有慢性病，我国将全面推进老年健康管理》，中华人民共和国中央人民政府，http://www.gov.cn/xinwen/2019-07/31/content_5417631.htm。

发展要求下出现的，它始终围绕养老服务和健康生活这两大核心主题展开。

一　老年人照顾服务研究单位的选取及基本情况介绍

本研究选取厦门市 H 老年社会服务中心作为开展老年人照顾服务的社会工作行动研究的单位，原因有三。一是 H 老年社会服务中心是厦门市最早从事老年人服务的社会工作机构。2011 年，作为我国首批社会工作人才队伍建设试点的厦门市湖里区率先在福建省尝试政府购买社会工作服务，H 老年社会服务中心也在这一年成立，开始承接厦门市湖里区的居家养老服务项目，之后一直从事老年人社会工作。项目覆盖湖里区 5 个街道 26 个社区，是厦门市从事老年人社会工作实践时间最早、项目最多、经验最丰富的社会工作机构。二是 H 老年社会服务中心由一家民办养老院创办，拥有医疗和护理工作团队，从承接首个政府购买社会工作项目开始一直坚持"医、养、社、康"综合服务的策略，将老年人的养老服务和健康需求结合起来，以适应老年人社会工作的本土实践要求。三是 H 老年社会服务中心从成立之初就一直与厦门某大学社会工作专业保持良好的专业合作关系，建立了"机构－高校"的社会工作行动研究团队，并且每月定期见面探讨机构在老年人社会工作本土实践探索中遇到的问题，把社会工作的行动研究融入机构的本土实践中，拥有长期合作的参与式行动研究的现实基础。

H 老年社会服务中心成立于 2011 年，并且在这一年首次承接了政府购买的两个社区的社会工作服务项目，开始了针对社区失智失能老年人的社区养老"家庭病房"服务探索，该项目获得了民政部首届全国优秀专业社会工作服务项目二等奖。2013 年，H 老年社会服务中心承接的政府购买项目从原来两个社区的老年人社会工作服务增加到八个，并且举办了全国首届护理社工综合服务培训班，以增强社会工作项目的多专业综合服务能力。2014 年，由 H 老年社会服务中心承接的社会工作项目增加到湖里区 5 个街道的 26 个社区，并且扩展到厦门市思明区。同年，H 老年社会服务中心的社区养老"家庭病房"项目获得中央财政立项，中心的特殊困难老年人服务项目获得民政部立项，中心的社会工作者参与了民政部《老年社会工作服务指南》全国行业标准的制定。2015 年，H 老年社会服务中心开展的针对社区长期照顾者的"照护路上·你我同行"社会工作服务项目获得中央财政立项，H 老年社会服务中心也因此成为全国社会工作标准化试点单位。

2016 年，H 老年社会服务中心开始探索社区老年痴呆症患者的综合服务，设计了"老年痴呆非药物疗法"项目，获得中央财政立项。同年，H 老年社会服务中心承接了湖里区高龄独居老年人的"风险管理"社工综合服务项目和思明区的"暖心养护"社工综合服务项目，开始关注社区空巢老年人的居家安全养老服务问题。2017 年，H 老年社会服务中心成为民政部首批社会工作"牵手计划"援派机构之一，牵手宁夏社会工作服务机构开展老年人社会工作服务。此外，H 老年社会服务中心还承接了珠海市社会工作服务机构的督导项目，指导珠海市社会工作服务机构开展社区居家养老服务站的综合养老服务。2018 年，H 老年社会服务中心着手规划综合体的养老服务项目，设计了"三社联动"下的"互助养老"分级管理综合社工服务示范项目并获得中央财政立项。同年，H 老年社会服务中心开始承接厦门市湖里区和海沧区的助老员项目，并且在湖里区率先运行社区敬老餐厅项目，拓展居家养老服务的宽度，建立从失智失能老年人的居家照顾到空巢老年人的居家安全服务，再到社区居家养老常规服务的养老综合服务体。2019 年，H 老年社会服务中心因政府购买服务的要求在服务项目承接的类型上做出了重要改变，开始尝试社区营造与小区治理项目，并在社区营造与小区治理项目中融入老年人的居家养老服务。自此，H 老年社会服务中心承接的老年人社会工作服务项目更加多样，不仅有专门针对社区老年人群开展的各种居家养老服务，而且有以社区或者小区治理为目标的老年人社会工作。2020 年，H 老年社会服务中心被评为全国百强社会工作服务机构，开始承接湖里区"暖心家园"国家级试点项目，把计生特殊家庭帮扶与居家养老服务结合起来，开拓特殊人群的老年人社会工作。

为了促进机构和高校之间的良好合作，H 老年社会服务中心专门成立社会工作行动研究小组，与厦门某大学社会工作专业的教师和博士生一起就老年人社会工作服务中的问题展开讨论，建立定期会面的工作机制，并且根据行动研究的要求每年签订合作计划，厘清机构与高校双方的责任和权力以及需要完成的任务。

二 老年人照顾服务社会工作项目的内容介绍

从 2011 年到 2021 年这十年间，H 老年社会服务中心一直深耕老年人社会工作，创建了众多服务项目品牌，服务内容不仅涉及老年人的疾病管理和照护，如失智失能老年人、老年重症患者、老年痴呆症患者和老年慢性病患者等不同人群的服务，而且涉及老年人的居家安全和照顾，如空巢老人的老老照顾和居家安全、体弱老人的居家防跌倒、高龄独居老人的居家风险管理等服务，以及普通老年人的邻里互助和社区参与，如邻里健康互助队、小区健康驿站、社区银发课堂和社区健康护理节等，其中影响较为广泛并且成为该中心核心品牌的项目包括社区养老"家庭病房"项目、护老者综合停靠项目和居家慢病管理能手项目。

（一）社区养老"家庭病房"项目

1. 社区养老"家庭病房"项目的规划设计

社区养老"家庭病房"项目针对的是在社区中生活的失智失能老年人，通过运用个案管理方式将医疗、护理、社工、康复等多种专业服务整合起来，重点关注由疾病及其他原因导致生活不能自理、急需多种类型的专业服务而目前又难以获得的居家生活的老年人，为其提供家庭、邻里、社区三个层面的专业服务。在服务过程中，社会工作者与医护工作人员一起入户，针对失智失能老年人在生理、心理和社会等不同层面上的需求进行评估，并且结合医护工作人员提供的医疗护理服务和照顾技能指导，帮助老年人身边的重要照顾者学习照顾技能，掌握情绪放松方法，减轻照顾压力，改善与失智失能老年人之间的沟通状况，增强家庭的照顾功能，在此基础上进一步拓展家庭的社会支持体系，建立社区居家养老照护支持网络。社区养老"家庭病房"项目中的社区是指整个服务项目依托社区的支持网络，"家庭病房"则是指整个项目以居家长期照顾服务为核心，目的是帮助社区生活中的失智失能老年人应对现实生活中的实际困难。

社区养老"家庭病房"项目创建于2011年，是H老年社会服务中心在湖里区两个社区的试点经验基础上总结提炼出来的，之后经过八年多的不断调整和修正，不仅项目的操作模式日趋成熟，而且项目服务成效明显，获得政府、社区和居民多方的肯定。社区养老"家庭病房"是H老年社会服务中心承接的第一个湖里区政府购买的社会工作项目。项目承接之初，该中心依托厦门市某养老院组建了多专业工作团队，其中包括医生3名、护理员6名、社会工作者3名。根据自身拥有的多专业工作团队特点，H老年社会服务中心与厦门某大学社会工作专业一起针对项目落地的两个社区进行了入户问卷调查（600份）和深度访谈（36户），发现这两个社区是厦门市改革开放试点的明星社区，不仅居民主动参与社区事务的意识较强，社区的志愿服务非常普遍，而且社区居委会工作人员具有较强的开拓精神，愿意首先尝试政府购买服务创新社区现有的服务。在项目的需求评估过程中，H 老年社会服务中心了解到这两个社区的流动人口较多，共有不能自理老年人 36 名、尚能自理但存在高风险老年人 112 名、身体健康老年人 1800 多名。其中，不能自理老年人由于长期卧床不起，需要他人照顾。他们目前的主要照顾者包括配偶、子女和保姆等，其中配偶居多，占总照顾者人数的一半，而这些配偶照顾者自身也是老年人，通常还患有慢性疾病，因此他们的家庭照顾压力较大。需要注意的是，社区中这三类老年人的需求各不相同，其中不能自理老年人以家庭护理照顾为核心，尚能自理但存在高风险老年人以疾病预防为重点，身体健康老年人则以健康保健和社区参与为焦点。

针对社区中这三类老年人的不同需求，H 老年社会服务中心设计了社区养老"家庭病房"项目，围绕社区中不能自理的 36 名老年人规划了"家庭病房"监护网络，针对社区中尚能自理但存在高风险的 112 名老年人搭建了社区预防网络，面对身体健康的 1800 多名老年人则创建了社区互助网络。尽管这三个层级的社区养老"家庭病房"项目的服务对象和服务目标各不相同，但是这三个层级之间是相互关联的，不仅做好尚能自理但存在高风险老年人的社区预防能够减少社区老年人不能自理的情况，而且创建身体健康老年人的社区互助网络能够服务于不能自理的老年人，成为社区养老"家庭病房"监护网络的一部分。这样，社区养老"家庭病房"的搭建能够提升整个社区的家庭健康照顾和管理能力。社区养老"家庭病房"项目的总体框架如图 2－1 所示。

2. 社区养老"家庭病房"项目的服务目标

社区养老"家庭病房"项目的总体目标是提升不能自理老年人的社区生活质量和家庭照顾能力，增强尚能自理但存在高风险老年人的健康保健和疾病预防意识，促进社区老年人之间以及社区居民之间的互助。根据这一项目的总体目标，H 老年社会服务中心制定了社区养老"家庭病房"项目的具体目标，内容涉及社区不能自理老年人的服务目标和其他人群的服务目标两个方面。

针对社区不能自理老年人，社区养老"家庭病房"项目的具体目标包

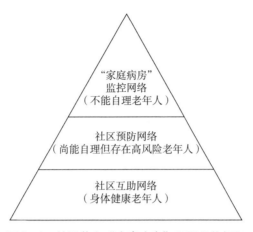

图 2-1 社区养老"家庭病房"项目总体框架

括：（1）建立 36 名不能自理老年人的个人健康档案，并根据每次入户情况随时更新信息；（2）协助家庭照顾者处理 36 名不能自理老年人的褥疮和伤口，减少伤口的感染和病痛；（3）重点监护不能自理的高风险老年人的身体健康状况，做好应急处置方案；（4）协助家庭照顾者疏导不能自理老年人的情绪，缓解他们的心理压力；（5）建立由家庭照顾者、家人、楼宇小组长、居委会工作人员和社会工作者组成的"五位一体"的社区不能自理老年人的监护网络。

针对社区中的其他人群，包括社区生活的失智失能老年人的照顾者、尚能自理老年人和身体健康老年人，社区养老"家庭病房"项目确定的具体服务目标包括：（1）舒缓家庭照顾者的照顾压力，帮助他们学会简单的身心放松方法；（2）提高家庭照顾者的照顾技能，协助他们掌握不能自理老年人的褥疮处理和翻身技术；（3）改善家庭照顾者与不能自理老年人之间的沟通状况，减少沟通中的冲突；（4）增强高风险老年人的健康保健意识，协助他们掌握疾病预防的基本知识；（5）促进尚能自理但存在高风险老年人的社会交往，建立邻里预防网络；（6）提升社区居民的家庭照顾技能，增强社区居民的健康维护意识；（7）建立一支社区助老健康护卫队，增强社区的互助网络。

从制定的具体目标来看，社区养老"家庭病房"项目是一种综合的社会工作服务项目。之所以称之为"综合的社会工作服务项目"，是因为这一项目的服务人群不仅涉及社区中失智失能老年人，还涉及社区中其他类型的老年人，如尚能自理但存在高风险老年人和身体健康老年人，以及社区中生活的其他居民，包括社区中不能自理老年人的家庭照顾者、家人、楼宇小组长、居委会工作人员等，项目的服务人群具有非常明显的综合性。在项目希望达成的目标方面，社区养老"家庭病房"项目尽管有 12 项服务的具体目标，但是这些具体目标是相互关联的，可以简单概括为三种网络的搭建，即不能自理老年人的监护网络、尚能自理但存在高风险老年人的社区预防网络和身体健康老年人的社区互助网络。显然，社区养老"家庭病房"项目是一种多层社区支持网络建设的综合服务，它为失智失能老年人提供了多层次的社区保障系统。

3. 社区养老"家庭病房"项目的活动安排

为了清楚地说明社区养老"家庭病房"项目各项活动之间的关系，这里以厦门市湖里区政府首次购买该项服务一年内（从 2011 年 12 月至 2012 年 12 月）的服务活动安排为例来介绍。该项目的具体活动安排包括：36 个不能自理老年人的个案、2 个家庭健康照顾小组（1 个家庭照顾减压小组，1 个家庭照顾技能学习小组）、2 场社区大型活动（1 场失智失能老年人的户外活动，1 场社区助老健康护卫队的培育活动）。此外，社区养老"家庭病房"项目给社区中 36 名失智失能老年人建立了健康档案，并且邀请医生组织了 10 期社区高风险老年人健康意识提升的讲座和 2 期社区家庭照顾技能培训。

失智失能老年人的个案采用多专业团队工作方法，由医生、护理员和社会工作者组成社区养老"家庭病房"工作小组，针对每名失智失能老年人开展入户服务。首次入户由医生带队，首先医生针对失智失能老年人的身体健康状况和康复状况做出诊断，给予失智失能老年人及其家人医疗方面的指导，回答他们在医疗方面的疑问；接着，护理员针对失智失能老年人的家庭护理状况做出诊断，协助家庭照顾者处理失智失能老年人的褥疮和其他护理方面的问题，包括居家环境、健康饮食和肢体运动等；之后，社会工作者就失智失能老年人的家庭照顾能力开展评估，协助家庭照顾者舒缓照顾压力、学习照顾技能、合理安排照顾任务以及解决其他家庭照顾问题，如照顾资源的链接、照顾困难补助的申请以及社区失智失能老年人监护网络的建设等。平时，失智失能老年人的入户指导主要由社会工作者负责，包括填写 36 名失智失能老年人的个人健康档案，并且根据每次入户情况随时更新信息，必要时再联系医生和护理员入户。

　　针对失智失能老年人的失智失能状况，社区养老"家庭病房"工作小组对 36 名失智失能老年人进行了风险监护等级区分，其中 12 名属于高风险监护等级，这类失智失能老年人面临并发症或者高龄风险，身体健康状况不稳定，需要进行重点监护；剩余的 24 名失智失能老年人属于一般风险监护等级，这类失智失能老年人身体健康状况比较稳定，只需要开展常规的入户指导。对于高风险监护等级的失智失能老年人，社会工作者除了增加入户频率和加强与医护工作人员的协商之外，还需要在每次入户指导时进行风险评估，明确这 12 名失智失能老年人的风险状况，如果遇到风险，就需要联系医生和护理员及时进行处置。此外，由于这 12 名失智失能老年人的风险监护等级比较高，社会工作者还需要与照顾者和家人保持沟通，及时了解这些失智失能老年人的健康状况。

　　家庭照顾减压小组是专门针对长期家庭照顾者开设的小组，目的是减轻家庭照顾者的照顾压力。对此，社会工作者招募了社区养老"家庭病房"项目中的 8 名家庭照顾者，他们在照顾失智失能老年人时都感受到极大的照顾压力。为了协助这 8 名家庭照顾者减轻照顾压力，社会工作者采用压力应对理论设计了 6 节小组活动，分别就照顾压力的来源、照顾压力的认知和照顾压力应对方式开展指导，并且邀请医生和护理员进行相关知识的讲解。6节小组活动的内容包括相关疾病知识和护理知识的介绍、自我保健技能的练习以及压力舒缓方式的训练等。家庭照顾技能学习小组是专门针对照顾技能掌握不足的家庭照顾者设计的小组活动，目的是帮助家庭照顾者学习必要的家庭照顾技能。整个小组涉及褥疮处理、翻身、进食三个方面的基本家庭照顾技能，包括 10 节小组活动，共有 12 名社区养老"家庭病房"项目中的家庭照顾者参与。在家庭照顾技能学习小组中，社会工作者邀请护理员作为合作者一起完成小组活动的设计、执行和评估。

　　针对社区中失智失能老年人缺少户外活动的现状，社会工作者设计组织了一场大型的失智失能老年人户外活动，让这些失智失能老年人参观厦门的铁路公园，了解厦门近期改革开放的建设成就，以提升他们的生活幸福感和满意度。参加这次大型户外活动的有 20 名失智失能老年人、20 名家庭照顾者、52 名志愿者以及 4 名护理员和 1 名医生。为了保障这次户外活动的顺利开展，社会工作者链接社会资源为这些失智失能老年人的出行提供各种必要的物资和药品。在社区养老"家庭病房"项目中，社会工作者组织的另一场大型活动是培育社区助老健康护卫队，目的是增强居民之间的互助和社区居民的健康保健意识。为了实现这一目标，社会工作者通过骨干志愿者的挖掘和志愿服务活动的组织等方式建立起一支由25人组成的社区助老健康护卫队。除了这25人参加了这场大型社区助老健康护卫队培育活动之外，社会工作者还邀请了社区中其他志愿者12人以及高校青年志愿者24人参加本次大型培育活动。这次大型培育活动的主要内容包括助老健康志愿服务的经验分享和自我健康保健技能的学习。

4. 社区养老"家庭病房"项目的服务成效

政府首次购买的社区养老"家庭病房"项目实施了一整年，从2011年12月开始，一直到2012年12月才结束。项目进展顺利，基本实现了项目设计的预期目标，获得政府、社区和居民的高度认可。正是看到了首次购买服务的成效，厦门市政府从2013年起开展在湖里区全面推广政府购买社会工作服务。在整整一年的社区养老"家庭病房"项目的实践探索中，H老年社会服务中心无论是在微观服务还是在宏观服务上都取得了明显的成效，具体如表2-1所示。

表2-1 社区养老"家庭病房"项目的服务成效

序号	项目服务内容	时间	参与者	直接服务成效	相关服务成效	备注
1	个人健康档案	2011年12月至2012年12月	36名失智失能老年人	建立36人的个案健康档案		
2	个案	2011年12月至2012年12月	12名高风险监护等级老年人；24名一般风险监护等级老年人	12名高风险监护等级老年人入户服务；24名一般风险监护等级老年人入户服务	家庭照顾者、家人、楼宇小组长、居委会工作人员和社会工作者参与	建立"五位一体"社区养老"家庭病房"项目的监护网络
3	小组	2012年5月至2012年9月	8名照顾压力大的家庭照顾者；12名缺乏家庭照顾技能的家庭照顾者	6节家庭照顾减压小组活动；10节家庭照顾技能学习小组活动		

续表

序号	项目服务内容	时间	参与者	直接服务成效	相关服务成效	备注
4	社区大型活动	2012年9月至2012年12月	20名失智失能老年人、20名家庭照顾者、52名志愿者；25名社区助老健康护卫队成员、12名其他志愿者以及24名高校青年志愿者	1场失智失能老年人的户外活动；1场社区助老健康护卫队的培育活动	获得厦门电业局、烟草公司、戴尔集团、市旅游局等10多家企业爱心物资（价值万余元）	建立社区健康老年人的互助网络
5	"银康"健康知识讲座	2011年12月至2012年9月，每月1期，共10期	累计有500人次参加	85%参与的老年人认为学以致用；有10位高风险老年人参与；组建积极分子小组；加强老年人之间的互动	老年人参与社区活动的热情提高，有更多的社区积极分子参与和推动社区其他活动	搭建社区高风险老年人的预防网络
6	家庭护理技能培训	2011年12月至2012年7月，每两周一次，共12课时	累计有400人次参加	毕业学员42人成为志愿者；与2户"家庭病房"建立志愿服务联系	实现社区养老"家庭病房"项目多方参与	搭建社区高风险老年人的预防网络
7	项目的宣传与交流	2012年3月、7月、8月、9月	民政部、市/区民政局、市老龄办、老年福利协会、街道及相关部门和机构的领导和工作人员	促进社会对政府购买服务的了解；获得政府、购买方及社区的一致认可和支持	获厦门卫视、《厦门晚报》、《厦门日报》等多家主流媒体专题报道	

（二）护老者综合停靠项目

1. 护老者综合停靠项目的规划设计

护老者综合停靠项目是专门针对社区长期照顾者而开展的服务活动，通过缓解照顾压力的喘息服务和提升个人照顾技能的增能服务帮助社区长期照顾者提高个人的家庭照顾应对能力，在此基础上，借助邻里平台的搭建和社会公益的倡导，创建个人停靠、家庭停靠和社会停靠三结合的护老者综合停靠网络。在项目服务的开展过程中，社会工作者需要承担三项主要工作：一是与医护工作人员合作，结合医护工作人员的入户指导，协助社区长期照顾者学习家庭照顾技能，舒缓照顾压力，掌握简单的心理放松技术；二是联系医护合作单位，确定家庭和社会停靠需要的物资、人员和场地等，规划护老者综合停靠日活动；三是建立助老单位联盟，招募护老者综合停靠日活动的志愿者，并且对志愿者进行必要的培训。整个项目针对的核心帮扶人群是社区中生活的长期照顾者，目的是协助他们建立长期照顾者的社会支持系统，以应对家庭小型化和人口老龄化带来的挑战。项目的护老者是指社区中生活的长期照顾者，他们需要负责照顾长期卧床不起的老年人。综合停靠是由老年人的喘息服务延伸出来的，是指社区长期照顾者在个人、家庭和社会三个层面的支持服务。

护老者综合停靠项目是由 H 老年社会服务中心在 2013 年设计的社会工作综合服务项目，并且在 2013 年举办的第一届"照护路上·你我同行"护老者停靠日活动基础上进行了调整和规划，2015 年获得中央财政立项；之后，经过 5 年多的改善，目前已形成流程清晰、操作规范的服务项目。护老者综合停靠项目的设计思路来源于社区养老"家庭病房"项目的实施。在社区养老"家庭病房"项目实施过程中，H 老年社会服务中心发现，家庭长期照顾者都面临不同程度的身心疲惫现象，特别是一半以上的照顾者由配偶来充当，采取的是老老照顾的方式，照顾者自己也是老年人。随着年龄的增加，他们的身体机能也在逐渐衰退，而且他们当中很多人患有慢性疾病，自身也需要照顾。在这些直接观察的经验基础上，为了准确了解社区长期照顾者的需求状况，H 老年社会服务中心与厦门某大学社会工作专业合作组成实务研究团队，采用随机抽样的方式发放了 1000 份调查问卷，同时对 15 户家庭开展了深度访谈。通过这些研究资料的分析，H 老年社会服务中心明确了社区长期照顾者的基本需求，主要包括三个方面。（1）照顾压力大。对于老老照顾者来说，这种情况更为明显，他们平均每天休息时间只有 5 个小时，经常需要半夜起来照顾卧床不起的老年人，有些老年人因为常年卧床不起，脾气不好，很容易发火。如果遇到自己身体不好，他们就更容易感到乏力，甚至会出现悲观的情绪。（2）邻里互助不足。由于需要长年照顾卧床不起的老年人，这些长期照顾者在日常生活中会遇到一些小困难需要他人帮助，如忙于照顾的时候，希望有人能够帮助自己买菜；自己身体不舒服的时候，希望有人能够帮助自己买药等。但是，目前很多老年人是空巢老人，子女不在身边，即使子女在身边，他们也忙于工作，无法全身心照顾家人。（3）社会支持欠缺。照顾卧床不起的老年人既需要付出精力和时间，也需要耗费一定的物资，如纸尿裤、床垫、轮椅等。对于经济条件不好的家庭来说，这是一笔不小的开支，这也导致不少长期照顾者在照顾过程中感受到经济方面的沉重负担。

基于以上三个方面的需求评估的分析结果，H老年社会服务中心依托自身的"医、护、社"多专业工作团队的特点设计了护老者综合停靠项目。整个项目的服务活动安排包括三个层面：个人停靠、家庭停靠和社会停靠。个人停靠主要针对长期照顾者个人方面的压力，包括压力舒缓的喘息服务和照顾技能提升的增能服务；家庭停靠主要回应长期照顾者在邻里互助方面的要求，包括家庭成员之间的相互支持以及家庭与家庭之间的抱团取暖；社会停靠则主要针对长期照顾者在社会支持方面面临的挑战，包括企业商家联盟物资捐赠的公益平台搭建和护老的社会志愿服务。个人停靠采取的是长期跟进的个案工作方法，由医生、护理员和社会工作者组成的多专业工作团队进行入户指导；家庭停靠主要采用的是小组工作方法，由社会工作者负责规划和实施；社会停靠主要运用的是社区工作方法，也是由社会工作者来组织实施。实际上，个人停靠、家庭停靠和社会停靠这三者是相互关联、不可拆分的，它们代表了长期照顾者在照顾卧床不起的老年人过程中面临的三个层面的挑战，其核心是要协助长期照顾者应对长期照顾中的压力。不过，需要注意的是，随着我国家庭的小型化以及社会流动性的增加，仅仅依靠个人力量照顾长期卧床不起的老年人的照顾方式变得越来越脆弱，很多家庭已经无力承受这样的照顾压力。因此，在这样的社会发展背景下，社会工作者需要跳出传统的个人喘息服务或者个人增能服务的思路，挖掘家庭和社会照顾卧床不起老年人的停靠潜能，建立护老者综合停靠服务体系。护老者综合停靠项目的总体框架如图2-2所示。

2. 护老者综合停靠项目的服务目标

护老者综合停靠项目的总目标是舒缓长期照顾者的照顾压力，提升他们的照顾能力，让他们拥有邻里和社会支持的照顾网络，同时倡导家庭之间的互帮互助以及社会对长期照顾者的关爱，增强整个社会应对老龄化挑战的能力。在总目标的指导下，H老年社会服务中心针对长期照顾者的需求制定了具体的服务目标，涉及个人停靠、家庭停靠和社会停靠三个层面。

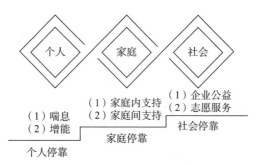

图 2 - 2 护老者综合停靠项目的总体框架

在个人停靠层面，护老者综合停靠项目的目标是帮助社区生活中的长期照顾者有效应对家庭照顾的压力，具体包括：（1）协助长期照顾者处理卧床不起老年人的褥疮，清洗伤口，减轻长期照顾者的照顾压力；（2）指导长期照顾者学习护理卧床不起老年人的照顾技巧，提升长期照顾者的照顾能力；（3）协助长期照顾者解决日常生活中面临的实际困难，减少长期照顾者的生活困扰；（4）倾听长期照顾者诉说其在照顾卧床不起老年人过程中面临的困难，舒缓长期照顾者的心理压力；（5）促使长期照顾者关注自己在照顾过程中形成的负面情绪，学会情绪疏导的基本技巧；（6）关注长期照顾者自身的健康状况，协助长期照顾者做好自身的健康管理；（7）协助长期照顾者做好日常生活管理，增强长期照顾者应对生活压力的能力。尽管护老者综合停靠项目在个人停靠层面的目标比较多，但是这些目标可以简化为三个方面：照顾压力的减轻、心理压力的舒缓和生活应对能力的提升。在上述七个目标中，第一、第二、第三个目标属于照顾压力的减轻，第四、第五个目标属于心理压力的舒缓，第六、第七个目标属于生活应对能力的提升。

在家庭停靠层面，护老者综合停靠项目的目标是协助社区生活中的长期照顾者改善与家庭成员及其亲友之间的相互支持状况，增强长期照顾者的邻里互助。这方面的具体目标包括：（1）帮助长期照顾者协调照顾任务的家庭分工和安排，减轻长期照顾者的照顾压力；（2）协助长期照顾者增进与家人和亲友之间的沟通，加强他们之间的相互支持；（3）促进长期照顾者之间的交流，加强相互之间的经验分享和情感支持；（4）搭建长期照顾者的家庭交流平台，增进长期照顾者的邻里互助。简单而言，护老者综合停靠项目在家庭停靠层面的目标涉及三个方面：改善长期照顾者的家庭内部支持、促进长期照顾者之间的相互支持以及加强长期照顾者的邻里支持。

在社会停靠层面，护老者综合停靠项目的目标是帮助社区生活中的长期照顾者搭建社会支持的平台，促进长期照顾者社会支持网络的建设，具体包括：（1）组建护老企业商家联盟，建立长期照顾者的社会支持平台；（2）举办"护老者综合停靠节"，加强企业商家对长期照顾者的了解；（3）建立企业商家"爱心蓄水池"，鼓励企业商家为长期照顾者募捐；（4）招募社会志愿者服务长期照顾者，搭建长期照顾者的社会支持网络；（5）开展护老志愿者培训，增强护老志愿者的照顾技能；（6）借助多媒体倡导综合停靠理念，提升社会停靠能力。显然，在社会停靠层面护老者综合停靠项目希望为社区生活中的长期照顾者搭建一个由护老企业商家联盟、社会志愿者和社会良好氛围组成的社会支持网络。

值得注意的是，护老者综合停靠项目的个人停靠、家庭停靠和社会停靠是紧密相连的，个人停靠直接舒缓长期照顾者的家庭照顾压力，家庭停靠改善长期照顾者"小环境"中的社会支持状况，而社会停靠帮助长期照顾者搭建"大环境"中的社会支持网络。这样，护老者综合停靠项目也就不同于传统帮助长期照顾者个人减压的喘息服务，有了家庭责任和社会责任培育的互助理念，真正把长期照顾者这个人群放到老龄化这样的社会环境中理解长期照顾的问题，避免问题的个人化解释。

3. 护老者综合停靠项目的活动安排

护老者综合停靠项目自 2015 年获得中央财政立项起开始了政府购买服务尝试，服务活动安排也逐渐规范起来。以 2018 年 1 月至 2019 年 1 月一年内的服务活动安排为例，护老者综合停靠项目的具体活动安排包括 100 名社区长期照顾者的健康档案建立和个案辅导（照顾技能指导、照顾压力喘息、自我健康管理和日常生活管理的咨询等）、35 名社区长期照顾者的家庭辅导（亲属沟通、照顾责任分工以及其他照顾压力指导）、8 个社区长期照顾者小组（4 个社区长期照顾者照顾技能学习小组、2 个社区长期照顾者互助小组、2 个社区长期照顾者减压小组）、2 场社区大型活动（1 场是社区护老者综合停靠日活动，1 场是社会助老志愿者培育活动）。此外，护老者综合停靠项目还建立了护老企业商家联盟、企业商家"爱心蓄水池"（物资和资金的捐赠）以及通过新闻媒体倡导护老者综合停靠的理念。

　　针对 100 名社区长期照顾者，护老者综合停靠项目采用了入户个案辅导方式，由医生、护理员和社会工作者组成的多专业工作团队开展面对面的辅导，主要围绕长期照顾者的照顾压力减轻、心理压力舒缓和生活应对能力提升三个方面。首先，由医生和护理员针对长期照顾者的照顾技能和就医知识进行评估，并且根据长期照顾者的实际状况开展有针对性的指导和训练；其次，由社会工作者针对长期照顾者的心理压力和生活应对能力开展面对面的评估，找到其中可以改变之处，并且结合长期照顾者自身具有的能力和资源进行学习指导。在平时，长期照顾者的入户个案辅导主要由社会工作者负责，当社会工作者发现入户的长期照顾者需要医疗和护理方面的指导时，就可以联系医生和护理员进行入户跟进指导。这样的入户个案辅导安排不仅能够节约医疗和护理的成本开支，而且能够避免长期照顾者陷入只关注医疗和护理需求而忽视日常生活安排的误区，促使长期照顾者客观地认识自己的照顾能力和状况以及其中可以改变之处。

　　在长期照顾者的家庭辅导方面，护老者综合停靠项目根据长期照顾者的不同需求采取综合辅导策略，以家庭成员之间的沟通和照顾任务分工为焦点，协助长期照顾者改善长期照顾的家庭支持状况。这方面的工作主要由社会工作者承担。社会工作者在入户个案辅导的基础上，从 100 户社区长期照顾家庭中选择需要进行辅导的 35 户开展家庭辅导。与入户个案辅导不同，长期照顾者的家庭辅导是从家庭成员之间的沟通入手的。首先，社会工作者评估长期照顾者的家庭沟通状况，了解他们在家庭沟通过程中遭遇的问题；其次，协助长期照顾者及其家庭成员围绕沟通问题识别沟通方式中可以改变之处，明确需要改变的新的沟通方式；再次，协助长期照顾者及其家庭成员学习新的沟通方式，查看新沟通方式的成效，并且根据成效再次调整新的沟通方式，掌握这种闭环式的行动学习方式；最后，协助长期照顾者及其家庭成员根据长期照顾中面临的问题进行照顾任务分工的讨论，找到更好的家庭照顾的责任安排，增强整个家庭的长期照顾能力。

　　针对长期照顾者共同面临的照顾技能缺乏、照顾支持不足、照顾压力过大的现状，护老者综合停靠项目设计了三种类型的社区长期照顾者的学习小组，共 8 个，包括 4 个社区长期照顾者照顾技能学习小组、2 个社区长期照顾者互助小组和 2 个社区长期照顾者减压小组。社区长期照顾者照顾技能学习小组是帮助缺乏照顾技能的社区长期照顾者学习必要的照顾技能的小组，它需要社会工作者与护理员相互配合，其中，小组的活动组织和安排主要由社会工作者负责，而照顾技能的学习主要由护理员带领。社区长期照顾者照顾技能学习小组开展活动的节数主要根据需要学习的技能数量和难度来确定，通常情况下社区长期照顾者照顾技能学习小组需要6节小组活动，包括组员的相互认识与小组目标的确定、技能学习要求的了解、技能的练习、技能练习的经验分享、技能的精细化练习以及小组结束。社区长期照顾者互助小组是促进社区长期照顾者之间相互帮助的小组，它由社会工作者负责带领小组活动，主要针对那些照顾压力比较大、照顾经验不足而且家庭支持缺乏的长期照顾者，目的是帮助这些长期照顾者建立同伴支持。社区长期照顾者互助小组通常需要6~8节小组活动安排，涉及长期照顾者的照顾经历分享、照顾压力的排解、照顾疑虑的解答、相互抱团取暖等，以增强社区长期照顾者之间的相互支持。社区长期照顾者减压小组则是针对那些照顾压力比较大、负面情绪比较多的长期照顾者开设的小组，小组活动安排集中在社区长期照顾者的照顾压力舒缓上，它由社会工作者负责小组活动的开展，需要6节小组活动的安排，内容包括照顾压力的正确识别、照顾压力的有效应对以及减压技巧的训练等。通过这些小组活动的安排，H老年社会服务中心组织的护老者综合停靠项目能够帮助社区长期照顾者建立家庭之间的相互支持，增强社区护老者的家庭停靠能力。

在社区大型活动方面，护老者综合停靠项目专门设计了社区护老者综合停靠日活动。整个活动持续一天，分为6个环节。第一个环节，由养老护理院的护理人员和志愿者把参加这项活动的长期卧床的老年人接到护理院，交给护理院免费照顾一天。第二个环节，由社会工作者在养老护理院内组织小组活动，按照社区长期照顾者的要求分为社区长期照顾者减压小组、社区长期照顾者互助小组以及社区长期照顾者照顾技能学习小组。对于其中不愿意参加小组活动的社区长期照顾者，社会工作者在养老护理院内为他们提供自由活动的区域，这些长期照顾者可以根据自己的兴趣爱好和生活习惯自由选择活动的方式，如阅读、休闲、茶聊、棋牌等。第三个环节，由社会工作者和志愿者组织长期照顾者免费就餐，采用圆桌就餐方式，让这些长期照顾者在就餐过程中能够相互交流，促进社区长期照顾者之间以及社区长期照顾者与志愿者之间的相互支持。第四个环节，社区长期照顾者午休之后参加由社会工作者和志愿者设计的护老企业商家联盟爱心活动，包括助老物资和资金的捐赠、助老设备使用讲解以及志愿者表演等，促进社会助老平台的搭建。第五个环节，由社会工作者组织护老者综合停靠项目优秀参与者表彰活动，表彰的人员包括优秀长期照顾者、优秀助老志愿者、优秀助老企业商家等，以营造助老的良好社会氛围。第六个环节，由养老护理院的护理人员和志愿者把参加护老者综合停靠日活动的长期卧床的老年人送到家里。

在护老者综合停靠项目中，另一项社区大型活动是社会助老志愿者培育，它涉及社会助老志愿者的招募、组织、团建以及志愿服务积分制度建设。由于护老者综合停靠项目需要大量助老志愿者，H 老年社会服务中心专门设置了一个助老志愿者管理的社会工作岗位，由一名社会工作者负责助老志愿者的培育。在这名社会工作者的努力下，H 老年社会服务中心拥有了护老者综合停靠项目的志愿者招募平台，每季度定期发布信息招募护老志愿者，并且定期组织护老志愿者的培训，包括课程培训、实地体验、服务学习以及经验分享等内容。其中，护老者综合停靠日活动是规模最大的实地体验和服务学习的护老志愿服务安排，由老志愿者带领新志愿者开展护老者综合停靠活动。对于老志愿者来说，这项活动是服务学习；对于新志愿者来说，这项活动是实地体验。此外，H 老年社会服务中心还组织护老志愿者的团建活动，增进护老志愿者之间的相互交流和情感联系，培育骨干志愿者。为了促进护老志愿者的长期参与，H 老年社会服务中心建立了志愿服务积分制度。护老志愿者达到一定数量的志愿服务积分后，就可以到社区爱心超市兑换自己需要的物品。

4. 护老者综合停靠项目的服务成效

由 H 老年社会服务中心设计并组织的护老者综合停靠项目在 2015 年获得中央财政立项之后，经过几年的探索实践取得了非常明显的成效，无论是社区长期照顾者个人照顾技能的提高和照顾压力的应对，还是社区长期照顾者的家庭邻里互助以及护老企业商家联盟，都有了显著的改变。其中，H 老年社会服务中心在 2018 年 1 月至 2019 年 1 月一年间建立了 100 名社区长期照顾者的健康档案，并且针对这 100 名社区长期照顾者开展了 612 次入户个案辅导，内容涉及照顾技能指导、照顾压力喘息、自我健康管理、政策咨询以及日常生活应对能力提升等，完成了 35 名社区长期照顾者的家庭辅导、8 个社区长期照顾者小组和 2 场社区大型活动，建立了由 224 家企业商家组成的护老联盟和捐赠价值达到 25 万元的企业商家"爱心蓄水池"，推送了 4 篇护老者综合停靠项目活动组织和理念宣传的市级新闻媒体综合报道。护老者综合停靠项目的具体服务成效见表 2 - 2。

表 2 - 2 护老者综合停靠项目的具体服务成效

序号	项目服务内容	时间	参与者	直接服务成效	相关服务成效	备注
1	个人健康档案	2018 年 1 月至 3 月	100 名社区长期照顾者，其中 34 名来自困难家庭	建立 100 名社区长期照顾者的健康档案		
2	个案	2018 年 1 月至 12 月	100 名社区长期照顾者	针对 100 名社区长期照顾者开展入户个案辅导共 612 次；100% 的社区长期照顾者感到照顾技能有所提升；98% 的社区长期照顾者学会了 1 种新的减压方法；92% 的社区长期照顾者感到压力应对能力有所提升	100 名受照顾的卧床不起的老年人的状况得到改善；98% 的社区长期照顾者家庭感受到家庭氛围的改变	建立护老者的个人停靠
3	家庭	2018 年 1 月至 12 月	35 名社区长期照顾者的家庭	开展了 35 名社区长期照顾者的家庭辅导；88% 的社区长期照顾者感受到家庭沟通改善；97% 的社区长期照顾者的家庭成员感受到照顾者的压力，并表示自己愿意在能力范围内予以配合，其中 31 名社区长期照顾者的家庭获得社会资源支持		建立护老者的家庭停靠（家庭内）
4	小组	2018 年 5 月至 12 月	52 名社区长期照顾者参与了照顾技能学习小组；18 名社区长期照顾者参与了互助小组；24 名社区长期照顾者参加了减压小组	94 人参加了社区长期照顾者小组；98% 的社区长期照顾者觉得自己的社会交往圈扩大了；93% 的社区长期照顾者在小组活动结束后仍旧与小组成员有交流	100% 的参与小组活动的志愿者对社区长期照顾者有了新的认识；99% 的参与小组活动的志愿者感到自身获得了成长	建立护老者的家庭停靠（家庭外）

序号	项目服务内容	时间	参与者	直接服务成效	相关服务成效	备注
5	社区大型活动	2018 年 6 月至 12 月	累计有 1000 人次参加	100% 的护老者综合停靠日活动的志愿者感觉这个活动很有意义；95% 的护老者综合停靠日活动的志愿者觉得自己与老年人沟通的技能得到提高；建立了一支 300 人的助老志愿者队伍；89% 的助老志愿者觉得自己照顾老年人的技能得到提升	推送 4 篇护老者综合停靠项目活动组织和理念宣传的市级新闻媒体综合报道	建立护老者的社会停靠
6	护老企业商家联盟	2018 年 3 月至 2019 年 1 月	224 家企业商家参与	建立了一个"爱心蓄水池"；捐赠物资价值达到 25 万元；100% 的企业商家觉得这项活动有价值	85 名企业商家的员工参与护老者综合停靠项目，成为护老志愿者	建立护老者的社会停靠
7	项目的宣传与交流	2018 年 7 月至 2019 年 1 月	省民政厅、市政协、市/区民政局、市老龄办、街道及相关部门和机构的领导和工作人员	促进政府相关部门对护老者综合停靠项目的了解；推动社区长期照顾者意识的增强	获得厦门市优秀社工项目一等奖	倡导护老者的综合停靠

（三）居家慢病管理能手项目

1. 居家慢病管理能手项目的规划设计

居家慢病管理能手项目由 H 老年社会服务中心承接，于 2016 年 4 月开始在厦门市前埔北社区实施，到 2017 年 4 月结束，整个项目期限为 1 年。之后，经过 4 年的调整，该项目已经成为焦点清晰、程序规范、技术明确的社会工作服务项目。该项目以前埔北社区内需要重点监护的慢性病老年患者（包括因病因残行动不便的老人、独居高龄老人、老老照护的空巢老人）为目标人群，为他们提供"健康小屋进家门"个性化健康指导服务，增强老年慢性病患者居家自我健康管理能力，提升他们的居家生活质量；开展"健康小屋进小区"居家健康监测能手选拔大赛，将居家健康管理经验丰富的健康低龄老年人培育成项目服务的志愿者，增强他们的慢性病预防能力，并协助他们为所住区域内行动不便且离健康小屋较远的慢性病老年人提供健康监测志愿服务，增强他们的疾病预防意识，拓展老年慢性病患者的社区支持网络；与社区老年人文体活动队、辖区相关单位、社区居委会共同举办前埔北健身文化节，组织"社区健康大使"评选活动，倡导积极健康的居家自我保健方式，并结合青少年群体的兴趣爱好举办"社区健身文化"主题摄影绘画作品展，整合社区全职妈妈志愿者队伍资源和益朵花基金的资源开展"社区健身文化"宣传品的手工制作与义卖活动，营造社区健身文化氛围，增强社区中各类人群的慢性病预防与保健意识，建立社区慢性病患者的监护、预防与互助三级保障网络。

由中国人民大学老年学研究所组织执行、中国人民大学数据与调查中心实施的中国老年社会追踪调查于2016年3月4日在北京召开新闻发布会，调查数据显示，目前我国老年人整体生活自理能力良好，但是重度失能老年人绝对数量不容忽视，而且老年人患慢性病的比例较高。全国有10.54%的老年人患有轻度和中度失能，2%的老年人患有重度失能，75.23%的老年人患有慢性疾病，其中，高血压、心脏病/冠心病、颈/腰椎病、关节炎、糖尿病和类风湿等是城乡老年人患病比例较高的慢性疾病（韩晓萌，2016）。厦门市疾病预防与控制中心发布的《2015年厦门市死因分析报告》① 指出，2015年厦门市户籍人口由慢性病导致的死亡比例高达85.39%，成为厦门市户籍人口的主要死因。前埔北社区现有居民15000多人，60岁以上老年人1365人，其中90岁以上老年人16人，空巢老年人472人，独居老年人43人，孤寡老年人4人。2015年，H老年社会服务中心的社会工作者针对前埔北社区70岁以上的123名老年人开展了深度个案分析，发现其中114名老年人患有不同程度的慢性病，患有慢性病的比例高达92.68%，主要包括高血压、高血糖、高血脂、冠心病、关节炎、风湿以及呼吸道疾病等类型。

居家慢病管理能手项目的目标人群是前埔北社区内需要重点监护的老年慢性病患者。这些老年慢性病患者在健康方面的需求具体表现为以下三

---

① 《厦门市发布〈2015年厦门市死因分析报告〉 肺癌成厦门人"头号杀手"》，厦门市台海网，www.taihainet.com 2016 - 05 - 26.

个方面。（1）心理方面，对照护者、医院、药物较为依赖，改变自身习惯的动力较弱。其中，部分老年人因年龄较大或者自身疾病等因素拒绝出门，不愿意到社区居委会设立的"健康小屋"接受健康监测和咨询；也有部分老年人在学习使用测量仪器时出现畏惧心理，不敢自己操作。（2）人际方面，独居的老年慢性病患者存在缺乏子女照顾以及与亲友沟通不畅的问题。即使老老照顾家庭也时常存在慢性病管理沟通方面的困难，或者照顾者自身患有疾病，无暇顾及慢性病的管理。也有部分行动不便的老年慢性病患者觉得自己还未到就医程度，想了解血压、血糖测量方法，以便在家里进行监测，但缺乏家庭成员的支持。（3）社会方面，社区居委会设立的"健康小屋"缺乏专业的指导和跟进，导致文化水平不高的老年人和高龄老年人不知道如何操作自助式智能化服务系统，也不懂如何解读慢性病监测数据。社区居民预防慢性病的意识较弱，特别是社区中的青壮年普遍认为慢性病预防是老年人的事情，不了解慢性病预防的基本知识，也不知道慢性病预防的基本技能。社区的部分楼栋没有安装电梯，使身体残疾和在高层居住的老年人难以下楼享受社区"健康小屋"的便民服务。

前埔北社区是厦门市的一个明星社区，有40多支居民自组织队伍，其中有不少是与运动有关的兴趣团体，加上前埔北健身公园这个得天独厚的社区运动场所，前埔北社区的很多老年人都有健身的习惯，平时也比较关注自身及家庭成员的健康状况，拥有丰富的自我健康管理经验。前埔北社区的老年人中公务员和企事业单位退休老年人较多，这部分老年人文化素质水平高、退休工资高，在当地有非常丰富的人脉资源，很多家庭还有医疗保健行业的亲戚，可以对他们的慢性病预防和治疗提供一定的指导。实际上，前埔北社区就有很多老年人可以享受的服务资源，如老年大学开设的各类课程（交谊舞、民族舞、时装模特等），以及针对老年人就医难问题而设立的"健康小屋"等。"健康小屋"是前埔北社区依托自身的社区资源与新加坡医疗服务中心共同建立的，医务人员每周二定期为老年人提供血糖、血压等常见慢性病的免费义诊，并为社区60岁以上老年人提供免费体检，建立个人健康档案。与此同时，"健康小屋"另由居住在社区的退休医务人员担任社区医务志愿者，每周定期为老年人提供体质调养和健康咨询等方面的服务。前埔北健身公园是厦门市首个以健身为主题的全开放式社区健身公园，政府投入400多万元进行改造提升，设立了老年人门球场、老年人气排球场、老年人慢行步道、24 小时自助图书馆等，为老年人开展各项活动提供必要的场所保障。前埔北社区还依托健身公园先后成立了腰鼓队、舞蹈队、门球队、柔力球队等 20 多支文体队伍。前埔北社区计划在 2016 年重点打造一个全职妈妈社区参与和自我提升项目，建立一支全职妈妈志愿者队伍（"辣妈帮帮团"），目的是孵化一个社区女性自组织，由她们带动家庭关系的改善以及家庭健康管理能力的提高，从而推动整个社区增强健康管理意识。目前这支全职妈妈志愿者队伍已有 20 位全职妈妈，初步具备了建立"辣妈帮帮团"社区自组织的条件。

针对前埔北社区老年人的生活和需求状况，居家慢病管理能手项目设立了三个层级的社区健康保障网络。第一个层级的网络是监护网络，主要采用入户辅导的个案工作方法使"健康小屋进家门"，为患有慢性疾病需要重点监护的老年患者提供健康监护服务；第二个层级的网络是预防网络，主要通过小组活动、志愿服务以及社区大型活动的方式提升社区老年人的健康管理能力，帮助他们做好慢性疾病的预防和管理；第三个层级的网络是互助网络，主要借助小组活动、系列主题活动以及健身文化节综合大型活动等方式推动儿童青少年、妇女以及社区中的其他人群关注健康保健问题，增强整个社区的健康管理意识。居家慢病管理能手项目的总体框架如图 2 - 3 所示。

2. 居家慢病管理能手项目的服务目标

居家慢病管理能手项目的总目标是围绕社区慢性病的监护和预防提高社区慢性病重点监护老年患者的居家自我健康管理能力，改善他们居家生活的健康状况；提高健康低龄老年人的慢性病预防能力，拓展由身体或者其他原因导致的无法有效使用社区"健康小屋"进行健康管理的老年慢性病患者的社区支持网络；增强社区全职妈妈志愿者、青少年以及其他人群对慢性病的认识了解和预防意识，营造社区全龄健身文化氛围，提升社区各类人群的慢性病预防和健康保健管理能力，从而建立起社区慢性病的监护、预防与互助三级健康保障网络。

针对社区慢性病重点监护老年患者，居家慢病管理能手项目制定了具体的项目服务的子目标。这些子目标的具体内容包括：（1）为社区慢性病重点监护老年患者提供血压、血糖的监测服务以及健康立档和跟踪管理的服务，让这些老年患者能够及时了解自身的慢性病和身体健康状况，做好居

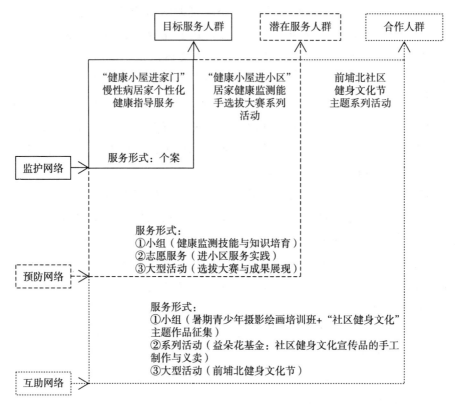

图 2 - 3　居家慢病管理能手项目的总体框架

家生活的安排；（2）通过通俗易懂的方式为社区慢性病重点监护老年患者提供用药指导，减轻他们对药物的过度依赖，减少药物的副作用；（3）与社区慢性病重点监护老年患者的家人进行沟通，依据目前这些患者拥有的能力做好日常锻炼，提高他们的生活自理能力；（4）帮助有需要的社区慢性病重点监护老年患者掌握至少一种自身能够做到的居家锻炼方式，增强这些患者的身体素质；（5）向社区慢性病重点监护老年患者及其家人提供中医辨体服务，帮助这些有需要的居民掌握至少一种改善体质的食补方法；（6）增进社区慢性病重点监护老年患者与家人之间的良性沟通，强化家庭健康照护能力；（7）以公益进家门的方式把社区志愿者的手工制作活动引入社区慢性病重点监护老年患者家中，丰富患者的日常生活，增强他们的邻里互助和社会支持。显然，居家慢病管理能手项目把社区慢性病重点监护老年患者作为项目的目标人群，以建立社区健康保障网络中最为基础的监护网络。

　　针对社区中有慢性病预防需求的老年人，居家慢病管理能手项目专门制订了社区慢性病预防网络计划。这一计划的具体目标包括：（1）为所住区域离居委会健康小屋较远的老年慢性病患者提供健康监测志愿服务，增强和提高他们的预防意识和能力，扩展他们在健康管理方面的社区支持网络；（2）为社区老年慢性病患者的家属提供疾病预防和健康保健的培训和指导，提高他们的家庭照护能力，减轻他们的家庭照护压力，协助他们做好自身慢性病的预防和管理；（3）引导社区健康低龄老年人梳理自身慢性病预防和健康管理的经验，通过同辈分享和专家指导补充他们的健康保健知识，提升他们的慢性病预防能力；（4）通过组织健康保健方面的志愿服务促进不同类型老年群体之间的交流，增强他们的疾病预防和健康保健意识。值得注意的是，这些针对社区中有慢性病预防需求的老年人开展的社会工作专业服务本身就构成了社区慢性病预防网络中的一部分。随着这些老年人慢性病预防意识的增强和健康保健能力的提升，整个社区的健康保障网络更有力量。

　　针对社区生活中的其他人群，居家慢病管理能手项目也策划了一些服务活动。这些服务活动的具体目标包括：（1）依托社区的健身公园倡导全龄健身文化，增强社区各类人群的慢性病预防与健康保健意识；（2）增进社区全职妈妈志愿者和青少年对慢性病的了解，提高他们自身的健康保健能力，促进社区居民代与代之间的关心与交流，提高社区居民家庭内的健康监测水平；（3）通过举办社区健身文化节和健康主题系列活动促进社区内不同人群之间的交流，营造全龄健身的良好社区氛围，增强整个社区的慢性病预防和健康保健意识。显然，居家慢病管理能手项目的社会工作专业服务并没有完全聚焦社区中的老年群体，它把社区相关的人群，如全职妈妈和青少年等，也作为项目服务的人群。因此，这样的服务项目就具有了社区发展的元素。

　　实际上，居家慢病管理能手项目是把社区慢性病预防问题的应对划分为三个层级来理解的。第一个层级是监护，针对的是社区中患有慢性病并且需要跟踪监护的老年人。这一层级的社会工作专业服务设计构成了社区健康保障网络的核心，称为监护网络。第二个层级是预防，面对的是社区中有慢性病预防需求的老年人，他们可能是离社区"健康小屋"居住距离较远的老年人，也可能是行动不便无法利用社区"健康小屋"的老年人，还可能是社区中健康低龄老年人。针对这些老年人开展的社会工作专业服务构成了社区第二层级的健康保障网络，称为预防网络。第三个层级是发展，面对的不是社区中的老年人，而是与老年人生活息息相关的全职妈妈和青少年以及社区中的其他人群。通过全龄健身的倡导增强和提升这些人群的慢性病预防与健康保健的意识和能力，就构成了社区健康保障网络的第三层级，称为互助网络。这样，居家慢病管理能手项目就有了社会支持网络建构的设计逻辑，表现出层层递进、环环相扣的特征，其本质是把人放到自己生活的环境中，让患有慢性病并且需要跟踪监护的老年人的能力提升与家庭以及社区健康保健意识的增强联系起来，实现人与环境一起改变的目标。

3. 居家慢病管理能手项目的活动安排

以 2018 年 4 月至 2019 年 4 月一年内的活动安排为例，居家慢病管理能手项目的具体活动安排涉及三个方面："健康小屋进家门"、"健康小屋进小区"以及全龄健身文化节大型活动和主题系列活动。就"健康小屋进家门"而言，它的具体活动安排包括：8 个个别化健康指导的入户辅导个案（入户次数≥60 次，个案服务满意率≥90%）、1 个居家健康监测志愿者培育小组（参与的小组成员≥10 名，出席率≥80%，小组成员满意度≥90%）以及 20 名老年慢性病患者的健康档案建设。在"健康小屋进小区"方面，居家慢病管理能手项目设计的具体活动包括：10 次"健康小屋进小区"健康监测志愿服务（服务人群满意度≥90%，总服务人次≥100 人次，平均服务人次≥10 人次）和 1 场居家健康监测能手选拔大赛（活动辐射人群≥200 人次，活动满意度≥90%，参赛选手人数≥100 人次）。在全龄健身文化节和主题系列活动方面，居家慢病管理能手项目设计了青少年暑期夏令营系列活动、益朵花基金全职妈妈手工系列活动以及 1 场前埔北全龄健身文化节大型活动。其中，青少年暑期夏令营系列活动包括青少年摄影绘画培训和"社区健身文化"主题作品征集，要求参与夏令营的青少年人数不少于 20 人、参与的志愿者人数不少于 10 人、活动的成员满意度高于 90%、青少年家长的满意度高于 90%；益朵花基金全职妈妈手工系列活动包括社区健身文化宣传品的手工制作和义卖，要求参与的全职妈妈不少于 20 人、手工产品的种类不少于 2 种、手工产品的总数不少 40 件、参与义卖的社区居民人数不少于 40 人；前埔北全龄健身文化节大型活动 1 场，要求参与活动的辖区单位数量不少于 10 家、活动辐射人群不少于 500 人以及活动满意度不低于 90%。

针对社区中患有慢性病并且需要跟踪监护的老年人，居家慢病管理能手项目设计了"健康小屋进家门"个性化健康指导服务，目的是帮助社区中的老年慢性病患者建立监护网络。这项服务是由 H 老年服务中心的医护人员和社会工作者组成多专业工作团队共同完成的，它依据社区内需要重点监护的老年慢性病患者的具体居家情况制订相应的个性化服务计划，提供入户居家健康指导综合服务，内容除了包括老年慢性病患者的用药指导和健康管理咨询之外，还包括患者家庭关系的改善、家庭沟通方式的调整以及社会支持网络的增强。整个入户居家健康指导综合服务过程分为八个步骤：（1）组建多专业工作团队，并且从社区居委会相关工作人员处获得社区中需要重点监护的老年慢性病患者的名单；（2）在社区居委会相关工作人员的协助下，多专业工作团队进行首次入户探访，完成相应的家庭健康档案建设和整理工作；（3）首次入户探访后，多专业工作团队进行案例筛选，选出 10 名需要重点监护的慢性病老年患者作为居家慢病管理能手项目的服务对象，与服务对象签订双方共同希望达成的服务目标；（4）通过对服务对象的科学、系统评估，多专业工作团队为服务对象制订个性化的居家健康指导综合服务方案，并且依据服务方案提供入户居家健康指导，内容包括日常居家锻炼方式指导、体检报告解读、居家手工技能学习、健康饮食方式指导以及居家慢性病照护技能训练等；（5）评估服务对象现有的社会支持状况之后，多专业工作团队专门针对服务对象的社会支持网络进行干预，如调整服务对象的家庭沟通方式，增强服务对象的家庭支持，帮助服务对象与社区健康监测志愿者建立一对一的同伴支持；（6）根据入户服务目标实现以及成效达成的具体情况，多专业工作团队接受项目专项督导，进行阶段性反思，及时调整服务的进度和方向，保证服务的精准性和有效性；（7）多专业工作团队与服务对象及其家庭照顾者共同评估服务的开展情况和服务取得的成效，协商是否需要结案，并且根据服务对象的要求安排结案后的跟踪服务；（8）在开展入户服务过程中服务对象及其家庭照顾者有任何变化，多专业工作团队都需要及时与社区居委会相关工作人员沟通，促进个案服务的多方协同，并且结合社区现有的服务亮点为社区打造特色服务，加强社区工作者与服务对象之间的互动。

在预防网络的建设中，居家慢病管理能手项目设计了 1 场"健康小屋进小区"居家健康监测能手选拔大赛，主要针对的是社区中居家健康管理经验丰富的健康低龄老年人与因居住距离和身体条件限制而无法使用社区"健康小屋"的老年人。为配合居家健康监测能手选拔大赛，居家慢病管理能手项目还开设了居家健康监测志愿服务小组，把小组服务与大型活动结合起来，对志愿者进行赛前培训，为离社区"健康小屋"较远的老年慢性病患者提供 10 次健康监测服务，增强社区老年慢性病患者的邻里支持，强化居家健康监测志愿者的健康管理经验，并且把这些志愿者作为居家健康监测能手选拔大赛的专项志愿者，促进志愿者的社区参与。就"健康小屋进小区"居家健康监测能手选拔大赛而言，它具体分为三步。（1）居家健康监测主题志愿者培育小组的赛前培训。这一赛前小组培训融合了小组活动设计的元素，先由 H 老年社会服务中心多专业工作团队制定培训主题，并且依据这一主题设计小组活动方案。在小组方案的指导下，多专业工作团队招募社区中居家健康管理经验丰富的健康低龄老年人 12 人，为他们提供慢性病预防和健康保健方面的指导和训练，同时让他们分享各自健康管理的经验，学会慢性病预防的积极应对方式，加强同伴之间的相互支持。（2）开展"健康小屋进小区"志愿服务。由 H 老年社会服务中心多专业工作团队筛选离社区"健康小屋"比较远的小区，在小区中设置健康监测的便民服务点。完成了小区便民服务点设置之后，多专业工作团队根据小组成员的居住区域和生活安排制定社区健康监测志愿服务实践安排表，并且指导小组成员依照社区健康监测志愿服务要求开展社区志愿服务实践，同时做好健康监测的服务记录。（3）组织社区健康监测能手选拔大赛。由 H 老年社会服务中心的多专业工作团队和社区健康监测志愿者一起规划和布置社区健康监测能手选拔大赛现场，制定参赛规则，组建评选专家，并且对每位参赛选手现场演示的血压和血糖监测过程进行评分，结合参赛选手的自我健康管理方式和经验选拔出社区健康监测能手 10 人，最后由社区居委会颁发社区健康监测能手证书。

针对社区慢性病预防和健康保健的其他相关人群，居家慢病管理能手项目设计了 1 场社区全龄健身文化节大型活动以及专门针对全职妈妈和青少年两个不同人群的主题系列活动，以帮助社区建立健康保健的互助网络。就青少年暑期夏令营活动而言，居家慢病管理能手项目结合青少年暑期夏令营的要求，链接辖区共建单位和特长志愿者资源，以前埔北社区全龄健身文化为主题，开展摄影绘画培训和作品征集活动，指导参加暑期夏令营活动的20名青少年观察社区中不同类型老年文体队伍的活动形式和活动内容，用摄影或者绘画的方式捕捉社区老年人健身活动的精彩瞬间，展现社区老年人积极向上的健康心态和风采，并从中评选出优秀作品，形成社区全龄健身文化名片。青少年主题系列活动的具体安排包括六步。第一步，由社会工作者、社区工作人员以及全职妈妈志愿者共同制定青少年暑期夏令营的具体活动内容和流程；第二步，由社会工作者根据项目督导的意见，在暑期夏令营的具体活动中加入社会工作的专业服务理念、方法和技巧，完成活动方案的设计和书写；第三步，在社区工作人员和全职妈妈志愿者的配合下，由社会工作者完成青少年暑期夏令营成员的招募、登记、分组、通知、时间安排、物资采购、场地安排等准备工作；第四步，在暑期夏令营活动开展过程中，由社会工作者负责暑期夏令营的整体规划、具体工作事项的人员安排以及与社区工作人员的协调，全职妈妈志愿者则利用自身善于照顾孩子的特长，配合社会工作者维持暑期夏令营活动的秩序并且为青少年提供情绪疏导和心理支持；第五步，随着暑期夏令营活动的推进，由社会工作者承担跟进各个暑期夏令营青少年小组的项目活动进度的任务，及时给予每个青少年小组项目活动方向的指导，肯定青少年参与暑期夏令营活动的主动性和积极性，并且在各个青少年小组内倡导相互鼓励和相互支持的团队合作模式；第六步，在暑期夏令营的结束阶段，由社会工作者汇总各个青少年小组的项目成果，邀请青少年的家长共同参与项目成果的展示，并且与全职妈妈志愿者一起总结每名青少年的成长历程，反馈成长意见。

　　针对社区中爱好手工制作的全职妈妈志愿者，居家慢病管理能手项目策划了益朵花基金全职妈妈手工系列活动，让全职妈妈与低龄老年志愿者一起，以社区健身文化为主题，制作相关文化宣传手工制品，如居家健身小道具、外出健身方便携带的生活用品等，并且在社区全龄健身文化节中开展义卖活动，这不仅宣传了社区全龄健身的理念，而且倡导了居民互助的意识，提升了整个社区的活力。义卖的资金用于支持社区中生活困难的慢性病患者。益朵花基金全职妈妈手工系列活动的具体安排分为六步：（1）由社会工作者、志愿者以及社区工作人员共同协商确定社区全龄健身文化宣传品的形式，制定手工系列活动的安排；（2）由社会工作者与社区工作人员一起招募社区手工系列活动的兴趣爱好者21人；（3）根据手工系列活动的计划安排，由社会工作者负责物资的采购、手工制品参考图样的初选、社区资源的链接等，并且在社区骨干志愿者配合下完成手工制作兴趣爱好者的资料登记、联系方式的创建、微信群的维护与物资管理以及手工技能的学习等；（4）由社会工作者对骨干志愿者和手工制作兴趣爱好者的出席情况、手工制品完成情况进行积分登记，并且与社区工作人员一起商定手工制作系列活动的奖励办法；（5）在手工制作活动过程中，由社会工作者负责活动参与成员的团队建设，提升志愿者对益朵花基金的认同感和归属感；（6）由社会工作者、志愿者以及社区工作人员一起组织益朵花基金手工制品的义卖活动，结合前埔北区小学开展季度性主题跳蚤市场活动以及社区全职妈妈的"辣妈帮帮团"活动倡导社区全龄健身的理念，并且将义卖资金送到生活困难的慢性病患者的捐赠对象手里。

为了倡导社区全龄健身的理念，增强居民的健康保健意识，居家慢病管理能手项目的社会工作者专门设计了前埔北社区全龄健身文化节大型活动，组织14家辖区相关单位、8支社区老年文体活动队伍以及社区300多户爱好健身活动的家庭在前埔健身公园举行前埔北社区全龄健身文化节，对青少年暑期夏令营系列活动中产生的20件社区全龄健身文化主题摄影与绘画作品进行展览，并且结合益朵花基金全职妈妈系列手工活动对制作出来的48件社区全龄健身文化手工作品进行义卖。此外，居家慢病管理能手项目还组织了"社区健康大使"评选活动，倡导积极健康的居家自我保健方式，营造社区全龄健身的文化氛围。这场社区全龄健身文化节大型活动的具体安排包括五项内容：（1）由社会工作者与社区工作人员一起确定成果展示的时间、地点、主题和方式等，并且在全职妈妈志愿者和青少年志愿者的配合下，社会工作者负责各个项目展示内容的筛选；（2）由社会工作者与社区工作人员一起进行辖区内赞助单位的招募、信息整理和对接工作，并且在社区志愿者的帮助下完成社区全龄健身文化节的前期宣传工作；（3）由社会工作者与社区工作人员一起设计"社区健康大使"评选的标准、流程和活动安排，组织社区居民利用微信等新媒体渠道进行投票，在社区范围内评选出社区健康大使；（4）在青少年志愿者的协助下，由社会工作者负责青少年暑期夏令营系列活动的健身主题摄影和绘画作品展，同时开展特长志愿者的招募活动，吸引具有相同爱好的居民参与社区活动；（5）由社会工作者、志愿者以及社区工作人员一起组织益朵花基金手工制品的义卖活动，营造社区全龄健身的文化氛围。

值得注意的是，尽管居家慢病管理能手项目的活动内容比较丰富，活动形式也比较多样，但是这些活动安排是相互关联的，集中在三个方面，即"健康小屋进家门"、"健康小屋进小区"以及全龄健身文化节大型活动和主题系列活动，它们对应的是三个层级的慢性病预防和健康保健的保障网络。这三个层级的保障网络分别针对社区中患有慢性病并且需要跟踪监护的老年人的监护网络、针对社区中居家健康管理经验丰富的健康低龄老年人或者因居住距离和身体条件限制而无法使用社区"健康小屋"的老年人的预防网络，以及针对社区慢性病预防和健康保健的其他相关人群（主要是青少年和全职妈妈）的互助网络。其目的是营造社区全龄健身文化氛围，增强社区各类人群的慢性病预防与健康保健意识，提高整个社区应对慢性病的能力。

4. 居家慢病管理能手项目的服务成效

由 H 老年社会服务中心设计的居家慢病管理能手项目首次于 2016 年 4 月开始实施，经过一年的实践，初步完成了项目活动的总体设计，之后经过 4 年的不断调整，目前已具有较为规范的项目活动的内容安排和服务流程。在首次实践尝试中，这一项目取得了多方面的服务成效，得到社区居民、社区居委会以及其他利益相关方的高度认可。在 2018 年 4 月至 2019 年 4 月一年内，居家慢病管理能手项目的主要服务成效表现为：开展了 10 个入户个别化健康指导的辅导个案，入户服务达到 75 次；组织了 12 人的居家健康监测志愿者培育小组，进行了 10 次"健康小屋进小区"健康监测志愿服务；策划了 1 场居家健康监测能手选拔大赛，并且为 20 名社区老年慢性病患者建立健康档案；招募了 20 名青少年参与暑期夏令营系列活动，生产出 20 件社区全龄健身文化主题摄影与绘画作品；组织了由 21 位手工活动兴趣爱好者组成的益朵花基金全职妈妈手工系列活动，制作出 48 件社区全龄健身文化手工作品进行义卖；举办了由 14 家辖区相关单位、8 支社区老年文体活动队伍以及 300 多户爱好健身活动的家庭参与的社区全龄健身文化节大型活动，建立了社区慢性病预防与健康保健的三级保障网络。居家慢病管理能手项目的具体服务成效见表2-3。

表2-3 居家慢病管理能手项目的具体服务成效

序号	项目服务内容	时间	参与者	直接服务成效	相关服务成效	备注
1	慢性疾病患者健康管理档案	2018年4月至2019年3月	32名社区慢性病患者	为20名社区老年慢性病患者建立健康管理档案	未建档的12名社区慢性病患者了解了慢性病预防的基础知识和要求	
2	个案（入户个别化健康指导）	2018年4月至2019年3月	10名患有慢性疾病且需要重点跟进的老年患者	针对10名社区慢性病患者开展入户个别化健康指导，入户辅导次数共75次；100%的社区慢性病患者感到疾病预防和健康管理技能有所提升；98%的社区慢性病患者学会了1种新的居家健康保健活动方法；90%的社区慢性病患者掌握了1种新的食补方法；86%的社区慢性病患者表示自己过度使用药物情况得到改善；92%的社区慢性病患者对管理自身的慢性病更有信心		建立社区慢性病患者的监护网络
3	小组（居家健康监测志愿者培育小组）	2018年10月至11月	12名社区居家健康监测志愿者	针对20名社区慢性病重点患者进行居家健康监测，监测次数达到122次；100%的小组成员至少掌握了1种慢性病监测技能；86%的小组成员的错误操作方式得到改正；98%的小组成员明确表示自身慢性病预防管理能力得到提升	受助的20名社区慢性病重点患者表示自己对待邻里和社区的态度得到明显改善	建立社区慢性病预防的邻里互助网络

续表

序号	项目服务内容	时间	参与者	直接服务成效	相关服务成效	备注
4	居家健康监测能手选拔大赛	2018 年 12 月	200 多名社区居民和 4 名社区工作人员参与活动；5 名专家参与评选	选拔出居家健康监测能手 10 人；26 名社区居民成功演示了血压、血糖监测过程；48 名社区居民参赛选手展示了自己的居家健康管理经验	4 名社区工作人员的认可	建立社区慢性病患者的预防网络
5	青少年暑期夏令营系列活动	2018 年 6 月至 8 月	20 名社区青少年和 5 名社区志愿者参加	20 件社区全龄健身文化主题摄影与绘画作品；95% 的青少年对活动安排感到满意；92% 的青少年家长对活动安排感到满意	90% 的家长认为他们对孩子有了更好的理解；5 名社区志愿者对志愿服务安排表示满意	建立社区慢性病预防与健康保健的互助网络
6	益朵花基金全职妈妈系列手工活动	2018 年 3 月、4 月、8 月、9 月 2019 年 1 月	21 名手工活动兴趣爱好者	制作出社区全龄健身文化手工作品 48 件；参与义卖的社区居民人数达到 200 多人次；获得的 3241 元义卖款成为益朵花基金社区基金		建立社区慢性病预防与健康保健的互助网络
7	社区全龄健身文化节大型活动	2019 年 1 月	14 家辖区相关单位、8 支社区老年文体活动队伍以及 300 多户爱好健身活动的家庭参与	选拔出社区健康大使 2 人；参加社区全龄健康文化节大型活动的有 800 多人次；参与居民的满意度达到 82%	社区相关工作人员的满意度达到 100%；合作单位的满意度达到 95%	建立社区慢性病预防与健康保健的互助网络
8	项目的宣传与交流	2018 年 4 月至 2019 年 4 月	市政协、市/区民政局、市老龄办、街道及相关部门和机构的领导和工作人员	促进政府相关部门对居家慢病管理能手项目的了解；增强全社会的慢性病预防与健康保健意识	获得厦门市优秀社工项目二等奖；推送 2 篇居家慢病管理能手项目的市级新闻媒体综合报道	

第二节　贫困人群救助服务的社会工作行动研究

2013 年底，中共中央办公厅、国务院办公厅联合印发《关于创新机制扎实推进农村扶贫开发工作的意见》，明确提出建立精准扶贫工作机制的要求。2015 年底，《中共中央 国务院关于打赢脱贫攻坚战的决定》进一步把精准扶贫、精准脱贫作为我国扶贫治理工作的基本方针，并且明确提出实施"社会工作专业人才服务贫困地区计划"。从 2015 年到 2018 年，我国的《政府工作报告》连续四年明确要求支持和发展专业社会工作。2017 年，民政部、财政部、国务院扶贫办联合印发《关于支持社会工作专业力量参与脱贫攻坚的指导意见》（以下简称《指导意见》），为社会工作介入扶贫工作提供了制度保障和政策支持。《指导意见》也为社会工作参与脱贫攻坚的具体内容做了规划，包括参与贫困人群救助帮扶、参与贫困人群脱贫能力建设、促进易地搬迁贫困人群融合适应、参与贫困地区留守儿童关爱保护以及针对其他特殊困难人群开展关爱服务等。2018 年，中共中央、国务院下发《关于打赢脱贫攻坚战三年行动的指导意见》，要求"实施社会工作'专业人才服务三区计划''服务机构牵手计划''教育对口扶贫计划'，为贫困人口提供生计发展、能力提升、心理支持等专业服务""支持引导专业社会工作和志愿服务力量积极参与精准扶贫"。同年，中共中央、国务院印发《乡村振兴战略规划（2018—2022 年）》，提出"推动各地通过政府购买服务、设置基层公共管理和社会服务岗位、引入社会工作专业人才和志愿者等方式，为农村留守儿童和妇女、老年人及困境儿童提供关爱服务"。2019年，中共中央办公厅、国务院办公厅印发《关于加强和改进乡村治理的指导意见》，要求"加强农村社会工作专业人才队伍建设"，"探索以政府购买服务等方式，支持农村社会工作和志愿服务发展"。作为精准扶贫和乡村振兴多元主体中重要专业力量之一的社会工作，肩负着非常艰巨的历史使命，需要对深度贫困人群进行干预（王思斌，2016b）。但是，在深度贫困人群帮扶的脱贫攻坚阶段，社会工作的参与还停留在寻找社会工作介入的专业性（袁君刚，2017）、明确专业角色功能定位（李红飞、温谋富，2018）、制定科学的评估方式（李迎生、徐向文，2016）、选择专业的价值理念（王思斌，2016a）以及分析有效路径和方式的可能性上（陈成文、姚晓、廖欢，2016）。显然，我国精准扶贫的社会工作实践还处于探索起步的阶段，亟须针对深度贫困人群的服务总结社会工作专业服务的实践经验。

一 贫困人群救助服务研究单位的选取及基本情况介绍

厦门市 G 社会工作服务中心成立于 2014 年 1 月 7 日，在厦门市同安区民政局登记注册，是厦门市同安区首家民办非营利性的社会工作机构。2016年 12 月，厦门市 G 社会工作服务中心经中共厦门市同安区直属机关党工委批准成立了党支部，成为厦门市同安区第一家 4A 级社会工作机构。厦门市 G 社会工作服务中心自成立以来，一直秉持"爱心 + 专业服务"的发展理念，与厦门某大学社会工作专业建立长期的技术指导、人才培养以及实务研究的合作关系，是厦门某大学社会工作专业重要的实务研究基地之一。该中心依托福建省 T 慈善基金会以及政府购买服务等方式开展专业社会工作服务，发挥机构自身拥有丰富的义工资源的优势，采取"社工 + 义工 + 同伴（接受过服务并且得到成长的服务对象）"三者相结合的联动模式推进社会工作专业服务，践行社会工作助人自助的专业服务理念。

厦门市 G 社会工作服务中心长期关注城市化进程中居民的培力和社会问题的应对，主要探索的服务领域包括儿童青少年社会工作、老年社会工作、特殊群体的社会工作（如失独家庭、低保困境家庭和癌症患者等人群的帮扶）、社区发展以及乡村振兴等。2015 年，厦门市 G 社会工作服务中心承接了福建省农村社会工作试点项目，创建了从"三留守保障"到"居民互助"再到"社区增能"三步走的福建省农村社会工作试点模式，获得试点工作相关方的高度认可，成为福建省农村社会工作试点的示范。该项目荣获福建省优秀社会工作项目评选的二等奖。2016 年，厦门市 G 社会工作服务中心在厦门市计生协的指导下，作为厦门市全国计生特殊家庭帮扶项目的示范点开始尝试开展失独家庭的帮扶服务，根据失独家庭的生活特点创立了以面对面入户陪伴服务为主的个性化综合服务；2020 年，在原有入户陪伴服务的基础上提出以"暖心家园"互助服务为主的社会治愈模式，获得福建省十大优秀社会工作项目奖。2018 年，厦门市 G 社会工作服务中心应同安区民政局邀请参与了厦门市同安区"暖心宅急送"个性化精准帮扶服务，专门针对同安区多重贫困家庭开展社会工作专业服务，并为此设计了多重贫困人群的分级分类个案管理服务模式，获得全国同行的肯定和认可，成为中国社会工作教育协会反贫困社会工作专业委员会认定的全国"精准扶贫"优秀案例，撰写成书。2020 年，厦门市 G 社会工作服务中心专门组建了困境儿童社会工作服务的工作团队，针对厦门市同安区困境儿童开展专业服务的探索；同年，又承接了城市周边农村和"阳光 1＋1"革命老区的乡村振兴项目。

到 2020 年底，厦门市 G 社会工作服务中心已成为厦门市同安区最具影响力的社会工作机构，服务的范围已从传统的人群服务（如失独家庭、贫困救助家庭、留守儿童和困境儿童等人群的帮扶）扩展到区域发展服务（如农村社会工作、乡村振兴以及革命老区振兴等方面的服务）、活动类服务以及督导和培训等间接社会工作服务。厦门市 G 社会工作服务中心的社会工作专业人才也从成立之初的 2 名增加到 18 名，其中有 4 名掌握项目设计并且能够带领一线社会工作者完成项目服务任务的项目主管，3 名社会工作者获得厦门市社会工作督导员资格，2 名社会工作者获得社会工作专业硕士学位。2021 年，福建省 T 慈善基金会与厦门某大学社会工作专业签订了"校社"高级公益人才联合培养的合作计划，使厦门市 G 社会工作服务中心成为厦门某大学社会工作专业探索农村社会工作和乡村振兴社会工作实务研究的重要基地之一。

二　个性化精准帮扶社会工作试点项目的内容介绍

根据国家精准扶贫和脱贫攻坚任务布置的要求，厦门市同安区政府于 2017 年 6 月通过决议，决定采用政府购买服务的方式引入专业社会工作机构参与同安区的精准扶贫工作，选取了同安区大同街道作为精准帮扶多重贫困人群的服务试点单位，由专业社会工作机构协助同安区大同街道的多重贫困人群发现和解决生活中遇到的实际问题，并且帮助这些多重贫困人群做好预防工作，防止他们再次返贫和贫困代际传递。这项政府购买的专项服务被称为"暖心宅急送"，即由社会工作者采用科学的工作方法把政府的关心、社会的爱心送到多重贫困人群家里。在厦门市同安区党委和政府的支持下，"暖心宅急送"个性化精准帮扶社会工作试点项目于 2017 年 8 月开始启动，引入了厦门市 G 社会工作服务中心负责此项目的开展工作。项目服务开展的第一年选取当地的 9 个村居 28 户无法就业的多重贫困家庭

（包括 11 户重病家庭、12 户残疾家庭，5 户单亲/孤寡家庭）①。2018 年 8 月，厦门市同安区政府根据第一年社会工作专业服务的开展情况开始第二年的"暖心宅急送"个性化精准帮扶社会工作试点项目购买工作，对服务区域和服务对象做了适当调整。服务区域由 2017 年 8 月的 9 个村居变成 2018 年的 6 个行政村，服务范围适当缩小，去除了 3 个社区，以便社会工作者尝试从行政村入手集中针对其中无法就业的多重贫困家庭开展专业服务。服务对象也由原来 28 户无法就业的多重贫困家庭调整为现在的 80 户农村低保户家庭，包括家庭成员遭遇重大疾病的家庭、家庭重要劳动力残疾的家庭以及特困人员低保家庭等。"暖心宅急送"个性化精准帮扶社会工作试点项目总共实施了两年，到 2019 年 7 月结束。随着国家精准扶贫任务的完成以及战略重点的转移，厦门市同安区政府购买服务的重点也逐渐转向乡村振兴。

（一）个性化精准帮扶社会工作试点项目的需求评估

厦门市 G 社会工作服务中心承接了厦门市同安区政府购买的"暖心宅急送"个性化精准帮扶社会工作试点项目之后，立即组建了一支由实务工作者和研究者共同参与的实务研究团队，其中实务工作者包括 1 名机构负责人（负责协调该项目执行过程中在区镇层面的合作关系）、1 名项目主管（负责项目的设计、执行和管理以及协调在社区层面的合作关系）、2 名一线社会工作者（负责项目服务活动的实施以及过程记录）和 1 名骨干志愿者（负责项目志愿者的调动、安排和培训），研究者包括 1 名教授（负责项目服务框架设计和服务活动实施的督导以及项目品牌化的研究计划制订）、1 名社会工作方向的博士研究生（负责研究者与实务工作者之间的沟通协调以及项目品牌化研究计划的执行）和 2 名社会工作硕士研究生（负责项目品牌化研究计划的具体落实）。"暖心宅急送"个性化精准帮扶社会工作试点项目的实务研究团队每月定期见面 1 次（如遇其他情况需要进一步交流，则进行线上沟通），共同讨论项目活动的执行情况和项目研究计划的执行情况，并且根据项目执行的情况及时进行实务和研究方面的调整。

---

①　2017 年"暖心宅急送"个性化精准帮扶社会工作试点项目开始实施时选择了 28 户，后在实施过程中又增加了 2 户。

完成了"暖心宅急送"个性化精准帮扶社会工作试点项目实务研究团队的组建之后，厦门市 G 社会工作服务中心就开始着手该项目的需求评估。"暖心宅急送"个性化精准帮扶社会工作试点项目是厦门市同安区政府为了实现 2020 年脱贫目标而引入社会工作专业力量开展服务的一种尝试，因此该项目的实施涉及多个行动主体的共同努力，既有来自纵向行政关系中政府多个层级主体的参与，他们实际上给多重贫困人群帮扶制定了一个基本的服务框架，并且为这一人群的服务提供了政策兜底保障；也有来自横向社会关系中不同主体的参与，尤其是社会组织的参与，它们为多重贫困人群生活改善提供多样化的资源和支持。正因如此，"暖心宅急送"个性化精准帮扶社会工作试点项目需要采取一种多元行动主体的服务框架，将各方不同的资源整合起来，帮助多重贫困人群取得最佳改变成效，探索一种社会工作专业力量参与多重贫困人群精准帮扶的服务模式。

为了做好多重贫困人群的需求评估，"暖心宅急送"个性化精准帮扶社会工作试点项目的实务研究团队专门设计了多重贫困人群入户评估表，内容涉及多重贫困人群日常生活的四个主要方面：（1）基本生活状况，如年龄、性别、婚姻状况和居住情况等；（2）健康和就医状况，如个人病史、药物服用、就医复诊、疾病管理和家庭照顾等；（3）经济状况，如主要收入来源、收入稳定性、就业意愿和能力等；（4）社会交往和资源获取状况，如与重要他人的交往、人际交往、重要生活事件以及困难求助等。通过面对面的入户观察和访谈，"暖心宅急送"个性化精准帮扶社会工作试点项目的实务研究团队发现，受助的多重贫困人群具有以下四个方面的特点。

第一，居住分散。"暖心宅急送"个性化精准帮扶社会工作试点项目涉及的服务对象分散居住在不同的村居，不仅每个村居的多重贫困人群数量少（最少的村居只有 9 户，最多的也只有 20 户），而且相互之间居住间隔距离比较远，加上公共交通不便，他们当中的很多人相互不认识，平时也难以来往。2018 年购买的"暖心宅急送"个性化精准帮扶社会工作试点项目在服务范围上做了较大调整，将同安区大同街道边缘村居的多重贫困人群纳入服务项目中。例如，在 2017 年的"暖心宅急送"个性化精准帮扶社会工作试点项目中，受助的多重贫困人群分散居住在 8 个村居，主要集中在大同街道的中间位置。到了 2018 年，受助的多重贫困人群居住的村居虽然减少到 6 个，但是其中 4 个位于大同街道的最东侧，剩余 2 个则位于大同街道的最西侧，东西之间横跨约 15 公里。这 6 个村居离厦门市 G 社会工作服务中心的距离都在 5 公里以上。

第二，家庭为本。尽管"暖心宅急送"个性化精准帮扶社会工作试点项目的服务对象居住比较分散，但是他们有一个共同的特征，就是以家庭为本。无论是国家政策的帮扶还是生活困难的应对，都是以服务对象的整个家庭为基本单位来考察的。多重贫困人群遭遇的困难首先表现为他们的家庭功能存在严重缺失，家庭的主要劳动力不是因为疾病就是因为残疾或者变得老弱失去劳动能力，从而影响整个家庭的生活状况，而家庭生活状况的窘迫又进一步弱化了家庭功能，使整个受助的多重贫困家庭陷入恶性循环。可以说，多重贫困人群的问题在很大程度上表现为家庭能力不足。正因如此，深度贫困人群的帮扶就不能仅仅针对个人或者人群，还需要与家庭能力的提升结合起来，增强深度贫困家庭应对多重困难的能力。以 2018 年为例，"暖心宅急送"个性化精准帮扶社会工作试点项目服务对象的家庭功能缺失具体表现为因病致贫的有 16 户、因残致贫的有 52 户、其他原因致贫的有 12 户。

第三，需求多样。"暖心宅急送"个性化精准帮扶社会工作试点项目服务对象的需求类型比较多。简单而言，它包括因病致贫、因残致贫和其他原因致贫三大类，每类服务对象的需求差异都是非常明显的。因病致贫常常涉及就医就诊、用药管理、疾病管理和疾病照顾等，这类受助的家庭不仅需要有较强的家庭疾病应对能力，而且需要有较强的家庭疾病照顾能力，特别是一些需要长期治疗的慢性病患者，需要受助家庭具有配合长期治疗的能力。因残致贫不同，这类受助家庭需要面对的生活重任是康复训练、健康保健、饮食管理、生活管理、健康照护以及居家安全等，他们既要承担由残疾带来的生活不便，也要面对由残疾导致的社会歧视。其他原因致贫的主要包括孤老和体弱等，这类受助家庭往往不仅需要面对家庭功能严重缺失以及自我照顾能力不足的困难，也需要应对生活中的多重困难。以 2018 年"暖心宅急送"个性化精准帮扶社会工作试点项目为例，接受项目服务的服务对象中因病致贫、因残致贫以及其他原因致贫的基本情况分别见表 2 - 4、表 2 - 5 和表 2 - 6。

表 2 - 4 "暖心宅急送"个性化精准帮扶社会工作试点项目因病致贫
服务对象基本情况

单位：户

疾病名称	户数	疾病名称	户数	疾病名称	户数
白血病	2	癌症	4	肺结核	1
颅脑损伤	1	尿毒症	3	肾病、肾结石	2
脑出血	1	类风湿关节炎、慢性病	2		

表 2 - 5 "暖心宅急送"个性化精准帮扶社会工作试点项目因残致贫
服务对象基本情况

单位：户

残疾类型	户数	残疾类型	户数	残疾类型	户数
肢体残疾	18	智力残疾	17	精神残疾	11
听力残疾	3	多重残疾	3		

表 2 - 6 "暖心宅急送"个性化精准帮扶社会工作试点项目其他原因致贫
服务对象基本情况

单位：户

类型	户数	类型	户数	类型	户数
单亲丧偶	4	孤寡	6	体弱无工作	2

除了因病致贫、因残致贫以及其他原因致贫这种从致贫原因考察多重贫困家庭的核心需求之外，"暖心宅急送"个性化精准帮扶社会工作试点项目中的受助家庭在实际生活中还面临多重困难，这使他们常常需要面对来自生活各个方面的巨大的、长期的生活压力的挑战，主要表现在以下六个方面：（1）生计安排方面，涉及生活物资缺乏、营养不足、家庭照顾欠缺、居住环境不良等，直接影响受助家庭的基本生活质量；（2）居家安全方面，存在居家用电气安全、居家安全预防（防烫伤、防磕碰、防跌倒）、居家防诈骗等问题，导致这些受助家庭的基本生活安全无法得到保障；（3）生活照料方面，包括自我照顾能力不足、家庭环境脏乱、家务分工不清、行动不便等，无法保障家庭的日常生活照料；（4）社会交往方面，涉及交往能力欠缺、交往圈子小、获取社会资源能力不足等，妨碍这些受助家庭在遇到生活困难挑战时获得必要的社会资源和社会支持；（5）精神慰藉方面，

存在重要他人过世、亲友关系冷淡、长期独居等困难，使这些受助家庭无法获得必要的情感支持；（6）医疗保健方面，涉及就医就诊、用药管理、疾病管理、健康管理和健康照顾等。由于受助家庭的成员中常常有重大疾病患者或者残疾人士，他们除了不得不面对缺乏工作能力的挑战之外，还需要承受因治疗疾病和康复训练产生的经济负担。此外，那些子女正在就学的多重贫困家庭还时常面临子女教育的难题，如亲子关系紧张、同伴交流缺乏、学业不佳等，导致家庭冲突不断，甚至子女离家出走。正是由于多重贫困家庭在日常生活中面临诸多困难，"暖心宅急送"个性化精准帮扶社会工作试点项目需要深入了解这些受助的贫困家庭，针对其实际生活状况进行全面评估，根据系统评估的结果采取个性化综合服务策略，协助受助的多重贫困家庭提升应对贫困的能力。

第四，风险较大。尽管这些受助的多重贫困家庭已经获得政府为他们提供的低保、救助、就业等方面的政策支持，能够解决他们面临的基本生活保障问题，但是在实际生活中，这些受助的多重贫困家庭还常常受到高额的治疗费用、严重的人际冲突以及意外生活重要事件等因素的影响，加剧他们日常生活的脆弱性（徐小言、钟仁耀，2019），而他们自身抵抗意外事件风险的能力比较弱，社会支持也严重不足。因此，一旦这些受助的多重贫困家庭遇到意外风险，就很容易出现返贫现象（胡原、曾维忠，2019）。可以说，多重贫困家庭的返贫风险是比较大的（周迪、王明哲，2019），尤其是对于那些家庭成员中患有多重慢性病、重症以及精神疾病的受助家庭来说，情况更是如此。因为这些疾病的风险很大，很容易复发，从而使多重贫困家庭的生活陷入困境，加剧多重贫困家庭的脆弱性。显然，这些多重贫困家庭不仅需要面对普通贫困家庭需要应对的生计安排、居家安全、日常照料、社会交往、精神慰藉等方面的困难，而且需要随时关注身体健康状况，应对疾病变化带来的挑战。这样，在"暖心宅急送"个性化精准帮扶社会工作试点项目实施过程中，社会工作者不能仅仅关注这些受助的多重贫困家庭在日常生活中遭遇的实际生活困难，还需要关注他们在实际生活中面临的返贫风险，做好返贫风险的预防工作，特别是当这些受助的多重贫困家庭遭遇生活重要事件的意外打击时，需要及时做好跟进服务。

"暖心宅急送"个性化精准帮扶社会工作试点项目的多重贫困人群还面临另一种高风险，就是贫困的代际传递。他们的子女组成家庭后也极容易陷入贫困的怪圈中，成为新的多重贫困家庭。之所以会出现这种现象，主要是因为：（1）这些多重贫困家庭的父母通常面临着严重的身体疾病和残疾的挑战，在自身能力和身体条件的限制下，他们只能做到维持家庭的基本生活，对子女的长远发展则无暇顾及，这导致多重贫困家庭的子女常常在身体素质、竞争能力以及发展潜力等方面比不上同龄孩子，极容易在社会生活中被边缘化；（2）这些多重贫困家庭的父母受自身教育条件的限制，在家庭沟通、亲子教育以及子女学业辅导等方面能力不足，尤其是当子女面临青春期的困扰时，常常不知道如何与子女沟通，也极容易出现亲子之间的冲突；（3）这些多重贫困家庭的父母在长期的贫困生活压力下会形成一种消极的应对生活困扰的态度和方式，这种消极的态度和方式潜移默化地影响着子女的成长，产生家庭的"贫困文化"。可见，多重贫困人群的返贫风险不仅表现在他们自身应对多重生活贫困的能力上，而且表现在整个家庭应对多重生活贫困的能力上，因而会出现贫困代际传递的问题。这些多重贫困家庭也意识到贫困代际传递的风险，希望子女能够摆脱贫困带来的不良影响。

受助的多重贫困人群所具有的以上四个方面的特点表明，"暖心宅急送"个性化精准帮扶社会工作试点项目需要采用"以家庭为本、以能力为导向"的服务策略。"以家庭为本"是指整个"暖心宅急送"个性化精准帮扶社会工作试点项目需要把受助的多重贫困家庭作为帮扶服务的基本单位，围绕家庭开展相关的专业服务。这不仅因为受助的多重贫困人群是生活在家庭中的，他们面对的生活困扰与家庭的功能密切相关，而且因为家庭是培育这些多重贫困人群能力的重要单位之一。相反，如果"暖心宅急送"个性化精准帮扶社会工作试点项目直接关注受助的多重贫困人群，就会出现因过度强调这些多重贫困人群个人的要求而损害其家庭能力的现象，使原来就已经面临较高风险的多重贫困家庭变得更加脆弱。"以能力为导向"是指"暖心宅急送"个性化精准帮扶社会工作试点项目需要将服务的焦点集中在多重贫困家庭的能力培育上，因为这些多重贫困家庭在实际生活中面临多方面困难，很难在短时间内取得明显的改善效果，甚至还可能因为疾病、残疾、身体衰老等因素变得更为脆弱。面对这样的生活处境，比较现实的应对方式是在多重生活困难面前尽可能寻找可以改变的机会，让受助的多重贫困家庭在严峻的生活挑战面前看到越来越多的希望。

（二）个性化精准帮扶社会工作试点项目的目标制定

"暖心宅急送"个性化精准帮扶社会工作试点项目采取的是"以家庭为本"的服务策略，因此，它的目标制定始终需要把多重贫困家庭放在整个项目的核心位置，以家庭为单位促进多重贫困人群的生活改善。同时，项目需要"以能力为导向"，注重多重贫困家庭的自身能力建设，真正提升多重贫困家庭内生性的改变动力和改变能力。总体而言，"暖心宅急送"个性化精准帮扶社会工作试点项目的总目标是以多重贫困家庭为项目服务的基本单位，以多重贫困家庭的能力建设为项目服务的核心，建立多重贫困家庭个性化的精准帮扶机制和返贫风险的预防机制，阻断多重贫困的代际传递，创建贫困救助的"三社联动"服务机制，提升社区的基层治理水平。

值得注意的是，尽管"暖心宅急送"个性化精准帮扶社会工作试点项目以多重贫困家庭为项目服务的基本单位，但是这个项目是政府通过项目购买方式加强社区基层治理的服务项目，因此它除了需要提升多重贫困人群的家庭应对能力之外，还需要加强多重贫困人群的邻里互助以及社区层面的"三社联动"的服务机制，如帮扶多重贫困家庭的社区志愿服务、多重贫困家庭亲友之间的互助、个性化精准帮扶社会资源的挖掘以及精准化帮扶多方合作和协商机制的构建等。这样，"暖心宅急送"个性化精准帮扶社会工作试点项目的目标制定就不能仅仅停留在多重贫困家庭能力的建设上，还需要包括邻里互助和社区"三社联动"服务机制的创建，有了家庭、邻里和社区三个层面的不同目标。正因如此，"暖心宅急送"个性化精准帮扶社会工作试点项目制定了三个方面的子目标。

（1）在多重贫困人群的家庭项目服务目标方面，"暖心宅急送"个性化精准帮扶社会工作试点项目的具体目标包括五个方面。①为受助的多重贫困家庭建立服务档案，实现"一户一档、一档一案"，将个性化的精准帮扶与个性化的动态管理以及个性化的综合跟进结合起来，保证即时评估即时服务、即时服务即时跟进，提升多重贫困家庭服务的精准性和有效性。②针对有健康照顾需求的多重贫困家庭，开展家庭健康照顾能力提升的综合服务，包括家庭成员自身健康照顾能力的提升、家庭照顾压力的舒缓、家庭照顾技能的提升、家庭照顾责任的合理分担以及家庭成员的精神慰藉等，促进整个家庭健康管理能力的提升。③针对有就业需求的多重贫困家庭，开展多重贫困人群就业能力提升的服务，涉及就业需求和就业能力的评估、就业培训资源的链接、就业信息的共享、就业渠道的拓展以及就业综合跟进服务的开展等，改善多重贫困家庭的经济收入状况。④针对有子女教育需求的多重贫困家庭，开展子女的学业辅导、社会交往以及亲子教育等方面的服务。在学业辅导方面，具体包括子女的课业辅导、情绪管理、时间管理以及心理压力的调适等；在社会交往方面，具体涉及子女的语言表达能力、沟通能力、同伴交往能力以及社会交往能力的提升；在亲子教育方面，包括亲子沟通能力、亲子冲突处理能力、亲子情感交流能力等的提升，以增强多重贫困家庭子女的困难应对能力，防止贫困的代际传递。⑤针对高风险的多重贫困家庭，开展返贫风险的识别、预防以及危机处置的服务，如生活重要事件的排查、家庭风险的识别、家庭风险应对能力的提升以及紧急应对机制的建立等，增强这些多重贫困家庭抵抗返贫风险的意识和能力。

（2）在多重贫困人群的邻里项目服务目标方面，"暖心宅急送"个性化精准帮扶社会工作试点项目的具体服务目标包括：①开展多重贫困家庭互助小组，增强多重贫困家庭之间的同伴互助，建立多重贫困家庭同伴互助的学习机制，舒缓多重贫困家庭的心理压力；②增加多重贫困家庭的社会交往，开展多重贫困家庭社会交往和沟通能力的训练，帮助这些家庭拓展人际交往圈，增强他们的邻里支持；③建立一支不少于100人的帮扶多重贫困家庭的志愿者队伍，挖掘社区的志愿服务资源，增强村民的邻里互助能力，拓展多重贫困家庭的邻里互助网络；④开展由多重贫困家庭参与的志愿服务和公益服务，促进多重贫困家庭融入社区，增加多重贫困家庭与村民之间的交流，让更多的村民看到多重贫困家庭的能力和对社区的贡献，认可多重贫困家庭。

（3）在多重贫困人群的社区项目服务目标方面，"暖心宅急送"个性化精准帮扶社会工作试点项目的具体服务目标包括：①联系社区，开展政策咨询服务，协助多重贫困家庭了解相关的政策法规，申请相关的政策保障和社会救助，提升多重贫困家庭运用政策的能力；②建立重点案例多方协商机制，由社区居委会、社会工作者、社会组织以及相关部门一起联动解决重点案例的现实问题，提升"三社联动"基层治理机制的有效性；③针对高风险的多重贫困家庭，建立危机处置的"三社联动"紧急应对机制，加强多重贫困家庭应对危机的支持保障系统；④组建项目服务的实务研究团队，及时跟进项目服务的开展情况，总结项目服务的经验，提炼可学习、可复制的项目操作模式，做好项目服务的经验宣传和推广。

显然，"暖心宅急送"个性化精准帮扶社会工作试点项目的服务目标涉及多重贫困家庭多个层面和多个方面的生活，不仅包括"以家庭为本"的临床个案管理服务，而且包括受助家庭之间、邻里之间的互助以及社区层面的"三社联动"多方合作机制的改善，具有明显的综合性，融合了个案工作、小组工作和社区工作社会工作的三大传统方法。针对每户多重贫困家庭，"暖心宅急送"个性化精准帮扶社会工作试点项目倡导"一户一档、一档一案"的工作方式，根据每户多重贫困家庭不同方面的需求设计有针对性的个案管理服务方案，具有个性化精准帮扶的特点。

（三）个性化精准帮扶社会工作试点项目的服务规划和活动安排

"暖心宅急送"个性化精准帮扶社会工作试点项目的服务规划主要包括三个部分：第一部分，针对多重贫困人群的家庭开展分级分类个案管理服务，这是整个服务项目的核心；第二部分，针对多重贫困人群的邻里组织小组和社区活动，这是整个服务项目的家庭支持和邻里支持建设的部分；第三部分，针对多重贫困人群的利益相关方实施的服务，这是整个服务项目的社会支持网络建设的部分。显然，在这三个部分的项目服务规划中，多重贫困家庭的分级分类个案管理服务是最为基础的，也是最为重要的。这不仅因为多重贫困家庭的危机处置和精准帮扶是在家庭的服务中实现的，而且因为邻里的互助和社区的支持网络都是以多重贫困家庭的个案管理服务为基础的。就整个"暖心宅急送"个性化精准帮扶社会工作试点项目而言，三个部分服务的整合恰恰是在多重贫困家庭的分级分类个案管理服务基础上实现的，脱离了这个基础，各个部分的服务就会缺乏内在的关联。正因如此，这里将重点介绍"暖心宅急送"个性化精准帮扶社会工作试点项目的多重贫困家庭分级分类个案管理服务的规划。多重贫困家庭分级分类个案管理服务具体包括分级和分类两个部分。分级服务主要针对的是多重贫困家庭的返贫风险，具体内容见表2-7；分类服务主要针对的是分级服务中重点级别的多重贫困家庭，根据这类级别的每个家庭各个方面的要求开展个性化精准帮扶综合服务，具体见图2-4。

"暖心宅急送"个性化精准帮扶社会工作试点项目的多重贫困家庭分级分类个案管理服务主要采用入户访视形式，即由社会工作者、志愿者以及其

表2-7 "暖心宅急送"个性化精准帮扶社会工作试点项目分级服务

风险等级	案例等级	评估依据	服务机制	服务安排	服务次数	服务内容
高	危机	①重病复发风险：重病复发，尤其是精神疾病复发； ②人际冲突风险：人际冲突的状况和人际冲突中的危险状况； ③生活变故风险：亲人过世/意外事故/自然灾害/重大生活变迁。 若几种风险同时出现，则表明返贫风险更高	以降低返贫风险为重点的危机处置和风险预防机制	1名项目主管/项目总监+1名项目社工+村居工作人员	每周至少1次入户访视服务+1次电话/微信跟进	危机处置和风险预防
低	重点	①改变意愿：明确的改变意愿； ②改变可能：改变的可能性大； ③改变支持：家庭改变支持强。 提出的改变内容不仅需要切实可行，而且需要与服务项目的社会工作专业团队的能力相匹配	以提升家庭能力为导向的分类服务机制	1名项目社工+1名新社工	每半月至少1次面对面直接服务；可以是个案辅导/入户访视服务/小组工作	生活状况改善和家庭能力提升
	一般	①改变意愿：没有明确的改变意愿或者不愿意做出改变； ②改变可能：提出的改变要求不切实际； ③改变支持：家庭改变支持弱。 对于不愿意接受社会工作探访服务的需要做进一步的深入了解，对其中确实无法接触到的，则需要联系利益相关方	以提供探访关怀为核心的监护跟进机制	1名新社工+1名志愿者	每月至少1次探访关怀服务	近期生活状况了解和信任合作关系维护

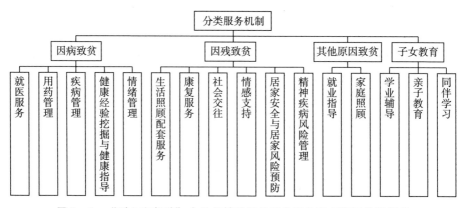

图2-4 "暖心宅急送"个性化精准帮扶社会工作试点项目分类服务

他相关专业人士组成的小团队进行定期入户探访，协助这些受助的多重贫困家庭解决日常生活中遭遇的问题。这些多重贫困家庭遭遇的问题越严重，就越需要小团队更高频率的入户访视。因此，"暖心宅急送"个性化精准帮扶社会工作试点项目根据多重贫困家庭遭遇问题的严重程度把社会工作服务分为三个等级：危机、重点和一般。危机等级是针对那些面临严重风险并且可能重新返贫的多重贫困家庭设计的项目服务，项目服务的焦点集中在危机事件的预防和处置上，如危机的识别、危机的应对、危机压力的管理、危机情绪（焦虑、愤怒、仇视等）的处理以及危机的跟进服务。重点等级针对的是那些风险不高而且改变意愿比较强、社会支持比较强的多重贫困家庭。之所以区分出这一等级的多重贫困家庭，并且专门针对他们开展社会工作专业服务，是因为不是所有的多重贫困家庭都愿意做出改变，也不是所有的多重贫困家庭都具有比较好的社会支持。因此，社会工作者需要把多重贫困家庭中那些愿意做出改变并且具有较强社会支持的家庭筛查出来，针对他们开展专业服务，推动这一部分多重贫困家庭首先发生改变，以带动其他多重贫困家庭发生变化。一般等级则是指那些风险不高而且改变意愿也不强的多重贫困家庭。针对这类多重贫困家庭，"暖心宅急送"个性化精准帮扶社会工作试点项目的服务焦点需要集中在信任关系的维护和近期生活状况的了解上，以便能够及时根据他们生活状况的变化调整项目服务的等级，如果遇到风险，就可以把他们调整为危机等级；如果有改变意愿，就可以转变成重要等级。

就分类的重点等级而言，"暖心宅急送"个性化精准帮扶社会工作试点项目重点考察三个方面的指标。（1）明确的改变意愿。多重贫困人群有明确的改变意愿，愿意与社会工作者合作尝试不同的应对方法。（2）现实的改变可能。在多重贫困人群的改变意愿中，有较为具体而且能够尝试的改变目标。（3）家庭的改变支持。除了多重贫困人群自身拥有明确的改变意愿和现实的改变目标之外，他们的家人也认同他们的改变要求，并且能够为他们的改变提供必要的支持。显然，经过上述三个方面指标的考察，那些愿意做出改变而且改变可能比较大的多重贫困家庭就能够被筛查出来，作为"暖心宅急送"个性化精准帮扶社会工作试点项目的重点帮扶对象。值得注意的是，这三个方面指标的考察不是一种简单的客观观察，只需要社会工作者拿着测量的量表通过提问和观察就可以获得，而是需要借助与受助的多重贫困家庭面对面的沟通，并且在社会工作者的启发下才能够呈现出来。这一过程实际上是社会工作者在受助的多重贫困家庭中开展辅导，协助受助的多重贫困人员厘清自己的改变意愿、明确自己的改变方向并且挖掘家庭改变资源的过程。

　　一旦受助的多重贫困家庭被选为重点等级的帮扶对象，"暖心宅急送"个性化精准帮扶社会工作试点项目就需要根据每个受助家庭的不同需求采取有针对性的个性化精准帮扶服务。不过，值得注意的是，尽管不同的受助多重贫困家庭有不同的需求，但是个性化精准帮扶也有较为清晰的服务主线。因病致贫多重贫困家庭主要围绕疾病的就医就诊和健康管理，包括就医服务、用药管理、疾病管理、健康经验挖掘与健康指导、情绪管理；因残致贫多重贫困家庭主要面对生活照料和康复服务的需求，涉及生活照顾配套服务、康复服务、社会交往、情感支持、居家安全与居家风险预防以及精神疾病风险管理；而其他原因致贫的多重贫困家庭主要需要就业指导和家庭照顾。此外，有子女就学的多重贫困家庭常常需要学业辅导、亲子教育和同伴学习方面的服务。因此，"暖心宅急送"个性化精准帮扶社会工作试点项目所说的个性化精准帮扶有四个层面的内涵。一是评估个性化，做到精准。针对每户受助的多重贫困家庭，"暖心宅急送"个性化精准帮扶社会工作试点项目的社会工作者从受助的多重贫困家庭的现实处境出发，了解他们在家庭和社区的日常生活中面对的主要困难以及社会工作专业服务可以介入之处，是一种"自下而上"的需求评估，做到"一户一档，一档一案"，绝不是依据标准化的评估表格给每个受助的多重贫困家庭打分，分析其不足之处。二是实施个性化，做到有序。针对每户受助的多重贫困家庭的改变意愿和改变资源，"暖心宅急送"个性化精准帮扶社会工作试点项目的社会工作者采取分级分类个案管理方法，保证有限的服务资源与受助的多重贫困家庭实现精准匹配，并且及时根据受助的多重贫困家庭的改变状况，调整服务类型和方式，保障社会工作专业服务顺畅有序开展。三是沟通个性化，做到聚焦。在与每户受助的多重贫困家庭进行沟通时，"暖心宅急送"个性化精准帮扶社会工作试点项目的社会工作者从受助的多重贫困家庭遭遇的"问题"入手，关注"问题"相关方的"问题"应对行为，从而与受助的多重贫困家庭建立协同处理"问题"的合作联盟，一起就"问题"寻找更有效的应对方法，减轻受助的多重贫困家庭的生活压力，避免直接针对评估量表的内容进行沟通，给受助的多重贫困家庭带来"污名"影响。四是成效个性化，做到有效。一旦关注受助的多重贫困家庭的"问题"应对行为，"暖心宅急送"个性化精准帮扶社会工作试点项目的社会工作者就能够协助"问题"行动的相关方考察行动的成效，分析这样的行动成效到底在哪里、给自己的生活带来什么改变、是不是自己所需要的改变等，提升"问题"相关方的自主改变意愿和改变能力，防止直接根据服务项目预先设计好的标准化的成效指标考察受助的多重贫困家庭，从而导致受助的多重贫困家庭成为"被改变"的对象，出现"越帮越弱"的现象。

有了针对多重贫困人群的家庭开展的分级分类个案管理服务之后，"暖心宅急送"个性化精准帮扶社会工作试点项目就可以在此基础上根据受助的多重贫困家庭的需要进一步拓展他们的社会交往网络，开展邻里互助和社区互助活动，强化受助的多重贫困家庭成长改变的社会支持，降低这些多重贫困家庭的返贫风险，防止贫困代际传递。同时，"暖心宅急送"个性化精准帮扶社会工作试点项目的社会工作者可以针对多重贫困家庭服务提供的相关方开展深入的专业服务，协助社区建立"三社联动"服务机制，为受助的多重贫困家庭构建更为广泛的社会支持网络，充分挖掘和运用社会资源参与个性化精准帮扶社会工作试点项目的服务。

（四）个性化精准帮扶社会工作试点项目的服务成效

"暖心宅急送"个性化精准帮扶社会工作试点项目是厦门市同安区政府在 2017 年 8 月开始启动的政府购买的社会工作服务，引入了厦门市 G 社会工作服务中心实施这一项目。整个项目分为两期：第一期是从 2017 年 8 月到 2018 年 7 月，项目服务的目标是帮助厦门市同安区 9 个村居 28 户无法就业的多重贫困家庭（包括 11 户重病家庭、12 户残疾家庭、5 户单亲/孤寡家庭）提升生活困境的问题解决能力，降低返贫的风险；第二期是从 2018 年 8 月到 2019 年 7 月，这一期项目服务的目标是协助厦门市同安区 6 个行政村 80 户农村低保户家庭，包括家庭成员遭遇重大疾病的家庭、家庭重要劳动力残疾的家庭以及特困人员低保家庭等，提升返贫风险的应对能力和预防能力，改善这些多重贫困家庭的日常生活状况，降低他们的返贫风险和贫困代际传递风险，加强他们的邻里互助和社区互助的保障系统。尽管该试点项目两期服务的服务人群和服务重点基本一致，但是两者仍有所不同。为了准确了解"暖心宅急送"个性化精准帮扶社会工作试点项目的成效，

这里将以第二期的服务状况来呈现该项目的服务成效。根据该项目第二期
服务项目的目标和服务活动的类型，整个"暖心宅急送"个性化精准帮扶
社会工作试点项目的服务成效考察分为三个重要部分：（1）多重贫困家庭
的分级分类个案管理服务及其服务成效，包括风险事件的预防和处理、问
题解决能力的提升和家庭生活状况的改善、亲子沟通的增强和子女学业规
划能力的提升以及家庭返贫风险监护网络的搭建等；（2）多重贫困家庭的
邻里互助小组和社区活动成效，涉及多重贫困家庭之间的同伴互助网络、
多重贫困家庭与其他家庭之间的邻里互助网络以及多重贫困家庭参与社区
活动的社区互助网络的建设；（3）多重贫困家庭"三社联动"服务机制建
设的成效，包括政策咨询、相关困难补助的申请、社会组织的参与以及
"三社联动"保障网络的建设等。此外，"暖心宅急送"个性化精准帮扶社
会工作试点项目的服务成效还包括受助的多重贫困家庭的档案建设、个性
化精准帮扶社会工作试点项目服务指南的编写以及大众媒体的宣传报道和
学习参访。"暖心宅急送"个性化精准帮扶社会工作试点项目的具体服务成
效见表2-8。

表 2-8 "暖心宅急送"个性化精准帮扶社会工作试点项目的具体服务成效

序号	项目服务内容	时间	参与者	直接服务成效	相关服务成效	备注
1	多重贫困家庭帮扶管理档案	2018年8月至2019年7月	项目第二期80户多重贫困家庭	建立80户社区多重贫困家庭帮扶管理档案		多重贫困家庭返贫风险监护网络的搭建
2	分级分类个案管理（危机等级）	2018年8月至2019年7月	第二期14户多重贫困家庭	帮助其中6户处理由精神疾病复发造成的危机事件，包括联系医院就诊，联系社区安排跟进服务，以及针对家人开展心理疏导；帮助其中2户处理由上访导致的危机事件，包括与当事人沟通，缓解当事人的负面情绪，以及协助当事人申请相关的救济补助；协助其中4户处理由家庭矛	提高社区处理危机事件的能力	多重贫困家庭返贫风险监护网络的搭建

续表

序号	项目服务内容	时间	参与者	直接服务成效	相关服务成效	备注
2	分级分类个案管理（危机等级）	2018 年 8 月至 2019 年 7 月	第二期 14 户多重贫困家庭	盾导致的冲突事件，包括与家庭冲突各方的沟通、针对家庭成员的需求开展家庭辅导，以及联系社区进行家庭调解；协助其中 2 户处理由亲子矛盾导致的危机事件，包括与亲子双方的沟通、开展亲子的情绪疏导，以及亲子沟通方式的调整等	提高社区处理危机事件的能力	多重贫困家庭返贫风险监护网络的搭建
3	分级分类个案管理（重点等级）	2018 年 8 月至 2019 年 7 月	第二期 26 户多重贫困家庭	针对其中 16 户因残致贫的多重贫困家庭，链接社会资源提供轮椅 2 个，开展康复指导 152 次、社会交往训练 18 次、情感支持 68 次、居家安全改造 16 户以及精神疾病风险管理指导 45 次；针对其中 8 户因病致贫的多重贫困家庭，开展就医服务 10 次、用药管理 15 次、疾病管理 6 次、健康经验挖掘与健康指导和情绪管理 2 次；针对其中 2 户其他原因致贫的多重贫困家庭，组织就业指导 6 次、家庭照顾指导 8 次；针对其中有子女的 16 户多重贫困家庭，开展学业辅导 67 次、亲子教育 12 次、同伴学习 18 次	16 家企事业单位参与；3 家医院和 2 家护理院参与；参与的 35 名骨干志愿者表示自己得到成长	多重贫困家庭返贫风险预防网络的搭建
4	分级分类个案管理（一般等级）	2018 年 8 月至 2019 年 7 月	第二期 40 户多重贫困家庭	开展入户关怀服务 412 次；组织居家安全指导 22 次；安排捐赠帮扶服务 5 次	16 家企事业单位参与；23 名社会志愿者参与	多重贫困家庭返贫风险监护网络的搭建

序号	项目服务内容	时间	参与者	直接服务成效	相关服务成效	备注
5	小组活动	2018 年 10 月至 2019 年 7 月	3 个健康保健小组共 16 名多重贫困人员参与；2 个健康减压小组共 11 名多重贫困人员参与；2 个居家安全小组共 12 名多重贫困人员参与；1 个疾病和用药管理小组有 8 名多重贫困人员参与；1 个亲子小组有 9 名多重贫困人员参与；1 个同伴学习小组有 10 名多重贫困家庭的子女参与	98% 的参与者对活动安排感到满意；92% 的参与者表示自己在小组活动中有收获；16 名多重贫困人员学会了至少一种自我保健方法；11 名多重贫困人员学会了至少一种减压方法；12 名多重贫困人员掌握了至少两种居家安全技能；8 名多重贫困人员学会了至少一种疾病管理和用药管理方法	15 名社会志愿者参与小组活动并对志愿服务安排表示满意	建立多重贫困家庭的邻里互助网络
6	社区活动	2018 年 10 月/2019 年 1 月/2019 年 6 月	共 3 场社区大型活动，参与的有 800 人次	参与的多重贫困人员共有 76 人次；12 名多重贫困人员作为志愿者参与社区活动；5 名多重贫困人员作为骨干志愿者参与社区公益活动	链接 23 个单位为社区大型活动提供支持；有 15 家社会组织参与社区活动的设计和组织；有 32 人作为志愿者参与社区活动；有 8 名社区工作者参与社区活动并对活动进行指导	建立多重贫困家庭的社区互助网络
7	重点案例的月例会制度	2018 年 8 月至 2019 年 7 月	参与人员包括负责该项目的村委会副书记 1 名、工作人员 2 名、社工机构负责人 1 名、项目主管 1 名，共 5 名	21 个重点案例的讨论和处理，涉及 14 户危机等级的多重贫困家庭和 17 户重点等级的多重贫困家庭。工作内容包括部门资源的协调、政策咨询、社区外部重要资源的链接等	3 名社区工作人员参与；建立稳定的项目落地社区与社工机构之间的交流机制	建立多重贫困家庭的社区保障网络

续表

序号	项目服务内容	时间	参与者	直接服务成效	相关服务成效	备注
8	项目服务指南的编写	2018 年 8 月至 2019 年 7 月	参与人员包括 5 名一线社会工作者、2 名项目主管、1 名机构负责人、4 名社会工作专业硕士实习生、1 名社会工作方向的博士研究生、1 名社会工作系教师，共 14 名	撰写出一本近 28 万字的项目服务指南；2 次扶贫社会工作领域全国会议大会发言；1 篇介绍这一服务模式的学术论文（核心期刊）	成为中国社会工作教育协会反贫困社会工作专委会"精准扶贫系列丛书"之一；成为全国社会工作高校参与精准扶贫工作试点项目之一	项目服务经验的提炼和推广
9	项目的宣传与交流	2018 年 8 月至 2019 年 7 月	省、市、区的民政、扶贫办、人大及相关部门的领导和工作人员	促进政府相关部门对社会工作参与贫困救助服务的了解；增强社会对社会工作参与困难人群救助和精准扶贫的认识	推送 6 篇"暖心宅急送"个性化精准帮扶社会工作试点项目的市级新闻媒体综合报道	

第三节　严重精神障碍患者社区康复的社会工作行动研究

　　自新中国成立以来，严重精神障碍患者的防治一直受到我国政府和社会的关注，因为精神障碍这种疾病具有迁延性强、反复性高、治疗康复难等特点，更为重要的是，仅有不到 1/4 的严重精神障碍患者接受过规范的精神科医疗服务（冯斯特、刘素珍，2014）。以精神分裂症患者为例，780 多万名患者中就诊的仅为 30%，接受过住院治疗的不足 1%（黄悦勤，2011）。这意味着绝大多数严重精神障碍患者需要在社区接受健康指导[①]。然而，针对这些社区生活的严重精神障碍患者的相关服务不多，以全国严重精神障碍患者防治工作做得较好的广东为例，这些严重精神障碍患者能

---

　　① 《全国精神卫生综合管理试点工作启动视频会议在京召开》，中华人民共和国国家卫生和计划生育委员会，http://www.nhc.gov.cn/wgq/gzhy1/201506/168e45098a03439eb0f6d397690c6cdf.shtml。

够得到的服务只占整个居家精神障碍患者人群服务的 3.52%（国家卫生和计划生育委员会，2017），而且他们的服务知晓率很低，常常不主动求助（林建葵等，2015）。正因如此，严重精神障碍患者给家庭和社会带来很高的安全风险。在 2013 年中国共产党第十八届中央委员会第三次全体会议正式提出"创新社会治理"之后，严重精神障碍患者成为我国社会治理的重点帮扶人群之一。2015 年，国家卫生计生委等 6 部门联合印发了《关于开展全国精神卫生综合管理试点工作的通知》，首次将生物医学导向的病院救治与生理 - 心理 - 社会综合导向的社区服务衔接起来，加强严重精神障碍患者的综合管理。同年，由国家卫生计生委等 10 部门共同制定的《全国精神卫生工作规划（2015—2020 年）》明确提出将社会工作纳入"精神卫生专业队伍"，发挥它在基层治理中的专业特长。2016 年，国家卫生计生委、中宣部等 22 部门联合印发了《关于加强心理健康服务的指导意见》，把严重精神障碍患者的综合管理作为我国心理健康服务的重要组成部分。2018年，国家卫生健康委等 10 部门联合印发了《全国社会心理服务体系建设试点工作方案》，明确要求从社会治理的高度推进社会心理服务体系建设，将社会工作专业人员作为心理健康领域的一支重要队伍。这不仅需要突出以社会心态的改善为主线，实现健康视角向社会视角的转变（王俊秀，2020），而且需要把社会矛盾的预防与化解作为核心，实现管控视角向预防视角的转变（乔志宏，2019）。2020 年，国家卫生健康委等部门联合印发了《全国社会心理服务体系建设试点 2020 年重点工作任务及增设试点》，要求分级分类对社会工作者等心理服务人员开展培训，培育人才和建立人才信息库，并且"在村（社区）建立心理咨询室或社会工作室"。2022 年，国务院办公厅印发了《"十四五"国民健康规划》，强调要"提高基层防病治病和健康管理能力""完善心理健康和精神卫生服务"。显然，社会工作作为一支专业力量已经进入我国精神卫生领域并且获得了政策制度上的保障，但是如何在其中发挥自身应有的作用、如何建立起符合本土特点的精神卫生社会工作服务体系，已成为亟待解决的难题。

一　严重精神障碍患者社区康复研究单位的选取及基本情况介绍

深圳市 N 慢性病防治院作为深圳市的一家区级精神卫生中心，是深圳市最早开始严重精神障碍社区康复探索的单位。它在深圳市精神卫生中心的指导下于 2012 年正式引进加拿大多伦多大学西奈山医院的主动式社区治疗（Assertive Community Treatment）模式，又称 ACT 服务模式。ACT 服务模式是针对精神功能严重受损、病程持久、病情反复、社会功能严重缺失的严重精神障碍患者而专门设计的一种多专业、高整合度的服务模式（Gelinas，1998）。目前这种严重精神障碍社区康复模式在世界范围内已经得到广泛运用，它对严重精神障碍患者的治疗成效也获得多项科学实证研究的证明，是国际社会普遍认可的严重精神障碍社区康复模式之一（Weinstein et al.，2011）。ACT 服务模式引入我国的时间并不长，到目前为止，只有深圳、北京等地开展了 ACT 服务模式的试点工作，深圳市南山区的 ACT 服务模式对于国内来说是起步较早而且发展最为成熟的。

深圳市南山区是我国改革开放最前沿城市的改革试点先锋，在城市经济快速增长和流动人口大幅度增加的同时，出现了医疗资源严重短缺的现象，特别是精神卫生领域的资源，与其改革试点的地位极不相符，无论是精神专科人均床位数还是精神科医生人均配比都远远低于北京、上海、广州等一线城市，导致大部分精神障碍患者只要病情稍有好转，就需要回到社区进行社区康复。这样，对于精神障碍患者及其家庭来说，社区康复有着极其重要的作用，特别是严重精神障碍患者不仅病情不稳定，而且危险性很高，很容易出现伤人伤己事件，给家人和社会造成危害。正因如此，深圳市 N 慢性病防治院在 2012 年 4 月引进加拿大 ACT 服务模式，并且与招商街道职业康复中心合作，建立探索工作的试点，在加拿大西奈山医院 ACT 团队经理 Wendy Chow 女士和 Samuel Law 博士的指导下，一起探索本土的 ACT 服务模式。2012 年 4 月，参加 ACT 服务模式的严重精神障碍患者会员共有 5 名，他们由深圳市 N 慢性病防治院的精神科医生和心理咨询师负责管理[①]。2013 年 3 月，深圳市 N 慢性病防治院招聘了 2 名专职社会工作者，组建起多学科综合服务团队，参加 ACT 服务模式的严重精神障碍患者会员数也因此增加至 15 名。社会工作者加入多学科综合服务团队，使 ACT 服务模式的高频率面访成为可能，这也为 ACT 服务模式的精细化管理提供了现实的人员保障。2014 年 6 月，深圳市 N 慢性病防治院开始通过购买社

---

① 深圳市 N 慢性病防治院通过筛选把符合 ACT 服务模式的严重精神障碍患者发展为会员，专门接受 ACT 模式多专业、高整合度的服务。

会工作服务的方式拓展 ACT 服务模式的覆盖范围，深圳市 3 家社会工作机构的 23 名社会工作者成为 ACT 服务模式的兼职工作人员，深圳市南山区 ACT 服务模式的严重精神障碍患者会员数增至 64 名。同时，深圳市 N 慢性病防治院结合社区康复中心的工作示范要求，不断创新 ACT 服务模式的内容，使该项目成为 2015 年深圳市民生工程。深圳市卫计委制定并下发了《深圳市主动式社区治疗（ACT）项目实施方案》，作为进一步规范全市 ACT 服务模式的指导性文件。2015 年 6 月，深圳市 N 慢性病防治院根据 ACT 服务模式的现实要求调整了社会工作服务的购买方式，分别针对 2 名专职社会工作者和 2 名兼职社会工作者的服务一起打包进行服务购买，保持专职与兼职社会工作专业服务的平衡。这样，深圳市南山区 ACT 服务模式的严重精神障碍患者会员数增至 85 名。由于严重精神障碍患者会员数剧增，深圳市 N 慢性病防治院对会员制进行改革，采取会员分级管理制度，进一步优化多学科综合服务资源的配比，突出会员中重点患者和重点阶段的服务。2016 年 10 月，深圳市 N 慢性病防治院开始正式与厦门某大学社会工作专业合作，引入高校资源对深圳市南山区 ACT 服务模式的本土实践经验进行总结，特别对其中社会工作在多专业综合服务中的服务逻辑进行提炼，先后撰写和出版了《严重精神障碍患者社区康复服务指南——深圳市南山区主动式社区治疗的本土实践》（2018 年）和《严重精神障碍社区康复社工实务——深圳市南山区的外展服务》（2019 年）。2018 年 10 月，深圳市 N 慢性病防治院在厦门某大学社会工作专业的支持下培育了首批精神卫生专职社工，开始在全区范围内推广 ACT 服务模式的本土实践经验，并且将深圳市 N 慢性病防治院的多专业综合服务团队作为 ACT 服务模式的技术督导，指导全区精神卫生专职社工开展严重精神障碍社区康复服务。2019 年 11 月，深圳市 N 慢性病防治院培育了第二批精神卫生专职社工，实现深圳市南山区 ACT 服务模式的全覆盖。深圳市南山区 ACT 服务模式也因此成为全国严重精神障碍社区康复的示范，尤其是在全国社会心理服务体系建设试点工作的推动下，逐渐获得实务界和学术界的青睐。

二　严重精神障碍患者主动式社区治疗（ACT）服务项目的内容介绍

深圳市 N 慢性病防治院探索的严重精神障碍患者主动式社区治疗（ACT）服务项目是针对深圳市各级精神卫生防治部门转介过来的需要在南

山区开展社区康复的严重精神障碍患者规划的服务项目。这些转介过来的患者需要达到三个条件并且获得本人及监护人的同意方可成为项目服务的备选对象。这三个条件是：（1）诊断为精神分裂症或者双向情感障碍；（2）年龄在 14～50 岁；（3）病程在 1～15 年。满足上述三个条件之后，经过多学科综合服务团队筛选，备选对象才能最终成为深圳市南山区 ACT 服务项目的服务对象。多学科综合服务团队筛选的标准主要依据三个方面的指标：一是出院时间，最新出院，但是病情不稳定，需要持续跟进；二是危险等级，危险等级评估在三级及以上，已经出现或者可能出现危害他人的行为，有较高的肇事肇祸风险；三是生活状况，以阴性症状为主，缺乏生活照料和病情控制能力，而且一直未接受住院治疗。这些筛选出来的严重精神障碍患者需要定期接受由精神科医生、精神科护士、心理治疗师和社会工作者组成的多专业团队提供的综合服务，他们主动走进这些生活在社区的严重精神障碍患者家中，针对这些患者在日常生活中遭遇的各种问题开展社区康复服务，遵循"第一时间、第一地点"为社区中的严重精神障碍患者提供个性化长期跟进服务的原则。服务的内容除了涉及疾病管理、用药指导、危机处置、风险预防等直接与肇事肇祸防范相关的项目之外，还涉及情绪管理、生活技能提升、家庭支持状况改善以及社会功能恢复等增强风险抵御能力的项目，目的是降低严重精神障碍患者的肇事肇祸率、疾病的复发率，减少他们重新住院的次数和时长。

（一）严重精神障碍患者主动式社区治疗（ACT）服务项目的需求评估

这些筛选出来成为 ACT 服务项目服务对象的严重精神障碍患者在社区生活中面临很多困难，除了自身精神疾病状况不稳定，极容易给自己和身边重要他人造成伤害之外，他们还面临生活技能不足、改变意愿不强，甚至有明显的病耻感，不愿意主动寻求他人的帮助等方面的问题，而且他们常常缺乏家人的悉心照料，存在社会支持严重不足的现象。特别是其中一些非户籍人口，由于受自身文化教育程度的限制以及对当地社会救助系统不了解，不知道向谁求助以及如何求助等。通常而言，这些 ACT 服务项目的服务对象在社区生活中主要面临以下五个方面的挑战。

1. 风险大

这些 ACT 服务项目的服务对象是严重精神障碍患者中那些刚出院不久而且病情不稳定的患者，他们的危险等级评估在三级及以上，有明显的肇事肇祸风险，自身的生活照料能力和病情控制能力偏弱。因此，这些 ACT 服务项目的服务对象是风险较大的人群。他们的风险常常表现在服药不规范、病情控制能力弱、消极情绪严重以及家庭监护不力等生活的不同方面。

按照医嘱按时按量规范服药是减少精神疾病复发最有效的手段。相关调查数据显示，严重精神障碍患者中的精神分裂症患者在社区康复的一年内自行停药的比例达到 50%，两年内自行停药的比例达到 75%，而因病情复发再次住院的患者中有 70% 是自行停药导致的（于海亭、王煜普，2001）。由于缺乏对严重精神障碍的病程和危害性的正确认识以及受到服药带来的不良反应和病耻感等因素的影响，这些严重精神障碍患者在社区生活中常常自行减药、藏药或者停药，不愿意按照医嘱按时按量规范服药，从而导致精神疾病的复发。在实际生活中，这些 ACT 服务项目的服务对象自行减药或者停药的原因非常复杂，有的是因为无法及时获得免费服用的药物，经济负担比较重；有的是担心精神疾病治疗药物具有副作用，不愿意在社区康复阶段继续服用；有的是害怕自己所患精神疾病被别人发现，主动停止服用精神疾病治疗药物；等等。值得注意的是，尽管这些 ACT 服务项目的服务对象自行减药或者停药的原因各不相同，但是长期服用精神疾病治疗药物不仅影响患者的睡眠和饮食，而且对患者的心理状况有明显的负面影响，如注意力很难集中、记忆力下降以及对周围事情缺乏兴趣等，极容易给患者造成消极的心理体验。

就这些被筛选出来的严重精神障碍患者而言，他们对自己病情的控制能力是比较弱的，这不仅因为他们的病情容易复发，导致他们对病情控制失去信心，没有做好长期应对的准备，而且因为这些 ACT 服务项目的服务对象阴性症状明显，主动性差，缺乏生活所需的自我照顾能力。当他们在社区日常生活中遇到问题时，极容易选择回避的方式，放弃自己可以做出的努力。当然，长期服用精神疾病治疗药物也会对他们的身体功能造成一定的负面影响，如思维迟缓、反应速度慢、嗜睡、平衡能力差、语言表达能力减弱、与周围他人沟通存在困难等，严重影响他们日常生活的安排。

即使在平时，这些 ACT 服务项目的服务对象因长期接受治疗而无法得到痊愈，消极情绪比较明显，加上他们自身病情不稳定，常常需要家人或者其他照顾者负责他们的日常生活起居，给家庭和重要他人带来沉重的负担，导致他们的价值感低下，自信心不足，极容易产生怨恨、失望、无助、沮丧、敌视甚至绝望等消极情绪。显然，这些消极情绪不仅不利于服务对象的康复，增加服务对象疾病复发的风险，而且不利于家庭成员之间的沟通，给家庭照顾者造成极大的精神负担。这样，这些消极情绪就会形成恶性循环，一方面损害服务对象自身的康复能力，另一方面削弱家人的支持力度，两者相互刺激，就会给服务对象带来极大的复发风险，特别是当服务对象在日常生活中遭受一些突发事件的冲击时，极容易引起情绪波动，导致精神疾病的复发。

在严重精神障碍患者疾病复发风险的管控过程中，家庭始终发挥着极其重要的作用，尤其是家庭的照顾者既是患者精神疾病复发的第一监护人，也是患者精神疾病复发风险应对的第一支持者。家庭的风险管理能力在很大程度上决定了患者精神疾病复发的可能性。然而，这些ACT服务项目的严重精神障碍患者常常面临家庭监护功能缺失的困难，不是表现为家庭照顾者监护能力不足，就是表现为家庭照顾者缺位。一旦这些服务对象出现自行减药或者停药的现象，就无法得到及时的指导和矫正，导致服务对象在社区生活的挫折面前极容易出现疾病复发的现象。对于那些非户籍的流动人口来说，他们的家庭照顾者由于缺乏对精神疾病的正确认识，往往根据服务对象停药后的不适反应来决定是否需要继续监督服药，忽视严重精神障碍患者在社区生活中面临的潜在风险。

可见，ACT服务项目的严重精神障碍患者的疾病复发风险是很大的，影响风险出现的因素有很多，涉及严重精神障碍患者自身的病症特征、服药习惯、病情控制能力、消极情绪的管理能力以及家庭照顾者的监护能力等。正因如此，精神疾病复发风险管理被放在ACT服务项目服务对象需求的第一位，这不仅因为精神疾病复发会严重影响服务对象社区康复的进程，极大地增加了服务对象康复的难度，而且因为服务对象精神疾病是否复发是衡量ACT服务项目成效的重要指标之一。防止服务对象精神疾病复发能够直接减少肇事肇祸的社会危害。

2. 康复难

受严重精神障碍的影响，ACT服务项目的严重精神障碍患者的身体功能、心理功能和社会功能都会受到严重损害，导致他们在社区中康复困难重重。这不仅表现为他们在社区生活中日常起居的生活能力明显不足，需要他人的照护，而且表现为他们的学习能力明显下降，很难独立应对日常生活中遭遇的困难，需要政策和社会的支持。特别是，这些 ACT 服务项目的严重精神障碍患者常常患有其他身体疾病，同时受到躯体疾病的影响，这进一步增加了他们在社区生活中的康复困难。

一旦严重精神障碍患者回到社区成为 ACT 服务项目的服务对象，他们就需要面对家庭和社区生活中各种琐碎事务的挑战，涉及生活自理能力、情绪管理能力、压力管理能力、沟通交流能力、社会交往能力以及职业规划能力等各个方面。然而，ACT 服务项目的服务对象实际上缺乏社区日常生活中所需要的这些能力，他们因为受到疾病的影响无法像一般人那样主动、合理地安排自己的日常生活，常常需要家人和社会的照顾。因此，ACT 服务项目的严重精神障碍患者在融入家庭、融入社区过程中面临严峻的挑战，一方面，社区生活的康复要求很高；另一方面，他们自身的学习能力明显不足。两者之间存在巨大的落差。尤其是对于阴性症状比较明显的严重精神障碍患者而言，这一挑战更为突出，他们常常采用回避、退缩的方式回应现实生活中的要求。这样，如何调动和培育 ACT 服务项目服务对象的内生动力，让他们学会主动面对日常生活中的困难，就成为一个突出的难题。

对于 ACT 服务项目的严重精神障碍患者来说，他们在家庭和社区生活中遭遇的问题是非常具体的小事情，如使用电梯、乘坐公交车、去超市购物、与人打招呼、打扫卫生等。这些小事情阻碍了 ACT 服务项目服务对象的成长，也成为诱发他们疾病复发的重要原因。这种针对日常生活中的小事情开展的问题解决能力的学习，不同于人们习以为常的知识技能学习，无法采用预先设计好的标准化方式来推进，而是需要在不断试错中找到更有效的应对方法。这样，用心观察和悉心陪伴就成为这种问题解决能力学习不可缺少的条件，不仅需要培养他们的问题解决能力，而且需要培养他们面对问题以及直面挫败的勇气和信心。但是，ACT 服务项目的服务对象常常又存在家庭和社会支持不足的难题，这些不足极容易导致严重精神障碍患者在社区生活的学习中遭受挫折，无法实现社区康复的目标。

ACT 服务项目的严重精神障碍患者常常患有其他躯体疾病，如高血压、糖尿病、酒精滥用和痛风等。这些躯体疾病很容易引发身体不适，导致精神疾病的复发；同样，精神疾病的复发也会诱发躯体疾病的出现。这样，两者相互交叉影响，不仅加剧了 ACT 服务项目服务对象的疾病痛苦，增加了社区康复的难度，而且使 ACT 服务项目服务对象更容易受到环境因素的影响，降低他们对生活的掌控感，损害他们的康复信心。对于 ACT 服务项目的严重精神障碍患者而言，他们的社区康复同时涉及精神疾病和生理疾病的康复，关系到日常饮食、生活起居、行为习惯、社会交往等生活的方方面面。因此，无论是 ACT 服务项目的服务对象还是他们的家庭照顾者，都会感受到社区康复给他们带来的巨大压力和挑战。

显然，ACT 服务项目的严重精神障碍患者在社区康复中面临巨大的压力和挑战，他们康复的难度很大。这不仅因为严重精神疾病本身给他们带来巨大的困扰，而且因为他们自身拥有的问题解决能力较弱，加上不少 ACT 服务项目的服务对象都患有不同程度的躯体疾病，导致他们在社区康复过程中很容易受阻，甚至出现疾病复发的现象。

3. 支持弱

严重精神障碍患者在社区康复过程中需要他人和社会的长时间照顾，他们除了病情不稳定、极容易反复之外，还常常面临个人生活技能的欠缺以及社会交往能力不足的挑战，尤其是对于 ACT 服务项目的严重精神障碍患者而言，这方面的需求更为突出。他们不仅具有较高的肇事肇祸风险，在社会交往中容易受到社会污名的影响，出现社会交往能力的退化，而且在长期的照顾过程中需要家庭照顾者具有较强的化解负面情绪的能力和悉心照顾的技能，这给家庭照顾者增添了巨大的生活压力和精神负担，极容易出现家庭关系的紧张和冲突，导致家庭和社会支持的减弱。

实际上，相关研究已经证明，有 50%～80% 的精神分裂症患者需要与家庭照顾者一起居住或者经常与家庭照顾者保持联系，除了日常生活起居需要依赖家庭照顾者的帮助之外，他们由于精神疾病的影响个人的情感会变得淡漠，反应也会变得迟钝，甚至常常有一些强迫的思维和行为表现，妨碍他们与周围他人进行顺利的沟通交流（孙红立等，2014）。ACT 服务项目的严重精神障碍患者是严重精神障碍患者中病情较不稳定的那一类，他们的阴性症状更为明显，极容易被家人误解成"冷漠""自私""懒惰""古怪"等，让家庭照顾者产生怨恨、失望、无奈甚至绝望的感受，妨碍家庭沟通的顺利进行。此外，ACT 服务项目的严重精神障碍患者在日常生活中常常会出现一些异常的言行表现，甚至做出伤害人的行为，容易给家庭照顾者和其他家庭成员造成心理负担，产生羞耻感，导致家庭沟通出现困难。

在照顾 ACT 服务项目的严重精神障碍患者过程中，家庭照顾者常常陷入恶性循环的两难处境。一方面，家庭照顾者需要根据 ACT 服务项目的严重精神障碍患者的疾病情况和社区康复状况安排日常起居，给严重精神障碍患者提供必要的家庭支持，促进他们病情的稳定和改善。在这个过程中，家庭照顾者越细心照顾严重精神障碍患者，也就越需要处理严重精神障碍给他们造成的生理、心理和社会生活方面的困扰，包括一些异常的想法和行为表现，从而需要面对越来越多的冲突，承担越来越大的风险和压力。这样，家庭照顾者在照顾 ACT 服务项目的严重精神障碍患者一段时间后就会变得"麻木"，逐渐在日常照顾的冲突中失去信心，甚至有的会产生放弃的念头。另一方面，由于 ACT 服务项目的严重精神障碍患者是家庭照顾者的亲人，他们又无法真正做到彻底放弃。正因如此，ACT 服务项目的严重精神障碍患者的家庭照顾者时常陷入进退两难的处境，而这样的两难照顾体验又会加剧他们的负面感受，导致家庭关系的进一步紧张和恶化。在实际生活中，家庭照顾者与受助的严重精神障碍患者之间关系的紧张还受到其他因素的影响，如关系不对等。家庭照顾者和其他家庭成员需要忍让 ACT 服务项目的严重精神障碍患者，忍受他们的一些"怪异"行为，在日常交往中做出一定的让步和牺牲。此外，还有如就医负担、经济压力以及额外的精力付出等，都会造成照顾关系的紧张。尤其是对于非户籍的流动人口来说，他们平时的家庭经济负担就比较重，当家庭成员中出现了严重精神障碍患者，就会给整个家庭带来巨大的经济压力，不仅严重精神障碍患者自身失去了劳动能力，需要其他家庭成员负责他们的日常开支，而且因为他们需要长时间的日常生活起居照顾，家庭的主要劳动力就需要分出时间和精力照顾他们，家庭的经济收入会受到较大影响。甚至有些时候，家庭照顾者既是家庭的主要劳动力，又是严重精神障碍患者的主要照顾者，他们需要承担多重家庭生活压力。在这样的多重家庭生活压力下，家庭照顾者与受助的严重精神障碍患者之间的关系就会变得非常脆弱，极容易产生矛盾和冲突。

一旦 ACT 服务项目的严重精神障碍患者的病情状况得到改善，他们就需要走出家门，参与社会活动，扩大自己的人际交往圈，但是他们呈现给社会的形象是负面的，人们对他们有很多刻板印象，常常把他们与无故伤人、胡言乱语、行为怪异等异常表现联系在一起。这样，在实际生活中，

ACT 服务项目的严重精神障碍患者要迈出社会交往的这一步，是非常困难的，不仅人们内心担心害怕，不愿意主动与他们交往，使他们常常缺乏必要的社会交往和社会参与的机会，而且社会舆论在宣传时，也会有意无意地夸大严重精神障碍患者这些负面的表现，给他们贴上"病态"的标签，造成社会对他们的歧视。因此，ACT 服务项目的严重精神障碍患者在社区康复过程中不可避免地会遭遇来自社会的歧视和排斥（周爱民，2010）。这样的经历一方面会损害 ACT 服务项目的严重精神障碍患者的社会支持，使他们在社会交往中很难得到他人的帮助；另一方面会给 ACT 服务项目的严重精神障碍患者造成心理负担，产生病耻感，迫使他们放弃主动参与社会交往的机会，降低他们的改变意愿，强化他们的阴性症状。

显然，ACT 服务项目的严重精神障碍患者在社区康复中会面临社会支持不足的挑战。这不仅表现为他们与家庭成员之间的沟通不顺畅，常常陷入家庭的矛盾和冲突中，缺乏有效的家庭支持，而且表现为他们缺乏社会交往和社会参与的机会，时常需要面对社会污名和社会歧视带来的负面影响，无法获得必要的社会支持。

4. 意愿低

ACT 服务项目的严重精神障碍患者的病情不稳定，阴性症状明显，导致他们在社区康复过程中表现出意愿低的特点。这种不主动求助甚至不主动寻求改变的低意愿的表现方式，固然与 ACT 服务项目的严重精神障碍患者的病情有密切的关系，但是进行进一步的考察就会发现，他们的这些低意愿表现还与他们内心的低价值感以及强烈的病耻感有着内在联系。在低价值感和强烈的病耻感的推动下，ACT 服务项目的严重精神障碍患者把"被动""冷漠""懒散"等阴性症状的表现作为自我保护的工具，放弃自己的任何努力，避免自我受到进一步的伤害；而这种低意愿的自我表现又会进一步弱化他们的改变意愿，加深他们与周围他人之间的隔阂，不仅会降低他们的自我价值感，而且会加强他们的病耻感。因此，一旦患者被贴上"精神病人"的标签，他们的自尊心就会下降，就会有意无意地回避与他人的社会交往（徐晖、李峥，2007）。

ACT 服务项目的严重精神障碍患者常常表现出多疑、敏感、抱怨、自责等消极的心理特征，他们的自我价值感比较低。这一方面是由于他们患有的精神疾病严重损害了他们的生理、心理和社会功能，使他们无法独自照顾好自己，也无法单独应对日常生活中出现的困难，需要长期依赖他人的照顾和支持，缺乏自我尊重、认可和成长的空间，让他们常常感受到自己的无力、无助和无奈；另一方面是由于他们患有的这种精神疾病容易造成严重的社会污名和社会歧视的现象，常常使他们缺乏必要的社会交往和社会参与的机会。一旦患有这种疾病，严重精神障碍患者极容易被社会边缘化，被排斥在正常的社会交往之外，很难再重新融入社会。可以说，严重精神障碍患者患病的过程就是不断挫伤自尊心的过程，他们在康复过程中需要不断挑战自我，面对自我价值感比较低、社会交往机会比较少以及社会歧视比较严重的现实困扰。

ACT 服务项目的严重精神障碍患者的这种低自我价值感的状况并不是一下子就能够改变的，往往需要比较长的康复时间，通过受助的严重精神障碍患者在现实生活中一点一滴地学习主动行动、主动寻找资源逐渐突破自我的束缚。因此，尽管 ACT 服务项目的严重精神障碍患者在家人以及多专业服务团队的指导下能够按照医嘱按时按量服药，有的日常起居也能够变得比较有规律，但是实际上他们自我的主动性并不强，主动改变的意愿也不强，一旦在日常生活中遇到困难，很容易采取回避或者退缩的方式应对，既不会主动寻找问题解决的办法，也不会主动寻求他人的帮助。这样，ACT 服务项目的严重精神障碍患者的自我改变就成为极其重要的服务需求之一。

除了低价值感直接影响严重精神障碍患者的主动行动和主动学习的能力之外，病耻感也是妨碍他们实现社区康复的重要影响因素，因为精神疾病会给 ACT 服务项目的严重精神障碍患者和他们的家人带来社会公众的歧视和排斥，极容易给患者和他们的家人造成严重的精神负担。这种现象被学界称为"病耻感"（徐晖，2008）。相关调查研究显示，精神障碍患者的病耻感对患者的就医行为、治疗依从性、日常生活质量、社会适应功能以及再住院次数等都有消极的影响（车志强等，1998）。在病耻感的影响下，ACT 服务项目的严重精神障碍患者的社会生活被边缘化，特别是在职业康复方面，他们会面临许多就业障碍。他们不仅参与社会交往的机会少，而且遇到困难时获得他人支持的可能性也比较小，甚至他们的家人也会因此受到多方面的负面影响，很容易被贴上消极的社会标签。显然，ACT 服务项目的严重精神障碍患者的病耻感与社会公众对精神疾病的歧视这两者会相互刺激，形成恶性循环，最终迫使患者形成自我压迫机制，妨碍患者社区康复的顺利实现。

在实际生活中，ACT 服务项目的严重精神障碍患者的低价值感和病耻感这两个因素经常"纠缠"在一起，同时影响着患者的社区康复进程。不仅低价值感会妨碍患者主动与他人交流，使患者不愿意主动去医院复诊，不愿意主动参加社区活动，担心被别人看见，而且病耻感也会使患者在与他人的交流中表现出过度的敏感、担心、焦虑，猜测别人对自己不友善、不喜欢自己等。因此，ACT 服务项目的严重精神障碍患者在社区康复中表现出来的低意愿就不能仅仅从个人心理的角度来解释，将他们被动消极的行为表现简单理解成由他们自我的低价值感导致的，而需要把他们放到现实的社区生活处境中，考察他们在日常生活中面临的社会歧视和社会排斥，分析他们需要学会处理哪些病耻感的难题。

5. 服务少

我国人口基数庞大、地域辽阔，而精神卫生资源又比较短缺，特别是在社区康复方面，存在精神卫生资源严重不足的问题。这一问题在改革开放之后变得更为突出。尽管国家出台了一系列举措推动我国精神卫生事业的发展，包括建立精神卫生三级防治网络、实施被中央列入补助地方基层的"重性精神疾病管理治疗项目"（简称为 686 项目）以及试点全国社会心理服务体系建设等，但是随着我国城镇化步伐的加快，人口流动加速，不仅大批农村人口涌入城市，而且城市与城市之间的人口流动也在快速增加，导致社区的非户籍人口比例不断攀升，甚至一些城市出现了非户籍人口比例高于户籍人口比例的现象。这些非户籍人口来到新的城市，往往既不了解当地的救助政策，也不知道求助的具体渠道。这样的现实困难严重阻碍了他们主动寻求帮助的意愿和行为。

我国的精神卫生资源总体来说是比较匮乏的。国家卫生和计划生育委员会 2017 年公布的数据显示，我国有精神专科医院 1026 家，精神病防治所（站、中心）29 所，精神专科医院执业医师 26747 名，精神专科医院注册护士 62980 名，总精神科床位数 380803 张，精神科医生 1.93 人/10 万人（仅根据专科医院医生数目得出），精神科注册护士 4.55 人/10 万人（仅根据专科医院护士数目得出），精神科床位 2.75 张/万人。全国仅有不足 3 万名（仅根据专科医院医生数目得出）精神科医师，却要服务庞大的人口基数，可谓"杯水车薪"（国家卫生和计划生育委员会，2017）。从地域上看，精神科床位和人员总数均为东部最多、中部次之、西部最少，西部地区的精神卫生资源数量与东中部地区存在巨大差距，近半数精神卫生资源集中在东部地区（史晨辉等，2019）。尽管近年来中国大陆精神卫生资源增幅很大，但是仍与中高收入国家的发展水平存在较大差距。2019 年发布的一项全国精神卫生资源状况调查分析报告指出，中国大陆每 10 万人口的精神卫生人员总数量 8.90 人、精神科注册护士 5.51 人、心理治疗师/咨询师 0.35 人、社会工作者 0.11 人、康复师 0.08 人，均远低于中高收入国家的 15.9 人、7.1 人、1.4 人、0.6 人、0.3 人的发展水平（史晨辉等，2019）。

在精神卫生专业人才和专业资源严重短缺的情况下，深圳市整合市、区两级精神卫生机构的资源，引入专业社会工作，组建了多学科治疗康复团队，采用小团队工作方法创新社区康复的精神卫生服务模式。值得注意的是，我国在精神卫生领域的社区康复工作中还有一个不容忽视的问题，即能够接受社区康复机构服务的患者基本上都是当地户籍人员，由于受到"户籍壁垒"的限制，非户籍精神障碍患者可以利用的社区精神卫生康复资源非常稀少。其中，社区严重精神障碍患者的情况更为突出，从而导致出现这样一种现实困境：社区严重精神障碍患者的需求与可获得的现实服务之间形成巨大的落差，他们实际上能够得到的服务非常少，根本无法满足他们的基本社区康复需求。当然，遭遇这样的困境也有严重精神障碍患者自身及其家人的原因，如受教育程度比较低、交往范围比较窄等，使他们信息交流不通畅，不了解相关服务，也不知道如何申请这样的服务，服务的知晓度和利用率都比较低（林建葵等，2015）。ACT 服务项目的严重精神障碍患者有一些来自偏远地区，他们来到深圳务工，流动性很大，没有时间也没有精力去了解深圳市精神卫生领域相关的法律法规和福利保障政策，更不用说社区精神健康服务的申请。实际上，在社区康复中阻碍严重精神障碍患者主动申请服务的原因还有很多，如社区康复需要的社会资源涉及的政府部门比较多，造成患者及其家人不知道向哪个具体部门提出申请；每个部门的宣传途径和方式各不相同，协调起来很困难，影响患者及其家人对相关政策的了解；相关的申请手续比较烦琐，不同的部门有具体的不同要求，等等。因此，如何优化资源配置、简化申请手续、提高办事效率，也是促进严重精神障碍患者及其家人有效利用社区康复资源的有效措施

（唐娟等，2016）。

　　显然，ACT 服务项目的严重精神障碍患者由于受到生理疾病和社会污名的影响，在社区康复中的风险是比较大的，康复的难度也比较大。在这样沉重的社区康复压力下，他们一方面自身所拥有的家庭和社会的外部支持比较弱，能够获得的服务比较少；另一方面个人寻求改变的意愿比较低，缺乏自我价值感，病耻感也比较强。这些因素杂糅在一起，相互影响，就会成为 ACT 服务项目的严重精神障碍患者社区康复的巨大阻力，加上精神疾病本身的迁延性和反复性等特征，ACT 服务项目的严重精神障碍患者的社区康复之路就是一项"不平凡"的工作。

（二）严重精神障碍患者主动式社区治疗（ACT）服务项目的目标制定

　　针对 ACT 服务项目的严重精神障碍患者面临的 5 个方面的挑战，ACT 服务项目的多专业综合服务团队制定了防止受助的严重精神障碍患者肇事肇祸和促进他们回归社区的总目标。这意味着 ACT 服务项目是一种集严重精神障碍患者的管理和服务于一体的综合项目，它既需要保障受助的严重精神障碍患者及其家人的生命安全，促进社会和谐，也需要推动受助的严重精神障碍患者自身能力的提升，协助他们回归家庭、回归社会。值得注意的是，ACT 服务项目多专业综合服务团队中的社会工作者不能把管理与服务对立起来，认为管理就是忽视 ACT 服务项目的严重精神障碍患者的需求，就是管住他们，不让他们按照自己的意愿生活。实际上，对于 ACT 服务项目的严重精神障碍患者来说，这样的管理是十分必要的，因为他们确实受到精神疾病的影响，有时会失去自控能力，给自己和周围他人造成伤害，而一旦这样的伤害出现，他们融入家庭生活和社区生活的难度就会增加。同时，ACT 服务项目多专业综合服务团队中的社会工作者也需要认识到，最好的管理其实是让 ACT 服务项目的严重精神障碍患者自身拥有解决现实生活问题的能力，能够回归家庭和社会，成为社会生活中有用的人。因此，ACT 服务项目多专业综合服务团队中的社会工作者在协助其他专业人士做好 ACT 服务项目的严重精神障碍患者的管理工作时，就需要进入严重精神障碍患者熟悉的日常生活中，协助他们处理日常生活中遭遇的问题，让他们在日常生活的问题解决中提升自己的生活应对能力，促进他们回归正常生活。具体而言，ACT 服务项目的子目标涉及三个方面，即降低和减轻康复的风险和压力、增强康复的支持和保障以及提升康复的改变意愿和能力，总共包括 10 项指标，即减少肇事肇祸、降低疾病复发率、提高问题解决能力、减少异常行为、增强生活技能、减少病耻感、提升自我价值感、改善家庭支持状况、扩展社会支持以及提高服务知晓度。其中，在降低和减轻康复的风险和压力方面，ACT 服务项目的子目标主要是减少肇事肇祸、降低疾病复发率、提高问题解决能力、减少异常行为以及增强生活技能；在增强康复的支持和保障方面，ACT 服务项目的子目标是改善家庭支持状况、扩展社会支持①以及提高服务知晓度；在提升康复的改变意愿和能力方面，ACT 服务项目的子目标则是减少病耻感和提升自我价值感。需要注意的是，这样归纳 ACT 服务项目的子目标并不代表这些指标的重要程度是依次递减或者等值的，只是为了梳理内容，以便能够呈现每个子目标之间的关系。就重要程度而言，减少肇事肇祸、降低疾病复发率和提高问题解决能力是整个 ACT 服务项目最为核心的子目标。

在降低和减轻康复的风险和压力方面，ACT 服务项目的第一个子目标是减少肇事肇祸。由于 ACT 服务项目的服务对象是严重精神障碍患者，他们极容易出现精神疾病复发的现象以及自伤、伤人和扰乱公共秩序等有危害的行为（王轶虎等，2017）。为了实现这一子目标，ACT 服务项目的多专业综合服务团队要做到及时了解受助的严重精神障碍患者的情况，及早赶到他们疾病复发的现场，协助他们及其家人处理疾病复发的危机事件，避免肇事肇祸事件的发生。这一子目标实现的测量指标是肇事肇祸率。降低疾病复发率是 ACT 服务项目在降低和减轻康复的风险和压力方面的第二个子目标。疾病复发不仅是导致 ACT 服务项目的严重精神障碍患者肇事肇祸的重要直接原因之一，而且是增加 ACT 服务项目的严重精神障碍患者康复难度以及家庭和社会照顾负担的重要影响因素。为此，ACT 服务项目多专业综合服务团队需要针对受助的严重精神障碍患者的疾病、健康和家庭照顾状况做好疾病管理、健康管理以及日常生活管理等方面的工作。严重精神障碍患者情绪管理方面的工作做得如何，直接影响他们的疾病是否复发。提高 ACT 服务项目的严重精神障碍患者的问题解决能力是降低和减轻康复的风险和压力方面的第三个子目标，它包括生活问题的界定、生活"小问

---

① 职业支持也是社会支持中的重要组成部分，但是这项指标只适合有职业规划的社区康复中的严重精神障碍患者，不宜作为所有严重精神障碍患者的一般服务指标。

题"的寻找、可改变方案的确定和"小改变"的尝试等。只有 ACT 服务项目的严重精神障碍患者的问题解决能力得到提升，他们的生活压力才能减轻，即使暂时无法减轻，他们也更有能力应对。减少严重精神障碍患者的异常行为是 ACT 服务项目在降低和减轻康复的风险和压力方面的第四个子目标。尽管受助的严重精神障碍患者的异常行为不是导致精神疾病复发的直接原因，但是它常常引发生活的冲突，导致生活压力的增加和人际关系的紧张，增加严重精神障碍患者疾病复发和肇事肇祸的风险。因此，ACT服务项目多专业综合服务团队需要关注受助的严重精神障碍患者的异常行为以及由此带来的直接后果，从异常行为的后果入手逐渐帮助严重精神障碍患者减轻生活的压力，找到更有效的行动应对方式。增强生活技能是ACT 服务项目在降低和减轻康复的风险和压力方面的第五个子目标。对于刚出院不久的 ACT 服务项目的严重精神障碍患者来说，他们的日常生活能力受到严重的损害。当回到家庭开始社区康复时，他们每时每刻都面临着日常生活技能的挑战，如生活自理能力、日常生活的安排能力以及闲暇时间的有效利用等，直接影响他们是否能够融入日常生活。

在增强康复的支持和保障方面，ACT 服务项目的第一个子目标是改善严重精神障碍患者的家庭支持状况。实际上，无论是在康复风险和压力的降低和减轻方面还是在康复改变意愿和能力的提升方面，ACT 服务项目的严重精神障碍患者的社区康复都离不开家庭的支持。家庭照顾者的帮助，是 ACT 服务项目的严重精神障碍患者获得成长改变的关键因素之一，其中包括家庭照顾者的照顾技能提升、家庭照顾者的喘息、家庭成员之间沟通状况的改善以及家庭氛围的营造等。值得注意的是，家庭支持状况的改善不仅涉及严重精神障碍患者回归家庭的过程，而且涉及严重精神障碍患者回归社会的过程，因为严重精神障碍患者在社会康复中会遇到很多现实挑战，这些挑战都会变成对家庭应对能力的考验。对此，ACT 服务项目多专业综合服务团队不能把所有的注意力都集中在严重精神障碍患者身上，而是要将严重精神障碍患者家庭支持状况的改善作为重要的项目服务的子目标，尤其是家庭照顾者的生活应对能力直接决定了家庭支持状况的改善程度。除了家庭支持状况的改善之外，社会支持的扩展也是严重精神障碍患者获得康复支持和保障重要的子目标。一旦 ACT 服务项目的严重精神障碍患者融入家庭生活之后，就需要走出家门，拓展自己的人际交往圈，参与多种形式的社会活动，以获取自己的社会身份，其中包括建立朋辈交往圈、参与社会活动、掌握社会交往技能以及培养社会责任感等。对于有就业能力的 ACT 服务项目的严重精神障碍患者，还需要建立职业生活的社会支持。尽管从形式上看，拓展严重精神障碍患者的社会支持有利于他们家庭支持状况的改善，但是在实际的社区康复过程中，两者常常存在冲突，需要严重精神障碍患者及其家人学会平衡两者之间的不同要求。提高服务知晓度是增强 ACT 服务项目的严重精神障碍患者康复支持和保障的子目标之一。这一子目标涉及帮助 ACT 服务项目的严重精神障碍患者及其家人了解社区精神康复的资源、学会与政府相关管理部门进行沟通以及办理相关申请手续等。尤其是来到城市务工的流动人员，更需要在 ACT 服务项目多专业综合服务团队的协助下及时掌握相关补助政策和服务项目的信息，学会有效利用身边的精神康复资源。

在提升康复的改变意愿和能力方面，ACT 服务项目多专业综合服务团队有两个需要完成的子目标：一个是减少病耻感，另一个是提升自我价值感。由于精神疾病带有严重的社会污名的负面影响，很容易引起社会的误解和歧视，ACT 服务项目的严重精神障碍患者的病耻感很强、自我价值感很低，他们对自己缺乏信心，也不信任别人，喜欢采取回避、退缩的方式应对日常生活中的挑战。对此，ACT 服务项目多专业综合服务团队需要针对严重精神障碍患者的病耻感和自我价值感开展专业服务，包括协助严重精神障碍患者学会处理负面情绪、帮助他们与周围他人建立积极的情感联结以及参与社区公益活动等，让 ACT 服务项目的严重精神障碍患者能够在社区康复过程中真正得到成长。

值得注意的是，ACT 服务项目的每个子目标都是相互关联的，它们之间相互影响，一起推动 ACT 服务项目的严重精神障碍患者的成长改变。因此，ACT 服务项目多专业综合服务团队不能仅仅关注 ACT 服务项目的某个子目标或者某几个子目标是否达成，而需要做到：（1）学会在场景中考察，即放下这些子目标，学会走进严重精神障碍患者生活的社区，融入他们的日常生活，在特定的生活处境中体会、观察严重精神障碍患者的成长改变要求；（2）保持危机意识，在严重精神障碍患者病情复发的情况下，协助严重精神障碍患者及其家人处理危机，防止肇事肇祸事件的发生。即使在平时，ACT 服务项目多专业综合服务团队也需要保持危机意识，做好危机预防服务，提高严重精神障碍患者及其家人的危机应对能力，尽量避免疾病复发。

（三）严重精神障碍患者主动式社区治疗（ACT）服务项目的服务规划和活动安排

ACT 服务项目是一种多专业的综合服务项目，社会工作者作为多专业综合服务团队中的一员，主要承担 ACT 服务项目的严重精神障碍患者的分级管理、访视服务、小组康复训练和社区户外康复活动以及危机应对等任务，其中分级管理和访视服务是整个 ACT 服务项目是否能够获得成功的关键，也是 ACT 服务项目之所以被称为主动式社区治疗的核心所在。对于 ACT 服务项目的严重精神障碍患者来说，小组康复训练和社区户外康复活动是非常必要的，它们能够促使 ACT 服务项目的严重精神障碍患者顺利回归家庭，融入社区，过上一种有正常家庭和社会身份的社区生活。实际上，ACT 服务项目的服务对象是严重精神障碍患者，他们随时都面临病情复发的风险，因此，危机应对就成为 ACT 服务项目多专业综合服务团队中的社会工作者需要关注的重要服务安排。

分级管理是指根据严重精神障碍患者的病情状况、家庭照顾情况以及自身应对日常生活挑战的能力对 ACT 服务项目受助的严重精神障碍患者进行分级的服务管理，以确保在遵循 ACT 服务项目的严重精神障碍患者社区康复成长规律的基础上实施精准的帮扶服务。尽管国际 ACT 服务项目的标准是要求为严重精神障碍患者及其家人提供一周 7 天、每天 24 小时的全天候服务，让他们在任何有需要的时候都能够得到多专业综合服务团队提供的必要服务，但是实际上，不仅我国的社区精神康复资源短缺，无法实现严重精神障碍患者全覆盖的全天候服务，而且就严重精神障碍患者及其家人来说，当他们接受了 ACT 服务项目的服务并且生活状况得到了一定程度的改善之后，他们也需要在社区日常生活中学会发挥自身优势寻找更大的成长改变空间，逐渐从被动的生活应对转变成主动的生活融入。因此，ACT 服务项目需要依据严重精神障碍患者的康复状况采用分级管理的服务方式，及时针对严重精神障碍患者及其家人的康复需要实施精准的服务资源配置，有梯度地开展专业服务，确保那些病情较为严重、风险较大的严重精神障碍患者能够得到高密度的多专业综合服务，而那些病情较为稳定、康复状况较好的严重精神障碍患者则能够拥有较大的成长空间。

深圳市 N 慢性病防治院对我国 ACT 服务项目的管理方式进行了探索，将它分为 4 个层级。这 4 个层级的划分主要依据 ACT 服务项目的严重精神障碍患者的病情稳定情况、康复服务需求、服务参与意愿、家庭关系和家人配合程度 5 个方面的指标。一级为最高，四级为最低，依次安排服务的优先次序，确定服务的轻重缓急。之所以确定这样的分级管理指标，是因为在实际的社区康复服务中，ACT 服务项目首先需要考虑严重精神障碍患者的疾病状况，如果严重精神障碍患者的病情不稳定，有明显的精神病性症状，并且已经严重影响到他们的日常生活安排和家庭成员之间的交流，那么 ACT 服务项目的介入焦点就需要放在严重精神障碍患者的病情稳定上，避免精神疾病的复发，规避肇事肇祸发生的风险；一旦严重精神障碍患者的病情得到稳定的控制，ACT 服务项目的关注焦点就需要转向严重精神障碍患者的日常生活技能和问题解决能力的提升。此时，严重精神障碍患者自身拥有的康复服务需求和服务参与意愿就成为 ACT 服务项目考察的重点，严重精神障碍患者在这方面的状况将直接成为推动他们顺利回归家庭的条件；当严重精神障碍患者开始尝试融入家庭生活时，家庭关系和家人配合程度就成为影响严重精神障碍患者顺利回归家庭的关键因素。对此，ACT 服务项目就需要把严重精神障碍患者的家庭关系和家人配合程度作为整个服务项目在这一阶段的考察重点，让 ACT 服务项目的严重精神障碍患者能够在融入家庭的尝试中找到回家之路。需要注意的是，ACT 服务项目的分级管理是一个动态的服务跟进机制，一旦严重精神障碍患者的病情和生活状况发生变化，服务的级别也就需要随之调整，以匹配严重精神障碍患者社区康复的要求。因此，严重精神障碍患者需要什么级别的多专业综合服务以及服务怎么安排等都需要 ACT 服务项目多专业综合服务团队根据实际服务成效做出判断并进行合理调整。这是一种持续推进并且不断聚焦的精准化服务过程，需要 ACT 服务项目多专业综合服务团队不断将过往的服务经验与现实的服务要求联系起来，做出康复服务的综合安排。

分级管理的一级服务是专门针对 ACT 服务项目的严重精神障碍患者中病情不稳定的患者。这类患者不仅表现出明显的精神病性症状、自制力不足以及生活混乱等，而且有伤害自己和他人以及肇事肇祸的风险。面对这类严重精神障碍患者，ACT 服务项目多专业综合服务团队的工作重点是指导他们缓解病症、规范服药以及协助周围他人做好风险防控，避免肇事肇祸的发生。由于此时严重精神障碍患者的照顾者和家人承担着巨大的精神压力，ACT 服务项目多专业综合服务团队还需要做好照顾者和家人的情绪疏导工作，缓解家庭的紧张氛围。针对一级服务的严重精神障碍患者，ACT 服务项目多专业综合服务团队每月至少需要开展 2 次面对面的访视服务和 1 次电话访视服务，及时了解严重精神障碍患者病情的变化状况，并且根据他们的现实状况适当提高访视服务频率，调整访视服务的任务安排。这一级服务的难点是严重精神障碍患者的规律服药问题。严重精神障碍患者自行减药、换药或者停药，导致病情难以控制，因此，ACT 服务项目多专业综合服务团队需要增加精神科医生和护士的访视服务参与次数，直接针对严重精神障碍患者的用药问题进行指导，协助照顾者和家人监督严重精神障碍患者按照医嘱服药，保证严重精神障碍患者的服药依从性，避免严重精神障碍患者疾病复发和肇事肇祸事件的出现。

分级管理的二级服务是专门针对 ACT 服务项目的严重精神障碍患者中病情基本稳定并且康复需求高、参与意愿强的患者。他们除了需要做好疾病管理之外，还面临日常生活的自我照顾能力和问题解决能力的挑战。对此，ACT 服务项目多专业综合服务团队要注意调动严重精神障碍患者自身的改变意愿，提高他们的学习能力，在日常生活遭遇的问题中帮助他们培养自我照顾的能力，掌握在问题中寻求解决的方法。针对二级服务的严重精神障碍患者，ACT 服务项目多专业综合服务团队需要开展每月至少 2 次面对面的访视服务，深入严重精神障碍患者的日常生活场景中，及时了解他们生活的变化状况及遭遇的问题，给他们提供必要的生活照顾技能练习和问题解决能力的学习机会。在分级管理的二级服务中，ACT 服务项目多专业综合服务团队还需要与严重精神障碍患者的家人尤其是照顾者建立信任合作关系，一方面让他们学习如何减轻自己的照顾压力，帮助严重精神障碍患者规范服药，识别严重精神障碍患者疾病复发的征兆，做好家庭的风险防范；另一方面鼓励照顾者及其家人参与严重精神障碍患者的日常康复活动，注意观察严重精神障碍患者在日常生活中遭遇的问题以及习惯采用的解决方式，做好严重精神障碍患者社区康复的协助者。显然，这一级别服务的关键是协助严重精神障碍患者学习日常生活中的问题解决能力，这是实现 ACT 服务项目从疾病和风险管理向预防服务发展的转折点，也是社会工作者在 ACT 服务项目多专业综合服务团队中发挥专业作用的核心点。

　　分级管理的三级服务是针对 ACT 服务项目的严重精神障碍患者中病情比较稳定，具备基本日常生活技能和问题解决能力，并且家庭关系良好，家人配合程度较高的患者。这类严重精神障碍患者在经历了日常生活技能练习和问题解决能力学习之后，面临如何融入家庭生活和走出家门参与社会活动的挑战。为此，ACT 服务项目多专业综合服务团队需要协助严重精神障碍患者改善家庭沟通状况，融入家庭生活，建立家庭身份，并且尝试走出家门参与社区活动，增强社会交往技能，建立自己的社会交往圈。显然，分级管理的三级服务有两个关键任务：一是严重精神障碍患者家庭身份的建立，协助他们真正融入家庭生活，成为家庭成员的一分子，不再被视为家庭的累赘；二是严重精神障碍患者同伴身份的建立，协助严重精神障碍患者在家庭之外找到重要他人，让他们建立同伴交往圈，扩大社会交往的范围，学习社会交往的技能，重建自己的社会生活价值和社会身份。针对这级服务的严重精神障碍患者，ACT 服务项目多专业综合服务团队需要保证每月至少 1 次面对面的访视服务和 1 次电话访视服务。在开展访视服务过程中，帮助严重精神障碍患者建立日常生活中的闭环思维很重要，这是严重精神障碍患者建立家庭身份和同伴身份的关键，即协助严重精神障碍患者具备从那种与周围他人不相冲突的事情入手解决问题的能力。只有这样，严重精神障碍患者的问题解决尝试才能带来家庭支持和同伴支持状况的改善，而家庭支持和同伴支持状况的改善又为严重精神障碍患者的成长改变提供更大的发展空间，让严重精神障碍患者形成人与环境相互促进的自我成长机制，拥有家庭身份和同伴身份。

　　分级管理的四级服务是专门针对 ACT 服务项目的严重精神障碍患者中那些康复状况良好并且在家人和同伴的支持下能够自主安排日常生活的患者。尽管这类严重精神障碍患者在日常生活中还面临不少问题，但是他们已经能够在重要他人的支持下自主地安排生活。显然，此时 ACT 服务项目多专业综合服务团队需要逐渐退出严重精神障碍患者的日常生活，成为他们日常生活的外围支持者，需要保持每月 2 次电话访视服务的频率，及时了解他们的康复情况，告知他们最新的优惠政策，并且给予他们及其家人一些专业的参考建议。一旦发现严重精神障碍患者的病情出现反复或者恶化，ACT 服务项目多专业综合服务团队就需要及时调整访视服务的频率，并且根据严重精神障碍患者康复状况的综合评估结果调整他们的服务级别，纳入其他相应等级的分级管理的服务中。在分级管理的四级服务中，还有一类 ACT 服务项目的严重精神障碍患者，他们因为搬迁或者其他生活安排的影响需要退出当地的 ACT 服务项目。针对这类严重精神障碍患者，ACT 服务项目多专业综合服务团队需要保持每季度 1 次电话访视服务的频率，并且着手 ACT 服务项目结束的手续和资料整理工作。可见，在这一级的服务过程中，ACT 服务项目多专业综合服务团队的工作重点是协助重要他人培养严重精神障碍患者的生活自主能力。

访视服务作为 ACT 服务项目核心服务安排之一，是 ACT 服务项目多专业综合服务团队帮助严重精神障碍患者实现社区康复的重要手段。访视服务是一种长期陪伴式问题解决的服务，它要求 ACT 服务项目多专业综合服务团队通过定期的、高频率的日常访视进入严重精神障碍患者的日常生活场景中，从他们的日常生活出发协助他们提升问题解决的能力，包括严重精神障碍患者的疾病管理、风险管理、日常生活技能训练、家庭支持状况的改善以及社会参与等。这里所说的"长期"，是指访视服务没有具体的服务时间长短的限制，直到受助的严重精神障碍患者退出 ACT 服务项目为止，只要他们一直都是 ACT 服务项目的服务对象，就可以接受 ACT 服务项目提供的访视服务。而"陪伴式"是指 ACT 服务项目需要服务提供者直接进入严重精神障碍患者的日常生活场景中开展服务，在他们熟悉的日常生活中进行面对面的沟通，通过近距离的观察和交流直接体会他们的各种日常生活遭遇，理解他们的成长改变要求并给予及时的肯定和支持。显然，这里所说的"陪伴式"有三个方面的要求：一是场景化，即在严重精神障碍患者熟悉的日常生活场景中进行沟通交流，采取场景化的理解方式；二是日常化，即针对严重精神障碍患者的日常生活遭遇进行换位思考和理解，体会他们感受到的生活压力和面临的挑战；三是情感化，即不对严重精神障碍患者的日常生活遭遇进行"客观"分析，而是站在他们的角度针对他们的成长改变意愿和能力给予积极的肯定和支持。这里所说的"问题解决"，是指访视服务的提供者需要协助严重精神障碍患者学会呈现日常生活遭遇中的问题并且找到其中可以解决的方法。这样，ACT 服务项目多专业综合服务团队就需要围绕严重精神障碍患者在日常生活中遭遇的问题激发他们的改变意愿，并且通过改变意愿的激发一起在问题中寻找可以改变之处，提升他们的问题解决能力。因此，这种问题解决能力的提升就依赖于 ACT

服务项目多专业综合服务团队是否能够在问题出现的第一时间、第一地点为严重精神障碍患者及其周围他人提供指导，具有在地性和时间性。它不同于人们常见的标准化的技能训练，而是需要以严重精神障碍患者在日常生活场景中遭遇的问题为专业服务焦点，从他们自身拥有的应对能力出发探索问题困境中的解决方法，提高他们在问题困境中的选择能力和应对能力，促进他们自我的成长改变。可以说，尽管从形式上看访视服务类似于人们日常生活中常见的入户探访，到严重精神障碍患者的家里"拉家常"，但是实际上它既是帮助 ACT 服务项目的严重精神障碍患者提升日常生活中的问题解决能力的关键，也是促使 ACT 服务项目的严重精神障碍患者获得成长改变的核心，还是整个 ACT 服务项目能够实现专业成效的基础。

　　ACT 服务项目的访视服务是一种双维度的服务，它包括生活应对能力的提升和人际责任的培养。生活应对能力的提升是就日常生活中遭遇的事情而言的，它要求严重精神障碍患者在 ACT 服务项目多专业综合服务团队的支持下具备有效处理实际事情的能力，掌握生活的基本技能；人际责任的培养则是针对日常实际事务处理中相关联的人来说的，它要求严重精神障碍患者在 ACT 服务项目多专业综合服务团队的帮助下学会处理日常实际事务中人际关系的冲突，找到相互不冲突或者少冲突的方式解决问题。这种双维度的访视服务也意味着，ACT 服务项目多专业综合服务团队不能仅仅关注双维度中的某个维度，如严重精神障碍患者生活应对能力的提升或者人际责任的培养。如果只关注严重精神障碍患者生活应对能力的提升，就需要周围他人更多人力、精力的投入，人际冲突就会加剧，服务就会失去成效，最终妨碍严重精神障碍患者生活应对能力的提升。同样，如果只关注严重精神障碍患者人际责任的培养，就需要严重精神障碍患者付出更多的时间和精力，而严重精神障碍患者的生活应对能力没有提升，他们的生活压力就不会减轻，这样最终导致人际冲突的加剧。显然，访视服务中的双维度服务要求是不能拆分开来的，它们本身就构成人们日常生活改变的核心特征，既是日常生活中实际事务的处理（事），也是实际事务相关方的协调（人）。只有将严重精神障碍患者生活应对能力的提升与人际责任培养联系在一起，他们的改变才真正具有自我改变的内生动力，不再是生活技能的掌握。值得注意的是，在访视服务的双维度服务中，ACT 服务项目多专业综合服务团队首先需要确认严重精神障碍患者在日常生活中需要处理的实际事务，即首先关注严重精神障碍患者生活应对能力的提升；之后，再明确严重精神障碍患者在实际事务处理中需要协调的相关方，即关注严重精神障碍患者人际责任的培养。只有把严重精神障碍患者生活应对能力的提升放在第一位，ACT 服务项目多专业综合服务团队才能精准确定严重精神障碍患者实际事务处理的相关方，不扩大他们人际交往的范围，也不忽视其中的重要他人。更为重要的是，相关方的人际关系调整因此有了改变的方向：促使严重精神障碍患者承担起现实生活中的人际责任，使他们拥有更为主动和持久的改变能力。

ACT 服务项目的访视服务是一种长期陪伴式服务，需要 ACT 服务项目多专业综合服务团队在严重精神障碍患者的日常生活场景中针对他们遭遇的问题开展专业服务，不仅需要帮助他们提升日常生活中的问题解决能力，而且需要协助他们学会调整相应的人际关系，承担起自己需要承担的责任。显然，这样的专业服务对场景具有极大的依赖性，是在日常生活场景中开展的服务，需要回应场景变化的要求，具有深入日常生活场景并且随日常生活场景一起改变的特点。因此，在实际的访视服务中，ACT 服务项目多专业综合服务团队需要遵守以下五项基本原则。

（1）以容易问题为着手点。ACT 服务项目多专业综合服务团队在实际的访视服务中会遭遇严重精神障碍患者很多日常生活中的实际问题，而且这些问题又常常"纠缠"在一起。为此，ACT 服务项目多专业综合服务团队需要从众多问题中选出容易的问题，从容易的问题入手开始解决问题的尝试，采取"哪里容易解决就从哪里入手"的原则，而不是"遇到什么问题就解决什么问题"。这里所说的"容易问题"是针对解决问题而言的，因为不同的人有不同的能力，不同的场景又提供了不同的解决条件，因而问题是否容易就与人和场景有着密切的关系。如果一时找不到容易的问题，那么 ACT 服务项目多专业综合服务团队可以将难的问题简单化，即把难的问题切割成小问题，通过小问题的解决推动难的问题的解决。

（2）以应对行动为关注点。在实际生活中，真正能够对实际生活改变产生直接影响的是应对行动。只要 ACT 服务项目的严重精神障碍患者在问题困境中找到了更为有效的行动应对办法，就能够推动现实生活的改变。正因如此，ACT 服务项目多专业综合服务团队需要把服务的焦点集中在严重精神障碍患者的应对行动上，协助他们找到更为有效应对现实生活问题的行动方式，不是告诉他们问题是什么或者应该怎么做，而是陪伴他们尝试新的应对行动，在行动尝试的经历中寻找更为有效的行动应对方式。一旦 ACT 服务项目多专业综合服务团队把专业服务的焦点集中在严重精神障碍患者的应对行动上，就可以在实际的服务中避免出现因不同人所站位置不同而出现"各有各的说法"或者加剧社会污名影响的情况，保证服务的"客观性"和"专业性"。

（3）以行动成效为考察点。严重精神障碍患者的应对行动是否有效不是依据 ACT 服务项目多专业综合服务团队的判断，因为这样的判断只会迫使严重精神障碍患者成为受助的对象，放弃自己主动学习的机会和自我的成长改变机会，变得不是"我要改变"，而是"要我改变"。对此，ACT 服务项目多专业综合服务团队需要把严重精神障碍患者的行动尝试的成效作为考察点，协助他们在行动成效的考察和分析中了解怎样做才能带动自己生活的改变，促使他们成为自己现实生活的参与者和改变者，并且从中逐渐提高和增加自己的改变能力和改变信心。

（4）以经验反思为提升点。严重精神障碍患者每天生活在现实生活中，需要面对现实生活的压力，即使解决了一个问题，之后也会出现另一个问题。为此，ACT 服务项目多专业综合服务团队不能仅仅把关注的焦点集中在遭遇的事情的处理上，而是需要借助遭遇的事情及其问题解决的过程进一步协助严重精神障碍患者考察自己的行动经验，帮助他们查看行动过程中那些被忽视的经验，从而拓宽他们观察现实生活的视野，增强他们感知环境变化的能力，实现他们在应对行动中的意识提升，变被动的自我防卫为主动的自我融入。

（5）以相互协同为促进点。尽管 ACT 服务项目的严重精神障碍患者在社区康复过程中遭受精神障碍的困扰，常常表现出社会交往能力的欠缺，但是他们的生活并不是孤立的，他们做出的任何改变尝试都会影响周围他人，特别是家庭照顾者。这样，严重精神障碍患者应对行动是否有效，就不仅仅取决于他们自身的努力，还与周围他人的回应方式有关。只有当严重精神障碍患者或者周围他人找到了相互协同的行动方式，各自的行动努力不再相互对立、相互抵消时，相互之间才能建立起积极的行动回应机制，严重精神障碍患者的改变意愿和改变能力也因此具有更大的现实发展空间。

值得注意的是，尽管访视服务是一种长期陪伴式问题解决的服务，但是在实际的服务中，ACT 服务项目多专业综合服务团队除了陪伴严重精神障碍患者一起寻找日常生活中遭遇的问题和问题的解决方法之外，还常常采用建议式和告知式的服务方式。所谓建议式服务，是指 ACT 服务项目多专业综合服务团队为严重精神障碍患者及其家人提供如何更好回应现实环境要求的行动方案，鼓励严重精神障碍患者及其家人在现实生活中进行尝试，并且与严重精神障碍患者及其家庭一起考察行动尝试的成效。这样，通过建议式服务，ACT 服务项目多专业综合服务团队能够逐渐培养严重精神障碍患者及其家人的自主学习能力。可以说，建议式服务是陪伴式服务的延伸，只是严重精神障碍患者行动尝试的主要陪伴者不是 ACT 服务项目多专业综合服务团队，而是他们的家人。除了建议式服务之外，ACT 服务项目多专业综合服务团队在访视服务中还常常使用告知式服务。告知式服务是指对 ACT 服务项目的严重精神障碍患者及其家人进行家庭心理健康教育和政策宣传，以保证严重精神障碍患者及其家人能够准确了解严重精神障碍的疾病管理、健康管理以及社区康复等方面的要求，并且能够及时知晓相关的福利服务和优惠政策信息，减轻家庭照顾和社区康复的负担。与一般的家庭心理健康教育和政策宣传不同，告知式服务是针对严重精神障碍患者及其家人的具体生活状况和面临的现实问题开展的，它要求 ACT 服务项目多专业综合服务团队能够深入了解严重精神障碍患者及其家人的现实生活状况，从具体的现实生活状况出发，有针对性地为严重精神障碍患者及其家人提供家庭心理健康教育和政策宣传，让严重精神障碍患者及其家人在问题困境中学会寻找和运用相关的社区康复的专业知识和政策信息，提升严重精神障碍患者及其家人运用社会资源解决现实问题的能力。可见，访视服务中的告知式服务不是告知严重精神障碍患者及其家人相关信息这么简单，它其实也是陪伴式服务的一种，需要 ACT 服务项目多专业综合服务团队使用资源链接和政策倡导的方式推动严重精神障碍患者及其家人提升问题解决的能力。

在实际的访视服务中，ACT 服务项目多专业综合服务团队是综合运用陪伴、建议和告知三种服务方式的，它们之间很难截然分开，只是不同的日常生活问题有不同的侧重和处境要求，因而需要不同的服务方式。由于 ACT 服务项目的服务对象是严重精神障碍患者，他们的社区康复无法仅仅靠一个月或者一两次直接面对面的陪伴指导和训练，而是需要严重精神障碍患者及其家人在日常生活中的其他时间也拥有这种问题解决的能力。这样，ACT 服务项目多专业综合服务团队就需要把访视服务中的陪伴方式与建议方式结合起来，延伸陪伴服务方式的成效。此外，ACT 服务项目的严重精神障碍患者遭遇的困难是全方位的，他们需要相关专业知识和服务政策的支持。因此，ACT 服务项目多专业综合服务团队需要告知这一服务方式，并且能够把这一服务方式与陪伴式和建议式服务方式整合起来。显然，无论采取哪种访视服务方式，ACT 服务项目多专业综合服务团队都需要融入严重精神障碍患者的现实生活中，站在他们的角度协助他们推动日常生活发生积极的改变。其采取的是一种陪伴式问题解决的服务逻辑，要求既不代替严重精神障碍患者做出决定，也不任由严重精神障碍患者自己做出决定，而是提升严重精神障碍患者现实生活中的问题解决能力。

小组康复训练是 ACT 服务项目常见的一种服务。这种服务通过小组活动的方式让严重精神障碍患者与家人以及同伴建立相互支持的关系，并在支持关系中学会疾病管理、风险管理、情绪管理、压力管理、日常生活技能以及提高社会交往能力等，增进严重精神障碍患者的社区康复。与访视服务不同，小组康复训练采取的是互助学习方式，它需要将面临共同生活困扰的严重精神障碍患者组织起来，在特定的处境中通过相互沟通和交流学习社区康复所需的基本技能，分享各自的经验和感受。因此，小组康复训练具有与访视服务不同的功能，它除了能够帮助严重精神障碍患者学习基本的生活技能和社会交往技能外，还具有修复和增强严重精神障碍患者社会功能的重要作用，如与重要他人的情感联结、对周围他人的信任、与同伴分享自己的经验、主动参与小组活动安排以及责任的承担等。显然，小组康复训练是帮助 ACT 服务项目的严重精神障碍患者回归社会不可或缺的方法，特别是在同伴支持建设方面，它具有其他方法无法替代的独特作用。值得注意的是，尽管 ACT 服务项目的小组康复训练有许多不同的类型，但是常见的类型主要包括三种：疾病自我管理小组、生活技能训练小组和社会参与小组。疾病自我管理小组是专门针对病情不稳定的严重精神障碍患者及其家人开设的小组活动，目的是通过同伴的经验分享和相互鼓励帮助严重精神障碍患者及其家人学会在同伴的支持下提升疾病自我管理的能力。生活技能训练小组是针对病情基本稳定并且康复意愿比较强的严重精神障碍患者及其家人组织的小组活动，目的是在同伴的支持下学习日常生活所需要的基本技能，如个人卫生、家务劳动、情绪管理、压力管理以及时间管理等，让严重精神障碍患者及其家人提升日常生活管理能力。社会参与小组则是专门针对病情稳定并且愿意参与社会交往的严重精神障碍患者开展的小组活动，它是为了帮助严重精神障碍患者学会与同伴分享和交流各自的社会生活经验，包括职业规划、工作经验等，促进严重精神障碍患者的社会融入。

社区户外康复活动是 ACT 服务项目另一种常见的服务。这种服务与访视服务和小组康复训练不同，它是通过社区户外康复活动的组织帮助严重精神障碍患者了解社区资源、参与社区活动并且学会承担社区生活责任，如社区的节假日活动、社区公益慈善活动以及社区其他类型的活动等。显然，对于 ACT 服务项目的严重精神障碍患者而言，社区户外康复活动具有自身独特的功能，主要表现在三个方面。（1）社区资源的了解。严重精神障碍患者通过社区户外康复活动了解社区的康复资源，提升就近获取资源的能力，拓展自己的成长改变空间。（2）社区活动的参与。严重精神障碍患者通过社区户外康复活动加强与邻里和社区的沟通交流，增进相互之间的了解，推动自己的日常生活逐渐"正常化"。（3）社区身份的建立。严重精神障碍患者参与社区公益慈善活动能够获得周围他人的认可，让自己逐渐承担起社区生活的责任，提升自身的价值感和尊严感。需要注意的是，由于在社区开放的环境中组织康复活动，ACT 服务项目的严重精神障碍患者面临的风险也会更大，他们除了需要应对更多样的环境，学会与不同的社区居民交流之外，还需要适应不断变化的环境，甚至面对一些意外的事件，并且根据环境的变化做出适当的应对行动。因此，ACT 服务项目多专业综合服务团队在开展社区户外康复活动时，需要给予严重精神障碍患者适当的保护，如同伴一起参与、家人的陪伴等，做好安全防护预案，尽力避免危机情况的出现。ACT 服务项目的社区户外康复活动不仅涉及严重精神障碍患者与邻里之间的交流，而且涉及严重精神障碍患者与社区环境之间的互动，具有在地实践的特点。这样的特点需要严重精神障碍患者首先学会接纳周围环境的变化，调整自己看待周围环境的态度，变被动的自我保护或者自我适应为主动的自我探索。这样，积极情感的培育就成为 ACT 服务项目社区户外康复活动的一项重要任务。它包括关注自己的情绪变化、接纳生活中的现实条件、关注现实中的可改变之处、调整对待现实生活的态度、尝试可改变的"小事情"以及用心了解周围环境的要求等。逆境中的积极情感培育对 ACT 服务项目的严重精神障碍患者尤为重要，因为这些受助的严重精神障碍患者的情绪不稳定、自我价值感低，容易受到周围环境的影响，尤其是在逆境中，这一特点表现得更为突出。这也是 ACT 服务项目的严重精神障碍患者回归社区的难点。

危机应对是 ACT 服务项目的一种重要服务。由于 ACT 服务项目的服务对象是严重精神障碍患者，他们在社区康复过程中难免会遭遇精神疾病复发的挑战，出现危机事件。因此，协助 ACT 服务项目的严重精神障碍患者及其家庭处理危机就成为 ACT 服务项目的一项重要工作任务。对于 ACT 服务项目的严重精神障碍患者而言，所谓危机，是指严重精神障碍患者的生理和心理受到的强烈刺激超过个人能力和体质所能承受的范围，使他们感到无力应对当前的处境，从而导致他们的情绪起伏不定，内心感到极度不安，甚至出现异常的行为反应，严重阻碍他们社会功能的实现（雷明慧，1985；曾华源，2012）。这些常见的危机事件包括自伤、自杀、出走、伤人以及破坏公共设施等（Nick，2010；任伟，2010）。由于危机事件不仅危害严重精神障碍患者自身的生命安全，而且危害周围他人的生命安全，ACT服务项目多专业综合服务团队需要根据严重精神障碍患者的病情状况及时做好危机应对，具体包括危机的识别、处置和跟进，以避免肇事肇祸恶性事件的发生。

危机识别是指协助严重精神障碍患者及其重要他人做好精神疾病复发风险的因素识别，并且引导他们做好相应的自我保护措施。由于 ACT 服务项目的服务对象是严重精神障碍患者，他们的疾病复发风险因素通常主要涉及疾病状况、人际关系状况以及生活重要事件三个方面。值得注意的是，除了增强和提高严重精神障碍患者危机识别的意识和能力之外，ACT 服务项目多专业综合服务团队还需要关注在危机识别中发挥重要作用的严重精神障碍患者的家庭照顾者。这些家庭照顾者不仅负责严重精神障碍患者的日常生活起居，最了解他们的情绪和精神状况的变化，能够第一时间识别危机事件的风险，而且极容易遭受危机事件带来的伤害，是防止危机事件蔓延到其他家庭成员的重要屏障。在协助严重精神障碍患者的家庭照顾者做好危机识别方面，ACT 服务项目多专业综合服务团队有三项重要工作需要完成。(1) 建立及时沟通机制。ACT 服务项目多专业综合服务团队需要让严重精神障碍患者的家庭照顾者记录服务团队的联系方式，鼓励他们遇到困难及时与 ACT 服务项目多专业综合服务团队沟通，学会寻找专业支持解决面临的困难。当然，在平时的访视服务中，ACT 服务项目多专业综合服务团队也需要经常与严重精神障碍患者的家庭照顾者沟通，与他们建立起相互信任的合作关系。（2）掌握正向引导方法。ACT 服务项目多专业综合服务团队需要鼓励家庭照顾者在与严重精神障碍患者的沟通中采用正向引导的方法，即从严重精神障碍患者的生活意愿出发，引导他们采用更为积极的方式应对面临的困难。特别是在严重精神障碍患者情绪不稳定的时候，家庭照顾者需要避免使用对质或者质疑的方式与严重精神障碍患者交流，防止加剧他们内心的困扰。（3）增强家庭安全意识。在严重精神障碍患者出现危机的征兆时，ACT 服务项目多专业综合服务团队需要协助家庭照顾者做好居家安全的防范工作，如把严重精神障碍患者与家里的老人、孩子、病人等体弱的人适当隔离开来，做好家人的生命安全防护，或者将家里的贵重物品收集起来保管好，做好家庭的财产安全保护，以防应急情况出现之后因慌乱造成不必要的财产损失。在严重精神障碍患者出现明显的自伤或者伤人行为时，ACT 服务项目多专业综合服务团队就需要协助严重精神障碍患者的家庭照顾者报警或者联系救护车，以保护严重精神障碍患者及其周围他人的生命安全。

危机处置是指在危机事件爆发后协助严重精神障碍患者及其重要他人做好危机应对的处理，尽可能减少危机事件造成的危害。对于 ACT 服务项目的严重精神障碍患者而言，他们面临的常见的危机事件包括走失、疾病复发、自杀、自伤以及破坏公共设施等。如果严重精神障碍患者出现了走失的情况，ACT 服务项目多专业综合服务团队就需要了解严重精神障碍患者走失前的精神状况，评估他们自伤和伤人的危险性，并且协助他们的家人尽快联系当地的民警做好寻人安排；如果严重精神障碍患者出现了疾病复发的情况，ACT 服务项目多专业综合服务团队就需要做好严重精神障碍患者及其周围他人的安全保护工作，让周围他人离开冲突现场，避免刺激严重精神障碍患者的情绪，导致相互之间的冲突加剧，同时协助严重精神障碍患者的家庭照顾者及时联系当地民警并安排好后续跟进服务；如果严重精神障碍患者出现了自伤或者自杀的行为，ACT 服务项目多专业综合服务团队就需要疏导严重精神障碍患者以及家庭照顾者的情绪，在确认严重精神障碍患者的受伤部位或者自杀服用的药物后，把严重精神障碍患者安排在安全的环境中，然后联系救护车，将其送往医院进行紧急处理，确保严重精神障碍患者的生命安全。当严重精神障碍患者的家庭照顾者寻求危机事件的帮助时，ACT 服务项目多专业综合服务团队需要提醒家庭照顾者注意自身及周围他人的安全，因为求助行为可能会刺激严重精神障碍患者，诱发他们的暴力行为。因此，严重精神障碍患者的家庭照顾者需要在严重精神障碍患者不在场的情况下寻求民警和医院的急救帮助。如果严重精神障碍患者需要接受住院治疗，ACT 服务项目多专业综合服务团队就需要及时联系他们的监护人，获得监护人的同意，并且协助监护人做好家庭的任务分工和责任安排。

危机跟进是指在危机事件发生之后协助严重精神障碍患者及其重要他人做好后续服务，如住院的安排、困难补助的申请、相关政策的了解以及重要他人的情绪疏导等。危机事件发生会在一定程度上损害严重精神障碍患者的康复成效，打乱他们原有的康复进程安排。因此，ACT 服务项目多专业综合服务团队需要及时评估严重精神障碍患者及其家人的生活状况和现实需求，包括重新接受住院治疗给严重精神障碍患者及其家人的生活造成的影响、严重精神障碍患者及其家人对待重新住院治疗的态度以及整个家庭接受严重精神障碍患者进行住院治疗的保障力度和可能面临的困难等，以便根据严重精神障碍患者及其家人的实际生活状况做出合理的危机跟进服务的安排。在实际的危机跟进服务中，ACT 服务项目多专业综合服务团队有两个方面的工作需要给予特别的关注。一是住院治疗的协助。根据严重精神障碍患者的病情变化情况和住院治疗要求，ACT 服务项目多专业综合服务团队需要协助严重精神障碍患者的家人办理相关的住院手续，以及申请相应的法律援助和医疗补贴等，以保证严重精神障碍患者能够顺利接受住院治疗，减少住院治疗的时间。二是家庭教育的实施。在严重精神障碍患者重新接受住院治疗过程中，ACT 服务项目多专业综合服务团队除了需要帮助严重精神障碍患者的家人了解住院治疗的要求以及严重精神障碍患者在住院治疗期间的探访安排之外，还需要与严重精神障碍患者的家人一起鼓励严重精神障碍患者配合医生的治疗，并且引导严重精神障碍患者在病情基本稳定之后做好出院的康复准备，让严重精神障碍患者的住院治疗能够与社区康复顺利衔接起来，在降低住院治疗带来的副作用的同时，促进严重精神障碍患者社区康复的进程和服务的成效。

由于 ACT 服务项目的服务对象是严重精神障碍患者，他们不仅精神疾病复发的风险很高，而且生活功能和社会功能都受到严重的损害，他们的自我价值感和自信心很低，需要 ACT 服务项目多专业综合服务团队采取一种长期跟进的个性化的综合服务安排。在这种综合服务安排中，分级管理、访视服务、小组康复训练、社区户外康复活动以及危机应对是 ACT 服务项目常用的服务方式，其中分级管理和访视服务是整个 ACT 服务项目的核心，是保证 ACT 服务项目的严重精神障碍患者顺利回归家庭的基础，也是带动 ACT 服务项目的严重精神障碍患者融入社会的条件。在整个 ACT 服务项目的开展过程中，家庭支持者和同伴支持者的培育十分重要，是帮助严重精神障碍患者在社区康复过程中重建积极自我不可或缺的条件。

（四）严重精神障碍患者主动式社区治疗（ACT）服务项目的服务成效

ACT 服务项目是深圳市 N 慢性病防治院在 2012 年引入加拿大西奈山医院的 ACT 服务模式之后推行的一种本土严重精神障碍患者社区康复的服务项目。整个项目的发展经历了三个重要阶段。第一阶段是探索时期，从 2012 年到 2015 年。在这一阶段，深圳市 N 慢性病防治院直接接受加拿大西奈山医院 ACT 团队的指导，并且尝试在中国本土建立一个多专业综合服务团队，专门从事深圳市南山区严重精神障碍患者社区康复服务的探索。其间，深圳市 N 慢性病防治院引入了 2 名专职社会工作者，不仅组建了包括社会工作者在内的多学科综合服务团队，而且让社会工作者在严重精神障碍患者的入户访视服务和社区康复活动中发挥核心作用，初步形成了较为稳定的 ACT 服务项目的个性化多专业综合服务模式。第二阶段是成熟时期，从 2016 年到 2018 年。在这一阶段，深圳市 N 慢性病防治院与厦门某大学社会工作专业合作，创建 ACT 服务项目的实务研究团队，采取"边实践边研究"的实务经验总结提炼方式，进一步规范深圳市南山区严重精神障碍患者社区康复服务的 ACT 服务模式，梳理其中的实践逻辑和理论依据。第三阶段是推广时期，从 2019 年至今。在这一阶段，深圳市 N 慢性病防治院开始通过项目购买的方式吸引有经验的社会工作者从事 ACT 服务项目，并且在厦门某大学社会工作专业的支持下培育了两批共 100 人的精神卫生专职社会工作者队伍，在全区范围内推广严重精神障碍患者社区康复的 ACT 服务模式。

这里介绍的严重精神障碍患者社区康复的 ACT 服务模式的服务成效是专门针对第二阶段成熟时期（2016～2018 年）开展的专业服务所取得的服务成效。之所以选择这个阶段的专业服务作为考察对象，是因为：（1）在这一阶段，深圳市 N 慢性病防治院的 ACT 服务模式已经成熟，ACT 服务项目多专业综合服务团队有了规范的操作程序和操作方法，服务的科学性和稳定性都比较强；（2）这一阶段的 ACT 服务模式在厦门某大学社会工作专业的支持下有了明确的专业分工和专业定位，特别是社会工作专业在 ACT 服务项目中到底发挥什么作用、有什么专业逻辑作为支撑等有了清晰的总结，这样对 ACT 服务项目成效的梳理也就有了更为准确、完整的逻辑框架；（3）这一阶段的 ACT 服务项目多专业综合服务团队中的社会工作者队伍比较稳定，他们不仅在多年的探索尝试中掌握了促进严重精神障碍患者社区康复的良好服务技能，而且对 ACT 服务模式在本土处境中的运用有了深刻的体会，认可 ACT 服务项目"第一现场、第一时间"帮助患者的操作理念和操作逻辑。值得注意的是，这里所说的严重精神障碍患者社区康复的 ACT 服务模式是从社会工作角度来探索的，目的是寻找社会工作者在服务社区残障人士（精神残障）时所遵循的服务逻辑，以便能够揭示这种本土社会工作实践的理论依据。

就深圳市 N 慢性病防治院的 ACT 服务项目的服务成效而言，它主要涉及三个方面。（1）降低和减轻康复的风险和压力。这方面的服务成效表现为 ACT 服务项目的严重精神障碍患者的疾病管理、风险管理和生活自理能力的提升，其中较为重要的包括遵照医嘱服药的情况、病情的管理、负面情绪的舒缓以及日常生活的问题解决能力的提升等。ACT 服务项目多专业综合服务团队主要借助访视服务来达成这方面的服务成效。（2）增强康复的支持和保障。这方面的服务成效主要涉及家庭支持状况的改善、社会支持的增强、职业支持的建设和政策支持的保障等，其中家庭支持者和同伴支持者的培育尤为重要，这是保证 ACT 服务项目的严重精神障碍患者顺利回归家庭和社会的前提。当然，政策支持也是不可缺少的，特别是对于那些生活比较困难的严重精神障碍患者来说，他们的基本生活保障在很大程度上依赖于政策支持的落实。ACT 服务项目的严重精神障碍患者的康复支持和保障的增强主要通过小组康复训练和社区户外康复活动来实现。（3）提升康复的改变意愿和能力。这方面的服务成效主要包括改变意愿的激发、改变能力的提升和自我价值感的培育等，其中"小问题"的问题解决能力以及家庭和社会身份的重建是提升严重精神障碍患者康复的改变意愿和能力的关键。这方面的改变成效主要通过访视服务和社区公益活动来达成。此外，由于 ACT 服务项目是专门针对严重精神障碍患者开展的高密度、高投入的社区康复活动，社区康复资源的精准投入成为保障整个项目顺利实施的核心条件之一。这样，ACT 服务项目的分级管理自然就成为整个项目取得良好服务成效的基础。深圳市 N 慢性病防治院 ACT 服务项目的具体服务成效见表 2 - 9。

尽管这一章介绍的三种类型弱势人群（老、弱、残）的中国本土场景中的社会工作行动研究差异比较大，不仅各自的研究对象不同，而且各自面临的现实问题的挑战差别也很大，厦门市 H 老年社会服务中心的老年人服务主要针对的是老年人的健康照护要求，厦门市 G 社会工作服务中心的贫困人群服务主要应对的是贫困救助家庭的生活困难帮扶，而深圳市 N 慢性病防治院的严重精神障碍社区康复（ACT 服务项目）主要满足的是精神障碍患者的社区康复需求，但是这些行动研究都需要面对弱势人群的日常生活场景以及在日常生活场景中遭遇的困难，都需要解答如何帮助这些弱势人群克服面临的现实困难。这样，中国本土社会工作专业实践就具有了两个核心要求：一是日常生活场景的考察，二是日常生活中问题的解决。与那些关注病症特征或者偏差行为的专业实践不同，中国本土社会工作是在日常生活场景中审视弱势人群遭遇的困难的，这些困难与弱势人群所处的环境有着密切的关系，虽然有时会表现出一些病症特征或者偏差行为，但是这些困难本身是不能抽离日常生活场景进行界定的。一旦这些困难抽离了日常生活场景进行界定，也就不是生活的困难，而是已经转变成需要治疗的疾病。这一特点在厦门市 H 老年社会服务中心的老年人服务和深圳市 N 慢性病防治院的严重精神障碍社区康复（ACT 服务项目）中表现得尤为突出，因为这两种服务都是多专业的综合服务，既涉及病症治疗方面的服务，也涉及生活困难方面的帮扶。在问题解决方面，中国本土社会工作专业实践也具有自己独特的要求，需要在日常生活场景中开展专业服务。因此，弱势人群的改变就需要与他们所处的环境的改善结合起来，需要采用一种综合的服务改变策略，提升弱势人群在日常生活中的问题解决能力。

表 2 - 9 深圳市 N 慢性病防治院 ACT 服务项目的具体服务成效

序号	项目服务内容	时间	参与者	直接服务成效	相关服务成效	备注
1	分级管理（四级）服务	2016 年 10 月至 2018 年 10 月	服务过的严重精神障碍患者 243 人，参与社会工作者 6 名	建立 243 人的健康管理档案，其中 42 人为高风险管理对象（一级），并且实施 "一人一档" 的长期跟进的个性化综合服务	建立了一支由精神科医生、精神科护士、心理治疗师和社会工作者组成的多专业综合服务团队；实现精神卫生社区康复资源的精准匹配	建立严重精神障碍患者肇事肇祸监护和预防网络
2	访视服务	2016 年 10 月至 2018 年 10 月	服务过的严重精神障碍患者 243 人，参与社会工作者 6 名（完成面对面的访视服务 7176 次、电话访视服务 5496 次）	帮助 42 名（一级管理对象）高风险的严重精神障碍患者处理对精神疾病复发的危机事件，减少精神障碍患者肇事肇祸再次住院 36 人次；帮助 73 名（二级管理对象）改变意愿强的严重精神障碍患者开展生活自理能力、日常生活沟通能力等方面的训练。服务满意度达到 92%，83% 的患者有明显的改善；协助 69 名（三级管理对象）具有良好家庭支持的严重精神障碍患者开展家庭成员沟通能力、家庭照顾能力、家庭身份重建以及社会交往能力等方面的训练。服务满意度达到 86%，71% 的患者有明显的改善；协助 59 名（四级管理对象）康复状况良好的严重精神障碍患者开展有政策支持、专业康复建议以及结案跟进方面的工作。服务满意度达到 93%，85% 的患者表示有必要	针对每位严重精神障碍患者都建立了长期跟进的访视服务制度；针对每次访视服务都建立了跨专业综合服务团队的协同处理机制	建立严重精神障碍患者肇事肇祸监护和预防网络

续表

序号	项目服务内容	时间	参与者	直接服务成效	相关服务成效	备注
3	小组康复训练	2016 年 12 月至 2018 年 10 月	严重精神障碍患者 174 人、家庭亲友 268 人、志愿者 16 人	针对 42 名（一级管理对象）高风险的严重精神障碍患者及其照顾者开展了用药管理指导小组 4 个、健康指导小组 3 个、风险识别和应对小组 5 个以及情绪管理小组 5 个。服务满意度达到 95%，90% 的患者及其照顾者表示有收获；针对 73 名（二级管理对象）改变意愿强的严重精神障碍患者及其家人开展了生活技能提升小组 5 个、家庭成员沟通技能训练小组 4 个、抗逆力培育小组 3 个、自我认识及其小组 2 个。服务满意度达到 84%，79% 的患者及其家人表示有必要；针对 69 名（三级管理对象）具有良好家庭亲友支持状况的严重精神障碍患者及其家庭成员开展家庭照顾技能训练小组 3 个、家庭压力管理小组 3 个、情绪疏导小组 4 个、社会交往技能训练小组 4 个、志愿服务技能提升小组 3 个、社区资源寻宝小组 2 个、自我关怀及其挫折忍耐能力提升小组 2 个。服务满意度达到 87%，82% 的患者及其亲友表示有必要	12 家企事业单位提供场地和物品支持；2 家医院提供专业技术支持；3 家社会组织提供志愿者支持	建立严重精神障碍患者家庭支持网络；促进严重精神障碍患者家庭身份的重建
4	社区户外康复活动	2017 年 1 月至 2018 年 10 月	严重精神障碍患者 69 人、志愿者 121 人、社区工作人员 16 人	开展社区节假日活动 12 场，参加人次累计近万人次；组织户外体验活动 6 场，参加人次累计 236 人次，服务满意度达到 86%；	18 家企事业单位提供经费、场地，和志愿者支持；26 家商家提供经费支持；	建立严重精神障碍患者社会支持网络

续表

序号	项目服务内容	时间	参与者	直接服务成效	相关服务成效	备注
4	社区户外康复活动	2017年1月至2018年10月	严重精神障碍患者69人、志愿者121人、社区工作人员16人	举办社区志愿服务活动12场，参加人次累计223人次，服务满意度达到76%；安排公益精赠及帮扶活动7次，参加人次累计84人次，满意度达到88%；组织了半公益岗位体验活动2场，参加人次累计47人次，服务满意度达到90%	4个社区居委会提供场地、人力支持；12个社会组织提供志愿者和半公益岗位支持	建立严重精神障碍患者社会支持网络
5	危机应对服务	2016年10月至2018年10月	严重精神障碍患者11人、严重精神障碍患者的家庭照顾者及周围他人38人	帮助8名严重精神障碍患者及时送往医院进行住院治疗，避免肇事肇祸事件的发生；帮助3名严重精神疾病神障碍患者获得及时的上门就诊，防止精神疾病复发；针对38名严重精神障碍患者的家庭照顾者及周围他人开展情绪疏导、跟进资源链接以及资源链接等方面的指导以及资源链接等方面的服务。服务满意度达到86%，有78%的服务对象表示了解了危机应对的办法	联动卫生与健康、公安、残疾人联合会、民政等部门	建立严重精神障碍患者肇事肇祸监护和预防网络
6	其他类型的服务	2016年10月至2018年10月	严重精神障碍患者168人次；严重精神障碍患者家庭169户	参与免费体检的严重精神障碍患者168人次；协助申请困难补助和照顾的严重精神障碍患者家庭135户；接受捐赠救助的严重精神障碍患者家庭26户；接受志愿者学业辅导的严重精神障碍患者家庭8户	链接6家医院为严重精神障碍患者提供免费体检；联系2家慈善组织为生活困难的严重精神障碍患者家庭募捐，提供生活困难补助；链接1家社会组织帮助严重精神障碍患者家庭的子女提供学业辅导	建立严重精神障碍患者社会支持网络

续表

序号	项目服务内容	时间	参与者	直接服务成效	相关服务成效	备注
7	项目服务的实务经验总结和梳理	2016年10月至2018年10月	4名一线社会工作者，2名项目主管，1名单位的部门负责人，4名社会工作专业硕士实习生，1名社会工作博士研究生，1名社会工作系教师，共13名	撰写ACT服务项目多专业综合服务团队的操作手册一本（30万字），为本土ACT服务模式操作实务提供指导；完成ACT服务项目多专业综合服务模式的社工服务操作实务指南一本（43万字），为本土ACT服务模式的社工服务项目方面的学术论文3篇（供参考；发表ACT服务项目方面的学术论文3篇（其中1篇为核心刊物）、实务论文12篇；参加3次精神健康社会工作领域的全国会议并作主题发言	成为"全国社会心理服务体系建设"的示范点，推动社会工作融入"全国社会心理服务体系建设"试点工作；国内首部有关严重精神障碍社区康复社会工作服务的专著，实现这一领域零的突破，成为全国其他城市推进精神障碍患者社区康复社会工作实践的重要指南；提升了一线社会工作者（包括项目主管）的经验总结能力以及理论指导实践的能力	
8	项目的宣传与交流	2017年4月至2018年10月	全国和省市的政法、卫生与健康、民政、残疾人联合会等部门的领导和工作人员	有8人次参加全国精神健康社会工作领域的交流分享；组织6期全国严重精神障碍社区康复服务的培训；参与10期精神健康社会工作督导案例分享的工作坊；4篇社会工作专业硕士学位论文的研究主题和研究资料的来源	成为全国严重精神障碍社区康复ACT服务模式的示范以及全国精神健康社会工作实践的示范；许多案例成为精神健康社会工作教学的经典案例	建立全国精神健康社会工作的学习网络

注：尽管深圳市N慢性病防治院的ACT服务操作指南以及其他经验总结成果计算时间是2016年10月至2018年10月，但是ACT服务项目目多专业综合服务团队的操作手册和社会工作实务操作指南以及全国精神卫生专职社工能够独立承担严重精神障碍患者的社区康复项目。时间计算延续到2019年10月，在服务项目目的实务宣传交流方面，时间计算是到精神卫生

第三章 中国本土社会工作的场景实践内涵

中国本土社会工作的发展伴随着我国市场经济的改革和社会管理体制的转型。自 2006 年中国共产党第十六届中央委员会第六次全体会议提出"建设宏大的社会工作人才队伍"战略部署以来，我国的社会工作在老年人、青少年、妇女儿童、贫困救助、残障等诸多领域得到了快速发展，并且在缓和经济社会转型之后出现的社会矛盾和解决社会问题过程中逐渐形成了不同的服务模式。这些服务模式在具体的实践过程中呈现社区、社会组织和社会工作多方合作的特征，被人们称为"三社联动"（叶南客、陈金城，2010）。"三社联动"作为我国基层社会治理创新的一项重要机制，一方面与国家的社会管理体制改革相联系，注重引入社会力量参与社会治理，实现多元共治；另一方面与社区弱势人群的帮扶相关联，强调保障民生的基本需求，促进社会的稳定和谐。正是在"三社联动"的服务框架下，我国社会工作的发展才有了制度依据以及现实条件，成为我国基层社会治理中不可或缺的一支力量，它的专业位置和专业价值体现在如何有效应对基层社会治理中面临的新问题，以促进居民的自助互助、社会参与以及基本民生的保障。

第一节 中国本土社会工作的基层社会治理实践场景

我国本土社会工作的专业化发展依赖我国社会管理体制的转型以及基层社会治理机制创新的推进，脱离了我国基层社会治理创新的"三社联动"服务框架，我国本土社会工作就会失去社会制度的支持和保障，变成"无本之木""无源之水"，不仅丢失了专业服务落地的制度条件和现实环境，而且丢失了专业服务的社会价值和制度目标。显然，考察"三社"的内涵以及"三社"如何"联动"就不仅仅是关乎我国基层社会治理的服务框架，也关乎我国本土社会工作的基本实践场景，是我国本土社会工作成长为专业服务的现实基础。

一　"三社联动"的基本内涵

作为我国基层社会治理的一项重要机制，"三社联动"从 2010 年起正式受到政府的关注。2013 年，民政部在结合全国各地实践经验的基础上总结提出"三社联动"的基本服务框架，即建立由社区居委会提供平台、专业社会工作者提供人才支撑、社会组织（专业社会服务机构）提供服务产品的新型社区治理和服务机制（陈伟东、吴岚波，2019）。自此，我国基层社会治理实践创新的"三社联动"机制中的"三社"被明确界定为社区、社会工作者和社会组织。随着我国基层社会治理"三社联动"实际试点工作的深入，人们对"三社"以及"三社"如何"联动"有多种不同的解释。这些不同的解释概括起来主要有三种。第一种把社区作为我国基层社会治理平台，认为"三社联动"就是借助社区这个基层社会治理平台让社会工作者和社会组织开展各种类型的服务，促进居民的社会参与和基本民生保障（唐忠新，2017）。第二种把社区视为社区居委会，社区居委会是具有独立主体作用的群众自治组织，强调"三社联动"就是社区、社会工作者和社会组织三个不同主体之间的相互联动，以促进我国基层社会治理机制的改善（徐永祥、曹国慧，2016）。第三种把社区当作特定生活区域内由居民建立和维护的一种社会关系，主张"三社联动"实质上是特定生活区域内各主体发挥主观能动性改变和创造社区生活的过程，以增进居民之间的情感联系（徐选国、徐永祥，2016）。显然，"三社联动"中有关"三社"的内涵以及"三社"如何"联动"的概念界定都是多种多样的（邹鹰等，2015）。这也说明"三社联动"的基层社会治理实践是多种多样的，并没有取得普遍一致的认可标准（顾东辉，2016）。

之所以需要创新我国基层社会治理，是因为随着我国市场经济体制改革的深入，城市化进程不断加快，人们逐渐从"单位人"变成了"社会人"，社区在社会管理体制中的作用越来越突出（吕青，2012）。一方面，物质生活水平的提高和社会变迁的加速导致居民需求日趋多样化，人们对提升自己生活水平的要求变得越来越高，权益意识变得越来越强烈，而政府对社会基层的治理与整合越来越感到"有心无力"（叶南客，2017）；另一方面，我国推行的政社分离改革增强了社区在基层社会治理中的核心地位，而权力重心下移又增加了社区行政管理的负担和责任（田舒，2016）。正是在我国经济体制和社会管理体制改革的背景下，发展社会组织和社会工作专业共同参与基层社会治理就成为我国社会管理体制改革势在必行的重要举措，以促进基层各方资源的有效整合以及多方参与基层社会治理局面的形成（徐选国、徐永祥，2016）。

实际上，"三社联动"的核心概念——社区的内涵也是变化的。伴随着我国社会管理体制改革的深入，人们对社区内涵的理解也经历了一个从社区服务到社区建设再到社区治理的不断变化的过程（王学梦、李敏，2018）。特别是中国共产党第十八届中央委员会第三次全体会议确立了创新社会治理体制的战略决策之后，"三社联动"这一我国基层社会治理的创新机制开始受到人们的特别关注，被视为破解我国长期以来行政力量占主导的基层社会治理发展困局的有效方式，它不仅能够带动基层多方力量共同参与基层社会治理（田舒，2016），而且能够降低我国不断扩大的公共服务的成本开支，提升我国基层的柔性社会治理能力和治理的合法性基础（曹海军，2017）。值得注意的是，尽管"三社联动"这一机制给我国基层社会治理带来创新和发展的空间，但是它也面临很多现实困难。例如，目前我国不少社区仍然存在社会服务投入严重不足、行政化取向明显的现象，使"三社联动"缺乏现实基础（林闽钢、徐永祥，2017），而且作为"三社"之一的社会组织在我国发展较晚，它们除了结构松散、规模偏小之外，调动居民参与社区活动的能力也十分有限（宿玥，2018），导致"三社联动"中社会组织的作用缺位明显（丁辉侠、孟悄然，2017）。此外，作为"三社"之一的社会工作者又主要依靠政府购买服务的方式进入社区，不仅政府各个部门购买服务的要求不同，而且它们与社会工作者之间是一种"依附-庇护"的关系，导致社会工作服务的行政化侵蚀现象严重（朱潇，2018），社会工作者在社区的专业发展空间非常受限（张大维、赵彦静，2017）。更令人困扰的是，目前我国居民参与社区事务的频度和热情依旧较低，常常是在政府的倡导下参与的，甚至有时是一种"被参与"（吴佳顺，2011）。显然，"三社"以及"三社"如何"联动"这些概念的内涵之所以模糊不清，是因为我国的基层社会治理仍处在尝试探索的阶段，不仅每个社区的现实基础不同，而且每个社区的社会组织和社会工作专业服务的发展水平也参差不齐，导致"三社"的内涵与"三社联动"的机制出现多样化的特征。

　　显然，第二章介绍的三种类型弱势人群（老、弱、残）的社会工作行动研究其实是我国社会管理体制转型和"三社联动"基层社会治理机制创新的缩影。正是在这样的社会发展背景下，我国社会工作者才能通过政府购买服务的方式进入社区，针对社区生活中的不同弱势人群开展专业服务。这样的社会工作专业实践自然需要放在社区的现实生活中来考察，需要协助社区居民解决现实生活中面临的实际困难。

二　我国"三社联动"机制发展的基本阶段

　　我国"三社联动"基层社会治理创新机制的发展经历了从探索试验到社区服务机制建设再到基层社会治理机制创新三个不同阶段，紧随我国的城市化发展和社会管理体制改革的步伐。进入 20 世纪 80 年代之后，我国市场经济改革的步伐不断加快，原有的单位制管理方式开始被打破，现代企业制度逐步建立起来，社区作为这一制度的重要支撑也在我国基层社会管理中发挥着越来越重要的作用。在国家推进"社会管理"的要求下，社区作为社会的基本单位逐渐承担起在社会转型过程中从企事业单位剥离出来以及从政府部门转移出来的社会职能，以满足社区居民多样化的生活需求，建立由社会多方力量共同参与的现代社会基层管理体制（吕青，2012）。正是在这样的社会管理体制改革的推动下，政府通过购买服务引入社会力量参与社会管理也就成为势在必行的措施，以解决我国经济和社会转型过程中出现的社会矛盾和社会问题，提高我国政府管理现代社会的能力和效率。因此，社会工作作为我国基层社会管理的一支重要专业力量受到我国各级政府的重视，并被我国政府当作重要的专业人才引入社区服务中，支持我国基层社会管理的创新。在这一阶段，社会工作被视为我国基层社会管理和服务力量的补充，参与了社区居家养老服务、社区青少年服务、社区残疾人服务、社区帮教以及社会救助服务等，呈现以社区为平台、以社区弱势人群服务为目标，通过社区资源和社会组织的调动引入社会多方力量参与社区服务的特征。这样的专业服务机制当时被学界概括为"三社联动"服务机制（孙涛，2016）。

　　2013 年，为了充分认识加快推进社区社会工作服务的重要性与紧迫性，民政部、财政部印发了《关于加快推进社区社会工作服务的意见》，强调通过社区、社会组织和社会工作的联动服务机制探索建设社区服务管理机制，即建立由社区居委会提供平台、专业社会工作者提供人才支撑、社会组织（专业社会服务机构）提供服务产品的新型社区管理和服务机制（陈伟东、吴岚波，2019）。在这一阶段，"三社联动"机制发生了两个方面的转变：一是成为国家创新社区管理和服务的一种机制，社会工作也因此从进入社区这个平台探索社区社会工作的专业实践转变成国家社会管理体制的创新，与我国的社会管理体制改革实现了接轨；二是成为国家发挥社会工作专业力量的一种工作机制，中国本土社会工作从此有了自己的专业实践场景。这一专业实践场景不仅与社区以及社区中生活的居民相关联，而且与社会组织特别是居民的自组织相联系。这样，从社会工作的专业发展而言，中国本土社会工作正是通过"三社联动"机制实现了本土化，拥有了在地的实践场景和实践元素，并且在国家层面得到认可，成为政府推进社会管理体制创新不可或缺的制度举措的一部分。

在中国共产党第十八次全国代表大会正式提出"社会治理"之后，我国的社会管理体制逐渐从"社会管理"向"社会治理"转变，更加注重多元主体共同参与社会治理，特别是 2017 年中国共产党第十九次全国代表大会又正式指出"打造共建共治共享的社会治理格局"，要求建设"党委领导、政府负责、社会协同、公众参与、法治保障"的社会治理体制。这样，如何通过多元主体相互合作的方式创新社会治理体制就成为这一阶段我国社会管理体制改革的核心目标（冯元，2017）。2017 年，中共中央、国务院印发并实施《关于加强和完善城乡社区治理的意见》，把"三社联动"作为"统筹发挥社会力量协同作用"的重要机制加以强调。尽管这一阶段中国本土社会工作的实践场景和实践元素没有改变，但是实践内涵发生了明显的变化，从之前关注社区层面的管理和服务转变成社区居民的自助互助和主动参与以及多方主体的协同，目的是创造一种"共建共治共享"的新型社会关系。因此，这一阶段的"三社联动"内涵就不能仅仅从社区层面来理解，而是需要放在我国现代化快速发展的社会管理体制转型的历史背景下来考察（童敏、许嘉祥、蔡诗婕，2021）。正是在这样的现代化发展要求下，一方面，政府和市场功能的不断增强使人们更为强调"自上而下"式的科学化和标准化的思维方式；另一方面，社区在社会生活中的作用提升又需要居民主动参与社会事务，增强居民"自下而上"式的经验化和个性化的思维方式。显然，这一阶段"三社联动"机制有了补充政府和市场功能不足的作用，具有推动居民生活向现代化方式转变的功能，是我国实现社会治理体系和治理能力现代化不可或缺的一部分。

简而言之，21世纪初的20年间，我国"三社联动"机制的内涵经历了两次重要转变，从最初以弱势人群帮扶为服务焦点的探索试验到以社区发展为目标的社区服务机制建设，再到以多方参与为核心的基层社会治理机制创新。正是通过这两次转变，我国本土社会工作的发展逐渐从体制外走入体制内，成为我国现代化进程中推进社会管理体制改革必不可少的一支专业力量，有了自身发展的制度和历史的现实条件。显然，随着"三社联动"机制的内涵变化，我国本土社会工作的专业服务内容以及专业化发展路径也需要做出相应调整，以便能够适应我国社会管理机制改革的战略发展要求。

三　我国本土社会工作的专业发展阶段

尽管"三社联动"机制给我国社会工作的专业化发展提供了现实的实践场景，让我国的社会工作脱离不开社区和社会组织，但是随着"三社联动"机制内涵的变化，我国社会工作的专业化也经历了不同的发展阶段。在"三社联动"机制的探索试验阶段，我国社会工作仍旧采用传统社会工作的人群服务思路开展服务，即以评估社区弱势人群的需求为基础，针对这些社区弱势人群利用社会组织的资源实施有针对性的帮扶服务，目的是协助政府为这些社区弱势人群提供基本的生活保障，如居家养老服务、外来人员服务、流动或者留守儿童服务、残疾人服务以及社区矫正服务等。显然，这一阶段我国社会工作开展的人群服务，无论是服务对象的确定还是服务成效的评估，都离不开对社区弱势人群的考察，是以社区弱势人群为服务焦点的，采取的主要是问题修补的帮扶方式。不过，这种问题修补的帮扶方式在实际的服务中会面临服务对象改变动力不足、服务资源缺乏的难题，因而在这一阶段一些社会工作的一线服务提供者和学者倡导采用优势视角的服务策略（田国秀，2006；曾守锤，2010）。但是，不管采取哪种服务方式，这一阶段我国社会工作都聚焦社区弱势人群，都希望改善社区弱势人群的生活状况，社区弱势人群的非正式和正式支持系统的运用成为这一阶段我国社会工作专业服务的重要手段。在 2012 年前后，我国政府开始在全国范围内推行政府购买服务，包括社会工作服务。① 这样，我国社会工作的专业服务不仅关系到社会工作自身的专业发展，而且与项目购买方（政府）的要求和项目合作方（社区）的期待直接联系在一起，这促使我国社会工作的专业化发展需要处理好两个方面的关系：一是与政府以及社区的关系，保证政府责任的贯彻和落实；二是与服务对象以及周围他人包括社会组织的关系，改善社区弱势人群的基本生活状况。可以说，在"三社联动"的探索试验阶段，我国社会工作采取的是人群服务的发展线路，目的是协助居（村）委会为社区弱势人群提供帮扶服务。

2013 年，民政部在总结各地社会工作专业实践的探索试验经验的基础上开始意识到我国社区建设面临的社区服务不足的机制问题，提出"建立健全社区、社会组织和社会工作专业人才联动服务机制"，以促进社区服务管理体系的发展。这样，我国社会工作也就从社区弱势人群层面的专业服务转向了社区层面的专业服务，开始站在社区层面考察其专业位置和专业价值。不仅与社区弱势人群的现实需求结合起来，而且与社区本身的现实处境特别是社区居委会和社会组织的发展要求结合起来，成为这一阶段我国社会工作考察的重点（徐选国、徐永祥，2016）。邻里互助、骨干志愿者培育、社区志愿者队伍建设以及社区工作人员能力提升等方面的服务内容，也逐渐进入我国社会工作的专业服务视野。因此，这一阶段我国社会工作已经不再仅仅聚焦社区弱势人群的服务，像社区的普通居民，特别是社区的能人和积极分子，也成为服务的对象。显然，这一阶段我国社会工作的主要服务目标已经不再是社区弱势人群的困难帮扶，而是把整个社区作为一个服务单位，挖掘社区自身拥有的资源，激发社区居民的活力，以推动整个社区的发展。

2017 年，"区域化党建"工作在全国基层社会治理中全面推开，"党建"成为实现基层社会治理的关键。它不仅能够发挥基层社区不同组织单位和党员的力量，突破原来纵向"条块管理"的部门壁垒，整合社区各方

---

① 有两份重要文件：一份是 2012 年 11 月民政部、财政部印发的《关于政府购买社会工作服务的指导意见》，另一份是 2013 年 9 月国务院办公厅公布的《关于政府向社会力量购买服务的指导意见》。

资源，实现多方参与，而且能够通过党员先锋模范作用的发挥推动居民走出家门，加强邻里互助，密切党群关系。这样，多方参与和居民互助就成为这一阶段我国社会工作专业服务的目标。例如，深圳市将社区社会工作室设置在党群活动中心，强调"'多方联动与提升服务水平'相结合；坚持党的领导与基层社区治理相结合、街道大区域特色与社区小区域特点相结合、资源整合利用与群众实际需要相结合"，走区域化的社会工作专业发展路线（李晓凤，2019）。从表面上看，这一阶段我国社会工作专业服务只是从关注社区发展转向区域化发展，似乎两者没有太大的差别，都是强调某个地理空间范围内居民生活的变化，但是实际上区域化发展是针对单位制而言的，是希望能够打破"自上而下"的行政管理方式，让这个区域范围内的组织和个人能够依据现实生活处境的要求建立一种"自下而上"的自助互助方式，以改变传统的以行政命令为主导的基层社会管理模式，实现我国基层社会治理体系和治理能力现代化。显然，这种区域化发展面临的主要挑战是如何协调区域化的社区居委会、邻里以及社会组织各方的利益，推动这个区域（社区）更好地实现自治共治（李威利，2017）。特别是，2021年我国开始了新一轮的经济社会发展五年计划，"十四五"规划明确提出"畅通社会工作者和志愿者等参与社会治理的途径，全面激发基层社会治理活力"。可见，国家对社会工作在社会治理中的作用有了更为清晰的认识，已经把我国社会工作的专业发展与我国社会管理体制改革紧密联系在一起，视之为国家推进基层社会治理体系和治理能力现代化的一支重要社会力量。不过，社会工作如何参与基层社会治理、如何发挥自身专业优势，至今仍没有一个明确的说法，亟须各地的探索尝试和经验总结。

显然，依据"三社联动"内涵的变化，我国社会工作也经历了三个不同的专业发展阶段，它紧跟我国社会管理体制改革的步伐，并且随着我国社会管理体制改革的深入，它的专业位置和专业价值逐渐为人们所认识，被视为我国基层社会治理创新不可或缺的一支重要专业力量。我国社会工作专业发展的第一阶段是人群服务阶段。这一阶段我国社会工作者针对需要服务的社区弱势人群开展社会工作专业服务，将所学的西方社会工作知识运用于本土场景中进行探索尝试。与西方社会工作人群服务的主要区别是，我国社会工作在社区环境中开展社会工作专业服务，需要运用社区环境中的非正式和正式支持网络。我国社会工作专业发展的第二阶段是社区工作阶段。这一阶段我国社会工作已经从社区弱势人群的服务转向社区资源的挖掘和社区能力的培育，目的是激发整个社区的活力，具有了社区发展的视角。我国社会工作专业发展的第三阶段为区域服务阶段。这一阶段我国社会工作针对区域内的组织和个人开展专业服务，推动"自下而上"的多方参与和居民互助，以创新我国政府"自上而下"的行政管理方式，提高我国政府的柔性治理能力和情感治理能力，实现"共建共治共享的社会治理格局"。

值得注意的是，尽管我国社会工作的专业发展可以划分为人群服务、社区工作和区域服务三个不同阶段，但是这并不意味着三个阶段的社会工作专业服务内容可以截然分开。实际上，即使在注重区域服务的第三阶段，我国本土社会工作也需要关注社区内的弱势人群，也需要开展人群帮扶服务，只不过这一阶段中国本土社会工作有了不同于前两个发展阶段的重要任务，就是促进"共建共治共享的社会治理格局"的形成。因此，这三个阶段的划分只是表明，中国本土社会工作在不同的发展阶段有了不同的专业定位和专业价值。

第二节　中国本土社会工作的基层社会治理实践状况

我国本土社会工作的专业发展采取"试点先行"的方式，各地根据当地的现实发展要求规划社会工作的发展规模和发展方式。这样，我国社会工作的发展状况就与推进这项工作的相关政府管理部门以及当地的发展要求有密切的关系，因而呈现多样化的特征。尽管各地的社会工作服务目标、服务人群、服务领域以及服务方式等各不相同，但是它们都是针对社区生活中的弱势人群或者社区本身开展社会工作专业服务①，都希望能够解决当地在基层社会治理实践中遇到的一些问题，从而推进我国基层社会治理体系和治理能力现代化。

一　四种模式：部门社工、专项社工、家庭综合服务、社区营造

根据专业服务的目标，目前我国本土社会工作的专业服务模式可以划

---

① 2017 年，上海率先在全国开拓医务社会工作，要求三甲医院设置社会工作岗位。由于医务社会工作这种单位内的社会工作在我国人数比较少，而且也没有在全国范围内推行开来，这里没有把它纳入主流的社会工作方式来讨论。

分为部门社工、专项社工、家庭综合服务和社区营造四种常见类型。其中，部门社工、专项社工和家庭综合服务是针对人群开展的社会工作专业服务，只是部门社工需要面对的是那些容易给社会造成危害的边缘人群，如社区矫正对象、涉罪青少年、戒毒人员以及严重精神障碍患者等；专项社工需要协助的是生活困难人群，如救助对象、残障人士、儿童青少年、失智失能老人等；尽管家庭综合服务也是针对社区生活中的困难人群开展的专业服务，但是它需要同时处理两个甚至两个以上困难人群，以增强这些人群的家庭功能。与人群服务不同，社区营造针对的是某个社区的发展问题，它需要激活社区生活中的积极分子和社区自组织，挖掘社区的资源，运用社会组织的力量，推动整个社区的发展。当然，在实际生活中这些不同的社会工作专业服务模式是相互学习、相互借鉴的，并不是一成不变的，而且有的地方同时采用几种专业服务模式推进当地社会工作的发展。不过，从专业服务逻辑角度而言，这四种常见的专业服务模式代表了目前我国本土社会工作专业实践方式中相对成熟的操作方式和类型。

部门社工以上海为典型，它是由政府相关部门出资或者推动组建的社会工作机构开展的专业服务，作为政府相关部门的服务延伸和基层社会治理机制的创新，专门针对社区生活中的边缘青少年、吸毒者、矫正对象等特殊人群中的某一类别开展的专门的、专业性的服务（何雪松、刘莉，2021）。这种类型的社会工作专业服务有三个显著特点。一是针对特殊人群。这类人群会给社会造成危害，他们的生活面临严重的社会污名影响，处于社会生活的边缘。二是由政府部门推动。政府部门专门管理和服务这些特殊人群，既要满足这些特殊人群的要求，具有很强的政策性，又要处理这些特殊人群的诉求，承担帮助他们回归家庭和社会的责任。三是作为政府部门的机制创新。在我国社会管理体制改革的推动下，政府部门响应国家号召，把社会工作引入部门管理和服务中作为这一部门管理和服务的延伸，以保证这些特殊人群能够顺利回归家庭和社会。

专项社工有别于部门社工，厦门市社会工作的专业发展就是这种专业服务类型的代表。这种类型的社工由当地民政部门推动，关注社区生活中的弱势人群，是一种对社区弱势人群的帮扶服务，以补充基层的民政服务力量。这种类型的专业服务通常涉及社会福利、社会救助、优抚安置、社区建设、劳动就业、司法援助、婚姻家庭调解、精神卫生、残障康复等

（《中国民政》编辑部，2017）。专项社工有自己的特点：一是针对社区生活中的弱势人群，这种人群在社区生活中面临基本生活保障的困难，无法维持正常的基本生活，因此常常需要贫困救助、就业帮扶、疾病照顾等方面的服务；二是由民政部门推动，关注的焦点是社区生活中那些"老、弱、病、残"的帮扶，是社区保障服务的延伸，强调个性化、专业化的帮扶服务。与部门社工相比，专项社工更注重引入社会资源帮助社区弱势人群应对现实生活中的困难，提升社区弱势人群的问题解决能力。

家庭综合服务是由深圳和广州创立的一种社会工作专业服务模式，它采取"政府出资购买、社会组织承办、全程跟踪评估"的原则，在街道或者社区层面建立家庭综合服务中心，为辖区内生活的居民综合提供困难救助、矛盾调处、权益维护、心理疏导、行为矫治、关系调适等社会工作服务（胡杰成，2016）。家庭综合服务这种类型的社会工作专业服务模式尽管也针对社区生活中的人群开展专业服务，但是它服务的对象通常涉及两类及以上人群，要比部门社工和专项社工涉及的服务人群范围广，服务的内容也要比部门社工和专项社工多。更为重要的是，家庭综合服务这种类型的社会工作专业服务模式在服务方式上与部门社工和专项社工的入户服务不同，它通常不需要走进服务对象的家庭开展以家庭为中心的专业服务，而是需要借助家庭综合服务中心这个平台，在平台上开展专业服务。这样，家庭综合服务就具有了两个重要特征。一是平台管理和运行。这种类型的社会工作专业服务模式涉及家庭综合服务中心的管理和运行，需要社会工作专业服务与居民的日常服务相结合，以丰富居民的日常生活。二是以平台服务为中心。这种类型的社会工作专业服务模式是在家庭综合服务中心这个平台上开展专业服务的，具有了日常化、规范化和可视化的特点，但是同时弱化了弱势人群入户服务的要求，使社区内最需要社会工作专业服务帮助的弱势人群面临无法获得的风险。

社区营造不同于上述三种针对人群开展的社会工作专业服务，它是以城乡社区发展为目标的社会工作专业服务模式。这种类型的社会工作专业服务模式以成都市的社会工作专业发展为典型，它在传统的社区营造基础上融入了我国基层社会治理改革要求的"三社联动"服务机制。这种类型的社会工作专业服务模式除了关注特殊人群的帮扶服务之外，还注重社区公共空间建设、社区环境美化、社区文化形塑等以整个社区发展为目标的服务，并且把这些服务作为社会工作专业服务的"撬动点"推动整个社区可持续的总体营造，逐步提高社区协商的能力（卫小将，2014）。正因如此，社区营造这种类型的社会工作专业服务模式具有三个方面的重要特征。一是关注区域发展。这种类型的社会工作专业服务模式尽管有时也会涉及人群服务，但是它的服务重点不是人群问题的解决，而是整个区域的发展。二是注重社区资源挖掘。这种作为社区营造类型的社会工作专业服务模式与人群服务有一个显著区别，就是关注社区现有资源的挖掘，并且通过社区资源的挖掘激发社区的活力，由此带动社区居民日常生活的改善。三是强调公共空间建设。社区营造这种类型的社会工作专业服务模式主要借助社区公共生活的培育推动居民之间的互助以及共同协商议事能力的提升。这样社区居民才能够从个人或者家庭的私人生活空间内走出来，参与邻里的互助和社区日常生活的改善，建立"社区人"的社会身份。

值得注意的是，从这四种类型的社会工作专业服务模式来看，本书所选择的老年人照顾服务、贫困人群救助服务的社会工作专业服务属于专项社工类型，而严重精神障碍患者社区康复的社会工作专业服务则属于部门社工类型。尽管本书没有选取家庭综合服务和社区营造两种类型的社会工作专业服务，但是这四种类型的社会工作专业服务都是在社区这个居民生活的基层单位中开展的，都具有共同的专业服务任务，即承担着推动我国基层社会治理创新的责任。我国本土社会工作也因此需要扎根于我国基层社会治理的改革中，成为推动我国社会管理体制转型的一支重要专业力量。显然，这个过程恰恰是中国本土社会工作者走进居民的日常生活实现专业服务的"本土化"过程。

二　两类服务：人群服务和区域服务

如果仅仅以专业服务的对象为划分标准，目前我国本土社会工作专业服务模式可以简要概括为两种类型。一种专门针对人群，目的是对社区生活中的弱势和边缘人群进行帮扶，协助他们克服日常生活中面临的问题。这种类型的社会工作专业服务模式被称为人群服务。尽管人群服务也可能涉及社区资源的挖掘和社会力量的运用，但是这些都只是帮助弱势和边缘人群克服困难的手段，目的依旧在人群帮扶上。另一种专门针对区域，目的是发掘区域中生活的热心居民和能人，挖掘区域中的资源，让居民走出家门学会互助和自助，增强和提升居民的公共生活意识和协商议事能力，改善整个区域的生活状况。这种类型的社会工作专业服务模式被称为区域服务。显然，人群服务常常帮助的是区域生活中的弱势人群，而区域服务则是调动区域中所有居民的参与热情，并不限于弱势人群，即使帮助弱势人群，也是促进他们之间的互助和自助。

值得注意的是，无论是人群服务还是区域服务，都是在社区生活中展开的，都需要借用"三社联动"服务机制，只是两者借用的目的和方式各不相同。人群服务常常把"三社联动"服务机制作为社会工作者帮助弱势人群的工具，通过社区资源的挖掘和社会组织服务的引入让社会工作者能够为社区中的弱势人群提供更便捷、更多样的服务。显然，此时的"三社联动"是社会工作者在社区开展专业服务的一种服务框架，把社会工作者针对服务对象这种一对一的服务变成了"三社联动"三对一的服务。这不仅能够帮助服务对象顺利融入社区生活，而且能够缓解社会工作者面临的资源不足的困境，保证社会工作专业服务的可持续发展。区域服务与人群服务不同，它需要把"三社联动"服务机制作为社会工作者服务社区居民的目的，通过带动居民走出家门参与社区活动，促进居民之间相互帮助，并进而服务社区，实现"三社"之间相互"联动"的机制。因此，这种"三社联动"采取的是一种发展框架，最终目的是促进居民自身的成长改变，帮助居民树立自助互助的理念，提升和增强居民的自治能力和社区归属感。

在"三社联动"服务机制下，社会工作能够融入国家基层社会治理的改革中，成为基层社会治理的一支重要专业力量。这样的社会工作人群服务有四个重要特征：（1）针对社区生活中的特定人群，主要是弱势和边缘人群；（2）解决这些特定人群在现实生活中面临的实际困难，这是一种现实生活中具体困难的"事的解决"；（3）注重社会支持网络的运用，在实际生活中的非正式和正式社会支持网络中开展专业服务；（4）属于民生保障的服务，帮助社区弱势人群解决基本生活困扰。与人群服务相比，"三社联动"服务机制下社会工作的区域服务也有四个特征：（1）针对区域生活中的所有居民，涉及辖区内不同类型的居民，包括弱势和边缘人群、社区能人以及其他居民；（2）促进居民的自助互助，关注居民与居民之间关系的改善，是一种有关"人的服务"；（3）注重社区资源的挖掘，包括社区骨干志愿者的培育、社区闲置空间的利用以及社区其他资源的发掘等，激发社区的活力；（4）强调社区的发展，推动社区居民公共意识的增强和协商议事能力的提升。

实际上，在"三社联动"服务机制下，社会工作的人群服务与区域服务是需要相互结合的，因为每个社区既需要帮助社区生活中的弱势和边缘人群，也需要促进居民的社区参与和互助，让社区矛盾化解在平时小事情的问题解决过程中。这样，在帮助社区弱势和边缘人群的过程中，社会工作者就不能仅仅停留在具体困难的"事的解决"上，而需要在"事的解决"的基础上，把相关方联系起来，加强相关方互助协商机制的建设，以针对社区生活中的相关方提供"人的服务"，促进居民与居民、居民与社会组织以及居民与社区居委会之间的相互协助。同样，在推动居民参与社区活动的过程中，社会工作者也不能将服务仅仅局限于居民互助的形成，而需要把居民互助引向居民现实生活问题的解决上，采取一种居民互助的方式帮助社区中的弱势人群。只有这样，才能一方面加深居民之间的情感联系，促进居民之间的相互了解和相互帮助；另一方面在问题解决过程中增强居民的公共意识，让居民学会运用协商议事的方式处理现实生活中的问题，在居民与社区之间建立化解社区矛盾的有效居民互助机制，提升居民的自治能力。

本书所选择的老年人照顾服务、贫困人群救助服务和严重精神障碍患者社区康复的社会工作专业服务都是针对社区生活中的弱势人群，涉及失智失能老年人、长期护老家庭照顾者、患有慢性疾病的老年人、多重贫困家庭以及容易引发肇事肇祸风险的严重精神障碍患者。尽管这些社会工作专业服务针对的服务对象不同，面临的服务任务差异也比较大，但是它们都把服务对象放在社区场景中来开展专业服务，都涉及三个层面的专业服务设计和实施，即服务对象、服务对象的非正式支持系统以及服务对象的正式支持系统。显然，这些社会工作专业服务活动呈现清晰的"三社联动"服务框架。就专业服务的对象而言，本书所选择的这些社会工作专业服务都趋于人群服务，都把社区生活中的弱势人群帮扶作为专业服务的目标。不过，值得注意的是，这些专业服务活动也融入了区域服务的内容，例如，老年人照顾服务中的居家慢病管理能手项目就采用了居民参与和居民议事的方式，组织了"社区健康大使"评选活动和社区健身文化节，组建了青少年和全职妈妈志愿服务队,并且通过举办"社区健身文化"主题摄影绘画作品展以及"社区健身文化"宣传品的手工制作和义卖活动,增强整个社区的慢性疾病预防与保健意识。

尽管在实际服务中人群服务与区域服务经常交融在一起,但是中国本土的社会工作者仍旧需要了解人群服务与区域服务的差别,特别是在目前国家大力推进我国社会管理体制改革的背景下,对这两类服务差别的认识就显得非常必要,它不仅关系到社会工作专业服务是否能够取得成效,获得居民和社会的认可,而且关系到社会工作专业发展是否能够与国家的发展战略相一致,获得政府的支持和肯定,成为推进我国社会现代化转型的一支专业力量。"三社联动"服务机制下社会工作的人群服务与区域服务之间的差异主要表现为以下三个方面。(1)在服务评估上,人群服务以需求为导向,关注社区弱势人群的需求评估,以"需求-满足"为基本服务逻辑;区域服务以问题为导向,注重居民在成长过程中遇到的阻碍,把提升服务对象的问题解决能力作为服务逻辑。(2)在服务对象上,人群服务针对社区生活中的特定人群,以社区弱势群体为优先考察对象;区域服务针对特定区域中生活的所有居民,以社区积极分子为首选。(3)在服务方式上,人群服务是有关"事的服务",目的是帮助社区弱势人群解决现实生活中面临的具体困难;区域服务是有关"人的服务",它的目的是促进居民之间互助关系的形成。人群服务与区域服务的对比见表3-1。

表3-1 人群服务与区域服务的对比

类型/对比	服务对象	服务内容	服务目标
人群帮扶 =人群服务	特定人群 (困难人群)	解决具体困难 (关注需求,是"事的服务")	民生保障
基层治理 =区域服务	特定区域 (普通居民)	促进互助 (关注关系,是"人的服务")	区域发展

由于本书所选取的老年人照顾服务、贫困人群救助服务和严重精神障碍患者社区康复的社会工作专业服务是针对社区中的弱势和边缘人群,如失智失能老年人、多重贫困家庭以及严重精神障碍患者等,这些人群在现实生活中面临多重基本生活困难,急需他人和社区的帮助,因此这些社会工作专业服务就把人群帮扶作为首要任务。但是,即使在这样的人群帮扶

服务中，只要服务对象面临的实际生活困难少一些，生活的自主能力强一点，社会工作者也会采用居民参与和互助的方式开展专业服务，如社区养老"家庭病房"项目中的预防网络和互助网络的建设，长期照顾者综合停靠项目中的家庭和社会停靠部分，以及居家慢病管理能手项目中的居家健康监测能手选拔大赛和社区健康文化节活动等，使社会工作专业服务具有区域服务的特征，能够与社区的基层社会治理实践紧密结合起来。实际上，在具体的社会工作专业服务的开展过程中，中国本土社会工作者始终都能够感受到来自两个层面的专业服务要求：一个是服务对象层面，它来自服务对象在实际生活中遭遇的困难；另一个是社区层面，它来自社区在基层社会治理实践中面临的挑战。只是针对不同的人群、不同的任务，服务要求各有偏向。如果针对的是社区的弱势和边缘人群，面对的是他们在实际生活中的基本生活困难，这个时候专业服务就偏向于人群服务，而当服务对象转向普通的居民，需要处理的也不是他们的基本生活困难，这个时候专业服务就偏向于区域服务。可以说，中国本土社会工作具有人群和区域的双重专业服务要求。

三　我国本土社会工作基层社会治理实践的基本要求

在"三社联动"服务机制的影响下，尽管我国本土社会工作专业服务有了人群服务和区域服务两种基本服务类型，但是随着我国社会管理体制改革的深入以及对多元主体共同参与社会治理的强调，我国本土社会工作的专业服务越来越朝着区域服务类型发展，即注重在特定区域内（通常是社区）开展社会工作专业服务，协助政府处理在特定区域内遇到的基层社会治理问题。这样的发展趋势意味着，我国本土社会工作专业服务需要站在社区层面理解人群服务，将社区弱势和边缘人群的帮扶融入区域服务中，逐渐使自己转化成我国基层社会治理实践的一支重要专业力量。这样的社会工作专业服务需要应对来自基层社会治理实践中三个方面的基本现实要求：场景化、多元化和主体性。

（一）场景化

场景化是指我国本土社会工作专业服务的开展与特定场景有密切关系，是在特定场景中开展的专业服务，一旦脱离特定场景，这样的专业服务就会无法推进，即使强行推进了，也会与现实的发展要求相违背。由于我国本土社会工作是我国基本社会治理实践的参与力量之一，它需要协助政府实现社会管理体制转型，改变传统的以行政为主导的"自上而下"的基层社会治理方式，从现实的特定场景出发挖掘居民自身的改变动力，帮助居民走出家门参与社区基层社会治理，采取"自下而上"的基层社会治理方式，以弥补"自上而下"的传统基层社会治理方式的不足，促进我国基层社会治理体系和治理能力现代化。这样，场景化就不只是我国本土社会工作专业服务的需求分析框架，它要求把人的需求放在特定的场景中来理解，让人群的需求评估有现实的依据。更为重要的是，它是一种新的知识，这种知识遵循"自下而上"的生产逻辑，不同于追求普遍化、一致化的"自上而下"的科学知识，需要以场景为自身认识改变的基础，只有在这种场景化的实践中，人们才能了解现实处境的变化规律，并且学会在变化的现实处境面前找到自己行动的理性依据。因此，就知识生产逻辑而言，场景化是我国本土社会工作首先需要关注的要素。只有借助场景化，我国本土社会工作专业发展才能融入我国社会管理体制中并且成为我国社会管理体制创新的重要组成部分，我国本土社会工作也因此有了自己独特的实践和理论依据。一旦我国本土社会工作寻求一种抽离场景的专业发展道路，就会失去现实的社会制度基础，找不到自己独特的专业身份和社会身份。

开展这种以场景化为基础的社会工作专业服务不同于传统的社会工作人群服务，它不是将人群作为关注的重点，更不能直接针对人群进行需求评估，而是需要将人群放在他们自己生活的特定场景中，在特定场景中理解他们的特定需求。这样的需求就具有了场景的内涵。就社区生活而言，人们经常涉及的场景有四种：家庭、邻里、小区和社区。也就是说，社区在基层社会治理中面临的冲突源于人们在这四种场景生活中产生的矛盾，如果这四种场景生活中的矛盾能够得到解决，那么基层社会治理也能够得到增强。这样，中国本土社会工作专业服务中的需求评估就不能脱离日常生活场景，它需要处理的恰恰是人们在日常生活场景中遭遇的现实问题。这种场景化的需求评估不仅能够帮助中国本土社会工作者走进人们的现实生活，了解人们在现实生活中遭遇的具体困难，而且能够把现实状况评估作为核心，以了解现实生活中可以改变之处，明确人们自身拥有的应对能力以及可以提升之处，避免将问题归结为个人的不足，导致"个人污名化"，或者归结为环境的不足，出现"环境污名化"的现象。

即使在专业服务开展过程中，这种以场景化为基础的社会工作专业服务也不同于传统的社会工作人群服务，它不是针对人们现实生活中存在的某个方面的不足开展专业服务，而是从遭遇问题的特定场景出发，在特定场景中寻找解决问题的办法。这意味着，在这种社会工作专业服务开展过程中任何个人的改变都不能脱离特定场景，是在特定场景中探寻生活改变的方向和方式，找到特定场景中可以改变之处以及自己能做的，绝不是不顾环境要求的个人需求的满足和能力的提升。同样，任何针对环境的改变也不能集中在社会支持的增强和支持网络的搭建上，这种只会进一步强化人们依赖的环境改变策略，而是需要聚焦特定场景中周围环境发展要求的理解和应对，建立一种协同发展的互助关系，让特定场景中的相关方都能够在环境改变的探索中获得更大的成长改变空间。

因此，这种以场景化为基础的社会工作专业服务需要社会工作者协助人们在遭遇问题的特定场景中学会面对现实生活中的挑战，找到现实生活中可以改变之处，并且在这样的特定场景中探寻更为有效的应对办法，从而促进自我的成长和现实生活的改善。显然，这种方式的社会工作专业服务始终都不能把人从生活的现实环境中抽离出来转变成人群服务或者增强社会支持的环境改善服务，而是需要把人的成长与环境的改善结合起来，在环境的改善中促进人的成长，在人的成长过程中寻求环境的改善。场景化有了知识观的含义，意味着在社会工作者的协助下人们在问题界定和问题解决过程中拥有了面对和处理当下现实生活问题的能力，不仅人们的自我意识得到了增强，在特定场景中找到了可以改变之处，而且人们的自决能力也得到了提升，能够针对特定场景中的可以改变之处采取有效的应对行动，有了更强的把控能力，不再觉得自己是失败者或者没有能力的人。

值得注意的是，在我国政府大力推进基层治理体系和治理能力现代化的发展背景下，社会工作专业服务的场景化要求逐渐凸显，即使社区弱势或者边缘人群在现实生活中遇到问题，也只能说明这一人群在特定场景中无法有效应对现实生活提出的挑战。因而，中国本土社会工作者就不能采用传统的抽离日常生活场景的人群服务策略为这类人群提供困难帮扶，因为这样做只是减轻了这类人群的生活压力，并没有让他们看到现实生活中的可以改变之处以及自身拥有的改变能力，无法增强和提高他们自身的改变动力和改变能力，从而使他们失去进一步融入社区和参与社区的机会。

（二）多元化

多元化是指社会工作专业服务的推进常常涉及多个主体，不只是社会工作者与服务对象之间这种"提供－接受"的二元关系，同时涉及服务对象与照顾者、身边重要他人以及邻里等多方主体的关系。这种以场景化为基础的社会工作专业服务要求社会工作者不能仅仅看到需要帮助的服务对象，而是需要将有利于解决这一问题的相关方联系起来，在多元关系中理解服务对象的成长改变的要求。实际上，多元化的要求是与场景化的要求紧密相连的，人们面临的挑战是发生在具体的现实场景中的，因而这样的挑战必然涉及服务对象及与其相关联的多方。可以说，在现实生活中每个人都不可能是一座"孤岛"，也无法做到"独来独往"，总是与周围他人联系在一起。

与场景化不同，多元化涉及特定场景中与问题相关联的多个主体。每个主体都有自己不同的社会位置，也拥有自己不同的生活经历，从而形成不同的观察问题的视角。这样，这种以场景化为基础的社会工作专业服务就需要处理同一处境中不同位置的人之间的冲突和差异，具有了专业服务中"人的维度"。这一特征也意味着，这种以场景化为基础的社会工作专业服务是一种双维度的服务，既涉及特定场景中"事的处理"，也涉及相关方"人的应对"。实际上，这两个方面常常相互"纠缠"在一起，无法清晰地将它们区分开来进行单独考察。显然，这种多元化的特征反映了中国本土社会工作是在人们熟悉的日常生活中开展服务的，不仅需要应对特定场景中不断变化的环境要求，帮助人们学会在变化的环境中找到可以改变之处，而且需要应对特定场景中相关方的不同诉求，协助人们找到在多方不同诉求下自己可以成长改变的空间。值得注意的是，无论是"事的处理"还是"人的应对"，这种"事－人"双维度的社会工作专业服务都需要采用一种多元化的视角，关注特定场景中相关方的不同想法和应对方式，以便拓展自己的观察视角，理解相关方的不同要求和想法。

在开展专业服务过程中，社会工作者也需要关注基层社会治理实践的多元化要求。例如，在界定问题过程中，社会工作者不能仅仅考察服务对象在特定场景中与周围环境之间的相互影响，而是需要关注服务对象与身边重要他人之间的互动，把服务对象的问题应对行为与身边重要他人的问题应对行为联系起来，从多元化的视角理解相互之间的影响。这样，针对同一个问题就有了不同的理解方式和应对方式。参与基层社会治理实践的社会工作者也需要放弃传统的从单一视角分析问题的方式，把问题放到特定场景中审视各方对问题的不同理解以及采取的不同应对方式。为此，社会工作者需要保持一种中立态度，既需要站在某一方的角度理解他（她）的成长改变要求，也需要站在问题相关方的角度考察他们的理解方式和应对方式。同样，在探讨问题解决的过程中，社会工作者也需要运用一种多元化的视角推动问题相关方采取更为有效的应对方式。这种有效的应对方式不同于传统的针对某个或者某些问题的单人视角的应对方式，它需要人们从个人视角中跳出来，学会从问题相关方角度审视特定场景中自己的应对方式，找到能够相互协同、相互促进的积极的应对方式。只有这样，我国本土社会工作才能适应基层社会治理实践的多元化要求，真正让居民走出家门，主动参与基层社会治理。

　　显然，这种多元化的要求展现了场景实践的基本特征，它不是一种问题修补式的诊断治疗，而是通过特定场景中的问题界定和问题解决过程协助居民拓展个人视野，学会一种多元化的问题理解方式和应对方式，促进居民自我成长，从而真正提升居民参与基层社会治理的能力。

（三）主体性

　　与传统的社会工作专业服务不同，在基层社会治理实践中社会工作专业服务的首要目标是带动居民主动参与基层社会治理实践。这样，如何发掘居民的主体性就成为社会工作参与基层社会治理实践的核心问题，而居民主体性的发掘就必然涉及居民内生性动力的调动。这种内生性动力源于居民自身的发展要求，是居民自身感受到的成长改变动力。这就要求社会工作者在基层社会治理实践中不能采用传统的"提供－接受"这种困难帮扶的服务策略，因为这种困难帮扶的服务策略只会增加居民的依赖性，而是需要转换到居民的角度挖掘其自身拥有的改变动力。显然，这是一种增能取向的服务策略，是带动居民提升主动参与的能力，社会工作者只是协助者和陪伴者（陈树强，2004）。可见，在基层社会治理实践中，居民成了现实生活的"主角"，他们是否主动走出家门参与社区基层治理成了衡量社会工作基层社会治理实践成功与否的关键。

　　值得注意的是，这种基层社会治理实践中的增能取向的社会工作需要以场景化和多元化为基础，是人们在特定场景中通过现实问题的界定和解决才能实现的，不同于西方社会工作所倡导的以社会变革为焦点的增能服务（马凤芝、王依娜，2021）。正是在这样的要求下，这种以场景化为基础、以多元化为特征的社会工作专业服务需要社会工作者主动走进居民的日常生活中，在居民生活的特定场景中去理解居民遭遇的现实困扰以及其中蕴含的成长改变要求。这样，居民改变意愿的挖掘和调动就成为社会工作参与基层社会治理实践的重要任务之一。改变意愿与行动意愿不同，它是人们在行动意愿受阻后调整自己、改变自己的意愿，这是人们对自己行动的现实条件的警觉，是人们的一种行动理性。只有借助这种改变意愿，居民才能在现实生活的问题困扰中找到改变的方向。如果相反，居民在现实生活的问题困扰面前仍旧不断强化自己原有的行动意愿，就会与现实生活发生直接的对抗，出现进退两难的困境，加重问题的困扰。显然，主体性不等于主动性，它需要居民不仅具有主动参与基层社会治理的愿望，而且具有随时改变自己不合适行为的意识，使居民在特定日常生活场景中真正具有行动自觉能力，能够根据现实生活的要求及时调整自己的行动策略，找到多元化现实生活处境中的行动方向。

正是由于对居民主体性的强调，社会工作者在问题解决过程中就不能把关注焦点仅仅放在问题的解决这种指令性的服务方式上，而是需要培养居民在问题解决过程中的改变能力。这种改变能力无法通过传统的以预期目标是否达到为标准的问题解决方式来提升，而是需要居民首先学会把大问题切割成小问题，在小问题的解决过程中注意倾听问题相关方的不同要求，找到自己的改变意愿以及可以尝试的改变行动，然后再从尝试的改变行动中寻找新的改变意愿。这样，借助现实生活中一个又一个小问题的解决过程，社会工作者能够协助居民培养现实生活的改变能力，既通过个人的改变影响环境的改变，又通过环境的改变促进个人的改变。显然，这种现实生活的改变能力已经使居民不仅具有解决某个问题的能力，而且真正拥有认识环境的变化并且在变化的环境中找到自己可以发挥积极作用的能力。只有这样，居民才能在现实生活的改变中看到自己的能力和作用，才会觉得自己不是基层社会治理实践的被动参与者，而是自身拥有能力并且能够给现实生活带来积极改变的主动实践者。

实际上，基层社会治理实践中的场景化、多元化和主体性三个方面的要求是相互关联的，它们一起构成了基层社会治理实践的独特要求，既需要处理现实生活中的问题（事），也需要调整现实生活中的人际关系（人），是一种特定场景中"事－人"的双维度服务。同时，这种实践既是现实生活中问题的解决过程，也是现实生活中自我的成长过程，是特定场景中人的主体性的提升，使人拥有了特定场景中的行动理性。显然，这是一种"自下而上"的场景化知识，不同于"自上而下"的标准化知识。因此，说到底，社会工作参与基层社会治理实践的目的是协助居民培育这种"自下而上"的场景化知识，让居民真正成为基层社会治理实践中的"主角"。

第三节　基层社会治理下区域服务与人群服务的区别

比较了这种基层社会治理实践中的区域服务与人群服务之间的差别并且了解了这种基层社会治理实践对中国本土社会工作专业发展提出的基本要求之后，中国本土社会工作者就需要回到社会工作的基本理论假设"人在情境中"，审视中国本土社会工作的基本服务架构，理解在基层社会治理实践中如何调动人与环境这两个基本元素促使人发生积极的改变？在这两个基本元素中是人的因素重要还是环境的因素重要？如何保持两者之间的相互平衡？此外，社会工作者还需要明确分析问题和解决问题这两个专业服务开展的基本要求，因为任何社会工作专业服务的开展都需要回答为什么要开展这样的专业服务以及怎样开展这样的专业服务。前者关系到问题如何界定，后者涉及问题如何解决。

一　两类服务的"人在情境中"的逻辑框架

作为一门助人的学科，社会工作的目的是帮助社会弱势人群发生积极的改变，它以"人在情境中"为基本的逻辑框架，考察人与环境如何相互影响，最终帮助社会弱势人群实现生活的改变，摆脱面临的现实困境。因此，人与环境的关系成为人们理解任何社会工作专业服务的核心逻辑框架。无论是区域服务还是人群服务，说到底，都需要运用人和环境这两个能够促使人们生活发生积极改变的核心元素，让这两个核心元素在人们的现实生活中发挥积极作用。也就是说，区域服务与人群服务的区别本质上是这两类服务对"人在情境中"的逻辑框架的理解不同。

（一）两类服务的实践瓶颈与出路

针对社区生活中的社会弱势人群开展服务是一种将社会工作者视为服务提供方、将社会弱势人群视为服务接受方的救助服务，它需要其中的一方提供资源，另一方消耗资源。显然，这样的人群服务方式不可避免地面临服务资源不足的困境，因为任何地方政府购买服务的资源都是有限的，在有限的资源中拓展服务会导致社会工作机构之间竞争的加剧，以及服务"行政化"和"空心化"现象的出现（童敏，2019）。为了避免出现这样的负面现象和服务困局，社会工作者在开展专业服务时就需要改变人群服务这种资源消耗式的服务策略，转向居民能力和社区资源的培育和挖掘，走一条资源再生式的服务道路。这样，"三社联动"服务机制在推进中国本土社会工作专业服务中就有了至关重要的作用。借助这种服务机制，中国本土社会工作者一方面可以避免陷入传统人群服务这种一对一的资源消耗困境，另一方面可以通过居民的组织化推进居民互助，以及通过社会资源的引入和居民社区身份的培育带动整个社区的发展，创造中国本土社会工作专业服务所需的条件。

显然，这种能够带动整个社区发展的社会工作专业服务才是我国基层社会治理实践所倡导的区域服务。就目前开展的社区营造这种常见的区域服务而言，它虽然已经有了很多方面的成功案例，如公共空间的活化、居民的组织化以及居民参与等。成都市推进的社区营造就是典型例子，它明文强调"通过社区营造激发出成千上万的社区骨干、志愿者、居民自组织、社区公益组织，在全市城乡社区形成人人参与、人人尽责、人人共享的社区治理格局"[①]，但是这样的区域服务方式也面临一些严峻的挑战，常常出现的问题包括：（1）社区活动"悬浮化"，这些社区活动与居民的日常生活和社区的在地发展关联性不强，成为社区或者城市的"亮点工程"；（2）社区弱势人群"边缘化"，这些社区生活中最需要帮助的人群反而不再成为政府购买服务关注的重点，而社区中的骨干、志愿者、能人等生活状况较好

[①] 《成都市民政局、中共成都市委组织部、中共成都市城乡社区发展治理委员会关于进一步深入开展城乡社区可持续总体营造行动的实施意见》，http://gk. chengdu. gov. cn/govInfoPub/detail. action? id=98008&tn=6。

的居民受到社会的重视；（3）专业位置"模糊化"，这种服务方式常常使社会工作擅长的专业服务没有多大的施展空间，也让社会工作与公益组织以及文创公司的功能区别不明显，时常出现社会工作的专业界限和专业作用不清晰的现象（任文启，2017）。因此，如何改变目前社区营造这种区域服务方式，促进社区活动的下沉和在地化，既是发挥社会工作专业作用推进社区基层治理实践的关键，也是促使中国本土社会工作融入我国管理体制实现本土化发展的核心。

可见，在基层社会治理下我国本土社会工作专业发展所需要的区域服务不同于目前已经开展的社区营造，它是社区营造实践经验基础上的进一步深化，既需要注重社区的在地发展，也需要关注社区弱势人群的帮扶，不只是鼓励居民走出家门参与社区活动，或者通过居民的组织化促进居民之间的互助。因此，基层社会治理下的社会工作所倡导的区域服务就不能等同于社区营造，它需要我国本土社会工作专业发展实现三个方面的转变：（1）转变人群服务的思路，与社区营造的服务方式结合起来，通过居民互助意识的增强和能力的提升改善社区弱势人群的生活状况，让社区弱势人群生活状况的改善更多地依赖场景的改变，具有更强的持续力；（2）转变社区活动的思路，推动社区活动的下沉和在地化，让社区活动真正走进居民的日常生活中，协助居民解决现实生活中的实际问题，在实际问题的解决过程中发挥社会工作的专业服务优势，明确社会工作在基层社会治理实践中的专业作用；（3）转变专业服务的思路，运用场景实践的方式协助居民学习在特定场景中解决问题的方法和技能，让居民掌握这种以场景化为基础、以多元化为特征的问题解决能力，提升居民在社区生活中的主体性，激发居民和社区的内在活力，使中国本土社会工作真正成为我国基层社会治理实践中不可或缺的专业力量之一。

实际上，在有关老年人照顾服务、贫困人群救助服务以及严重精神障碍患者社区康复的社会工作行动研究中就能够发现，中国本土社会工作在日常生活场景中开展针对社区弱势人群的专业服务时会面临人群服务与区域服务两者不同服务逻辑之间的拉扯。从人群服务着手，社区中的非正式和正式支持系统被视为资源，它的目标是帮助社区弱势人群解决现实生活中面临的实际困难，如失智失能老人的照顾，多重贫困家庭的困难帮扶，以及严重精神障碍患者的疾病管理、风险管理和社会功能康复等；从区域服务入手，社区中的非正式和正式支持系统就是目的，社区弱势人群的困难帮扶反而变成了手段，由此提升居民的互助和议事能力，激发社区的活力。可见，基层社会治理下中国本土社会工作需要探索的是如何将人群服务与区域服务有效地结合起来，而不是简单将两者相加。

因此，基层社会治理下中国本土社会工作专业服务既需要改造传统的弱势人群服务，也需要吸纳社区营造的区域服务经验，采取以场景化为基础、以多元化为特征的问题解决方式，充分发掘人群和社区的改变动力和改变能力，将人的改变与环境的改变联结起来形成相互促进的改变闭环，真正让居民走出家门，成为基层社会治理的主力军。

（二）基层社会治理下两类服务的"人在情境中"的逻辑框架

"人在情境中"是社会工作专业服务的基础，任何一种类型的社会工作专业服务模式都需要回答如何促进困境中人的改变，这必然涉及人、环境以及两者之间关系的讨论。对这一问题的不同回答，导致出现不同类型的社会工作专业服务模式。同样，中国本土社会工作因参与基层社会治理实践而开展的专业服务也需要放在"人在情境中"的逻辑框架下来考察。只有通过这样的考察，基层社会治理的社会工作实践逻辑才能呈现出来，才能找到基层社会治理下社会工作区域服务的本质特征以及与传统人群服务的区别，明确中国本土社会工作的专业服务方式以及专业化的发展道路。

值得注意的是，在传统的人群服务中，因为情境常常被视为相对固定不变或者暂时无法改变的外部条件，所以能够改变的也只有"情境中"的"人"。这样，人或者人群就成为社会工作专业服务的焦点。这种社会工作专业服务模式建立在一种基本假设的基础上，即人需要适应环境。在这种专业服务模式看来，一个人之所以遭遇问题，是因为这个人缺乏必要的能力，无法适应环境的要求（Rapp & Chamberlain，1985）。因此，当面对新的环境（如搬迁、移民、晋升以及一些意外事件等）时，人就需要学习适应新的环境，这个时候很容易出现问题。显然，这种类型的社会工作专业服务模式就是帮助那些遇到困难的人们提高他们的环境适应能力，让他们有能力应对环境的要求。这样的适应可以表现为当下问题的解决，也可以表现为风险的预防或者应对风险能力的提升，因而社会工作专业服务具有治疗、预防和发展三种形态。不过，也有学者把人不能适应环境的原因主要归结为社会支持的不足（Tracy & Brown，2011）。这种社会支持的不足让人在问题面前不知所措，找不到必要的资源克服面临的问题。不管是有关人的不足还是社会支持的不足的解释，所依据的社会工作专业服务的基本假设都是一致的，都是强调人需要适应环境（Dominelli，2002a）。

基层社会治理下的区域服务不同，它把"人"视为"情境中"的人，不仅"人"是变化的，而且情境也是变化的，在"人"影响情境的同时，情境也在影响"人"，"人"只有在变化的情境中才能了解自己应该如何应对。这样，"人在情境中"也就被理解成"人"在变动的"情境中"寻求成长改变的方向和方式。人是否能够获得成长改变不仅取决于自己的努力，而且取决于环境的变化。这就要求中国本土社会工作者首先需要帮助人们学会理解环境的变化，在变化的环境中寻找其中可以改变之处，而不是把环境视为只能适应的对象，或者通过政策调整可以任意改变的对象。只有这样，人们才能把自身的努力放在环境中那些可以改变的方面，让自身的改变能够带动环境的改善，环境的改善又能进一步拓展自身成长改变的空间，使自身的改变与环境的改善相互促进，形成生活改变的闭环，在社会工作者的协助下重新找回因遭遇问题而丢失的对生活的掌控感和尊严感。

值得注意的是，一旦人们在特定的"情境中"理解"人"的成长改变要求时，"人"就不是抽象的某类人的代表，而是有自己独特的现实生活处境、特定的社会位置和真实感受的实实在在的人，他不仅需要与环境打交道，而且需要与身边的人包括家人、亲属、朋友、邻里、同事以及其他人相处，生活在现实的人际网络中（Sarason & Sarason，2009）。因此，一旦人们在现实生活中遭遇问题，就自然表现为人际关系的紧张和冲突，不是社会支持的缺乏，就是社会关系的对抗。像应对环境的变化一样，当人们遭遇问题时，也需要寻找现实人际网络中的可以改变之处；否则，人际关系的紧张和冲突会加剧人与环境之间的对立。显然，基层社会治理下社会工作区域服务的核心任务是帮助人们找到"情境中"的可以改变之处，让人的改变与环境和周围他人的改变衔接起来，绝不是像人群服务那样采用二元对立的思维，要么调整个人的心理去适应环境，要么增强社会支持去满足个人的成长改变要求。

相较而言，人群服务适合那种相对封闭的人为的环境，如医院、护理院等有相对固定服务要求的机构，这类机构是专门针对人们生活中某个方面的特定需求而人为建立的，目的是通过发挥机构作用协助人们处理好从日常生活中分化出来的问题。区域服务则不同，它适合较为开放的生活环境，如社区中的日常服务、社区康复等，这种服务是专门针对人们在社区日常生活中面临的问题而开展的，目的是帮助人们有效应对日常生活中遭遇的问题。正因如此，在机构服务中，社会工作者常常采用人群服务的策略，帮助遇到问题的人们调整自己的心理去应对环境提出的挑战，或者链接社会资源加强人们的社会支持去适应人的心理改变。在社区日常生活中，社会工作者需要采取区域服务策略，因为这种服务策略更为有效，它能够根据日常生活的变化帮助遇到困难的人们找到现实生活中的可以改变之处，并且通过改变的行动尝试挖掘自身的改变潜力，让自己成为现实生活改变的参与者和推动者。显然，这两种类型的社会工作服务在"人在情境中"的服务框架方面存在明显不同，两者的具体差异见表 3-2。

表 3-2　人群服务与区域服务的"人在情境中"的服务框架比较

服务类型	实践特征	
人群服务	实践目的	人 + 环境 = 适应
	强调原则	提升特定环境中人的适应能力（封闭式环境）
区域服务	实践目的	人 + 环境 = 协同
	强调原则	发展变化环境中人的应对能力（开放式环境）

　　通过比较人群服务与区域服务在基层社会治理下的服务框架就能够发现，此时的区域服务已经不同于将人群服务与区域服务视为二元对立下出现的社区营造，它不仅需要关注社区弱势人群的需求，协助他们解决在现实生活中面临的实际困难，而且需要推动社区的发展，激发社区的内生动力。显然，基层社会治理下中国本土社会工作首先需要改变的是观察视角，放弃"人"与情境二元对立的思维方式，在日常生活场景（开放式环境）中推动社区居民发生积极的改变，让居民真正成为现实生活改变的参与者和推动者。这是一种将"人"与情境联系起来并且使两者形成相互促进的协同关系的闭环思维。

二　两类服务的"问题解决"的逻辑框架

　　无论是人群服务还是区域服务，都不能仅仅停留在"人在情境中"的理念讨论上，它们要走进居民的日常生活中，成为居民参与社区生活的有用助手，这就需要中国本土社会工作者具体考察社会工作专业服务在基层社会治理实践中的具体运用方式和过程，能够针对居民在现实生活中遭遇的实际问题开展有效的专业服务。这样，在基层社会治理实践中如何准确评估专业服务的现实需求（问题界定）、如何有效安排社会工作专业服务的进程（问题解决），就成为中国本土社会工作专业服务推进过程中无法回避的现实和理论问题。实际上，在基层社会治理实践中人群服务与区域服务存在很大的差异，它们不仅在基本的"人在情境中"的理念上存在不同的理解，而且在实际的专业需求评估和具体的专业服务安排上也存在显著的差别。

（一）两类服务的"问题解决"

人群服务从服务对象生活中不能适应的问题入手，围绕这些问题来调动周围资源进行服务干预，目的是帮助服务对象解决这些生活中不能适应的问题，以提升他们的生活适应能力，改善他们的生活适应状况。正是依据这种"问题解决"的服务逻辑，人群服务首先需要确定服务对象在现实生活中存在哪些方面的不适应，这就是人们常说的"问题"界定；确定了"问题"之后，人群服务就需要针对服务对象的"问题"开展服务，帮助服务对象解决面临的问题，这就是人们所说的"问题解决"。显然，人群服务的"问题解决"是针对服务对象生活中不能适应的那部分"问题"而实施的服务，是帮助服务对象修补生活适应中不足的部分，采取的是不足修补的策略。如果把"问题"界定和"问题解决"视为社会工作者开展专业服务的两个重要环节，那么通过"问题"界定和"问题解决"就能达成对服务对象不足生活部分的修补，让服务对象能够重新回到原来的生活状况。因此，人群服务的"问题解决"采取的是单向因果思维逻辑。这种以实证主义哲学为基础的单向因果思维逻辑相信有因必有果，通过问题的现状观察以及原因分析和现状调整就能够帮助服务对象解决现实生活中遭遇的问题。这种因果分析的问题解决逻辑可以简单理解为"问题＋问题解决＝不足修补"，即通过"问题"界定和"问题解决"让服务对象重新回归正常的生活。如果用数字来表述，那么这种"问题解决"逻辑可以解释为"$1+1=1$"。也就是说，人群服务只是帮助服务对象学会适应环境，它既不关注人的成长，也不关注环境的改善。

　　基层社会治理实践中的区域服务不同，它直接从社区居民的"问题解决"环节入手，通过对"问题解决"成效的考察找到服务对象在问题解决过程中面临的"问题"。那些阻碍他们成长改变的现实条件，既包括自身的因素，也包括环境的因素，以及人与环境或者人与人之间的关系平衡状况。显然，这样的"问题"不是服务对象生活适应中存在不足，而是服务对象自身拥有的"问题解决"能力与现实环境要求之间存在差距。只有针对这样的差距进行考察，服务对象才能找到改善"问题解决"的有效方法。此时的"问题"界定不是对问题是什么的分析，而是对"问题解决"阻碍因素进行考察，了解这些"问题解决"的阻碍因素是什么、为什么会变成服务对象成长改变的阻碍以及其中哪些方面可以成为服务对象成长改变的突破口。这样，基层社会治理实践中的区域服务的第一个环节是考察服务对象的"问题解决"，第二个环节才是分析"问题解决"中存在的"问题"，并由此找到更为有效的"问题解决"的方法。因此，基层社会治理实践中的区域服务采取的是双向建构思维，一种以社会建构主义哲学为基础的思维逻辑。这种双向建构思维相信，无论何种能力的人，只要他在现实生活中遇到问题，就会想办法解决。可见，人们之所以遭遇问题，不是因为有需要解决的"问题"，而是因为在"问题解决"过程中遇到问题需要解决，是对原来无效的"问题解决"方式进行调整。如果服务对象的"问题解决"和"问题"各代表"1"，那么基层社会治理实践中的区域服务就可以简单理解成"问题解决＋问题＝自我成长"。也就是说，这种基层社会治理实践中的区域服务会出现"1＋1≥2"的结果，不仅服务对象的"问题解决"能力得到提升，而且环境得到改善，人与环境因此能够相互促进，形成积极影响的改变循环圈，产生"≥2"的成效。可见，基层社会治理下人群服务与区域服务的差别不是关注焦点的不同，即一个关注服务人群，另一个关注服务区域，而是两者在服务逻辑上存在本质的差异，前者关注不足修补，后者注重自我成长。这两种类型的服务模式的"问题解决"逻辑比较见表 3-3。

　　是从"问题解决"着手还是从"问题"着手？这是基层社会治理下区分人群服务和区域服务的关键，而不是人群服务针对人，区域服务针对区域。对于社会工作专业服务而言，如果人们首先查看存在什么"问题"，不管是人群的问题还是区域的问题，此时"问题解决"就成为帮助服务对象

表 3 - 3 人群服务与区域服务的"问题解决"逻辑比较

服务类型	服务逻辑	
人群服务	实践环节	问题 + 问题解决 = 不足修补
	实践成效	1 + 1 = 1（适应环境）
区域服务	实践环节	问题解决 + 问题 = 自我成长
	秉持原则	1 + 1 ≥ 2（改善环境）

或者这个区域修补不足的办法，社会工作专业服务很容易陷入"哪里存在不足就解决哪里"的服务逻辑。这样的人群服务在现实生活中是很难开展的，因为在现实生活中人们需要面对现实条件的限制，会遭遇很多问题，有些问题不仅无法一下子解决，而且在很长时间内可能都无法得到解决。因此，无论人们怎么努力，都无法回避现实生活中总是存在问题这一现实。更为糟糕的是，一旦社会工作者按照不足修补的原则从"问题"着手开展专业服务，就需要清晰梳理出人们遭遇的"问题"，不自觉地给现实生活中的人们贴上"问题"标签，尤其是对于那些在社区生活中遭遇多重贫困的救助对象和患有严重精神障碍的社区边缘人群来说，他们平时在社区生活中就面临社会支持不足的困境，而"问题"标签又会给他们回归正常生活带来更多的阻碍，甚至产生社会污名的影响。在实际的服务过程中，"问题"标签还会加剧服务对象与身边重要他人之间的冲突，让原本矛盾重重的重要社会支持关系面临更为严峻的挑战，同时会让社会工作者陷入服务对象和身边重要他人的权力冲突中，面临左右为难的尴尬处境。因此，当社区居民遇到"问题"时，社会工作者首先需要做的就是引导居民查看自己的问题应对行为，让居民了解自己在"问题"面前是怎么做的，考察自己行动的具体实施过程；之后，社会工作者就需要鼓励居民进一步分析自己的应对行为哪里有效果、哪里没有效果以及怎样才能改善行动的成效等。这个时候，社会工作者就把"问题解决"放在了专业服务的首位。只有这样，社会工作者才能在社区日常生活中协助居民考察现实生活中的可以改变之处，避免去解决那些看上去需要但实际上暂时无法改变的问题，提升居民的生活改变能力。基层社会治理实践中的区域服务不再像人群服务那样是一种只关注怎么"助人"的资源消耗式的救助服务，它拥有了带动居民能力提升和环境改善的双重改变的"自助"成效，能够促进居民能力的

提升和社区资源的再生。

　　显然，基层社会治理实践中的区域服务倡导的是一种"从生活中可以改变之处入手"的服务原则，绝不是"哪里存在不足就解决哪里"。这样，判断现实生活中哪里可以改变就成为社会工作专业服务的首要任务。这意味着，基层社会治理实践中的区域服务采取的不是人与环境二元对立的思维逻辑，而是强调人与环境协同发展的要求，关注在现实生活困难面前哪些方面可以有所改变，从而通过环境的改善带动整个生活状况的改善，其核心是将人的改变与环境的改善结合起来，让人的改变不脱离日常生活场景，让环境的改善不忽视人的成长改变要求，真正提升人在日常生活场景中的主体性和自决能力，加强人对日常生活场景的掌控能力，既不偏向心理的改变，导致人与环境的紧张，也不偏向环境的改善，引发人对环境的依赖。可见，基层社会治理实践中的区域服务是一种积极关系生产的服务，它帮助居民学会采取一种协同的方式应对生活中遭遇的困难，不再将"问题"视为人的不足，而是作为人与环境、人与人之间交流过程中遭遇的差异，其目的是促进居民与环境、居民与居民之间的相互支持，建立一种互助式的自助生活方式，增强居民的自治能力。

（二）两类服务的问题评估

　　开展任何服务都需要回答为什么要做这样的服务，社会工作也不例外，它需要解释人们为什么需要社会工作的帮助。这就要求社会工作者能够准确评估服务对象遭遇的问题，明确专业服务的要求和任务，真正从现实生活出发开展社会工作专业服务，而不是基于个人的主观偏好或者某个理论的要求制订服务方案和计划。实际上，人群服务与区域服务针对什么开展社会工作专业服务，在基层社会治理实践中是有不同理解的。人群服务注重问题处境中人的需求，以需求为导向，认为从服务对象的需求入手开展服务才是专业的服务。区域服务不同，它关注问题场景中人的应对行为，以行动为导向，强调从服务对象的问题应对行为出发开展专业服务。

1. 人群服务：需求评估

　　人群服务的思路来自西方传统的社会工作实践，它是针对某类人群在环境适应过程中出现适应不良的问题而开展的专业服务。这种适应不良无非表现为人们的需求与希望达成的目标之间相互脱节，导致人们在生活中出现想要什么又得不到的困局，这就是人们常说的问题。因此，对问题场景中人们的需求进行评估就成为人群服务开展的前提。通过这样的需求评估，社会工作者能够了解服务对象在问题场景中的真实需要是什么，能够设置合理的目标帮助服务对象满足自己的需求，从而解决其面临的问题。这样，人群服务的需求评估就具有四个方面的基本要求。（1）明确遭遇的问题。只有首先明确了人们遭遇到什么问题，社会工作者才能做出判断：是否需要给予专业帮助。可以说，问题是社会工作专业服务得以实施的前提。如果找不到问题或者明确不了问题，社会工作专业服务就会缺乏现实基础，不是流于形式，就是没有边界。（2）确定问题的主体。只有确定了谁遭遇到问题，这样的问题才可能与人们的日常生活联系起来，变成具体的、实实在在的而且社会工作者可以协助解决的问题。当然，在实际的服务过程中人们既可以先确认问题，再根据问题找到这是谁的问题，也可以先确认弱势人群，再根据他们的日常生活安排明确他们到底遇到什么问题。不管采用哪种方法，对于人群服务而言，人们需要确定谁遇到了什么问题，让问题有了感受的主体。（3）了解主体的需求。分析遭遇问题的人有什么需求，是社会工作者开展专业服务之前需要了解的。只有了解了人们的需求，社会工作者才能制定明确的专业服务目标，才能协助人们找到满足需求的方法，从而帮助人们缓解需求与目标之间存在的冲突，解决面临的问题。（4）分析需求的困扰。了解了人们的需求之后，社会工作者就需要协助人们深入分析需求无法获得满足的原因，明确是个人心理准备不足还是环境条件欠缺。通过这样的需求分析，社会工作者能够帮助人们找到生活中存在的不足。一旦明确了人们生活中存在的不足，社会工作者就能够针对这些不足开展专业服务，帮助人们解决生活中遭遇的问题。值得注意的是，社会工作者在人们遭遇问题时也可以采取优势视角的评估方式，直接从人们面临问题挑战时所拥有的能力入手开展评估，找到人们施展能力所需要的资源，以此为基础开展专业服务。因此，优势视角的评估也是一种人群服务的评估，也需要首先明确遭遇的问题和确定问题的主体，只不过不是从了解主体的需求和分析需求的困扰入手确定专业服务的目标和焦点。

从表面上看，从需求入手开展社会工作专业服务是一种较为直接的问题解决办法，能够帮助人们克服因需求没有得到满足而带来的问题，但是实际上，这样的问题解决思路只考虑到社会工作者给予人们的帮扶过程，没有进一步考察人们接受这种"需求导向"的专业服务之后会出现的情况。

只要经历过实际服务开展过程的社会工作者就会发现，一旦人们接受了"需求导向"的专业服务之后，就会把社会工作者视为资源的提供方，当作能够帮助自己满足那种仅靠自己能力无法满足的需求，从而产生"需求－满足"这种相互依赖的专业服务关系。一方面，社会工作者会觉得人们在现实生活中有需求，需要满足这样的需求以帮助人们克服生活中的现实困难；另一方面，人们会觉得自己需要帮助，只有通过社会工作者的帮助，自己才能得到仅靠自己能力无法满足的需求。这样，社会工作者提供的专业服务越快越好，人们也就越觉得自己没有能力，需要他人的帮助；人们越觉得自己需要他人的帮助，也就越依赖社会工作者提供的专业服务，越不相信自己的能力。因此，这样的社会工作专业服务不仅无法做到助人自助，而且会产生相反的效果，导致人们越来越不相信自己，越来越依赖他人的帮助，极容易出现人们常说的"越帮越弱"现象。尽管优势视角的专业服务能够帮助人们看到自己的能力以及自己所拥有的资源，但是这种只强调人的能力和资源、不考察日常生活场景局限的专业服务方式，不是让人们陷入过于乐观的盲目自大中，就是让人们忽视舍弃在现实生活中的改变价值（童敏，2013）。

显然，这种"需求导向"的人群服务是一种资源消耗式的专业服务方式，它是专门针对那些在现实生活中遭遇困扰而自身又没有能力解决的服务对象开展的专业服务。这样的专业服务策略在强调基层社会治理的实践中是很难实施的，因为基层社会治理涉及所有的居民，在这样庞大的居民群体面前强调"需求导向"这种资源消耗式的服务，不仅政府无力承担，必然面临资源不足的困局，而且服务人群范围会扩大，可能涉及那些弱势人群之外的社区居民也能得到专业的帮扶，这就极容易产生伦理困境：服务中得到帮助的不是社区中的弱势人群，而是社区中的普通居民，甚至是社区中那些比较活跃、社交能力比较强的居民骨干和能人。一旦出现这样的状况，社会工作专业服务的公正性就会受到质疑。更为重要的是，这种"需求导向"的人群服务还会带来专业服务的依赖和捆绑问题，导致不是通过社会工作专业服务促进居民参与社区能力的提升，而是恰恰相反，出现"越帮越弱"的现象，与基层社会治理的目标相左。可见，基层社会治理下社会工作者根本无法把"需求导向"的人群服务搬到社区中去开展以提升居民社区参与能力为目标的专业服务，而是需要转变专业服务的理念和逻辑，走挖掘社区居民自身改变能力的发展道路，让社区居民真正能够走出家门，参与社区基层治理。

2. 区域服务：行动评估

基层社会治理实践中的区域服务虽然也关注社区居民的现实需求，但是侧重于社区居民在特定场景中应对现实生活挑战时出现的需求，它是社区居民对自己应对行为是否有效以及怎样改善的评估。这种评估与人群服务的需求评估不同，主要表现为两个方面的特征。一是场景性。这种评估假设，人的现实需求受到特定日常生活场景的影响，表现为特定日常生活场景中的一种要求。一旦脱离了这种特定日常生活场景来考察人的需求，就很容易成为观察者根据自己在特定日常生活场景之外观察到的现象或者自己以往的生活经验所做的推理，不是某种日常生活场景中特定现实需求的客观呈现。二是应对性。这种评估认为，人之所以遭遇问题，是因为在现实困难面前不知道怎样有效应对，不是过于坚持固有的、忽视环境自身变化的要求，就是环境变化过快，自己在新的环境要求面前不知所措。因此，基层社会治理实践中的区域服务需要放弃人群服务的需求评估逻辑，转向特定日常生活场景中的行动评估，对人们在特定日常生活场景中的应对行为进行考察。也就是说，当社会工作者面对遭遇困难的社区居民时，其需要评估的是社区居民遭遇困难时的应对行为，考察这样的应对行动是在什么特定处境中发生的，它给社区居民的日常生活带来什么影响，其中哪些是有效的、哪些是无效的，以及如何协助社区居民找到更有效的应对行为。这就是基层社会治理实践中的区域服务所倡导的行动评估。简单来说，它具体包括两个方面：特定日常生活场景中的有效应对行为如何保持以及无效的应对行为如何调整。在基层社会治理实践中的区域服务看来，人们只有提高了应对行为的有效性，才能增强自己在现实生活中的掌控感和影响力。

值得注意的是，基层社会治理实践中的区域服务所强调的行动评估不同于行为主义心理学所注重的有效行为的评估。虽然行为主义心理学也关注人的行为和行为学习过程，但是它理解的行为是人与环境要求是否能够匹配的适应行为。如果能够适应，那么这种行为就是有效行为，不会给人们带来困扰；如果不能适应，那么这种行为就是无效行为，也称适应不良行为，这样的行为会给人们的生活带来困扰。因此，行为主义心理学所注重的有效行为的评估其实是适应行为的评估,它始终把环境视为固定不变、等着人们去适应的外部条件(Sheldon,1998)。显然,这样的环境在现实生活中是不存在的,因为每个人都不可能是一座"孤岛",可以不受环境变化和周围他人的影响。与行为主义心理学的行为评估不同,基层社会治理实践中的区域服务所倡导的行动评估始终需要把人的行为放到特定日常生活场景中,因为只有这样,人们的应对行为才能够与特定日常生活场景的变化联系起来,才能够帮助人们深入观察和了解特定日常生活场景的变化规律,从而在现实生活中找到自己成长改变的方向和方法(童敏、刘芳,2021)。可以说,基层社会治理实践中的区域服务的行动评估是一种特定日常生活场景中的行动评估,其目的是帮助人们在现实生活中找到自我成长改变的现实空间,为自我增能。

显然,行为主义心理学所推崇的行为评估是一种一致性评估,它需要观察人们的应对行为是否达到标准,追求行为的一致性,包括行为与目标是否一致以及行为与社会要求是否一致等。基层社会治理实践中的行动评估正好相反,它关注人们的应对行为是否有效,考察哪些行为无效以及导致无效的原因是什么,追求行为的差异性,涉及行为与成效之间的差异以及行为与特定日常生活场景之间的差异等,是一种差异性评估。正是通过这种差异性评估,社会工作者能够帮助人们跳出自己原先的观察视角,从问题相关方的角度考察自己的应对行为,理解特定日常生活场景中处于不同位置和具有不同经验的人的想法和做法,能够更好地了解特定日常生活场景的变化规律,找到更为有效的行为应对方法。可见,基层社会治理实践中的行动评估具有行动探索的要求,它假设人们对特定日常生活场景的了解需要借助行动,只有通过特定日常生活场景中的行动,人们才能看到自己意识之外的环境变化要求,并且通过这种意识之外的环境变化要求的追踪和分析逐渐了解环境变化的规律。如果人们站在特定日常生活场景之外观察自己的行为是否符合预定的标准,这样的行为就是封闭的,只是为了证明自己预先设定的目标是正确的,不具有探索性。当然,这样的行为尝试也就无法帮助人们发现自己观察视野的局限,了解客观现实的生活变化规律。

之所以需要采用这种特定日常生活场景中的行动评估,是因为基层社会治理实践的现实要求,它需要社会工作者推动社区居民主动走出家门参与社区治理，帮助社区形成多方参与的现代社会治理新格局。这样，多方参与就成为我国基层社会治理实践的核心，也是社会工作专业服务的焦点。对于社区居民而言，这种多方参与的要求意味着人们需要在自己与周围他人之间建立更为紧密的联系，既需要更好地理解周围他人的生活安排，也需要更清楚自己的成长改变要求，学会在特定日常生活场景中与周围他人共同协商处理现实生活中遭遇的困难。因此，基层社会治理实践中的专业评估就不能采用行为主义心理学所推崇的适应行为评估的方法，这种只关注自己目标是否达成的单向评估方式，而是需要考察居民是否能够接纳周围他人的不同并且找到协商处理的方法，这种双向或者多向的评估方式。通过这种特定日常生活场景中的行动评估，社会工作者能够帮助社区居民了解问题相关方的不同看法和做法，明确相互之间的差异，并且学会找到这种多元日常生活场景中的有效解决问题的方法。

可见，基层社会治理实践中的行动评估与行为主义心理学的行为评估存在根本差异，两者在基本理论假设、关注焦点、实施方式以及期望达成的目标等方面明显不同，甚至有些方面正好相反，形成鲜明的对比。值得注意的是，基层社会治理实践中的行动评估追求的是人们成长改变的动力，它让人们看到与自己理解不一样的现实环境是什么，这样的环境对自己的生活提出了什么样的挑战，从而促使人们面对现实生活中存在的这种客观差异，逐渐在行动中学习如何有效应对这样的差异。显然，这是人们对自己行动的反观和警觉的一种能力，让人们能够敏锐察觉到当下行动与现实场景之间的不协调，从而愿意调整自己当下的行动。可以说，这是人们的一种行动理性，能够帮助人们在实际生活困境中找到行动改变的方向，它与行为主义心理学所推崇的行为评估有着根本不同，因为行为评估注重对人们行为刺激因素的挖掘，关注的是人们的一种分析理性，认为只要有了明确清晰的环境适应行为的目标，就能够通过调节人们的行为刺激因素指导人们学习更为有效的应对行为，从而克服现实生活中面临的困难。行为评估强调，人们的应对行为只有与环境保持一致时，才是有效的。这样，行为就成了人们实现环境适应目标的手段，行为分析则是人们找到改变行为方法的工具。行动评估不同，它是对人们当下的行动进行考察，强调人们当下的行动只有根据日常生活场景提出的新要求进行调整，才能找到日常生活场景中更为有效的应对方法。因此，在行动评估的理解框架中，行动是人们关注的焦点，有效的行动才是人们追求的目标，而行动的改变动机是提升人们在特定日常生活场景中的行动理性的动力来源。除了评估行动的改变动机之外，行动评估还需要分析人们的行动改变能力，即在特定日常生活场景中理解场景变化并且根据场景变化做出调整的能力。只有借助这样的行动评估，社会工作者才能帮助人们在特定日常生活场景中找到可以改变之处，把个人的改变与周围环境的改善结合起来，实现"1+1≥2"的增能逻辑。

因此，在基层社会治理实践中，社会工作者需要放弃人群服务这种资源消耗式的救助帮扶的服务策略，把人群服务所倡导的需求评估方式转变成行动评估，考察人们在特定日常生活场景中应对现实要求所具有的改变动机和改变能力，让参与基层社会治理实践的居民走出家门参与社区活动，真正促使居民学会根据特定日常生活场景的现实要求采取有效的行动，提升居民对生活的掌控感和幸福感。

第四节 基层社会治理下区域服务的实践逻辑

在基层社会治理实践中，尽管社会工作者也需要采取多方联动的服务框架，但是这样做的目的是推动居民包括社区生活中的弱势人群走出家门，让他们通过居民互助的方式解决社区生活中的现实问题，并且学会运用多方协商的方法应对现实生活中的挑战，最终实现整个社区的发展。显然，这是一种基层社会治理下区域服务的实践逻辑，它要求中国本土社会工作者直接走进居民日常生活的社区，采用人与环境协同发展的视角，将人的改变与环境的改善紧密结合起来，相互促进，提升居民在社区生活中的自决能力和行动能力，实现居民的自我增能。

在这种基层社会治理实践中，社会工作的专业服务焦点不能停留在弱势人群的帮扶上，仅仅关注弱势人群的问题解决，而是需要通过服务帮助居民走出家门参与社区的基层社会治理实践。这是一种帮助社区居民从家庭生活中"走出来"的服务策略，与强调"走进去"的传统人群服务策略正好相反。正因如此，这种基层社会治理下的社会工作区域服务就需要有自己的实践原则，以便能够真正激发居民的社区参与活力，带动社区的发展，实现社会工作所倡导的助人自助的服务愿景。这些独特的实践原则主要包括四项，即以改变为导向、以互助为重点、以协同为目标以及以责任为核心。

一　以改变为导向

基层社会治理下社会工作区域服务需要坚持的第一项原则是"以改变为导向"。这一原则与人群服务的"以需求为导向"有着根本不同，它不再把对人的关注作为"人在情境中"原理运用的焦点，而是把场景中可以改变之处的寻找当作整个社会工作专业服务开展的关键。一旦中国本土社会工作者在问题困境中找不到这样的可以改变之处，就意味着中国本土社会工作专业服务将失去方向，没有存在的空间。因此可以说，能否在日常生活场景中找到可以改变之处，是基层社会治理下社会工作区域服务的核心。实际上，如果把"以改变为导向"这项实践原则放在日常生活场景中去考察就会发现，它包含两层含义：一是协助人们处理日常生活中遭遇的问题，提升人们的压力应对能力；二是帮助人们调整与问题相关方的人际冲突，改善人们的社会支持状况。

（一）问题解决

针对人们在现实生活中遭遇的问题，这种基层社会治理下社会工作区域服务是从帮助人们寻找问题困境中的可以改变之处开始自己的专业服务的，与传统人群服务所强调的"以需求为导向"的实践原则形成鲜明的对比，因为这种强调"以需求为导向"的人群服务尽管也关注人们遭遇的问题以及问题的解决，但是它是一种心理取向的服务，是从人们的心理开始自己的专业服务的，并没有把问题视为人们在现实生活中遭遇的困难，忽视了现实生活问题的场景化要求，不是夸大人们心理的重要性就是无视环境的变动性和复杂性。显然，基层社会治理下社会工作区域服务不同，它之所以强调"以改变为导向"的实践原则，是因为希望社会工作在参与基层社会治理实践中能够聚焦人们遭遇的日常生活问题，提升人们在特定日常生活场景中的压力应对能力，协助人们解决面临的困难。因此，基层社会治理下社会工作区域服务所强调的"以改变为导向"的实践原则与"以需求为导向"的实践原则正好相反，它不是以人们的需求为名义抽离人们的日常生活开展专业服务，而是推动人们回归自己的日常生活，在日常生活中寻找问题解决的方法，是一种在日常生活中寻求改变的服务策略。

　　一旦中国本土社会工作在基层社会治理中采用了这种"以改变为导向"的实践原则，它就必然需要面对现实生活处境的挑战，明确哪里可以改变、哪里暂时不可以改变，否则就会出现"越改变越受挫"的现象。这样，对问题困境中可以改变之处的考察就成为基层社会治理下社会工作区域服务能否顺利开展的关键。中国本土社会工作者在参与基层社会治理实践中就会发现，这些在现实生活中遭遇困扰的人们不同于患有疾病的人们，他们虽然在现实生活中面临这样那样的问题，甚至有些还是很复杂的问题，但是他们的生活仍然处在可以自主安排的范围内，如果过度关注他们的问题，视这些问题为异常的表现，他们能够自主安排生活的部分就会被忽视，就会出现社会污名化的一些负面影响，如被认为是生活的累赘，失智失能老年人的健康照护服务常常出现这种情况，或者被视为生活的异类，严重精神障碍患者的社区康复服务经常会发生这种现象。因此，针对这些生活中遭遇困扰的人，中国本土社会工作专业服务的焦点既不是他们不能自主安排生活的部分，也不是他们能够自主安排生活的部分，而是那些通过自身努力可以改变的地方。可见，从问题困境中的可以改变之处入手，不是一种权宜之策，即从容易改变的地方开展社会工作专业服务，而是一种独特的看待问题解决的视角，它不再将问题视为人或者环境存在不足，放弃传统人群服务的不足修补的问题解决策略，能够在人们的问题困境中找到成长改变的希望，这是一种在问题困境中寻求成长改变的发展视角。

　　正是有了这种在问题困境中寻求成长改变的发展视角，基层社会治理下社会工作区域服务就不赞同传统人群服务的问题解决策略：遇到什么问题就解决什么问题。实际上，无论人们遭遇什么问题，这些问题都发生在一定的场景中，都受到特定日常生活场景的影响，其中有的问题能够解决，有的问题无法解决，或者有的暂时无法解决。如果中国本土社会工作强调"遇到什么问题就解决什么问题"，那么这样的服务策略不仅不现实，还会给服务对象带来很多困扰，因为无论条件如何，人们的问题解决能力都是有限的，用有限的能力去解决生活中遭遇的无限问题，只会给人带来失望甚至绝望，找不到问题困境中的改变出路。特别是在注重社会基层治理的服务中，不仅服务人群多样，而且服务内容广泛，服务中需要协调的不同利益相关方又很多，很难做到面面俱到。这个时候，比较现实的问题解决办法就是关注问题困境中的可以改变之处，由这一可以改变之处提升人们的问题解决能力，带动人们生活环境的改善，从而为自身的发展创造更大的能力发挥空间。

显然，"以改变为导向"这种从问题困境中可以改变之处入手的服务策略，是要让人们的改变与环境的改善结合起来，形成相互促进的闭环。这样，服务对象就不是救助帮扶的对象，而是拥有主动改变自己生活环境能力的建设者；环境也不再是只能被动适应或者需要直接抗争的逆境，而是能够让人们扎根于其中并且发挥自身能力的现实场所，是人们改变动力和改变能力的培育之处。

（二）关系改善

这种"以改变为导向"的基层社会治理社会工作实践既不是从个人需求出发开始专业的服务，也不是从环境的不足出发着手服务的安排，而是采用人与环境协同改变的服务策略，让人与环境同时发生变化。也就是说，基层社会治理下的社会工作区域服务有其独特的改变起点，不仅需要找到环境中的可以改变之处，而且需要找到人们自己能做的，将环境中可以改变的与人们能够做的结合起来。这就是基层社会治理社会工作实践需要坚持"以改变为导向"的原因所在，因为只有选择了问题困境中的可以改变之处，才能帮助人们找到问题困境中的改变希望，并且通过改变希望的培育将人们在现实生活中遭遇的问题转化为改变的动力，真正推动人们在日常生活场景中探索成长改变的路径，避免不顾环境条件限制的个人动机的过度挖掘，或者不顾个人成长能力的环境条件的过度强调。显然，就这一点而言，"以改变为导向"具有了观察视角的内涵。它相信，人的改变只有与环境的改善结合起来，才能让自己的改变扎根于现实生活中，并且推动现实生活状况的改善，看到自己拥有的改变力量，从而使人的改变具有了内生性。因此，在这种"以改变为导向"原则的指导下，人们所做的任何努力都不只是消除问题那么简单，而是有了在看似对立或者矛盾的问题困境中找到可以改变之处的探索，学习运用不对抗的方式处理在生活中遭遇的问题，减轻因生活对抗带来的压力，让生活有了更多的理解和包容。

人在认可环境的同时，环境也在认可人；人以什么方式对待环境，也就意味着环境以什么方式对待人。在基层社会治理实践中社会工作区域服务之所以强调"以改变为导向"，是因为人们遭遇的问题是生活中的问题，并不是异常表现的病症，它与人们所处的社会位置以及日常生活场景密切相关。在面对这种生活中的问题时，如果人们采用的是"以需求为导向"的单向视角，就会忽视现实生活中的多样化要求，导致人与环境的对立。相反，如果人们选择了"以改变为导向"的双向视角，就需要面对和接纳问题遭遇中所呈现的现实生活环境，理解同一环境下不同问题相关方的不同要求，在此基础上人们才能找到这种具有多样化要求的生活中问题的解决方法。显然，这种生活中问题的解决方法有了促进环境改善的积极建构的元素，它对待环境的态度是建设性的，不只是把环境视为人们成长改变的对立面或者当作完全可以利用的资源，而是寻找既有利于环境改善也有利于自身成长的结合点。因此，这种生活中问题的解决方法必然涉及人与环境、人与人之间关系的改善，它本质上是创建一种建设性的关系。在这种建设性的关系下，不仅环境和周围他人获得了尊重，自己也得到了尊重。相反，一旦人们选择了"以需求为导向"的服务原则，就会不自觉地把个人需求放在第一位，与环境对立起来，即使愿意去考察这样的需求在日常生活场景中哪里可以适应，也是一种被动的"委曲求全"，并不会把自己的眼光放在环境的发展上，从中寻找问题场景中的可以改变之处，实现人与环境关系的建设性转变。

在多元化的现实生活中，人与人之间的联结更为多样，变动性也更大。在这样的现实生活条件下，如果采取"以需求为导向"的服务原则开展社会工作专业服务，那么人们始终都会把他人视为自己需求满足的对立面，不是去利用，就是去对抗，没有了对周围他人的尊重和关怀。特别是在推动居民互助和自治的基层社会治理实践中，随着居民之间交往的加深，人与人之间的差异逐渐凸显，居民之间的矛盾也变得更为突出。这样，"以改变为导向"这种在日常生活场景中寻找相互协同改变的问题解决方法就有了重要的价值，它能够在基层社会治理实践中帮助居民找到既能够促进自己成长也能够带动周围他人改变的双赢的行动策略。显然，我国基层社会治理实践不是简单地让居民走出家门参与社区活动，而是让居民学会这种在特定日常生活场景中运用"以改变为导向"的问题解决的行动策略。正因如此，中国本土社会工作在基层社会治理实践中就需要摆脱传统人群服务的帮扶逻辑，遵循"以改变为导向"的服务原则，推动居民走出家门实现互助和自治，实现自身在基层社会治理实践中的专业价值，承担起我国社会管理体制改革的历史责任，真正成为我国现代化进程中居民利益保障的一支重要专业力量。

"以改变为导向"这项服务原则的另一个重要价值是"资源再生",因为这样的服务原则无论是对于个人还是环境来说都是建设性的,不仅帮助个人发挥改变潜力,让个人对自己的生活更有掌控力和满意感,而且推动环境变得更有生产性,能够有更大的空间支持个人改变潜力的发挥。这样,个人改变潜力的发挥就能够与环境支持能力的建设形成良性影响的闭环,相互促进,最终使人们的日常生活场景具有内生性的改变动力。因此,基层社会治理下社会工作区域服务就具有了"资源再生"的特点,不同于人群服务的"以需求为导向"的服务原则,只是一味不停地消耗现有的服务资源,而且这样的资源消耗又会进一步促使人们对资源形成依赖,导致无论是个人还是环境都会变得更加贫瘠,相互之间形成恶性循环。

二　以互助为重点

基层社会治理下社会工作区域服务有了自己的特点,不再是走进弱势人群的家庭中开展人群的帮扶服务,而是相反,让居民走出家门参与社区活动①,以形成居民之间的互助。这样,社会工作专业服务的对象就从社区特殊的弱势人群扩展到社区一般居民,专业服务的焦点也从困难帮扶转变成互助能力提升。正是借助居民之间的互助,社会工作专业服务所倡导的问题解决方法才能传授给居民,让居民自己解决现实生活中遭遇的"小问题",促进居民自治。因此,基层社会治理下社会工作者的专业角色发生了明确转变,从问题解决的指导者转向问题解决的启发者,从而带动居民成为社区生活的主人,让居民在基层社会治理实践中真正发挥社区主人的作用。

(一) 公共空间

基层社会治理下社会工作区域服务有别于人群服务,它有一个显著的特点,就是社区的公共空间。有了社区的公共空间,居民就有了相互交流的机会,从而能够形成互助的关系。值得注意的是,社区的公共空间使中国本土的社会工作区域服务能够从根本上改变社区与居民的关系,不再像传统的人群服务那样,社区与居民之间是管理与被管理的单向关系,居民

---

① 对于因身体和能力等原因无法走出家门的居民,可以采取走进家门的方式,让居民之间建立邻里和同伴的互助关系。

有什么问题就直接找社区去解决，而社区需要负责居民所有的事情。随着我国城市化和现代化的发展，社区需要承担的居民事务越来越多。这样的单向关系必然导致社区不堪重负，社区一方面需要不断加强它的行政功能，以便为居民提供必要的帮助；另一方面又为行政功能所累，加剧居民对社区的依赖，最终两者之间形成恶性循环，成为社会矛盾的交汇点。政府购买服务正是在这样的形势下出现的，它要求社会工作专业服务具有引入社会元素的功能，改变传统社区与居民这种单向管理关系的基层治理方式。这也正是推进中国本土社会工作区域服务的价值所在。

虽然社会工作人群服务也会使用多方联动的服务框架，注意运用社会资源服务社区中的弱势人群，但是这种服务的根本目的是帮助社区服务好居民，特别是社区生活中有困难的弱势人群，采取的仍旧是"点对点"的服务方式，直接针对社区弱势人群的需求开展专业服务，并没有在服务过程中改变社区与居民之间这种单向管理关系。正因如此，社会工作的人群服务只能是一种资源消耗式的专业服务，这种专业服务开展得越多，资源消耗就越多，居民对社区的依赖也就变得越来越强。因此，在基层社会治理实践中如果中国本土社会工作仍旧坚持人群服务的思路，那么即使运用多方联动的服务框架或者采取优势视角寻找社区资源，也会把专业服务的焦点放在如何走进社区分析居民的需求上，并没有改变社区与居民之间的单向管理关系。显然，想要改变社区与居民之间的这种单向管理关系，中国本土社会工作就不能将专业服务焦点放在居民身上，而是需要转向社区公共空间的营造。社区公共空间的营造让居民承担起自己的责任，把社区生活中的"小问题"化解在居民的日常生活中，提升居民在社区日常生活中的问题解决能力。

从形式上看，社区公共空间的营造与家庭综合服务相似，都是在社区中找到一个居民可以交流的空间，并且通过活动促进居民之间的沟通，从而加强居民之间的互助，但是实际上两者有着本质的不同。家庭综合服务关注的是人群，是针对人群开展的服务。尽管家庭综合服务有时也会通过交流空间的居民活动组建社区志愿服务队，以服务社区中的弱势人群，促进居民之间的互助，但是它的这种互助基于居民的爱心。社区公共空间的营造不同，它关注的是居民公共意识和公共生活能力的培育，借助社区公共空间的活动推动居民参与社区的公共事务，从而增强居民在社区生活中的公共意识，学会通过议事协商方式应对社区公共事务。值得注意的是，这里所说的社区公共空间不是指社区层面的公共空间，而是居民在社区生活中的公共空间，常常涉及家庭公共空间、邻里公共空间、小区公共空间以及社区公共空间等。居民在不同的社区生活区域中需要与其他社区居民建立某种联系，以便能够维持这种社区生活区域中的公共生活的秩序，因而会出现这一社区生活区域的社区公共事务。无论社区公共事务出现在哪一区域，这种事务都有一个共同的特点，就是社区居民现实生活问题的解决，只是这种问题解决策略不是采用"点对点"的服务方式，而是通过与特定问题场景的联结，运用多方协商的服务方式。

显然，基层社会治理下社会工作区域服务所倡导的社区公共空间不是指居民在社区生活中可以参与的活动空间，一种物理的活动场所，而是指居民在社区生活中的心理社会空间，一种能够产生互助并且愿意通过互助解决现实生活问题的人际关联方式。它既涉及居民自身对环境掌控能力的提升，是自我的成长，也涉及居民交往范围的拓展，是环境的延伸，表现为居民在特定场景中问题解决能力和关系协调能力的提升，让居民在社区生活中拥有更强的主体性和能动性。因此，可以说，这样的社区公共空间实际上是一种社区治理空间，这种社区治理空间的营造，可以促进居民之间的互助和自治，改变传统基层社会治理中社区与居民之间的二元对立关系，构建基层社会治理实践中一种新型的社区治理的心理社会共同体。

值得注意的是，在推动社区物理公共空间向社区治理公共空间转变的过程中，最为关键的是，作为参与基层社会治理的一支重要力量，社会工作者需要放弃传统帮扶式的人群服务的思维方式，深入居民的日常生活中，采用场景式的问题解决的思维方式，在特定的问题场景中协助居民运用互助方式解决现实生活中的实际问题，从而实现基层治理体系和治理能力现代化。

（二）居民互助

中国本土社会工作在基层社会治理实践中之所以强调社区公共空间的营造，不是为了让社区居民在闲暇时有可去的地方，而是通过社区公共空间的活动促进居民之间的相互了解和相互帮助，让社区居民从相互不认识或者关系比较疏远转变成相互熟悉、相互了解。有了这样的熟悉和了解，社区居民的"小问题"就能够在中国本土社会工作者的帮助下通过互助的方式得到解决，不再是"有问题找社区"，导致社区居委会成了居民的管家，社区管得越好，居民就越"长不大"。因此，居民互助在基层社会治理实践中扮演着极其重要的角色，它除了能够在陌生的社区生活环境中帮助社区居民建立起情感联系，有利于社区居民现实生活中的"小问题"的解决之外，还能够改变一直以来社区在基层社会管理中直接面对居民这种单线的以行政为主导的管理方式，让居民成为社区的主人，增强居民的责任感和归属感。为此，中国本土社会工作者在基层社会治理实践中需要把社区公共空间作为专业服务的抓手，不仅让社区居民走出家门，走出居委会，在实际的社区日常生活中解决"小问题"，而且让热心居民走进那些因生理或者其他原因无法走出来的居民的家中，建立起居民与居民之间的互助。

实际上，目前社区有许多公共活动空间，如新时代文明实践站、党群服务中心、棋牌活动室、青少年科普阅读室、四点半课堂等。通过运用这些社区的公共活动空间，中国本土社会工作者能够在基层社会治理实践中引导居民走出家门参与社区活动，促进居民之间的互助。不过，需要注意的是，居民来到社区公共活动空间参加活动，并不一定能够产生居民之间的互助，即使其中有些居民产生了互助，也是一种粗浅形式的互助。因此，中国本土社会工作者在基层社会治理实践中不能把社区公共空间平面化，仅仅视之为居民娱乐休闲的地方，而是需要通过娱乐休闲活动带动居民的自管和互助，加深居民之间的交流，让居民在娱乐休闲活动中更有组织性和责任心。这样，组织化就成为增进居民之间互助的重要手段，包括组建社区自组织、社区志愿者队伍以及社区生活中的社会组织等。也就是说，在引导居民走出家门参与社区公共活动空间的活动之后，中国本土社会工作者需要引导居民组建社区各种类型的自组织和志愿者组织，提高居民的自管能力和互助能力。

除了推动居民参与社区的休闲娱乐活动之外，中国本土社会工作者在基层社会治理实践中还需要把社区公共活动空间转变成居民公共意识培育的教育空间，增强居民社区生活的公共意识。为此，中国本土社会工作者在基层社会治理实践中需要引导居民运用互助的方式处理现实生活中的问题，让社区公共活动空间生活化和日常化，成为带动居民发现和解决现实生活问题的有效平台。生活化是指借助社区公共活动空间的休闲娱乐活动协助居民呈现现实生活中遭遇的实际问题，并与居民一起协商如何解决这些现实问题，使居民互助能够深入居民的现实生活中。所谓日常化，是指借助社区公共活动空间的休闲娱乐活动帮助居民呈现当下生活中遭遇的"小问题"，并且通过日常生活中"小问题"的解决促进居民互助日常化。显然，社区公共活动空间的生活化和日常化是不同的，它们各自具有不同的功能，前者强调互助的内容，后者关注互助的方式。但是，两者又具有相同的目标，都是为了促使社区公共活动空间转变成居民日常生活改善的公共空间，让居民互助融入居民的日常生活中，成为基层社会治理的推动力。

值得注意的是，日常生活中的互助与居民互助是不同的，前者强调在日常生活场景中寻找问题解决的方法，是对日常生活场景中的问题解决能力的培养；后者注重居民之间如何形成相互关心的支持关系，侧重于人与人之间伦理关系的建设。显然，中国本土社会工作者在基层社会治理实践中需要培育的是居民在日常生活中的互助，不是居民之间的互助，因为基层社会治理实践的核心是鼓励居民走出家门参与社区事务，形成共建共治共享的社会治理格局。居民不仅需要有守望相助的互助意识，而且需要有应对现代化进程中出现的各种困惑的公共意识，即在特定日常生活场景中协商处理公共事务的意识和能力。这就要求居民能够从"零和游戏"的二元对立的观察视角中跳出来，站在"共赢游戏"的立场审视自己与周围他人的冲突，从特定日常生活场景中的可以改变之处入手，寻找具体问题的解决方法。这样，中国本土社会工作参与基层社会治理就有了自身的专业位置和专业价值，它需要帮助居民在日常生活的问题解决过程中学会特定日常生活场景中的问题解决方法，即一种在特定日常生活场景中寻求人与环境一起积极改变的应对方式。因此，可以说，中国本土社会工作者在基层社会治理实践中需要协助居民培育一种日常生活中的互助，这种互助既有守望相助的伦理要素，也有公共意识的理性诉求。

这种日常生活中的互助其实是居民应对现代化进程中出现的现实生活压力的一种有效方式，它需要居民在中国本土社会工作者的协助下学会一种多方协商的问题解决方式，具体包括四个方面的要点。第一，场景化的问题分析。居民需要把遭遇的问题与日常生活场景联系起来，明确自己在什么样的日常生活场景中遇到什么问题，放弃习以为常的对象化思维方式，即那种把自己遭遇的问题作为对象直接进行原因分析，不顾问题产生的日常生活场景的思维方式。第二，互助式的问题解决。明确了日常生活场景中的问题之后，居民就需要把问题的利益相关方找出来，采用共同协商的方式解决面临的问题，建立"多方协商"这种互助式的问题解决机制，放弃传统人群服务的"一对一"的问题解决方式或者不做任何区分的全景式的问题解决方式。第三，"小问题"的多方协商。一旦采用共同协商的问题解决方式，居民就需要学会"小问题"的多方协商方法。这里所说的"小问题"具有两个层面的内涵。一是指这些问题是可以解决的，不是那种无法解决的大问题或者抽象的问题。因此，居民需要在社会工作者的帮助下把大问题或者抽象的问题转变成可以解决的"小问题"；二是指这些问题是在一定时间内容易解决的，不是那种在短时间内看不到改变成效的问题。对此，居民就需要在中国本土社会工作者的支持下学习把可以解决的问题切割成在一定时间内可以看到改变成效的"小问题"。第四，启发式的成效跟进。当居民根据可以解决的"小问题"开始行动尝试的时候，中国本土社会工作者就有了一项重要任务——协助居民建立启发式的成效跟进机制，即在问题解决的行动尝试中关注成效的考察，并且通过成效的分析找到可以进一步改善的地方，让问题解决过程成为居民学习现实生活中的问题解决方法的过程。显然，只有将居民在社区公共活动空间中的互助延伸到居民的日常生活中，帮助居民学习日常生活中的问题解决方法，才能建立起居民日常生活中的互助，进而推动整个社区的发展，改变传统"政府－居民"二元对立的以行政为主导的治理关系，创建基层社会治理的公共空间。

　　显然，有了居民之间的互助，也就有了居民了解和参与社区事务的空间，这样居民才有可能从个人视角看问题的局限中跳出来，找到社区公共事务的议题，一起推动社区的发展。这时候的社区发展已经不是"自上而下"的行政命令，也不是居民为了获取自身利益的权力游戏，而是居民在互助基础上拥有了"自下而上"推动社区发展的动力。值得注意的是，居民从自助互助走到共同推动社区发展并不是一步到位的，只有借助互助的生活化和日常化等手段学会在日常生活中运用多方协商的问题解决方式，才能增强和提升居民的公共意识和协商议事能力。因此，在基层社会治理实践中，推动居民的日常生活互助是核心。它一方面让互助深入居民的日常生活中，帮助居民学会"共赢"的问题解决方式，将社区的矛盾化解在居民平时的生活中；另一方面通过居民公共意识的增强让互助融入社区公共事务中，并且借助社区公共事务议题的发掘、协商和处理的实践让居民拥有社区发展的意识和能力，推动社区的发展，最终实现基层社会治理"自上而下"与"自下而上"实践方式的融合，促使基层治理体系和治理能力现代化。可见，无论是居民自治还是社区发展，都离不开居民互助，都是居民在日常生活中进行互助的结果。正是通过这种日常生活互助，居民向下可以改善自己的日常生活，向上可以激发社区的发展活力，真正体会到自己可以推动现实生活改变的力量感以及与他人互助产生的尊严感。

三　以协同为目标

在促进居民之间的交流和推动居民互助的过程中，居民之间的矛盾也会随之增加，相互之间的利益冲突不断加剧。这就需要社会工作者协助居民学会如何在日常生活中进行互助，如何处理相互之间的矛盾和冲突。需要注意的是，针对这种互助的学习也有两种不同的方式。一种把互助作为手段，学习如何利用周围环境资源实现自己的目标，这是一种单向视角的互助学习，它始终追求现实生活的一致性；另一种把互助作为目标，学习的重点是如何实现人与环境或者人与人之间的协同发展，这是一种人与环境或者人与人之间双向视角的互助学习，它始终关注现实生活的差异性。显然，在基层社会治理实践中居民需要的是一种"自下而上"的双向视角的互助学习。只有通过这样的互助，居民才能在日常生活中实现"双赢"，居民的改变与社区的发展才能相互协同。

（一）差异思维

一旦把社区居民遭遇的问题放在他们的日常生活中来理解，基层社会治理下社会工作区域服务就有了自己的独特要求，它不再视区域为一种环境，如把社区当作居民生活的环境，需要居民去适应，而是作为生活的一种场景，居民始终生活在其中，又成为这种场景改变的原动力之一。这样，居民的问题是否能够得到解决不仅取决于居民自身是否具有问题解决能力以及这样的问题解决能力是否得到提升，而且取决于环境的变化是否有利于问题的解决或者周围他人的利益是否受到损害。如果只是关注居民自身是否拥有问题解决能力，而不顾环境的阻碍是否增加，那么这样的问题解决策略是无法获得积极改变的成效的，甚至很多时候会出现相反的结果，使原本可以得到解决的问题变得更加困难。这说明居民在日常生活中遭遇的问题及其解决的过程既与人相关，也与环境相关，是人与环境相互积极影响的结果。因此，中国本土社会工作者在基层社会治理实践中就不能把自己的关注焦点仅仅放在人与环境中的任何一方，只针对人与环境中的某一方开展专业服务。这样的专业服务从表面上看提高了居民的问题解决能力，或者改善了居民生活的外部环境，但是并没有帮助居民找到问题场景中的可以改变之处，居民仍旧缺乏主动应对这种问题场景的能力，导致不是加剧居民与环境的对抗，就是增加居民对环境的依赖，最终只会弱化居民在现实生活中的问题解决能力，更不用说推动现实生活的改变。

在基层社会治理实践中推动居民互助的深入是中国本土社会工作专业服务的核心任务。为此，中国本土社会工作者在帮助居民实现日常生活的互助过程中就需要协助居民学习如何理性应对相互之间的差异，它涉及居民与环境以及居民与居民之间的差异。值得注意的是，人们对差异有两种不同的理解。一种把差异作为观察对象，强调人与人、事物与事物之间存在不同。这种对差异的观察视角把差异作为观察分析的对象，考察人与人、人与环境之间存在的不同。就观察视角而言，这种对差异的观察视角仍旧相信唯一性，是一种单向视角。另一种把差异作为观察视角，认为差异是人们看待现实生活的一种方式，把现实生活视为异于自己观察的现实。它相信，无论人们如何细致地观察，他们所能察觉到的与现实生活是有差距的。显然，这种对差异的观察视角是一种思维方式，强调现实生活是多元的，由多个生命体构成，是一种双向视角。只有对自己的单向视角保持警觉，人们才能从"自以为是"的现实生活中解放出来，察觉到日常生活场景中其他主体的不同要求，找到人与环境一起改变的行为应对策略，让自己拥有更为开放包容的观察视角和更为果断自主的自决能力。

为此，中国本土社会工作者在基层社会治理实践中一方面需要推动居民的互助深入他们的日常生活，增强居民在社区生活中的公共意识，创造社区治理的公共空间；另一方面需要协助居民处理日常生活中遭遇的问题，把问题视为多元日常生活场景中呈现的人与环境之间的差异和冲突，转变单向视角，学习差异思维。具体而言，中国本土社会工作者需要协助居民做到六个方面的转变：（1）转变态度，即学会面对相互之间的差异，不把差异视为自己的对立面，转变对待他人的态度；（2）转变心态，即树立差异生活的观点，视差异为生活的常态，转变生活的心态；（3）转变认知，即面对冲突时关注哪里可以改变，不纠结谁对谁错，转变认知的焦点；（4）转变行为，即从可以改变之处中选择不冲突的点进行尝试，做能做的，转变行为应对方式；（5）转变思维，即关注行为的成效，在成效中反思处境，转变思维的方式；（6）转变视角，即注重行为的例外经验，在例外中反观自我，转变自我观察的视角。通过这种差异生活应对方式的学习，居民能够在互助中理解相互之间的差异，包容多元化的现实生活，而对多元化生活的理解又会促进居民之间的互助，让两者相互促进，形成可持续的现实生活改变的推动机制。只有这样，居民才能真正走出家门，在基层社会治理实践中成为社区生活的主人，推动我国基层治理体系和治理能力现代化。

显然，建立居民互助长效机制的关键是培育居民的差异思维。这种差异思维不同于人们习以为常的单向视角的因果直线思维，不是直接针对观察对象寻找问题产生的原因，并且依据问题的原因寻找解决的办法（Perlman，1957）。这种根据观察对象寻找问题解决办法的差异思维不同于为人们所推崇的注重社会关系改善的增能视角———一种通过制度处境意识的提升寻找社会环境改变的方法（Lee，1996），甚至也不同于受后现代主义思潮影响形成的侧重社会关系重构的建构视角———一种通过叙事增强个人主体性的方法（Gergen，1999），而是根据问题直接寻找问题产生的场景及与其相关联的各方，让问题相关方在具体问题解决的讨论中看到自己与他人的差异以及自己的可以改变之处，学会在差异中寻找"双赢"的问题解决办法，让自己与环境一起改变。可见，问题解决是这种专业服务的主线，差异思维是这种专业服务的核心。只有借助问题解决这条主线，问题相关方才能联系在一起，共同寻找问题解决的方法。而只有通过差异思维的培养，人们才能在基层社会治理的多元化现实生活中发现"双赢"的问题解决办法，真正提升人们在现实生活中的自决能力和应对能力，实现现实生活中的增能。简而言之，这是一种差异视角的问题解决。

这种差异视角的问题解决假设，人与人的生活是有差异的，这种差异不仅来自人们在现实生活中所处位置的不同，而且来自人们自己的经历和经验的差异。即使同一个人，由于人们今天的生活经验与明天的生活经验不同，也就有了不同的观察体验。如果人们把这种差异视为自己的对立面，就会陷入"零和游戏"的权力对抗，把输赢视为第一位，不仅看不到现实生活中的可以改变之处，无法推进现实生活的改善，失去对现实生活的掌控感，而且变得难以面对基层社会治理实践中的多元化的现实生活，找不到有效应对这种多元化现实生活挑战的办法。因此，中国本土社会工作者在基层社会治理实践中需要把差异思维引入社会工作专业实践中，与问题解决方法结合起来，把问题界定和问题解决的过程视为人们在这种多元化的现实生活中寻找自我成长的过程，找到一种能够与环境一起改变的"双赢"的互助方式，让自己与环境一起协同成长，形成人与环境相互促进的良性改变循环圈。

（二）双赢互助

对于基层社会治理实践中的中国本土社会工作而言，区域服务所倡导的居民互助具有特别的内涵，其不是从伦理的角度出发让居民学会守望相助，也不是从实用的角度考察让居民能够运用身边的社会资源，而是站在改变的角度引导居民学会面对多元化的现实生活，并且找到应对这种多元化的现实生活的方式，是一种差异思维。在这种差异思维的指导下，居民互助就不能只顾及人与环境中的某一方，而是需要把人放在特定日常生活场景中，寻找人与环境双赢的协同发展方式，既不是从"我要做"这种关注个人需求出发而开展的互助服务，也不是从"要我做"这种关注环境要求而实施的互助服务，而是帮助居民学会处于两者之间的"我能做"的改变方式。也就是说，居民在现实生活中遭遇差异生活的挑战时，不仅要学会面对和接纳现实生活的差异，而且要找到自己在这种问题场景中能做的，让自己与环境一起改变，创造一种双赢互助方式。显然，这种"我能做"的双赢互助方式需要居民具有一种独特的差异思维。这种差异思维要求人们在现实生活的问题场景中审视自己的要求时，始终把环境放在第一位，把自己的要求放在第二位，观察在特定的问题场景中哪里可以改变，并且通过自己的行动尝试拓展特定问题场景中的自我发展空间。

在基层社会治理实践中倡导这种双赢互助方式的目的是提升居民在现实生活中的问题解决能力，从而激发居民主动参与社区事务的动力和主体性，实现居民的自我增能。显然，这种强调多元化日常生活场景中的问题解决能力不同于西方社会工作所推崇的问题解决的逻辑，它需要人们把自己放在变化的场景中并且学会与环境一起改变。这样，自我的改变就成为其中不可缺少的考察内容，居民不仅在问题解决过程中需要促进自我关怀，让自己在日常生活场景中对生活场景的变化规律有更好的了解，能够准确地找到日常生活场景中人与环境可以一起改变之处，使自身在问题解决过程中获得自我成长，而且在自我成长过程中需要提高问题解决能力，清楚自己在现实生活挑战面前能够做什么，提高自身对现实生活的接纳程度，使自身具有更强的力量感和主动性。因此，这种基层社会治理实践中的双赢互助方式是将问题解决与自我关怀融合在一起的问题应对策略，它改变了西方社会工作一直以来把问题解决与自我成长视为二元对立的科学实证主义的观察视角，让自我增能真正能够融入基层社会治理的多元化现实生活中。

　　这种强调在基层社会治理的场景实践中发挥个人自我能力的思维方式，实际上注重的是场景理性，它要求人们能够融入日常生活场景中并且根据日常生活场景做出有利于自我发展的决定。这种场景理性与人们的场景联结能力、场景接纳能力、场景分析能力、场景实践能力以及场景反思能力密切相关，表现为人们在特定日常生活场景中寻求与环境协同发展的问题解决能力。显然，这种场景理性不同于人们已经习以为常的分析理性，即针对观察对象进行原因分析，并且根据原因寻找问题解决方法的理性思维逻辑。这种分析理性不需要考察观察对象所处的具体场景，也不需要融入具体的场景中了解在这种特定日常生活场景下人们面临什么现实挑战以及能做什么，更不需要预测这样的应对行为可能带来什么结果。由于习惯于这种站在事情之外的分析理性，人们常常把这样的"客观"分析视为科学的，相信只要了解了问题出现的原因，就能够找到有效解决问题的办法，甚至直接把问题的因果分析等同于问题的解决。因此，即使在开展场景理性的考察时，人们也往往混淆场景理性与分析理性的差别，导致把具体场景只是作为观察的对象，分析这种具体场景的特征以及在这种具体场景中做出改变的有利条件和不利条件，并没有转换到行动者的观察角度考察他们在这样的具体场景中面临什么挑战以及他们自己能够做什么。

　　为此，在基层社会治理实践中社区居民的自我教育就变得不可或缺，它不仅能够带动居民自主能力和自决能力的提升，而且能够推动居民对日常生活场景的深入了解，拥有更强烈的自觉意识。这种社区居民的自我教育需要借助社区公共空间的营造为居民走出家门开展互帮互助提供机会，并且在互帮互助的实践中协助居民学习一种差异视角的问题解决方式，激发居民自治活力，让居民能够融入具体的日常生活场景中，加强与日常生活场景的联结，接纳现实生活中的不足，并且学会在具体的日常生活场景中寻找可以改变之处，让自己能够更加理性地应对多元化的现实生活带来的挑战，找到人与环境协同发展的问题解决方式，提升自己在现实生活中的场景理性。显然，中国本土社会工作在基层社会治理实践中所推崇的双赢互助并不是将居民需求是否得到满足作为衡量成效的核心标准，它的目标是帮助居民转变社区生活中的问题解决方式，从"一对一"的"我要做"转变成"多对一"的"我能做"，这种问题解决方式秉持一种人与环境协同发展的理念问题。

四　以责任为核心

尽管通过提高参与意愿也能够促进居民之间的互帮互助，但是这样的互帮互助仍旧以个人为中心，强调"我要做"，并没有推动人们拓宽自己的视野，促使人们对外部多元化的环境保持开放、包容的态度，学会在特定日常生活场景中做出与环境协同改变的选择。这样，责任感的培养就成为居民拓展自我并且学会从外部环境的现实出发做出自己行动选择的重要依据。可以说，"我能做"这种自我能力是一种责任自我能力的体现，即在现实生活挑战面前能够接纳现实环境的要求并且以此为基础做出自己的行动选择，它让人们拥有了现实场景中的理性选择能力。显然，基层社会治理下的社会工作区域服务只有坚持以责任为核心的实践原则，才能在专业服务中促进社区居民融入在地生活，增加社区居民的在地归属感和责任感。

（一）在地联结

促进居民的在地联结是增强居民现实感的关键所在，也是培养居民责任感的核心要求。这就需要中国本土社会工作者在基层社会治理实践中转变对待环境的态度，不再把区域仅仅视为居民生活的物理环境，而是作为居民赖以生活并且可以带动居民成长改变的重要场景，关注居民在日常生活中是如何与环境互动的，学会始终把居民与环境的联结方式放在专业服务考察的中心。这样，居民的日常生活场景可以小到起居的卧室，也可以大到活动的社区。正是在这些场景的生活中，居民直接体验到来自现实生活的挑战以及自己采取的应对方式，有了日常生活中的现实感和参与感，不仅让自己拥有了特定日常生活场景中的权利，也拥有了特定日常生活场景中的责任。因此，促进居民的在地联结就成为推动居民自我成长的有效方法之一，它包括两个方面的具体要求：一是接纳，学会以不评价的态度看待特定日常生活场景中的差异，主动舒缓由差异导致的紧张、担心和焦躁等负面情绪，逐渐接纳现实生活中的局限性；二是尝试，学会主动寻找特定日常生活场景中可以改变的微小之处，通过微小之处的行动尝试培育积极的生活心态。显然，通过特定日常生活场景中的接纳和尝试这两个方面的改变，居民与环境之间的互动关系就会发生变化，就能够帮助居民加强社区生活中的在地联结。这种联结是一种情感联结，是居民内心深度接纳日常生活场景的过程，既能够面对现实生活中那些令自己感到不满意的方面，深度融入具体的日常生活场景，也能够在日常生活场景中找到那些让自己感到满意的方面，看到自己在改变日常生活场景中的作用，能够深度挖掘日常生活场景中的改变动力。

　　培养居民在地联结力的过程，必然涉及居民与周围他人之间的互动。这样，居民的在地联结力就不仅包括居民与环境之间的互动关系，而且包括居民与周围他人之间的互动关系，有了面对多元化日常生活场景挑战的要求。尽管居民与周围他人之间互动关系的改善也需要遵循居民与环境之间互动关系改善的方式，同时涉及接纳和尝试两个方面，但是值得注意的是，居民与周围他人互动关系的改善需要建立在居民与环境互动关系改善的基础之上。因此，中国本土社会工作者在基层社会治理实践中就需要将居民遭遇的问题划分为两个方面：事和人。前者针对居民在现实生活中遭遇的具体事件，是对特定日常生活场景的应对，它改善的是居民与环境之间的互动关系；后者针对居民在具体事件中遭遇的人，是对特定日常生活场景中人际关系的应对，它改善的是居民与周围他人之间的互动关系。一旦居民把自己与周围他人的关系改善放在第一位，就会陷入权力的游戏中，出现本末倒置的现象。

　　在地联结注重居民的生活参与，这种参与从形式上看与人们通常所说的活动参与一样，都是鼓励居民根据自己的兴趣爱好主动参加某种活动，但是实际上这两种参与方式有着本质的差别，活动参与从个人的角度出发理解居民自身的兴趣爱好，是居民根据自己的兴趣爱好主动参与活动。这种参与可以是人到现场，也可以是人融入活动氛围中，或者参与活动的策划等，是居民兴趣爱好等个人内部心理状况的呈现，体现了西方以个人主义为中心的人本主义的价值理念。在地联结所强调的生活参与是从人与环境循环影响的角度理解居民自身拥有的兴趣爱好的，是指居民主动融入自己的现实生活中，并且在现实生活中寻找乐趣所在，是居民在参与中发现自身价值和意义的过程。因此，在地联结的生活参与也就具有了意识提升的要求，需要居民对自身原有的参与方式的成效进行反思，能够更深入地了解现实环境的要求，找到更为有效的积极参与方式，让居民通过参与方式的调整重新看到自己的价值，从而激发居民生活参与的兴趣和热情。

为了保证居民通过积极的生活参与加强在地联结，中国本土社会工作者在基层社会治理实践中需要特别关注以下两点。一是任何居民都有自己的生活参与方式。尽管有些居民非常被动，特别是一些需要帮助的社区弱势人群，如精神疾病患者、贫困家庭等，有时看起来对身边的事情不关心，甚至有些冷漠，但是不代表他们没有参与生活，只是他们用消极的方式参与生活。一旦周围他人要求他们主动参与，他们就会变得更加被动。对此，中国本土社会工作者需要细心发现他们在现实生活中的兴趣爱好，找到他们相对有兴趣的生活方面开展服务，或者减少外部环境的要求，让他们的兴趣爱好能够更好地呈现出来，在此基础上鼓励他们根据自己的兴趣爱好参与生活。二是任何居民的成长都始于参与方式的改变。居民持久参与的动力来源于自我的成长，只有在自我成长过程中居民才能看到参与的价值，才能不断投入参与活动中。为此，中国本土社会工作者在基层社会治理实践中就需要把居民的参与方式作为考察的焦点，协助居民在参与活动的过程中找到改变的机会，让居民自我变得更加开放和包容，能够更有效地应对现实生活的挑战。否则，一旦社会工作者从单向的人本主义视角出发把居民参与理解为居民自身兴趣爱好的发掘调动，就会不自觉地将居民的成长改变简单等同于参与，忽视居民内心自我的成长改变才是居民真正成长的事实。

因此，只有通过居民家庭、邻里、社区等方面的生活参与方式的改变，中国本土社会工作者才能在基层社会治理实践中促进居民自我成长，协助居民提高在地联结力，逐渐增强居民的责任感和归属感。

（二）责任自我

加强居民的在地联结并不是为了否定或者忽视居民自身的自决能力和主体性，只是要求居民履行社会责任，恰恰相反，这种中国本土社会工作区域服务中的在地联结要求居民培养一种从场景入手审视自我的能力，即把日常生活场景放在第一位，学会在日常生活场景中找到自己可以尝试的行动。这里不仅包括对日常生活场景中可以改变之处的识别，区分日常生活场景中可以改变的和不可以改变的地方，从而在日常生活场景中给自我找到生存之处，让自我不仅能够扎根于日常生活场景中，而且能够采取主动应对的方式处理日常生活场景的要求，在可以改变之处做出自己的行动尝试，推动日常生活场景的改变，从而在日常生活场景的改变中提升自我的自决能力和主体性，让人与环境的改变形成良性改变的循环圈。这样，加强在地联结也就具有了增强责任自我的功能，让人们的自我能够融入自己的现实生活中，并且拥有推动现实生活改变的自决能力。显然，这样的责任自我不再仅仅是一种伦理道德的要求，而是人们在特定日常生活场景中所具有的一种自觉意识。这种自觉意识能够帮助人们及时调整自己的需求与现实挑战之间的张力，使人们具有了在特定场景中有效解决现实生活问题的场景理性。

实际上，这种促进人们在特定日常生活场景中进行有效选择的责任自我具有两个方面的内涵。（1）从责任来理解自我。它要求居民在现实生活冲突面前不仅能够面对环境提出的挑战，而且能够采取积极主动的回应行动，了解自己行动回应的现实基础，使自己的行动回应有了理性的元素。这样，居民的自我就不再是自己对自己的认识和评价，即一种可以抽离现实生活的主观抽象的自我认知，也不再是可以不管环境变化的孤傲的自我，而是具有了实际生活的现实感，是在特定日常生活场景中能够识别环境的要求并且带动环境改变的、具有主动性的自我。（2）从自我来理解责任。它要求居民的任何想法都需要与特定日常生活场景联系起来，从自己实际拥有的行动应对能力为出发点考察特定日常生活场景中的可以改变之处，包括特定日常生活场景中的有利条件和不利影响，并且主动承担起推动特定日常生活场景改变的责任，让自我改变与环境改善紧密结合起来。显然，这样的特定日常生活场景是个性化的，与居民能力直接相关，是居民展现自我能力、获得自我成长的现实生活基础。值得注意的是，正是借助责任自我，居民的自我才能融入日常生活场景中，一方面推动现实生活环境的改善，让现实生活具有更温馨的人文关怀；另一方面展现自己的问题解决能力和才华，让自我更有力量。

责任自我强调的是居民在特定日常生活场景中参与和改变环境的能力，它要求居民学会在特定日常生活场景中运用个人自我的能力，即一种促使人与环境协同改变的能力。这种协同改变的能力依据的不是人们习以为常的、把人与环境对立起来的单向视角，这种视角要么把环境视为需要适应的对象，要么把环境视为需要抗争的逆境，而是寻找人与环境可以同时兼顾的中间发展路径，把环境看作可以改变的，其中既有暂时无法改变的部分，也有可以改变的部分。这样，在特定日常生活场景中寻找可以改变之处就成为促使居民责任自我成长的关键。它要求中国本土社会工作者在协助居民处理日常生活中遭遇的问题时能够做出两种转变：一是将从问题入手转变成从问题解决入手，改变之前"遇到什么问题就解决什么问题"的不足修补的服务策略，直接从如何提高问题解决的行动成效着手，改变人与环境二元对立的观察视角，找到问题场景中可以改变之处的人与环境协同改变的中间发展线路，提高居民在特定日常生活场景中的自我反思和自我决定能力；二是将从强调问题解决转变成强调改变成效的提升，把改变作为社会工作专业服务的核心，加强问题解决行动尝试之后的成效考察，提高和增强居民在特定日常生活场景中的行动反思能力和自觉意识，促使居民快速调整人与环境协同改变的行为应对方式，提升居民的人与环境协同改变的能力。

值得注意的是，居民责任自我的培养恰恰是基层社会治理实践中实现社会工作助人自助的关键，因为"助人"服务是针对有需要的居民提供帮扶，而"自助"是受助居民能够自己帮助自己，两者的结合就是助人自助，它需要将"助人"的帮扶服务与"自助"的自我帮助衔接起来。实际上，从"助人"转变成"自助"需要将责任自我作为"桥梁"。只有将"助人"帮扶服务的焦点集中在责任自我的培养上，帮助居民提升在特定日常生活场景中的问题解决能力时，居民才能在现实生活的挑战面前找到有效应对问题的方法。此时的"助人"不是帮助居民解决现实生活中面临的问题，也不是加强居民在现实生活中的社会支持，而是提升居民在特定日常生活场景中的问题解决能力，这既涉及居民对特定日常生活场景深入的理解，也涉及居民对自身拥有的特定日常生活场景中的改变意愿和改变能力的挖掘。因此，责任自我的培育贯穿中国本土社会工作专业服务的始终，它不仅让居民通过社区参与促使个人的自我扎根于日常生活场景中，而且让居民拥有推动日常生活场景发生改变的能力，使居民的自我真正具有融入日常生活场景中并且推动日常生活场景发生改变的力量。

有趣的是，社区实际生活中的很多责任资源，如家庭责任、邻里公约以及当地习俗等，都能够成为培养居民责任自我的重要精神资源，让居民在做出行动决定时能够顾及现实生活条件，理解特定日常生活场景中其他人的不同生活安排和想法，拥有推动现实生活发生改变的自觉意识。实际上，在西方个人主义价值理念基础之上建立起来的西方社会工作，更为关注个人的福祉和社会的公正，忽视个人的责任，甚至把个人的责任视为束缚个人自我成长改变的影响因素。显然，这样的理解对于注重人情来往以及家庭和社会责任的中国文化来说是极其不利的，不仅无法激发居民和社区的改变动力，而且会破坏居民与居民之间以及居民与社区之间原有的情感联结，最终无法实现"共建共治共享"的社会治理新格局。

第五节　基层社会治理下社会工作专业实践的知识观

从形式上看，基层社会治理下社会工作专业实践具有两种形式完全不同的专业实践方式。一种是以人群服务为焦点的修补导向的社会工作专业实践，它关注的是社区生活中的弱势人群，它的目标是协助社区居民修补现实生活中的不足；另一种是以区域服务为重点的改变导向的社会工作专业实践，它关心社区生活中的所有居民，尤其是那些愿意走出家门参加社区活动和社区议事的居民，它的目标是提升社区居民对现实生活的应对能力，实现社区居民的自我增能。但是，无论这两种社会工作专业实践具有如何不同的专业实践策略，它们都需要回答同一个问题：什么样的社会工作专业实践策略才是有效的。这就涉及对社会工作专业实践的知识观的考察。

一　社会工作人群服务的基本逻辑

社会工作人群服务针对的是社区生活中的弱势人群或者现实生活中遭遇困扰的人，它是针对人开展的专业服务。尽管这样的专业服务有时直接从人入手，有时从环境着手实施干预，但是它都遵循不足修补的实践逻辑，即先确定人或者环境中存在的不足（问题），再针对这一不足进行修补，目的是消除问题，让人过上没有问题的生活。显然，社会工作人群服务采取的是一种修补导向的专业服务，它把没有问题的生活视为社会工作专业服务的目标。在这样的专业服务目标的指导下，社会工作专业服务的第一步是确定问题，它要求社会工作者首先帮助遭遇困扰的人们找出现实生活中的问题，并且把问题与人们的日常生活区分开来，让人们的关注焦点集中在生活中的问题上。有了这样的专业服务焦点，社会工作专业服务才能进入第二步，就是解决问题。它需要社会工作者围绕问题开展有针对性的服务，把问题解决掉。这样，无论是问题界定还是问题解决，社会工作人群服务都有一个显著特点，即只针对问题开展专业服务。

显然，社会工作人群服务具有这样一个基本假设：问题是现实生活中的异常部分，它使人们无法过上正常的生活。一旦人们在现实生活中遭遇到问题，就意味着他们的能力存在不足，需要周围他人的帮助。正因如此，问题成了社会工作专业服务开展的基础，它除了让人们看到自己生活存在的不足之外，还让人们有了与社会工作者这样的专业助人者建立专业服务关系的诉求。为此，社会工作者就需要协助人们找到现实生活中的问题所在，对问题进行清晰的界定。通过这样的问题界定，社会工作者能够明确专业服务的目标、对象、范围、方法、步骤等，有了专业服务所要求的标准化的服务方案和流程，让人们的注意焦点跟随专业服务的开展时刻都集中在问题上。可以说，人群服务针对问题的这一假设已经让人们相信，问题是现实存在的，它是人们现实生活异常的表现。值得注意的是，这种异常既可以表现在人身上，如性格不良、意志薄弱、能力不足等，也可以表现在环境上，如社会支持缺乏、机会不公平、政策不完善等，甚至可以表现在关系上，如人际关系疏远、亲子沟通不畅、权力关系失衡等。实际上，人们常常把这种问题的观察视角运用在家庭、社区、机构等比个人更大的单位上，分析这些单位存在的不足。尽管此时社会工作者的关注焦点与个人不同，但是他们开展专业服务的逻辑依据是相同的，都是针对不足进行修补。

在这样的问题观察视角下社会工作人群服务有了第二个基本假设：有因必有果，因果关系构成现实生活事件发展变化的基本关系。为此，社会工作者需要帮助人们分析问题产生的原因，在问题出现的原因与结果之间建立因果关系。依据问题的因果关系，社会工作者就能够针对问题产生的原因设计有针对性的专业服务方案和程序，协助人们解决面临的问题。显然，在这样的因果关系指导下，社会工作者开展的所有专业服务只需要针对人们生活中有问题的部分，无须考察问题出现的日常生活场景以及问题与日常生活场景之间的相互影响，导致人们即使解决了日常生活中的问题，也仍然无法适应日常生活，甚至还可能进一步加剧日常生活中的冲突，因为只针对问题开展专业服务，就会忽视人们自身拥有的改变意愿和改变能力，也无法协助人们提升对日常生活场景的理解能力和自决能力，出现人们常说的"越帮越弱"的现象。

就专业服务关系而言，在问题观察视角的指导下，人群服务中的社会工作者与受助的人们之间是一种"提供－接受"的关系，即社会工作者是专业服务的提供者，受助的人们是专业服务的接受者。尽管社会工作者也会依照专业价值理念的要求用心倾听人们的内心诉求，鼓励人们参与专业服务的整个过程，甚至邀请人们引导专业服务的进程，推崇"以求助者为中心"的服务理念，但是无论是问题界定还是问题解决过程都遵循因果分析的逻辑，依赖专业知识体系和专业训练。显然，社会工作者与服务对象之间这种二元对立的服务关系并不会因社会工作者的积极友善的态度而发生根本的转变。尤其是当社会工作者的想法与受助的人们的认识不一致的时候，这种依赖专业知识的分析判断就会成为推进专业服务的唯一标准，两者之间的二元对立的服务关系就会凸显。

二　社会工作人群服务的实证主义知识观

显然，社会工作人群服务遵循的是修补导向的专业服务逻辑，它依据实证主义知识观，假设问题是一种客观现实，存在于人们的现实生活中。这种客观现实不随人的主观意识而改变，但是能够被人认识到。这样，人的生活世界就可以分为外部的客观现实和内部的主观意识，主客体是二元对立并且相互分割的。正是依据这样的知识观，社会工作人群服务相信，社区居民在日常生活中遭遇的问题是一种客观现实，这种客观现实只有在社会工作者这样的专业人士的帮助下才能得到清晰的认识，因为任何问题的界定都需要依赖经过长期实践经验积累并且得到科学研究证明的专业知识。与普通的社区居民相比，社会工作者拥有更为系统的社会服务的知识，也更为了解社会服务的专业标准，当然，他们也就具有更为专业的分析和评估问题的能力。为了帮助社区居民准确评估他们的问题所在，社会工作者需要借用专业的评估框架（心理社会分析框架）和评估工具，并且通过科学细致的观察从社区居民问题的各方面表现中梳理出症状表现背后的问题。从症状表现到问题本质的揭示通常不是一步到位的，它需要社会工作者运用因果关系的原理分析问题的各种症状表现，找到相互之间的联系以及问题的变化规律。

在实证主义知识观的影响下，社会工作人群服务认为，问题界定就是人们通过主观努力认识客观问题的过程，它需要人们保持理性的科学态度，避免个人主观偏好的影响。只有这样，人们才能客观地呈现现实问题，从而准确界定问题的本质。这样，问题的界定就与人们的理性分析能力密切相关，人们越能够理性地看待问题，问题也就越能够得到清晰的界定。正因如此，社会工作人群服务要求社会工作者在协助人们界定问题时，需要站在人们的生活之外，与人们保持一定的观察距离，以便减少主观情感联系带来的不良影响。因此，在实证主义知识观的指导下，"价值中立"就成为社会工作者首先要遵循的原则。一旦社会工作者脱离了这一原则，他们就无法帮助人们清晰界定需要解决的问题，整个社会工作专业服务也就缺乏科学基础。值得注意的是，社会工作毕竟是助人服务，对弱势人群的关怀、对人的价值的尊重成为这一专业服务开展的前提。这也导致社会工作人群服务常常陷入两难的境地中：一方面在伦理价值层面需要坚持对弱势人群的关怀，另一方面在专业服务中需要对受助的人们保持"价值中立"（Rapp，2007）。

由于"价值中立"受到推崇，社会工作者在针对人群开展专业服务时，也就需要采取类型分析法，即根据人们遭遇问题的特征进行分类，在分类基础上找到解决这一类型问题的方法，并且由此建立专业服务的干预逻辑。例如，社会工作者可以依据人本主义心理学家马斯洛的五层次需求理论把人们遭遇的问题分为五个方面，即生理需求、安全需求、归属需求、尊重需求和自我实现需求；然后，针对每一层次需求表现出来的问题寻找解决的方法；最后，再把这五个层次需求的问题解决方法整合起来。当然，社会工作者也可以运用其他概念的分类，如身心社灵的全人概念或者心理学家埃里克森的人生八阶段理论等。显然，这种类型分析法运用了还原思维的方式，根据类型划分把复杂的问题简化为更细致的"小问题"，由此找到问题解决的方法。它强调逻辑思维的严谨性和一致性，因此，社会工作人群服务在实证主义知识观的影响下追求普遍化、标准化的专业服务。所谓普遍化，是指这样的专业服务不涉及具体的时间和场景的要求，是根据抽离日常生活的问题特征来确定的，具有普遍的适用性；标准化则是指这样的专业服务是依据类型化的分析而建立起来的问题解决策略，不受个人主观兴趣爱好的影响。

简而言之，社会工作人群服务遵循的是实证主义知识观。这种知识观强调问题是一种客观现实，需要人们采用"价值中立"的原则进行观察分析，清晰界定问题的本质，并且通过类型分析法找到问题解决的具体策略，它推崇的是一种普遍化、标准化的专业服务。

三　社会工作区域服务的基本逻辑

与人群服务形成鲜明对比，社会工作区域服务针对的是某个区域的在地发展，目的是激发居民和在地区域的发展活力。这样，社会工作区域服务需要关注的对象就不仅仅是社区生活中的弱势人群，而是包括所有社区居民，那些可以走出来参与社区活动的普通社区居民以及社区生活中的积极分子和能人，是社会工作区域服务的重点关注对象。因此，推动居民走出家门参与社区活动，让彼此相互熟悉，不使任何居民落单，就成为社会工作区域服务的首要任务。社会工作区域服务相信，社区居民只有相互熟悉了，才能建立初步的相互信任关系，才能在现实生活中遇到问题时相互商量，寻找相互之间的支持。为此，社会工作区域服务就需要关注社区生活中容易落单的人群，如独居、空巢、高龄老人，困境儿童，残障人士，失独家庭等，帮助他们加强社会联结，避免极端事件的发生。这样，社会工作专业服务就具有了危机预防和生活保障的功能。有了第一步的相互熟悉之后，社区居民才能互帮互助，形成日常生活中的支持关系，化解社区生活中的矛盾，使社会工作专业服务具有了化解和预防社区矛盾的作用。这是社会工作区域服务的第二步：加强社区居民之间的互助。对此，社会工作区域服务就需要运用公共空间活化、居民组织化等手段促进社区居民的同伴互助和邻里互助。社会工作区域服务的第三步是居民议事，它需要社区居民学会运用协商式问题解决的方式处理社区生活中遇到的问题，把社区居民问题解决的过程转变成协商议事能力提升的过程，协助社区居民实现自我增能，使社会工作能够在基层社会治理实践中推动在地的发展。因此，在区域服务中社会工作具有了危机预防、矛盾化解以及自我增能三个方面的基层社会治理实践的专业功能。

　　显然，社会工作区域服务的专业服务逻辑不同于修补导向的人群服务，它采取的是一种改变导向的服务策略，假设每个社区居民在现实生活中都会遇到问题，都需要根据现实生活的要求做出改变。因此，在社会工作区域服务看来，问题既不是居民存在不足，也不是社区缺乏资源，而是现实生活中的一种常态，是一种正常的现象，它表明社区居民自身的成长改变要求与现实生活的要求不一致，在现实生活中遭遇阻碍。这种阻碍说明：（1）现实生活是多元的，存在多个生命主体，社区居民只能通过自己的努力影响自己的生活，但无法决定自己的生活，因为他们同时受到周围环境和他人的影响；（2）现实生活不随社区居民的意志而改变，它需要社区居民在问题的指引下学会从过分关注个人视角的观察限制中摆脱出来，理解日常生活场景中其他相关方的不同要求，找到更为有效的应对方式。这样，问题就不是一种异常，而是促使社区居民成长改变的动力所在，它促使社区居民在遭遇问题时能够停下脚步，反思自身的状况以及日常生活场景中的挑战，为自身的成长改变提供机会。一旦社区居民拥有了问题意识，也就拥有了随时反思自身状况和日常生活场景要求的自觉能力，他们的内生性改变动力才能真正出现。相反，如果社区居民缺乏问题意识，甚至把问题视为一种异常，就会不自觉地采取自己原有的方式应对日常生活中的挑战，这不仅无法带来自身的成长改变，而且有意无意地回避成长改变的机会，极容易掉入过度自我防卫的陷阱中。

　　与问题的正常改变要求假设相关联，社会工作区域服务强调，问题解决过程其实是社区居民在日常生活场景中寻找可以协同改变之处的过程。它不仅要求社区居民学会场景思维的方式，始终把遭遇的问题放在日常生活场景中考察，而且要求社区居民在社会工作者的协助下找到日常生活场景中协同改变的行动应对方式，这既涉及社区居民对日常生活场景和周围他人要求的理解，也涉及社区居民对自身在日常生活场景中的行动应对能力的理解。显然，社会工作区域服务所倡导的改变导向的服务需要社会工作者激发社区居民在日常生活场景中的改变意愿，并且推动社区居民增强改变意识，让社区居民能够从过度关注自身的单向视角的困境中跳出来理解日常生活场景的不同要求，提升社区居民在日常生活场景中的理性自决能力，实现社区居民的自我增能。可见，社会工作区域服务所说的问题解决不只是困难事情的解决，更为重要的是，问题相关方在问题解决的过程中找到了人与环境协同改变的行动应对方法，是一种场景理性自决能力的提升。

就专业服务合作关系而言，在社会工作区域服务中社会工作者与社区居民不再是服务提供者与服务接受者这样二元对立的"提供－接受"的专业服务关系，社区居民是否需要服务以及需要什么样的服务依赖于他们自身在现实生活中的成长改变要求，即他们在现实生活中是否遭遇到问题。这样，社区居民是否需要建立专业合作关系以及建立什么样的专业合作关系不是依据社会工作者的专业评估，而是依据社区居民自身在现实生活中的成长改变要求。社会工作者要做的是挖掘社区居民在现实生活中的成长改变意愿，增强社区居民的成长改变意识，并且协助社区居民找到人与环境协同改变的行动应对方式，提升社区居民对自身所处的日常生活场景的理性自决能力。显然，在社会工作区域服务中社会工作者只是社区居民成长改变的协助者和促进者。

四　社会工作区域服务的建构主义知识观

社会工作区域服务与人群服务不同，它遵循的是建构主义知识观，假设问题并不是一种客观存在，而是与观察者的观察视角有关，是人与人之间相互影响、相互印证的过程。一旦社区居民的观察视角发生了改变，对问题的理解也就随之改变。显然，在社会工作区域服务看来，没有人能够脱离自己的生活经验来理解日常生活中遭遇的问题。在不同的经验组织方式下，即使同样的经历也会出现不同的理解。对于日常生活中遭遇的问题也是一样，社区居民选择不一样的经验组织方式，就会表现出对问题的不同理解，有的成为一种负向消极的体验，就是人们常说的"问题"，有的却能够把这种不顺利的遭遇甚至痛苦的经历转化为成功的经验，这就成为一种正向积极的体验，也就是人们常说的成长。可以说，社区居民在日常生活中遭遇问题，不仅仅是在现实生活中遭遇到一些不顺利的事情，更为重要的是，社区居民从一种负面消极的角度体验日常生活中这些不顺利的事情，把它们作为自己生活中异常的"问题"。

社会工作区域服务相信，帮助社区居民解决问题的过程并不是像人群服务理解的那样针对问题实施有针对性的问题解决方案，而是需要协助社区居民建构一种积极正向看待日常生活问题的视角，拓展社区居民对日常生活的理解。这样，社区居民日常生活经验的组织方式就成为社会工作者的考察中心，社区居民在日常生活经验描述中使用的关键词、关键概念、表述的方式以及表述的位置等，都会直接影响他们的日常生活体验。例如，"总是""始终"等这种经验的绝对描述，会妨碍社区居民发现日常生活中的其他可能；非黑即白的对立描述，迫使社区居民采取二元对立的视角看待日常生活中的差异。显然，社会工作区域服务推崇的是一种能够包容日常生活中多样化要求的多元视角。社区居民只有拥有了这种开放包容的多元视角，才能接纳社区生活中不同生活方式的居民，包括社区生活中的弱势人群，才能建立更为有力并且更为理性的互助关系。值得注意的是，尽管社会工作区域服务吸收了西方的建构主义知识观，认同问题是社会建构的结果，但是两者还是有一些区别。社会工作区域服务认为，这种社会建构是在特定日常生活场景中发生的，以具体的日常生活场景为条件，而且不同主体之间不仅仅是观察视角的不同，他们拥有各自不同的生活经历和生活方式。因此，社会工作区域服务所说的社会建构是一种特定现实生活条件下的社会建构，具有现实性。

在社会建构思想的指导下，社会工作区域服务在协助社区居民应对问题过程中就需要采取意识提升的方式，即通过审视特定日常生活场景中自己的行动应对方式拓展自己的观察视野，发现被自己忽视或者曲解的现实生活经验，从而找到更为有效的日常生活场景中的行动应对方式。这样，如何促使社区居民的意识提升就成为帮助社区居民学会积极建构现实生活的关键。它涉及三个基本步骤：挖掘社区居民的改变意愿、提升社区居民的改变意识和培育社区居民的改变能力。这些步骤始终都围绕一个焦点，就是社区居民如何实现有效的改变。显然，这样的问题解决方式不同于社会工作人群服务，它并不赞同社区居民存在不足需要解决的观点，也不认同社区居民只是服务的被动接受者，而是认为社区居民在现实生活中遇到了阻碍，需要做出更为合理、更为有效的改变。因此，意识提升就成为社区居民解决现实生活中遭遇到的问题的唯一有效方法，这一方法不仅能够保证社区居民学会放慢自己的脚步，更好地理解日常生活场景的要求，而且能够根据日常生活场景的要求找到更为有效的行动应对方法，建立人与环境协同改变的闭环，实现社区居民的自我增能。

值得注意的是，这种意识提升和自我增能的实践路径采取的是场景化、个别化的专业服务逻辑。所谓场景化，是指这样的专业服务始终需要放在日常生活场景中，结合日常生活场景的具体要求，推动人与环境协同改变。个别化是指这样的专业服务需要挖掘社区居民自身的改变意愿，协助社区居民学会在日常生活场景中找到自己的可以改变之处，增强社区居民的改变意识，并且通过行动尝试培育社区居民在日常生活场景中的改变能力。实际上，社会工作区域服务遵循的场景化和个别化的专业服务要求是相互关联的。正是因为场景化的要求，社会工作区域服务的个别化要求才有了现实生活的基础，是扎根于现实生活并且推动人与环境协同改变的个别化，不同于人们通常认为的与普遍化相对立的个别化内涵。同样，正是在个别化的影响下，社会工作区域服务的场景化要求才有了拓展的方向，即提升社区居民在日常生活场景中的理性选择和行动自决能力，有别于标准化的场景化内涵。

可见，社会工作区域服务依据的是建构主义知识观。这种知识观认为问题是一种社会建构的现象，需要社区居民融入自己的日常生活场景中理解周围环境和他人提出的挑战，通过日常生活场景中的改变意愿的挖掘、改变意识的提升以及改变能力的培育，找到日常生活场景中人与环境协同改变的行动应对方式，它遵循的是一种人们在日常生活场景中进行理性自决的场景理性，推崇一种场景化、个别化的专业服务。

第四章 场景实践的中国社会工作理论体系

在我国社会管理体制改革的推动下,基层社会治理的探索实践,使中国本土社会工作成为我国基层社会治理一支重要的专业力量,它让中国本土社会工作拥有了自己独特的历史和社会发展基础,不再是西方社会工作的简单复制。如何在日常生活场景中推动社区居民发生积极的改变,不仅是中国本土社会工作的实践问题,而且是中国本土社会工作的理论问题。尽管基层社会治理实践既有针对社区弱势人群的社会工作人群服务,也有针对社区普通居民的社会工作区域服务,但是随着我国基层社会治理实践的不断深入,注重社区居民自身参与能力和居民互助能力提升的社会工作区域服务必然成为中国本土社会工作专业发展的主流。实际上,无论是社会工作人群服务还是区域服务都只是一种独特的实践策略和观察视角,如果中国本土社会工作者转换观察视角就会发现,社区弱势人群也是社区普通居民的一部分,一旦这些社区弱势人群希望得到持续及时的帮助,中国本土社会工作者就需要采用区域服务的实践策略,把日常生活场景作为实现专业服务的关键,提高社区弱势人群的参与能力和互助能力。这样,场景实践就成为中国本土社会工作实践的核心,也是中国本土社会工作理论体系建构的核心。

第一节 场景实践与情境

尽管西方社会工作经历了100多年的发展历史,不少学者关注到场景与社会工作实践之间的内在关系,有的甚至提出社会工作是一种场景中的实践,强调场景是社会工作实践的现实基础,但是真正将场景实践作为核心概念建构社会工作理论的非常少见。可以说,场景只是西方社会工作实务推进过程中的重要条件,并没有成为理论建构的核心概念。值得注意的是,作为社会工作实践和理论建构基础的"人在情境中"一直被社会工作者视为这一专业的核心。因此，中国本土社会工作者也就需要考察场景实践与"人在情境中"这一基本理论假设之间的关系。"人在情境中"这一概念的内涵是不清晰的，它有多种不同的解释，既可以把情境作为一种环境，"人在情境中"变成人适应环境，也可以把情境视为一种处境，"人在情境中"也就需要理解成人在特定日常生活场景中寻找自身的成长改变，甚至可以把情境当作不断变化的环境，"人在情境中"也就有了随环境一起改变并且与环境共存共生的内涵。因此，"人在情境中"的理论内涵并不是固定不变的，它随着社会工作实践的丰富和理论思考的深入不断变化。

一 作为环境的情境

社会工作是一种专业的助人服务，它需要一定的环境将专业服务实施出来。它是人们实实在在的助人服务过程，不仅仅是人们认识和理解世界的一种智力活动。这一点从社会工作专业服务诞生之初就被人们认识到，并且作为专业服务开展的一项重要原则，即"人在情境中"。玛丽·里士满（Mary Richmond）是西方专业社会工作的创始人之一。作为美国慈善组织会社（The Charity Organization Society）的领袖，她在"科学慈善"服务基础上对深入贫困家庭的"友好访问者"的家庭入户服务进行了系统的梳理和总结，提出"社会诊断"这一重要概念（Richmond，1917）。显然，里士满把社会工作者当作"社会医生"，他们需要对贫困家庭所处的社会环境进行"诊断"。实际上，早在1901年里士满就在一次全美工作会议上把社会工作的助人服务原理总结为"在环境中帮助他人"（to help the person in his situation）（Richmond，1901）。里士满强调，对贫困家庭的帮助不能仅仅停留在传统的物质帮扶上，还需要结合促使人们认识和想法发生改变的心理辅导工作，让人们能够适应环境的要求，拥有主动改变的意愿和能力，实现助人自助的服务目标。到了1922年，里士满对人与环境关系的理解变得更为清晰，她认为人们之所以在现实生活中遇到困难，是因为无法适应环境，要么表现为个人的人格无法适应现实生活环境的要求，要么表现为现实生活环境妨碍个人的适应，两者的核心都是个人与现实生活环境之间关系的失调。正因如此，里士满提出了一种综合服务介入的个案工作服务方式。这种服务方式要求社会工作者既需要针对遭遇困难的个人开展直接服务，也需要针对个人的现实生活环境开展间接服务。可见,在里士满看来,人们遭遇的问题与环境是密不可分的,有效的社会工作专业服务需要在人们的日常生活场景中实施帮助,将个人的改变与日常生活环境的改善结合起来(Richmond,1922)。

简·亚当斯(Jane Addams)是西方专业社会工作发展的另一位重要创始人。作为美国睦邻运动(The Settlement House Movement)的主要领导人,她在贫困人群居住的社区创立综合服务中心,并且通过综合服务中心为所有社区居民提供 24 小时的全天候服务,居民在社区生活中需要什么,她就提供什么服务。亚当斯认为,让社区居民走出家门参与社区活动,是推动整个社区发生改变的前提条件。因此,她为社区居民提供尽可能多样化的服务,服务涉及范围很广,既包括社区普通居民需要的孩子课业辅导、休闲娱乐、职业培训和技能学习等常规服务,也包括社区特殊居民需要的艺术沙龙、俱乐部服务等非常规服务(Brieland,1990)。值得注意的是,亚当斯并没有将社会工作服务停留在社区居民日常现实生活需求的满足上,而是通过社区居民之间的互助以及社区骨干志愿者的培育等方式改善社区居民之间的关系,推动社区居民深入了解社区,挖掘社区居民的社区改变动力,从而实现整个社区生活环境改善的目标(Addams,1910)。尽管亚当斯不赞同里士满提出的这种深入社区贫困家庭内开展个案工作的专业服务策略,但是她认同在现实生活环境中提供助人服务这一观点,并且主张把现实生活环境改善也作为专业服务的重要内容,强调通过社区现实生活环境的改善从整体上提升社区居民的生活水平(Specht & Courtney,1994)。

深受里士满个案工作专业服务策略影响的高登·汉密尔顿(Gordon Hamilton)继承了里士满对个人与环境关系的认识,她对里士满强调的个人需要适应环境的关系做了进一步阐述,认为人与环境不是两个可以独立的因素,无法简化为人适应环境或者环境适应人这样的简单理解。汉密尔顿发现,人与环境根本无法单独拆分开来,因为人们在遇到问题寻求改变时,既需要心理做出调整,也需要社会环境发生改变,只有两者同时发生变化,人们的现实生活才能有所改变(Hamilton,1941)。显然,在汉密尔顿看来,人与环境不是指人们现实生活中心理和社会两个层面,而是人们寻求成长改变的两个核心元素。为此,汉密尔顿提出"人在情境中"(the person-in-his situation)这一社会工作的核心概念,强调人是生活在现实环境中的,人与环境始终无法拆分开来。也就是说，人的任何成长改变都无法脱离他所生活的环境，他在影响环境的同时，环境也在影响他，环境就是人的成长改变的现实条件（Hamilton，1951）。需要特别注意的是，汉密尔顿把情境理解成人的现实生活环境，是那些能够被人直接感知到并且在日常生活中不断与人相互作用的环境，即"his situation"。显然，汉密尔顿所说"人在情境中"的环境是人生活的现实环境，是能够被人真真切切感受到并且不随着人的意愿的改变而改变的环境。这种环境不仅为人的成长改变提供了条件，而且为人的成长改变设置了限制。它无法预先给定，是人在当下生活中遭遇的，绝不是某种概念中的环境。正是生活在这种现实环境中，人的任何成长改变都与环境紧密相连，根本无法脱离环境来谈人的成长改变；同样，环境的任何变化也会影响人的成长改变，那种不管现实环境条件的个人成长改变要求都会在现实环境中受到阻碍，最终影响人的成长改变。

弗洛伦斯·郝利斯（Florence Hollis）是汉密尔顿的学生，她作为心理社会治理模式的集大成者，在汉密尔顿提出的"人在情境中"的概念内涵基础上对人与环境的关系做了更为深入的研究。郝利斯认为，"人在情境中"这个概念应该删除"在"，把人与环境直接联系起来。这样，人与环境就无法被人为地拆分开来，成为相互影响的一个整体，郝利斯称之为"人 - 环境格式塔"（person-situation gestalt）（Woods & Hollis，1990）。显然，郝利斯通过这样的改造希望强调以下两个方面。（1）人与环境是人们成长改变的两个基本元素。只要人们在现实生活中遇到问题寻求改变，就需要学会运用人与环境这两个基本元素，不能仅仅取其中一个元素，只针对个人或者环境开展社会工作服务。在这一点上，郝利斯的认识与汉密尔顿是一致的，只不过郝利斯更为突出心理社会双重视角，要求社会工作者采用人与环境动态相互影响的观察视角推动服务对象发生积极的改变，把服务对象个人的心理改变与环境的社会改变紧密结合起来。（2）人与环境是人们生活的整体。人能够影响环境，环境也同样能够影响人，人与环境是一个相互影响并且不能拆分开来的整体。这样，人与环境之间的关系就不能简单理解成人与环境相互影响这种两个独立体之间的联系，它们同时拥有了比独立体更高层次的整体内涵。也就是说，此时的人与环境之间的关系不能够采用还原思维的方式，把它们理解成更小单位之间的联系。因此，为了强调人与环境的整体性，郝利斯用"gestalt"这个英文单词来描述"人在情境中"的内涵。郝利斯发现，人们在现实生活中常常站在人与环境整体的角度思考自己的生活安排，不只是关注自己想做什么，而是能够理解自己在整体中的位置。需要注意的是，郝利斯还对环境的特征做了深入研究，她认为人们生活的环境通常是一种社会环境，涉及家人、朋友、邻里、雇主等周围他人，是一种复杂的社会系统。为此，郝利斯还引入了系统的概念，坚持认为环境中存在多个系统，每个系统都对人的成长改变发挥着作用，人只有在不断变化的环境系统中才能找到成长改变的平衡点（Woods & Hollis，1990）。

在社会工作不断强调环境的复杂性并且主动引入生态系统视角之后，环境成了不同系统的集合体，变得越来越抽象，而人与环境之间的这种直接交流也逐渐被人们淡忘，取而代之的是人与环境关系的系统性和概念化解释。与此相关联的是，人们逐渐把"人在情境中"理解成"人在环境系统中"（person-in-environment）。显然，此时的人与环境的关系是人与系统之间的平衡关系，环境被彻底地系统化，丢失了最初的生活现实性。这样，这种人与环境系统的关系如何平衡以及如何保持这种平衡就成为社会工作考察的焦点，被社会工作生态系统视角称为人与环境之间的适切性（match or fit）（Germain，1994）。

二 作为人际的情境

从人际的角度审视人们的应对行为这一想法来自文化人类学家格里高利·贝特森（Gregory Bateson）的发现，他在观察美国一家医院的住院精神分裂症患者时看到一种有趣的现象，即这些患者在与家人的沟通过程中常常陷入两难的处境：一方面想获得家人的认可却得不到；另一方面想躲避家人的责备却躲避不了。贝特森称这种现象为人际沟通过程中的"双重束缚"（double-bind）（Greene，2011）。贝特森假设，人们之所以出现改变，不是基于个人的意愿，而是基于人际沟通的现实要求。也就是说，一旦人们的改变停留在个人层面，只会导致更为糟糕的结果，因为这样只会加剧人与人之间的冲突，最终迫使人们不得不放弃改变（Greene，1996）。贝特森有关人际沟通的假设为社会工作者提供了一种新的助人思路，让社会工作者不再聚焦如何通过个人心理的调整适应外部环境的要求，而是把人际沟通作为问题界定和问题解决的关键。这样，一旦人们遭遇问题，也就意味着人们的人际沟通出现了障碍，需要改变原有的人际沟通方式，放弃那种只从个人角度出发进行的无效沟通，学会转换观察视角，留出一定空间倾听对方的要求并且根据对方的要求及时调整自己的沟通方式（Haley，1973）。这种人际沟通的视角强调，人们只有通过这样的人际沟通策略的不断调整，才能将环境的不同要求逐渐融入自己的应对行为中，提升自己的"人在情境中"的应对能力，让自己的应对行为更为精准，减少日常生活中的人际冲突（Greene，2011）。不过，在实际生活中人们之所以遭遇人际沟通的障碍，是因为沟通过程中地位的不平等：一方强势，占主导；另一方弱势，没有机会表达自己的想法。这种一方强势、另一方弱势的沟通方式很容易迫使双方陷入人际沟通的困境中，不仅弱势的一方找不到有效应对方式，常常出现一些"异常"的行为表现，而且强势的一方也会在这种无效的人际沟通中感受到失去对生活的掌控能力，变得越来越无奈和麻木（Nardone & Watzlawick，1993）。因为人们在日常生活中遭遇的问题是由人际沟通导致的，所以问题解决也就变成人们寻找更为有效的人际沟通方式的过程，它除了涉及人们在无效的人际沟通中发现其中蕴含的积极意义的重命名（re-framing）过程，从而能够产生改变的意愿之外，还涉及人们在人际沟通中保持"中立"（neutrality）的态度，呈现不同人的不同现实改变要求，找到积极有效的相互协商的应对方式，使人们不再局限于自己的个人想法（Greene，2011）。

由澳大利亚心理治疗师迈克·瓦特（Michael White）和新西兰文化人类学家戴维德·艾普斯特（David Epston）共同创建的叙事治疗对社会工作的助人服务产生了重要影响，他们倡导一种完全不同于传统问题解决模式的叙事治疗（the narrative therapy）。这种治疗模式把人类学家常用的故事作为核心概念，强调通过故事的重新组织将人们在日常生活中遭遇的不愉快经历的消极故事（问题）转变成充满改变希望的积极故事（White & Epston，1990）。瓦特和艾普斯特认为，所谓的问题解决不是帮助人们解决"问题"，而是协助人们学会用一种积极经验的描述方式对抗"问题"中的消极经验，让人们从相互指责转变成相互合作（White & Epston，1990）。采用这种建构主义视角开展专业助人服务的还有寻解导向治疗（the solution-focused therapy），这种治疗模式是由美国心理治疗师斯蒂夫·迪·塞瑟（Steve de Shazer）和他的妻子英素·金·伯格（Insoo Kim Berg）共同创建的。他们发现，人们在沟通交流过程中常常采用一种"问题的对话"（problem talk）方式，只针对日常生活中的问题进行界定，然后寻找解决的办法。这种"问题的对话"方式只会让人们陷入问题的相互指责中。实际上，在现实生活中人们还可以采用另一种"解决的对话"（solution talk）方式，只针对问题如何解决进行讨论。显然，"解决的对话"方式能够帮助人们直接看到改变的希望，让人们放弃谁对谁错的问题讨论，重新找到改变的信心（De Shazer，1994）。迪·塞瑟相信，改变才是人们生活的核心，问题只是人们改变的阻碍，只有当人们在问题面前看到怎么解决的方法时，问题才能成为人们生活改变的希望（参见 Lee，2011）。因此，对生活经验进行重新命名和讲述就变成人们在问题中实现成长改变的关键，这样做能够帮助人们从原来"问题"方式的对抗中看到新的成长改变的希望所在，使人们具有了生命故事重构的能力，让人们重新找回对生活的希望和掌控（Blundo & Greene，2008）。

　　关系视角的社会工作在开展助人服务时发现，一旦人们选择适应的视角来理解问题解决的过程，就会不自觉地把环境"背景化"，并将其作为人们需要适应的对象。这样，对于人们来说，影响人们成长改变的周围他人也就自然而然地消失在"背景化"的环境中（Miehls，2011）。实际上，人们的生活每时每刻都离不开周围他人的影响，无论是客体关系理论（object relations theory）还是人际关系学派（the interpersonal school）和主体心理学（self psychology），都对人际关系在人们成长改变中的重要作用做了系统阐述，但是这些阐述只是把人际关系从环境的背景中显现出来作为一个重要的观察单位来考察，它们依旧采取将环境"背景化"的单向视角，视人际关系为人们成长改变的重要环境（Goldstein，Miehls，& Ringel，2009）。为此，关系视角的社会工作提出了完全不同于以往的双向视角，目的是促使人们不再把周围他人作为支持自己成长改变的环境条件，而是作为与自己一样拥有自身独特生活经验和感受能力的人。关系视角的社会工作认为，人们只有如此，才能与周围他人建立一种互惠关系，实现人与人之间的双向交流，这既能够避免把自己作为生活的中心，不夸大自己的要求，也能够避免过分注重周围他人的感受，不忽视自己的成长改变要求（Miehls，2011）。显然，这样的双向视角从根本上改变了人们对人与环境关系的理解，不仅把人与环境放在同等重要的位置，而且视环境为与自己一样有各自成长改变要求的周围他人。因此，人们需要放弃掌控的方式与周围他人相处，学会与周围他人进行对话交流和经验分享，能够从自己的日常生活经验束缚中解脱出来，看到周围他人的不同要求（Ganzer & Ornstein，2008）。关系视角的社会工作称这种人与人之间的关系为互惠关系，它强调，如果人们看不到与周围他人建立互惠关系的价值，就会陷入无止境的权力对抗游戏中，根本无法为自己的成长改变创造良好的支持环境，也无法体会到与周围他人一起成长的幸福感（Howe，2009）。

三 作为生态的情境

如果说作为环境的"情境"和作为人际的"情境"只是关注人们直接交流的"情境"，那么作为生态的"情境"则转向了多样化的"情境"探索。由美国生物学家路德维希·冯·贝塔朗菲（Ludwig von Bertalanffy）创建的一般系统理论（general systems theory）在20世纪六七十年代对社会工作产生了巨大的影响（Gordon，1969）。系统视角的社会工作认为，人们的生活不能简化为人与环境两个系统之间的相互影响，实际上，人们生活在多系统中，而且系统与系统之间是紧密关联的，人们的生活是多系统相互影响的结果（Meyer，1973）。最为常见的人们生活的系统包括由自然交往形成的非正式系统、由共同兴趣爱好形成的正式系统以及由公共服务组成的社会系统（Pincus & Minahan，1973）。值得注意的是，借助这种多系统之间的相互影响，"人在情境中"的环境就不仅仅涉及直接对人产生影响的微观环境，还涉及间接对人产生作用的宏观环境。这样，"人在情境中"的环境其实是人们生存的复杂环境系统，包括微观和宏观两个方面（Leighninger，1978）。在这些复杂的系统中，系统视角的社会工作还专门把社会政策抽离出来，强调社会政策的改善对人们面临的问题的解决所发挥的重要作用（Pincus & Minahan，1973）。系统视角的社会工作强调，这些不同的系统在相互影响中会形成一个整体，其中任何一个系统的变化都会影响其他系统，就像人和环境，两者不仅相互影响，而且相互制约，根本无法拆分开来。正因如此，社会工作所强调的"人在情境中"就具有了整体性要求，不能被人为地拆分成人和环境两个独立的系统，更不能把人与环境之间的复杂的整体系统关联简化为人与环境两个系统之间的相互影响（Weick，1981）。有趣的是，系统视角的社会工作在系统观的影响下不再把服务对象单个人视为服务的对象，而是关注服务对象生活中不同系统之间关系的改善，包括服务对象与身边重要他人、服务对象与正式系统和社会系统之间的关系，甚至服务对象本身也被视为现实生活改善的合作者，需要一起面对现实生活中遭遇的问题（Pincus & Minahan，1973）。因此，在系统视角下，即使是社会工作者也不被视为单独的服务提供者，他们也有自己的现实环境要求，他们只是整个社会服务系统的一部分（Pincus & Minahan，1973）。

尽管系统视角对"人在情境中"的环境做了深入探索，但是随着环境系统的不断扩张和延伸，人在其中的位置和作用变得越来越微不足道。为此，社会工作在系统视角基础上引入了生态视角，目的是希望在环境面前能够呈现人的独特价值和尊严（Hartman，1970）。最早正式将生态视角与社会工作结合起来开展专业服务的是美国哥伦比亚大学的知名学者凯乐·吉门恩（Carel Germain），她运用生态视角考察个案工作的具体实施过程，强调个人与环境之间是一种动态的相互影响、相互转化的关系（Germain，1968）。与系统视角不同，生态视角的社会工作发现，在人们生活的复杂多样的系统中，个人与环境之间的相互影响和相互转化是最为核心的，这种"人在情境中"的关系不仅能够让人与环境始终紧密联系在一起，而且能够借助人与环境之间的相互作用过程使人的潜能在现实生活中有机会被激发出来。这样，"人在情境中"就具有了促进个人成长改变（becoming）的功能，既能够带来自身的改变，也能够促进环境的改善（Greene，2008）。显然，生态视角下环境不是等待人去适应的对象，它对人的成长改变发挥着直接的重要作用，它本身就构成个人成长改变不可或缺的一部分（Kemp，Whittaker, & Tracy，1997）。正因如此，生态视角社会工作把关注焦点放在了人与环境之间的转化（transaction）上，认为人与环境之间的适应是人在环境压力面前寻找应对（coping）方式的过程，它使人在环境压力应对中拥有了特定的应对能力（competence），这种能力既与个人内部的心理状况有关，也与个人外部的环境条件相联系，是个人与环境相互影响过程中的转化能力（Germain，1979）。因此，人在环境面前不是纯粹的被动适应，而是拥有了最大限度地实现内部资源与外部资源相互转化的要求，呈现人在环境面前的自主性（autonomy）以及在特定环境中对现实生活的掌控力（Germain，1979）。值得注意的是，为了更深入地了解人在环境面前的自主性，生态视角社会工作引入了"人在情境中"的意义解释维度，认为无论面临什么环境挑战，人都需要对现实环境中自己能做什么以及怎么做进行考察，把相关的信息联系起来整理出自己这样做的理由，因而人怎样解释也就直接影响怎么做，特别是在复杂的环境挑战面前，人的理解力和预见力就显得格外重要，它能够帮助人找到应对的路径和方向（Greene，2008）。生态视角社会工作甚至借用增能的概念来强调人在环境面前所拥有的自主性，认为人只有将自己在人与环境相互转化过程中的学习潜能释放出来，才能真正做到现实生活中的增能，让自己在现实环境挑战面前无论是能力还是信心都能够得到增强（Kemp，Whittaker，& Tracy，1997）。

　　在关注人与环境联结和转化的生态视角基础上对社会工作专业实践做了深入探索的是生活模式（the life model），这一模式是由美国社会工作学者凯乐·吉门恩和艾利克斯·基特曼恩（Alex Gitterman）在 1976 年正式提出的，之后经过几十年的实践和总结，他们将"生活模式"概括为回归人们的日常生活，按照现实生活的要求开展专业服务（Gitterman，1996）。为此，吉门恩和基特曼恩专门引入了文化人类学的生命历程（life course）概念，认为人的成长改变不是标准化阶段发展的社会任务的完成，而是在特定物理、社会和文化场景中对自身生活意义的追求，涉及个人时间（individual time）、社会时间（social time）以及历史时间（historical time）三个时间维度之间的交错影响。这样，环境就不再是纯粹的自然生态环境，而是特定社会和历史文化影响下的环境，不仅具有社会性，与周围他人以及整个社会相关，而且具有历史性，与民族的文化传承和发扬紧密相连，是一种在多个层面上与个人产生关联并且对个人的成长改变产生影响的外部条件（Germain & Gitterman，1995）。吉门恩和基特曼恩之所以这样理解环境，是因为他们发现传统的标准化的生命周期理论不足以帮助人们找回他们的现实生活环境，在现实生活环境中每个人都拥有自己独特的个人、社会和历史的场景，都需要对自己的日常生活场景做出个性化的理解和解释（Gitterman，1996）。显然，在吉门恩和基特曼恩看来，个性化与多样化恰恰是现实生活的重要特征。他们为此倡导一种多样性的技术实践（diversity-sensitive and skillful practice），相信从本质上而言社会工作是一种伦理的实践（ethical practice），既需要帮助人们理解物理、社会和历史文化环境对他们的影响，也需要呈现他们自身的决策能力和行动能力（Gitterman & Germain，2008）。值得注意的是，为了增进人与环境之间的联结，吉门恩和基特曼恩还把互助和网络概念引入社会工作专业实践中，强调同伴支持和社会支持对人们成长改变的重要作用，让人与环境不再是一种二元对立的关系。与此同时，吉门恩和基特曼恩在个人增能与集体增能之间还增添了一种新的增能方式，他们称之为人际增能（interpersonal empowerment）。吉门恩和基特曼恩认为，只有这样，人们才能在个人的现实生活中看到自己与周围他人以及与社会和历史文化环境之间的关系，找到自己成长改变的方向和位置（Gitterman & Germain，2008）。

优势视角社会工作是从环境资源入手开展专业服务的，它始终把环境视为充满资源的场所（Sullivan & Rapp，2006）。优势视角社会工作的代表人物丹尼斯·塞勒贝（Dennis Saleebey）认为，社会工作一直以来忽视环境在人成长改变中的作用，不是要求人们去适应环境，就是强调环境决定人的行为，根本看不到环境与人成长改变之间的内在关联，从而导致不自觉地忽视环境拥有的力量（the power of place）（Saleebey，2004）。塞勒贝发现，作为人们日常生活环境的社区也拥有自身的能力（capacity），如果人们只关注社区资源的不足，就会与人的成长改变形成恶性循环；相反，如果人们注重挖掘社区的资源，就会推动人的成长改变（Saleebey，2006b）。显然，在塞勒贝看来，人的成长改变不是像人本主义所说的只是个人自身的成长改变，而是需要依托一定的环境，环境对人的成长改变来说同样是不可或缺的，它是人们成长改变的资源。这样，人们在利用环境资源促进自身的成长改变过程中就会与环境形成一种相互影响、相互促进的关系。一方面，环境为人的成长改变提供了资源；另一方面，人的成长改变又促进了环境资源的再生，使人拥有了责任感和归属感（Saleebey，2006b）。正因如此，塞勒贝强调，个人的成长改变不仅仅是个人能力的增强，还包括环境的变化，使个人从自身的限制束缚中摆脱出来，把环境的影响融入自身成长改变的过程中，涉及人与环境之间的对话（dialogue），从而能够建立一种有利于自我愈合的人与环境之间的增能关系（Saleebey，2006a）。值得注意的是，塞勒贝还把成员身份（membership）引入社会工作专业服务中，强调人的成长改变是融入环境的过程，表现为人在特定环境中的成员身份的形塑，让人成为特定环境中的一员并且为此感到自豪（Saleebey，2006a）。有趣的是，塞勒贝在将人与环境联结起来的过程中特别关注两者联结的状态，认为两者联结状态的好坏涉及人对未来的开放度和包容度，直接影响人与环境之间的相互转化（Saleebey，2006a）。优势视角社会工作反对传统的把人从日常生活中抽离出来开展专业服务的问题视角，强调在日常生活中帮助人们寻找成长改变的方法和路径，因此它要求社会工作者学会把专业服务与人们所需要的物质帮助结合起来，真正帮助人们解决现实生活中的问题，而不仅仅是心理需求的满足。优势视角社会工作相信，一旦社会工作者将专业服务与物质帮助割裂开来，就会不自觉地使专业服务的成效受到严重损害，甚至出现无法开展专业服务的现象，因为在日常生活中人的成长改变始终都无法脱离具体的现实环境（Rapp & Goscha，2006）。

四　作为社会的情境

一旦把生态环境视为人们成长改变的情境，就看不到人们生活的社会条件，无视人类社会的社会组织和社会结构的特点，使社会工作专业服务出现"生物化"的趋向。为此，增能社会工作倡导从社会结构的角度审视社会工作专业实践，它假设人的生活是无法摆脱社会因素的影响的，人们在日常生活中表现出来的问题常常与社会的弱势处境联系在一起，不仅表现为缺乏必要的社会资源，而且表现为无法获得公平的社会机会。显然，针对这种社会情境中的问题，仅仅使用问题解决的模式是很难奏效的，因为人们的社会弱势处境并没有改变，即使他们掌握了问题解决的方法，也无法在日常生活中为自己的成长改变争取到必要的社会资源（Pernell，1986）。增能社会工作强调，人们有没有能力与会不会遇到问题这两者之间没有必然联系，因为社会资源并不是平均分配的，不同地位的人所掌握的社会资源和社会机会是不同的（Lee，1996）。最早发现这一社会现象并且用增能这一概念阐述社会工作专业实践逻辑的是美国黑人社会工作学者芭芭拉·索罗门（Barbara Solomon），她察觉到，美国黑人在当时的社会生活中普遍处于一种无力感（powerlessness）的状态，能够直接感受到由社会体制带来的资源分配不公，以及因无力改变而间接产生的对自己的负面认识和感受（Solomon，1976）。另一位美国社会工作学者朱迪斯·李（Judith Lee）则假设，社会资源分配不公是社会的普遍现象，它会导致社会的压迫，从而阻碍人们的成长改变。在朱迪斯·李看来，这种由社会压迫导致的个人成长改变的阻碍表现在人们社会生活的多个不同层面上，既可以是历史时间维度上的表现，也可以是生态横向维度上的呈现，抑或是社会结构维度上的展现（Lee，1996）。这样，对于社会弱势群体来说，争取社会资源的公平分配也就成为个人在社会生活环境中寻求成长改变的有效路径；否则，采取传统的问题解决方式就会得到相反的结果，越努力越发现自己的付出与回报不相符，从而产生更强烈的无力感，陷入恶性循环的困境中（Lee，2001）。因此，增能社会工作的服务成效不仅体现在个人层面的成长改变上，让个人在日常生活场景中更有行动力和决断力，而且体现在社会层面的改善上，让社会具有更强烈的公平意识和平等分配社会资源的机制（Gutiérrez，DeLois，& GlenMaye，1995）。在将个人层面的成长改变与社会层面的改善相结合的过程中，增能社会工作引入了意识提升的概念，要求人们从自己所处的现实环境出发，对社会环境的改善保持批判意识，从而能够与自己相同或者相似经历的人建立互助关系，一起推动社会生活处境的改善，摆脱孤立无援的处境（Parsloe，1996b）。可见，增能社会工作所说的意识提升是鼓励人们采用对话的方式与社会现实进行交流，并且通过重新命名的方式建构社会现实和拓展个人观察视野的过程（Adams，1996）。这样做的目的是提升集体对社会资源分配不公的回应能力，使人们在社会环境面前不再觉得自己是孤立无援、没有力量的（Thomas & Pierson，1995）。增能社会工作把追求公平公正的社会作为自己专业服务的目标，因而，"人在情境中"的"情境"也就被定义为社会生活的环境（Adams，1996）。

在对社会工作专业服务的"心理化"和"生物化"发展取向的批判过程中，一些社会工作学者受法兰克福学派的影响，开始重新思考社会工作的专业定位。他们强调，人是生活在社会环境中的，而社会环境又存在社会歧视和社会排斥的现象，这些现象是影响个人成长改变的重要因素。这样，社会性就成为人们成长改变不可忽视的重要考察维度，人们在社会环境中的批判意识也随之成为社会工作的关注焦点，它能够帮助人们找到推动社会环境改变的方向和方法（Hick & Pozzuto，2005）。这一流派的社会工作也因此被称为批判社会工作。批判社会工作认为，一旦人们把在现实生活中遭遇的问题放在社会背景下来考察就会发现，根本不存在"客观"的观察和分析，每个人的观察和分析都带有自己的价值判断，社会工作的专业实践也一样，它本质上是一种伦理实践，是具有强烈价值介入的服务活动（Ife et al.，2005）。在批判社会工作看来，批判意识之所以重要，是因为它不仅代表着人们对社会歧视和社会排斥现象的警觉，能够帮助人们找到社会改变的路径，而且意味着人们对自己观察视角的伦理前提保持警觉，能够帮助自己从意识的束缚中摆脱出来，实现个人的解放，让个人的解放与社会的发展能够联结起来，相互促进，使社会工作真正拥有了打破传统决定论并且尊重个人理性和自决的哲学基础（Hick & Pozzuto，2005）。这样，人们在社会环境中就需要一种独特的批判思维（critical thinking），它促使人们对自己所处的社会环境进行审视和回顾，从而使人们拥有一种不断反思自己的行动能力（reflexive action），在动态的人与环境的相互影响中承担起个人改变的社会责任（Pozzuto，Angell，& Dezendorf，2005）。相应地，人与环境之间的平等对话也就变得异常重要，它是人们在反观自己的过程中发现社会歧视和社会排斥等社会不公平现象的基础，也是人们批判思维培养的起点，让人的改变真正能够与社会环境的改善紧密结合起来（Howe，2009）。

　　受第二波女性主义的影响，社会工作开始与女性主义结合，关注女性的生活经验与社会结构之间的关系，提出"个人即政治"的主张，希望把女性的独特生活经验以及在生活中遭遇的困难放在现实的社会处境中来审视，避免人的情境的过度"心理化"解释（Collins，1986）。这一发展趋势与社会工作在20世纪60年代之后对主流的弗洛伊德心理动力学派的反思是一致的，它们都倡导一种"去个人化问题"的服务方式，要求把社会处境的分析引入社会工作的服务框架内，呈现个人问题背后的社会遭遇（Hale，1983）。国际著名的英国社会工作学者丽娜·多米内利（Lena Dominelli）就是其中的代表之一，她发现女性在日常生活中要么被视为家庭的照顾者，要么被当作家庭的管理者，始终与他人捆绑在一起，没有自己独立的社会地位和社会身份。为此，多米内利把社会结构的分析视角引入社会工作的专业实践中，强调现实社会处境改变的重要性，要求社会工作运用平等的社会关系替代不平等的社会掌控关系，从而促进女性在社会生活中独立意识的增强和能力的提升（Dominelli，1992）。在第三波女性主义特别是后现代主义思潮的影响下，追求平等关系的女性主义社会工作察觉到，女性在日常生活中遭遇的不平等待遇来自二元对立的实证主义知识观，这种知识观追求普遍、一致的规律，根本无视个人经验的独特性以及在特定日常生活场景中人们经验的个别化（individualization）过程，因而妨碍了个人的成长改变（Orme，2009）。正是基于这样的认识，女性主义社会工作逐渐从平等关系的建设转向多元视角的倡导，把差异性作为专业服务考察的核心之一，强调社会工作必须放弃普遍抽象的理论追求，专注于特定场景中人与人在动态交往过程中形成的差异性，既注重社会处境的分析，也关注特定社会处境中人的自觉意识的培养（White, 2006）。显然，这种多元化视角依赖人们对人与人之间差异生活的接纳和包容，秉持一种关怀伦理。只有这样，人们才能在多元化的现实生活中避免陷入传统的二元对立的逻辑困境中，把人的成长改变与环境改善结合起来，采取一种以追求平等社会关系为核心的人与环境相互建构的服务策略（Valentich, 2011）。这种注重差异性的多元化视角不仅能够实现人与环境的"双赢"（both-and）（Sands & Nuccio, 1992），而且能够促进知识的场景化和在地化，避免全球化和国际化运动中的文化霸权（Barkdull, 2009）。

现实生活的多样化和差异性在多元文化视角的社会工作实践中受到人们的特别关注，这一视角的社会工作认为，人们的日常生活既不可能局限于临床的实践，也不可能只是生态的实践，它是在特定历史社会场景中发生的事件，拥有了特定历史社会场景中个别化理解的要求（Sundar, 2009）。也就是说，从多元文化视角来看，人们在维护自身文化发展的同时，需要在不同文化的交流中找到社会的公正公平，尊重不同文化之间的差异性（Sisneros et al., 2008）。这样，人们是否拥有文化自觉的能力就变得非常重要，它是人们在特定历史社会场景中实现成长改变的关键，涉及人们对特定历史社会场景中存在的文化歧视和文化排斥现象的察觉以及自己拥有的身份背后的价值信念的审视（Kondrat, 1999）。这样的反思与自我觉察（self-awareness）紧密联系在一起，是人们对自己在特定历史社会场景中所拥有的身份的考察和理解，它让人们看到自己与周围他人之间的身份关联，并且促使人们在此基础上采取一种自觉的行动，避免使自己陷入文化歧视和文化排斥的恶性循环中（Cox & Ephross, 1998）。正因如此，多元文化视角下社会工作的专业实践就不是站在生活之外的实证主义的客观分析，它必定是一种场景实践，既涉及人们对自身所秉持的文化价值逻辑的警觉，也涉及人们对不同文化价值交流的接纳，其核心是人们自我的文化自觉能力的提升（Sisneros et al., 2008）。显然，多元文化视角社会工作所说的情境是一种历史文化环境，不仅具有历史的纵向发展维度，而且具有文化的价值传承深度，始终都与人们的意义理解和价值判断联系在一起，完全不同于等待人们去适应的客观环境，也不同于人们所关注的生态环境，根本无法采用人们习以为常的因果分析的思维逻辑，而是需要人们学会与特定历史社会场景中的行动相关联的批判反思（Sisneros et al.，2008）。

五　作为经验的情境

在社会工作从直接的互动环境延伸到生态系统环境并且通过系统化不断拓展环境内涵的时候，人们很快发现环境不是预先给定的某种概念，而是不断变化的，它常常与人们的预期不同，带给人们意外的经历，甚至让人们不知所措。这样，人与环境的关系就不是单方面适应或者相互适应那么简单，因为人们在现实生活中始终需要应对不断变化的环境对人们以往经验提出的挑战，具有了对自己以往经验审视的要求。显然，此时的环境就不是人们站在"第三方"立场上观察到的个人外部的客观环境，而是人们在以往经验基础上对例外事件的应对和理解，经验成了人们审视情境的基础。

首先提出这一要求的是社会工作学者艾达·高尔德斯汀（Eda Gold-stein），她发现里士满倡导的"在环境中帮助他人"的社会工作理念需要人们面对不断变化的环境挑战，这样，社会工作专业服务才能接近现实生活的要求（Goldstein，1995）。艾达·高尔德斯汀在美国哥伦比亚大学社会工作学院（the Columbia University School of Social Work）攻读博士学位期间，曾求教于持生态系统视角的社会工作专家凯罗·梅耶（Carol Meyer）和凯乐·吉门恩，希望能够找到环境改变视角下的社会工作专业服务逻辑。但是，艾达·高尔德斯汀发现，无论是精神分析动力学派还是生态系统视角都只是一味地强调人对环境的适应，看不到环境变化这一现实。这样，人的改变也就被简化为通过心理的调适去适应环境，或者通过环境条件的改善去适应个人，丧失了对人的生活经验的考察和理解。艾达·高尔德斯汀强调，环境不是人们经验之外的"客观"现实，等待个人去适应，而是人们经验之中的"主观"现实，需要人们随时审视和调整，只有当人们在现实的不同要求面前学会找到自己成长发展的空间时，"人"才能真正"在情境中"，融入现实生活中并且推动现实生活发生积极的改变（Goldstein，1995）。因此，在艾达·高尔德斯汀看来，开展社会工作专业服务的关键是帮助人们建立生活经验中的现实感，让人们在助人的服务中不是得到过度的保护，也不是关注内心那些未被满足的需要，而是学会在问题解决的

"主观"经验中进行现实反思，认识到个人成长过程中的现实要求（Goldstein，1995）。

在认知社会工作的发展中，人本取向的专业服务逻辑受到人们的关注，它强调将人们在现实生活中的认知与人本（价值伦理）两种元素结合起来，采用"认知 – 人本"的观察框架分析现实生活的要求。其中的代表人物是美国社会工作知名学者哈瓦德·高尔德斯汀（Howard Goldstein）。哈瓦德·高尔德斯汀发现，在这种"认知 – 人本"的观察框架下，"人在情境中"就不是人适应环境这种纯粹认识活动那么简单，它同时是人们寻找现实生活意义的反思过程，是人们建构个人现实的过程（Goldstein，1984a）。这样，人们在日常生活中观察到的现实就与人们所处的位置相关，所处的位置不同，观察到的现实也就不同，现实是以个人生活经验为基础的（Goldstein，1973）。哈瓦德·高尔德斯汀认为，这种个人现实不仅需要人们学会在个人的生活经验中进行现实反思，拓展自己的观察视角，超越自己现有的理解，让自己更了解现实生活的要求，而且需要人们学会在当下的他人对照中不断明确自己的要求，找到自己可以努力的改变空间，让自己成为现实生活的主动创造者，而不再是环境的被动适应者（Goldstein，1984b）。因此，环境并不是一个等着人们去探索的外部客观世界，它实际上与人们的个人生活经验直接相关，人们运用什么观察角度去观察环境，就意味着环境以什么样的方式呈现在人们的面前。可以说，环境呈现的深度与人们个人生活经验的现实反思能力是同步提高的（Vourlekis，2008）。在哈瓦德·高尔德斯汀看来，人们在现实生活中遭遇问题，不是自身或者环境存在不足需要人们去适应，而是人们遭遇的事情超出了个人经验能够理解的范围，成为人们成长改变的挑战。这意味着，问题是激发人们成长改变潜能的机会，只有通过问题界定和问题解决的过程，人们才能拥有现实反思能力，在个人的生活经验中找到拓展自身理解的方法和推进现实生活改变的机会，让自己的潜能能够真正发挥出来，变成现实。显然，哈瓦德·高尔德斯汀是站在个人的生活经验角度来理解问题的，这样的问题界定和问题解决不是纯粹向外探索的过程，它同时是人们向内用力拓展自身观察视角的过程，让人们拥有更敏锐的观察力和更强的理解力，能够看清楚现实生活中的细微冲突以及容易忽视之处，在生活中的小问题演变成大问题之前就能够得到及时解决。正是基于这样的理解，哈瓦德·高尔德斯汀相信，通过问题界定和问题解决过程，人们拥有了主动融入现实生活环境并且推动现实生活发生改变的能力，真正成为现实生活的创造者和改变者（Goldstein，1984a）。

人本主义心理治疗大师卡尔·罗杰斯（Carl Rogers）对社会工作的专业化发展影响很大，特别是在 20 世纪六七十年代人本主义思潮的推动下，罗杰斯在专业助人服务中对人的尊严和价值的肯定受到社会工作者的高度认可，让社会工作者看到专业伦理价值在专业助人服务中的重要性（Rowe，1981）。在人本主义看来，人们通过日常生活经验的日积月累就会形成自己独特的生活方式。在人们遭遇问题时，现实生活不仅对人们的问题解决能力提出挑战，而且对人们已经养成的生活习惯提出质疑。也就是说，所谓的问题，其实是生活中的意外事件，它超出了人们能够依靠以往生活经验进行合理解释的范围，迫使人们调整现有的生活经验重新做出解释。因此，人本主义假设，每个人都是独特的，都需要在日常生活中面对环境和他人的不同，只有采取接纳和关怀的生活态度，才能够在日常生活中与他人和环境建立起一种积极的关联，理解日常生活的现实基础，找到能够发挥自己潜能的前提条件（Payne，2011）。人本主义强调，人们只有对自己的日常生活经验保持开放的态度，接纳现实生活中的遭遇，才能将日常生活中遇到的问题转变为自己成长改变过程中的挑战，发挥个人的潜能，实现个人的成长（becoming a person）（Rowe，1996）。显然，人本主义把个人的独特性视为生活的前提条件，认为每个人都是自己生活的专家，人们只有对自己的日常生活经验进行审视，才能在问题遭遇的不同经历中挣脱自我保护的束缚，找到个人成长改变的道路（Moon，2007）。这样，接纳日常生活遭遇中的不同经验就成为人们成长改变的关键所在，它让人们在情境遭遇面前拥有了实现来自内心的成长改变目标的能力（Payne，2011）。

唐纳德·科利尔（Donald Krill）是一位国际知名的存在主义社会工作学者，第二次世界大战的亲身经历让他看到科技进步和物质繁荣背后呈现的人性贪欲及其给世界带来的灾难。科利尔深受第二次世界大战之后兴起的存在主义思潮的影响，认为只要人们继续采用这种把一切当作观察对象的"科学"掌控逻辑，就会不自觉地陷入权力操纵游戏中，不是你战胜了我，就是我战胜了你，最终因找不到现实生活的意义而出现游离于生活之外的价值困扰（alienation）（Krill，1978）。科利尔强调，正是在这种"科学"的实证主义知识观的指导下，人们习惯于把现实生活中遭遇的这种与他人和环境的不同视为问题，一种现实生活不足的表现，这样就会陷入越想掌控越觉得不足、越觉得不足越要掌控的生活怪圈中（Krill，1996）。为此，科利尔提出，人们首先需要放弃这种不足的问题界定和问题解决的应对策略，把问题视为现实生活中的遭遇，它为人们在特定日常生活场景中寻找自己成长改变的方向提供了机会。一旦人们采用这种遭遇的观察视角理解情境中的不同，就能够避免环境的被动适应或者性格决定论这种二元对立的宿命观点，为自己的独特生活找到努力的方向，保证个人生活的尊严和独特性（Krill，2011）。为了帮助人们融入现实生活中接纳环境的变化，科利尔还专门就人们的成长改变过程进行了深入探讨，他发现，环境无时无刻不在伴随着人们的成长改变，人们成长改变的动力既不是来自个人内部的心理，如需求或者性格等，也不是来自个人外部的环境，如社会支持或者社会制度等，而是人们在特定现实生活处境下与周围他人或者环境相互交流过程中迸发出来的一种创造力。这样，过程意识（process-awareness）的培养就成为人们是否能够实现成长改变的关键，因为只有借助这种过程意识，人们才能在日常生活的参与中把问题视为一种遭遇，不断审视自己的日常生活经验，在自己当前生活安排的困局中看到成长改变的方向，让自己的生活价值扎根于现实生活中（Krill，1978）。

第二节 场景实践与自我

一旦人们把情境理解成变化的环境，"人在情境中"的"人"也就不再是等待指导的被动适应者，而是需要根据环境的变化主动调整自己生活安排的参与者。这样，作为主动调整自己的"人"的自我也就成为场景实践中不可忽视的重要元素。尽管西方社会工作在 100 多年的发展历史中也关注到自我对人们成长选择的重要性，甚至有的学者直接把自我成长作为社会工作专业实践的核心，但是由于担心问题个人化过程中的社会污名作用以及对社会公正公平的忽视，西方社会工作始终把"人"与情境对立起来，强调情境的探索及其蕴含的价值，并且将这样的探索放在了社会工作理论建构的首位，忽视了对"情境"中的"人"的深入理解，导致社会工作者常常只是把"人在情境中"的"人"当作需要接受服务的对象或者作为专业服务的合作者，并没有看到人们在情境中的自我选择和自我成长的能力。显然，西方社会工作对自我的关注是不足的，特别是在中国本土的场景实践中，人们需要根据场景的变化做出自我成长的选择，自我也就因此成为社会工作专业实践和理论探索的重要焦点。

一　心理自我

社会工作对自我的关注受到弗洛伊德精神分析理论的影响。弗洛伊德（Sigmund Freud）在 1923 年出版的《自我与本我》（*The Ego and the Id*）一书中就对自我这一概念进行了界定，把它视为个人人格中的重要组成部分。在弗洛伊德看来，个人自我具有两个方面的功能：一方面调节来自道德典范作用的超我与本能冲动的本我之间的冲突，另一方面协调个人本能的要求与环境之间的矛盾，以实现个人内外的平衡。正因如此，个人自我遵循的是一种现实原则，它对个人的本能有着制约作用，既需要从本能中获得能量，又需要在现实生活中学会如何应对冲突和挫折，使个人逐渐变得成熟（Goldstein，1995）。显然，由于受到弗洛伊德有关对自我的看法的影响，西方早期专业化发展阶段的社会工作者把服务的焦点集中在个人内部的心理结构调整上，甚至有学者直接把社会工作等同于精神分析，强调两者都是对个人内在的心理冲突进行诊断和治疗（Rapaport，1959）。在具体的干预过程中，社会工作者常常借用弗洛伊德的女儿安娜·弗洛伊德（Anna Freud）有关自我的研究成果。安娜·弗洛伊德在 1936 年出版了《自我与防卫机制》（*The Ego and the Mechanisms of Defense*）一书，她对自我的功能做了深入探索，将自我的冲突与环境适应的个人行为方式联系起来，分析自我在不同现实环境挑战面临的各种表现形式，她称之为自我防卫机制（Freud，1936）。这样，社会工作者就能够借助人们的具体应对行为的分析找到个人的自我防卫机制，进而理解个人内部的心理结构，把精神分析融入社会工作的专业实践中，作为社会工作临床干预的基本分析框架（Brandell，2004）。尽管弗洛伊德精神分析理论的自我概念能够帮助社会工作者将个人的外部行为表现与内部的心理结构联系起来，让社会工作者的专业服务能够深入人们的内心，具有心理干预的服务效果，但是这一分析框架忽视了社会工作所注重的环境因素在人的自我成长改变过程中的作用（Goldstein，1995）。

为了将环境因素融入人的自我成长改变过程中，不少社会工作者从海因茨·哈特曼（Heinz Hartmann）的自我心理学中汲取养分，把他有关自我的内涵界定引入社会工作实践中。哈特曼在 1939 年出版的他的代表作《自我心理学与适应问题》（*Ego Psychology and the Problem of Adaptation*）一书中明确指出，人的自我是一种与生俱来的心理机制，这种机制能够帮助个人适应环境，并且根据环境的变化及时调整自己，具有相对的独立性，并不像弗洛伊德所说的那样需要依附本能，从本能中获得力量，这种心理机制只有在环境适应和调整过程中才能逐渐变得成熟（Hartmann，1939）。这样，哈特曼就把外部环境与个人的自我直接联系在一起，强调外部环境是个人成长改变不可或缺的一部分，它为个人自我的作用发挥提供了现实条件，从而使个人的自我具有了识别环境冲突、分析冲突原因以及寻找解决方法的能力（Hartmann & Kris，1945）。除了哈特曼之外，另一位心理学家埃里克·埃里克森（Erik Erikson）也对社会工作者理解自我的内涵产生了重要影响。埃里克森分别在 1950 年和 1959 年正式出版了他的两本代表作《儿童与社会》（*Childhood and Society*）、《身份和生命周期》（*Identity and the Life Cycle*）。埃里克森在哈特曼的自我适应的概念基础上增添了人的社会适应的任务要求，并且将人的生命周期作为重要的时间维度来考察人的成长改变过程。他把人的一生分为前后相连的八个阶段，认为人在每个阶段都有不同的社会适应任务，通过这些不同阶段的不同社会适应任务，个人的自我能够获得成长（Erikson，1959）。显然，埃里克森与哈特曼一样都注重人的自我适应功能，只是埃里克森更为关注人的自我的社会适应以及人的整个一生的自我成长过程（Goldstein，1995）。正因如此，埃里克森的自我概念不仅让社会工作者看到了不同成长阶段的人有不同的自我成长任务，而且让社会工作者拥有了自我成长的发展视角，在安排好当下服务的同时，能够延伸出预防服务的策略，使社会工作真正具有了助人自助的预防功能（Goldstein，1995）。

在将环境融入个人的自我成长过程中，个人的自我与周围他人之间的关系就不再是两个人之间相互作用的客观关系，它涉及个人自我经验的内化、组织和整合过程（Mahler，1971）。这就是客体关系理论的要点。客体关系理论认为，人们在成长过程中需要与身边的重要他人交流，在这样的交流过程中人们逐渐将生活经验内化为有关自我的认识，这样的自我认识又会进一步影响相互之间的交流，从而形成一种较为稳定的自我。这也意味着，人们在现实生活面前并不是被动的适应者，人们具有主动寻找成长改变的能力，这种能力的核心就是人们的自我（Strean，1996）。尽管客体关系理论有很多不同的学派，像美国心理学家玛格丽特·曼勒（Margaret Mahler）和艾迪斯·杰克布森（Edith Jacobson）等就比较关注人们自我经验的内化和整合过程（Goldstein，1995），而英国心理学家迈瑞尼厄·克雷恩（Melanie Klein）和唐纳德·维尼考特（Donald Winnicott）等更为注重探索个人在与身边重要他人交往过程中自我的具体形成阶段（Strean，1996），但是他们都强调，个人自我的成长改变离不开身边重要他人的影响，而且个人生活经验的内化过程就是个人自我形成和改变的重要环节。这样，社会工作者在专业实践中就不能把社会支持关系的建设停留在外部相互支持关系的建立上，而需要把社会支持关系的建设与人们生活经验的内化以及积极自我的培育联系起来，真正使人们的自我在专业服务中获得成长（Goldstein，1995）。在客体关系理论提出之后，另一位美国心理学家海因茨·寇特（Heinz Kohut）在客体关系理论基础之上梳理出主体心理学（Self Psychology）。与客体关系理论相比，寇特的主体心理学更为强调自我在个人成长改变过程中的主体作用。为了突出自我的这种主体作用，寇特用"Self"这个英文单词去替代客体心理学使用的"Ego"。寇特认为，个人自我的这种主动选择和经验整合能力是与生俱来的，只不过这种能力需要在一种关怀的环境中并且通过与身边重要他人之间的积极互动才能成长起来，它一方面需要通过内化将客体转化为自我的一部分，另一方面需要借助选择将自我经验作用于周围环境，这样个人自我也就能够发挥整合的作用（Strean，1996）。显然，无论是客体关系理论还是主体心理学都把个人自我的成长放在首位，将人们的注意力逐渐从外部的考察转向内部经验的转化和整合过程的探索，使社会工作专业服务能够真正走进人们的内心，成为能够促进人们"自助"的专业力量（Goldstein，1995）。

尽管从传统的弗洛伊德精神分析理论到哈特曼的自我心理学再到客体关系理论和主体心理学，各个理论流派对自我的内涵有不同的理解，但是它们都把自我视为个人内部的一种心理机制，当作可以通过外部的客观观察和分析能够把握的对象，是一种可以被人们分析的个人的心理自我。

二 经验自我

受美国人本主义心理学家卡尔·罗杰斯的影响，人本主义社会工作开始以现象学为理论基础建构社会工作专业服务的逻辑框架，认为人是一种生命体，拥有天生的自我成长改变的潜能，他能够在现实生活挑战面前主动做出自己的选择，根本无法被当作被动的客体，被视为被观察、被描述的对象，由他人来确定自己的个性特征和生活的发展方向（Rogers，1961）。在人本主义社会工作看来，每个人都是独特的，都生活在此时此刻的当下经验中，并且以自己的经验为基础运用自身拥有的能力去实现自我成长的目标。这样，追求自我成长、实现自我潜能就成为人本主义社会工作专业实践的重要目标（Payne，2005）。人本主义社会工作之所以有这样的理解，是因为它相信人是生活在现象学所说的经验世界中的，需要对自身的生活经验进行观察、理解和解释。在这样的观察、理解和解释中，会出现一个重要概念自我（self），它是指人们在自己的经验中对自己的认识和评价。有了自我，人们才能把自己与周围他人区分开来，才能给自己的生活赋予特定的意义和价值，在"客观"的现实环境中找到自己的成长目标和方向（Rowe，1996）。人本主义社会工作非常注重自我在人们现实生活中的重要性，它认为人有决定自己命运的权利和能力，绝不是弗洛伊德精神分析学所说的人只是本能驱动的对象，也不是行为主义心理学认为的人只是环境刺激的反应物，而是能够对自己的现实生活经验进行观察、理解和解释并且在此基础上做出理性选择的主体。因此，自我在人们的成长改变过程中也就具有了不可替代的重要作用，意味着人们对自己现实生活的自觉，使自己的潜能在现实生活的遭遇中能够被激发出来，达到自我实现（self-actualization）的目标（Payne，2011）。相应地，人们在现实生活中遭遇的问题，也就不是传统社会工作所说的能力不足，更不是生态系统视角所强调的人与环境关系的失衡，而是个人自我所关注的目标和生活方式与现实生活经验之间发生了冲突，让个人生活的意义和价值面临威胁，看不到生活的希望。显然，这是一种自我困扰（Rowe，1996）。在这样的自我困扰面前，如果人们选择了回避方式，就会启动心理的自我防卫机制，导致陷入越回避越害怕的自我焦虑中；相反，如果人们采取接纳的态度，能够坦然面对现实生活经验的差异，就能够从现实生活的挑战中释放自己的潜能，实现个人自我的成长改变。这意味着人们通过现实问题的解决使自我拥有了更为理性的自决能力，让自己成为能够决定自己命运的人（becoming a person）（Moon，2007）。当然，社会工作者也需要在人本主义理念的指导下做出相应的助人方式的调整，他们不再只是专业方法和技巧的使用者，而是需要学会运用自我的力量开展专业服务，成为人们自我力量的发掘者和培育者（Moon，2007）。

与人本主义社会工作一样，存在主义社会工作也把人们的自我视为现象世界中的经验自我。不同的是，存在主义社会工作更为关注如何帮助人们从现代社会生活的疏离感中摆脱出来，投入与周围环境交流的当下现实生活中，找回生活的意义和价值（Payne，2005）。美国丹佛大学（the University of Denver）的唐纳德·科利尔对存在主义社会工作进行了深入探索，他发现，人们之所以在现代社会生活中遭遇意义和价值上的精神困扰，是因为采取了实证主义自我观，把自我当作个人内部的心理机制，这样，人们自我意识的增强只会带来与周围环境的对抗，最终陷入权力掌控的游戏中不能自拔（Krill，1978）。为此，科利尔提出了存在主义社会工作的自我观，认为人的自我是一种与周围环境相互影响过程中的身份意识，既需要面对周围环境的变化及其提出的挑战，也需要了解自己在特定日常生活场景中的需求及其实现的可能性，做出行动的选择（Krill，1978）。在这样的行动选择过程中，人们就有了观察、审视和重组自己生活经验的机会，人们的自我也因此能够在现实生活中得到展现和成长。科利尔称之为自我的过程意识。只有借助自我的过程意识，人们才能融入现实生活中，承担起个人选择的责任，避免陷入实证主义自我观的人与环境的对抗游戏中（Krill，1978）。不过，在行动选择过程中人们仅仅依赖自我的过程意识是不够的，还需要借助自我的学习，包括自我舍弃（egolessness）和自我超越（ego transcendence）两个方面。在科利尔看来，自我舍弃是指人们主动学会从个人的观察视角中跳出来，接纳周围环境的变化以及周围环境提出的挑战，融入当下与周围环境交流的过程中，减少个人的主观偏见和先入为主的刻板印象（Krill，1978）；自我超越则是要求人们发挥自身的创造力，找到能够将人与环境之间的相互影响进行重新整合的方式，从而在困境中发现新的生命意义和改变希望（Krill，1978）。显然，通过自我舍弃和自我超越，人们能够充分挖掘和调动自我的过程意识，在个人具体的成长改变过程中不断察觉到更深层次的生命意义，主动承担起个人选择的责任。科利尔称这一过程为自我觉醒（self-awareness），并且强调这样的自我觉醒是一种扎根于现实生活的理性，或者说是一种无我的智慧（no-mind），它与宇宙自然的生命逻辑是相通的，绝不是西方科学实证主义所推崇的个人自我中的理性（Krill，1978）。因此可以说，存在主义社会工作的自我观是以人们当下意识提升为核心焦点的，目的是促进人们在成长过程中承担起个人选择的责任，让人们在现实生活中拥有一种不同于科学实证主义的过程理性（Krill，2014）。

同样对科学实证主义自我观持批判态度的还有灵性社会工作，它在人本主义社会工作主张的自我实现基础上提出了自我超越（self-transcendence）的发展诉求，认为人的成长有其自己的规律，需要与周围环境（包括周围他人）建立一种生命关联，让人能够超越个人狭隘的自我，体察到宇宙的变化，并且能够融入宇宙的变化中（Walsh & Vaughn，1980）。灵性社会工作相信，任何人都是与周围他人关联在一起的，根本不存在人本主义所说的个人的自我实现，个人的自我实现总是与周围他人的自我实现密切联系在一起，离开了周围他人的自我实现，个人的自我实现便缺乏现实基础。正因如此，灵性社会工作强调，人的自我实现诉求中其实包含着超越个人（transperson）的要求。确切地说，这是一种自我超越的诉求，只是人本主义忽视了人的这种与周围环境建立一种积极的生命关联的要求，导致局限于个人理性的发展困境中（Canda & Furman，2010）。为此，灵性社会工作提出，人的自我存在两种成长发展的方向：一种向内，朝向个人的内心深处，具有个人化的特点；另一种向外，朝向个人的生命关联（cosmic connection），具有延展性的特点（Cowley，1996）。也就是说，在灵性社会工作看来，个人的自我超越不仅涉及外部生命关联的拓展，而且涉及内心的生命关怀的深化，是复杂的内部和外部相互影响的过程，不仅仅是人本主义所说的潜能发挥的自我成熟（Canda & Furman，2010）。值得注意的是，灵性社会工作有关自我的讨论并没有局限在与人本主义自我观的对比上，而是通过这样的对比揭示出自我成长改变的另一个重要元素，就是公正公平的伦理诉求，而这一点一直被传统的科学实证主义自我观忽视，甚至人本主义自我观也没有察觉到这一现实要求，从而把个人的自我成长改变当作纯粹是个人的事情，陷入个人主义观察视角的窠臼中（Besthorn，2001）。对此，灵性社会工作要求人们首先转变对待周围环境和身边他人的态度，放弃把周围环境和身边他人作为自己成长改变的外部资源这一想法，而是需要将周围环境和身边他人视为与自己一样有着自身改变要求的生命体，因而，人们也就需要从个人观察视角的局限中跳出来审视周围环境和身边他人的要求，建立一种具有生命关怀的相互联系，从而通过公正公平这一伦理要素超越个人主义理性自我的局限，摆脱人类中心主义的偏见，将个人的自我成长融入现实生活的改善中（Canda & Furman，2010）。

三 人际自我

女性主义社会工作受到女性主义思潮的影响，引入了女性主义精神病理学家吉恩·贝克·米勒（Jean Baker Miller）在 20 世纪 80 年代提出的人际自我（self-in-relation）的概念，强调人的自我是在与周围他人的人际交往中形成的，具有动态性（Miller，1991）。这样，自我就不再是纯粹个人心理的自我，也不是个人经验中的自我，它始终与周围他人联系在一起，是特定人际交往中的产物，同时又与个人的经验相关联，是个人参与和影响这种人际交往的结果，脱离不开个人的理解和意义解释（Kaplan & Surrey，1984）。女性主义社会工作学者朱迪斯·乔丹（Judith Jordan）也具有类似的观点，她认为，个人的行动动力不是像弗洛伊德精神分析学认为的那样来自个人的心理，由个人需求推动，而是来自个人在现实生活中与周围他人的交往过程。乔丹相信，人们只有在现实生活的人际交往中受到了伤害，而且找不到可以互惠的人际关系的建立方式，才会转向个人的心理，建立自我防卫的心理满足机制（Jordan，1991）。显然，在乔丹看来，这种互惠性的人际关系才是人们的自我获得成长改变的关键，它让人们不再受困于个人狭隘的视野内，而是能够在现实生活中保持与周围他人分享、交流的开放心态，并且能够在现实生活的人际交往中理解自己的要求，确定自己的身份，使人们的自我拥有了实际生活的现实基础（Jordan，1997）。这种互惠性的人际关系提醒社会工作者，人们的自我不仅与周围他人的自我相互依存，而且交互影响（reciprocity），即在人们与周围他人的交流过程中，这种影响不是单向的，而是双向的，人们在影响周围他人的同时，周围他人也在影响自己。由此，女性主义社会工作提出差异化的视角，主张通过互惠性的人际关系的建立创建一种开放、包容的人际沟通方式，让人们各自独特的生活经验能够顺畅地展现出来（Dominelli, 2002b）；否则，人们就会把周围他人的独特经验进行"他者化"（othering），从自己的角度曲解这种差异性，视之为自己生活的反面，就像女性这个角色常常被人们当作"柔顺"、"被动"甚至"软弱"的代名词（Pringle, 1992）。值得注意的是，女性主义社会工作还把增能这一概念放在人际关联中来考察，并且与个人的自我成长结合在一起，强调人们一旦只关注个人能力的成长，把增能理解成个人自我的能力提升，就会不自觉地忽视环境在个人自我成长中的作用，最终导致个人自我成长受阻，使个人自我失去能力；相反，如果人们只关注环境改变的要求，看不到个人积极参与的作用，就会陷入"虚假的公平陷阱"中，使个人的自我更依赖环境的保护，变得越来越脆弱（White, 2006）。正因如此，在女性主义社会工作看来，人们的自我并不是个人心理的固定化的自我，而是在人际交往中不断变化的自我，是人们在人际交往过程中通过不断的自我反观和关系调整获得的，是人们自我身份（self-identity）的选择过程（Orme, 2001）。可以说，在帮助人们实现成长改变的过程中，自我成为最核心的概念，社会工作专业服务的目的就是帮助人们在日常生活的人际交往中学会运用自我与周围他人建立一种积极的人际关联，从而让人们在现实生活困难面前看到自身拥有的改变力量（Freedberg, 2009）。就社会工作者而言，他们也需要借助自我的运用，如自我表露、边界管理等与服务对象建立一种积极的人际关联，让服务对象在这种增能式的人际交往中感受到自我，进而学会运用自己的自我处理现实生活中遭遇的困扰，绝不是给服务对象提供问题解决的专业技术指导那么简单（Freedberg, 2009）。

人际自我的另一种观察角度来自精神动力学派的探索，其中，对社会工作产生重要影响的是美国社会工作学者丹尼斯·美赫尔斯（Dennis Miehls），他从精神动力学派的角度梳理了人的自我成长与人际关系之间的联系。美赫尔斯发现，依据人们对人际关系的理解，可以把精神动力学派分为两个前后相连但明显相互区别的发展阶段。第一个阶段是单向视角阶段。在这一阶段精神动力学派采用单向视角来审视人们的自我成长，把自我当作个人内部的某种心理品格，把周围他人作为个人外部的"客体"（object），关注周围他人这个"客体"如何影响个人内部自我这个"主体"的成长过程，像弗洛伊德的精神分析理论、埃里克森的人生八阶段理论等都属于这种单向视角的心理学理论。第二个阶段是双向视角阶段。在这一阶段精神动力学派采用双向视角来理解人们自我的成长改变诉求，认为自我是人们回应周围他人要求过程中形成的对自己身份的确认，是两个或者多个主体之间相互作用的结果。这样，周围他人就不是人们生活的"客体"，可以由他人为其做出生活安排的对象，而是与人们一样有着自己想法和经验感受的主体，拥有自己的生活观察角度和自决意识（Miehls, 2011）。作为两个阶段的过渡，精神分析领域出现了客体关系理论（object relations theory）、人际关系学派（the interpersonal school）和主体心理学（self psychology）。这些理论虽然也强调把人们的自我视为人际交往的结果，但是这样的结果仍然是从历史视角审视的，意味着人们的自我依旧是个人心理的某种品格，只是这种品格以人们的人际交往（尤其母子交往）为基础，而现实生活中的周围他人则被当作人们自我成长改变提供外部支持的一种客体（Goldstein, Miehls, & Ringel, 2009）。真正将双向视角与精神动力学派结合起来的是有关人际交往主体间性（inter-subjectivity）的讨论，即把人与人之间的交流视为两个主体之间的互动，涉及双方生活经验的拓展与融合，并由此出现一种新的主体间的生活经验和生活空间（Stolorow & Atwood, 1992）。美赫尔斯把主体间性的概念引入社会工作的专业实践中，指出这种双向视角的精神动力学派的观点相信，在两个主体交流过程中就会出现人际交往的第三空间（the space between the two），这是人们的自我与自我之间的联结方式，它不同于相互交往的两个独立的主体，让人们的自我成长与周围他人紧密联系在一起，构成相互依存的关系（Miehls, 2011）。正因如此，人们的自我始终处于成长改变过程中，自己在影响周围他人的同时，周围他人也在影响自己，这是一种双向影响的过程，它让人们的自我成长有了历史性和社会性，是特定历史和文化背景中的生活遭遇（Goldstein, Miehls, & Ringel, 2009）。

显然，无论是女性主义社会工作还是双向视角的精神动力学派，都把人们的自我从个人视角中解放出来，并且将人们的自我引入人际交往中，建立了一种以人际关联为逻辑框架的自我观。

四 社会自我

增能社会工作把无力感（powerlessness）作为专业服务考察的重点，认为社会资源分配的不公平会内化为个人负面的认知和感受，导致个人失去行动的力量（Solomon，1976）。这表明，人是社会中的人，人的自我成长不仅关乎个人的日常生活，而且关乎社会环境，需要将个人的改变与社会环境的改善结合起来，绝不仅仅是个人遭遇的问题的解决（Cox，1989）。这样，个人在社会生活中的批判意识和行动能力也就成为人们消除内心无力感的关键，它需要人们把个人的自我成长放到社会环境中，直接从自己的日常生活经验出发，借助与周围他人的对话交流找到现实社会生活中存在的不公平之处，让个人自我的成长与社会环境的改善紧密联系起来，放弃传统专家指令性的问题解决的思维方式（Kondrat，1995）。为此，增能社会工作把这种社会环境中的个人自我成长简要概括为三个方面：（1）培养积极主动的自我；（2）增强对社会环境的批判意识；（3）学会集体行动（Lee，2001）。需要注意的是，增能社会工作并没有把个人的自我成长直接与社会环境的改善联结起来，而是在两者之间增加了一个过渡的因素，就是个人的社会身份。在增能社会工作看来，只有借助社会身份，人们的个人成长才拥有了集体的力量，从而能够带来社会环境的改善（Lee，1996）。显然，这样的个人自我成长需要借助行动反思，能够帮助人们将社会环境中的资源分配问题呈现出来，从而增强人们在社会现实环境中的批判意识，提高自决能力（Simon，1990）。因此，意识提升也就成为增能社会工作的重要自我成长技术，它能够帮助人们增强对现实社会环境的批判意识，拓宽人们观察社会现实环境的视野（Lee，2001）。

批判社会工作借用了批判理论的观点，认为人是生活在社会环境中的，对社会环境规则的理解构成了人的认识的重要部分，而社会环境规则不同于生态环境，既有合理的部分，也有不合理的部分，这就需要人们对社会环境规则保持一种批判的态度，这种批判的态度直接与人们的自决意识联系在一起（Horkheimer，1972）。它不仅能够促使人们对自己的生活经验进行反思，而且能够帮助人们将个人解放与社会改变结合起来，避免人与环境的二元对立（Hick & Pozzuto，2005）。进入 20 世纪 90 年代之后，在多元化的现实生活挑战面前，批判社会工作逐渐转向日常生活中人们自决意识的考察，相信每个人都有自觉意识（self-conscious），能够在日常生活的多元、复杂、变动的环境中找到行动应对的有效方法（Healy，2000）。这样，人们个人的自我成长就需要借助日常生活交流中形成的社会身份，一方面

施展自己对日常生活的影响，推动日常生活发生改变；另一方面了解日常
生活的现实要求，增强个人的自觉意识，从而在日常生活中找到更为有效
的应对办法，提升人们的自决能力（Fook，2002）。为此，批判社会工作在
专业实践中推崇主体性这一概念，强调人们的自我不是个人内部某种固定
化的心理品格，而是在与周围环境交往过程中形成的对自己身份的感受和
认识，是个人对自己所处的现实生活环境的理解并且主动施展自己影响的
过程（Weedon，1987）。因此，个人自我也就具有了在特定日常生活场景中将
不同经验整合起来进行选择的能力，是一种特定日常生活场景中的整全自我
（whole self），它既接受环境的影响，又推动环境的改变（Leonard，1997）。

　　宏观社会工作则直接要求人们放弃传统被动的、还原式的自我观，因
为它发现，传统的自我观要么把环境视为等待人们去适应的外部条件，要
么把环境当作一种"自然"的外部条件，看不到环境中的社会方面的要求
（Reisch & Garvin，2016）。为此，宏观社会工作倡导一种社会自我（social
self），它相信人不仅生活在社会环境中，始终受到社会环境的影响，而且同
时拥有参与社会生活的能力，能够推动社会环境发生积极的改变（Bruegge-
mann，2002）。在宏观社会工作看来，这种社会自我具有主动性和自主性两
个方面的重要特征。所谓主动性，是指人们拥有影响社会生活的能力，是
社会生活的主动影响者，能够根据自己的理解主动参与社会生活；所谓自
主性，是指人们拥有理解社会生活的能力，能够根据现实生活的要求做出
行动决定，推动现实生活发生积极的改变。这样，对于个人自我成长而言，
此时此刻（here and now）也就具有了促使人们与社会生活建立现实联系的
作用，它让人们在特定日常生活场景中与周围他人相遇，为人们的自我参
与和自我决定提供现实的条件和机会（Buecher & Cylke，1997）。正因如此，
宏观社会工作强调，为了促进自我成长，人们需要放弃传统单向的问题解
决的思维方式，因为这种思维方式无法提高人们的自我参与和自我决定的
能力，而是需要学会一种"双向式的反思"（mutual reflection），即在呈现社
会生活的现实要求的同时，能够在社会生活的现实挑战面前找到改进的方
法，从而提升自我的社会生活参与和自决能力（Brueggemann，2002）。显
然，宏观社会工作是以社会生活的改善为目标建构自己的理论逻辑的，它
把人们的自我放在了社会环境中来考察，使人们的自我拥有了社会性
（Mizrahi，2015）。

无论是增能社会工作对自我无力感的强调，还是批判社会工作对自觉意识的推崇，抑或是宏观社会工作对自决能力的倡导，都把人放在了社会环境中，关注自我的社会性，并且要求人们放弃环境决定的宿命论，提升人们在社会生活中的自主性。

第三节　场景实践与增能

场景不仅是人们行动的现实场所，而且是人们实现自我成长的必要条件。这样，场景实践也就具有了两方面的理论内涵。一是让人回归现实生活，把人的行动放在现实生活中来理解，使人不再成为抽象的人，而是参与特定历史社会实践的人。无论人遭遇什么问题还是呈现什么需求，都具有了理解和解释的现实基础。二是让人回归经验生活，把人的自我作为理解人们成长改变的关键，使人不再成为被观察的对象，而是拥有了理解自己生活和选择自己生活的权利。显然，场景实践所秉持的是一种条件理性的逻辑，即相信人拥有特定现实环境中的理性自决，这种理性自决既需要对环境保持开放的态度，接纳环境的影响，又需要对经验具有反思的能力，明确自我成长的要求，最终促使人们在现实环境中找到自我成长的空间。因此，从本质上而言，场景实践就是增能实践，它帮助人们在现实生活挑战面前重新掌控生活，使人们的自我拥有更强的现实应对力量。

一　社会生活中的增能

在社会工作专业实践中第一次正式使用增能这一概念的是美国黑人社会工作学者芭芭拉·索罗门，她在 1976 年出版的《黑人增能：受压迫社区的社会工作》（*Black Empowerment：Social Work in Oppressed Communities*）一书中聚焦美国黑人在社会生活中普遍感受到的无力感，并由此出发将导致无力感的社会层面的资源分配不公的直接影响因素与个人层面的负面感受内化的间接影响因素联系起来，倡导一种能够改变黑人种族社会地位的社会工作（Solomon，1976）。这样，对个人无力感的考察就能够把个人社会生活中社会环境的改善要求放在社会工作专业服务的中心，并且将个人的成长改变与社会环境的改善结合起来（Cox，1989）。进入 20 世纪 80 年代之后，增能社会工作得到迅猛发展，增能的内涵也因此变得更加明确，它倡导一种能够把个人层面的临床治疗与社会层面的资源分配整合起来的整全实践（Northen，1994）。这种整全实践除了能够将个人的潜能发挥出来之外，还能够改善社会环境，推动社会变得更加公正公平（Lee，1996）。增能社会工作发现，人们在社会生活中普遍会感受到无力感，它表现为人们无论怎样努力都无法影响行动的成效，甚至有时还会出现相反的结果。这也意味着，人们在社会生活中普遍需要一种增能的实践，一种能够推动"无法把控"的社会环境发生积极改变的专业服务（Barber，1991）。到了20世纪90年代，美国另一位国际知名的社会工作学者朱迪斯·李在这种整全实践的基础上建构增能社会工作的理论逻辑框架，她把人与环境之间的生态联系作为人们增能的基本观察维度，强调任何社会层面的改变都以人们的生态联系为基础，是人们生态联系的深入，目的是提高人们在现实生活中应对周围环境挑战的能力（Lee，1996）。尽管朱迪斯·李在不同时期对增能的理论逻辑给出了不同的解释框架，但是她始终把社会资源分配不公导致的压迫作为考察的核心来建构增能概念的内涵，并且认为历史视角、生态视角和社会视角是增能实践不可或缺的三个观察维度。历史视角是指从纵向的时间演变的维度考察社会资源分配不公对弱势群体造成的影响，生态视角是从横向的人与环境交互影响的维度分析资源分配不公对弱势群体的生活造成的困扰，而社会视角则是从社会结构的维度探究资源分配不公给弱势群体带来的影响（Lee，1996）。进入21世纪之后，增能概念的内涵出现多样化、动态化和个别化的特点（McLauglin，2014）。增能社会工作一方面主动汲取批判理论、第三波女性主义思潮以及社会排斥理论等社会层面的理论作为自己的理论基础，另一方面强调个人的参与和自决，注重个人实践经验的反思（Payne，2005）。显然，随着增能内涵的不断丰富，它自身的发展也出现了多维性的特点，社会变革性的内涵越来越弱化，而且在使用这一概念时也常常出现不同学者有不同理解的现象，导致这一概念缺乏普遍认可的共识，有时甚至出现含混不清的问题（Muchtar，Overton，& Palomino-Schalscha，2019）。

如果说问题解决只是关注个人如何通过提升自己的能力有效应对环境提出的挑战，那么增能则是强调如何通过社会资源分配不公的减少达成社会生活环境改善的目标。正因如此，增能社会工作把社会资源分配不公的现象分析视为个人问题解决的关键，它假设，每个人都具有参与社会生活的能力，都能够影响社会生活的改变，不仅仅局限于个人现实生活困扰的解决（Lee，1996）。这样，人们的增能就有了多个层面的改变要求，是人们整个现实社会生活状况的改变，既表现为个人层面的自我成长，如自我主动参与能力、自我决定能力和行动能力的提升以及自我信心的增强等（Gutiérrez，DeLois，& GlenMaye，1995），也表现为社会环境层面的改善，如人际互助关系的建立、分享式学习方式的培养以及社会资源公平分配方式的倡导等（Payne，2005）。尽管人们增能的内容涉及很广，增能的手段也比较多样，但是其核心就是提高人们对现实社会生活的掌控能力，使人们能够充分挖掘自己的潜能，改善现实社会生活的状况，让人们个人心理层面的改变与社会环境的改善紧密结合起来（Adams，1990）。简单而言，人们的增能包括三个方面的改变：（1）拥有更为积极、更有力量的自我；（2）对现实环境始终保持批判的意识；（3）学会寻找资源和策略实现预定的目标（Lee，2001）。相应地，人们的增能也涉及人们生活的三个相互关联的不同层面，即个人层面（the personal level）、人际层面（the interpersonal level）和政治层面（the political level）（Lee，2001）。显然，这种理解增能内涵的逻辑框架已经拥有了后现代建构主义的视角，因为它反对把人与环境割裂开来的二元对立思维方式，强调人的任何自我改变都是发生在社会环境中的，都受到社会环境的影响，同时也影响着社会环境（Adams，1996）。

增能社会工作还把意识提升（consciousness-raising）视为增能内涵中不可缺少的核心内容，认为人们只有借助与社会环境的对话，了解导致自己生活困难背后的社会层面的问题，才能找到对抗社会资源分配不公的办法，从而消除自己生活中的无力感（Freire，1972）。显然，增能不同于问题解决，不只是人们能力不足的问题，它首先需要人们拓展对自己所处的社会环境的了解，以便能够察觉到社会环境对自己的影响，纠正之前对社会环境和自己的错误认识。正因如此，帮助人们建立与社会环境的对话交流机制就成为实现意识提升的关键，它需要人们对社会现实进行重新命名和重新理解，有了重新建构社会现实的要求（Adams，1996）。可见，增能所指的意识提升与人们的认知改变不同，它涉及人与环境之间关系的改变，不仅表现为人们对自己所处的社会环境有了更为深入的理解，在社会资源分配不公的现实环境中找到了可以改变的空间，而且表现为人们对自己的能力有了更为准确的认识，人们的自我变得更为积极主动，愿意在社会生活挑战面前承担起改变的责任（Gutiérrez，1990）。这样的改变明显不同于认知改变，它不仅仅局限于人们认知层面的变化，同时涉及人们生活的多个层面，是特定社会环境中人们的自我主体意识的增强（Lee，2001）。值得注意的是，增能的意识提升之所以区别于认知改变，是因为它是一种经验学习的方式，需要人们通过"行动－反思"的方式才能找到自我调整改变的方向和路径，其目的是提升人们在特定社会生活环境中的自我决定和自我行动的能力（Simon，1990）。因此可以说，社会生活中的增能具有两个方面的核心改变要求：一是意识提升，表明人们观察视野的拓展，拥有了参与社会生活并且影响社会环境的能力；二是行动反思，表明人们参与社会生活的深入，拥有了探究社会生活要求和重构社会生活经验的能力（Adams，1996）。

　　实际上，增能社会工作倡导的不仅是一种专业服务的实践逻辑，而且是一种新的知识观，它不同于以往的社会工作服务模式，不再关注标准化、普遍化的"专家"知识的建构，而是以人们自己生活的在地经验为核心建构个别化、场景化的"本土"知识。这样的"本土"知识与人们的在地参与经验有着密切的关联，是人们融入现实生活并且推动现实生活发生改变能力的体现，而其中人们对自己所处的社会环境的批判意识也就成为这种知识的核心内涵之一（Kondrat，1995）。这样，合作就成为这种"本土"知识生产的重要特征之一，社会工作者不仅需要与服务对象合作，而且需要引导服务对象学会与身边的周围他人合作。传统服务中的指导与被指导的专业合作关系也就需要转变成相互协同成长的合作关系（Holmes & Saleebey，1993）。显然，这种增能的"本土"知识具有三个方面的显著特点。（1）场景化（contextualization）。它以人们的在地经验为出发点，需要围绕人们在日常生活中观察到的"社会事实"展开对话交流，呈现人们的整个现实生活状况，绝不是以社会工作者的理论假设为出发点，在人们的日常生活中寻找解释的证据。（2）过程化（processing）。它涉及人们在特定日常生活场景中做出的行动选择，以应对现实生活中面临的问题，是一种不断寻求现实生活改变的知识，始终与人们的应对行动联系在一起，能够帮助人们提升生活的掌控能力。（3）集体化（collectivization）。它需要人们与身边的周围他人联系起来，一起寻找现实生活问题的解决方法，摆脱原子化、碎片化的生活现状，形成相互支持的互助关系。特别是具有相似经历的社会弱势人群，更需要通过互助关系的建立应对现实生活中的无力感（Rose，1990）。

值得注意的是，这种强调社会生活中的变革性的增能内涵在 20 世纪 90 年代中后期出现了明显的变化，不仅内容变得越来越宽泛，而且越来越注重个人成长改变的要求以及个人对现实生活掌控能力的提升，强调个人自我在现实生活中发挥的作用（self-directed）（Parsloe，1996a）。

二 现实生活中的自我增能

尽管增能的内涵在 20 世纪 90 年代中期之前一直被视为保障人们在社会生活中重新获得力量的重要理论依据，以消除 20 世纪 60 年代之前在社会工作领域占据主导地位的弗洛伊德精神分析学派的影响——这种将人们遭遇的问题进行过度个人化解释造成的忽视社会环境影响的弊端（Lee，2001），但是 20 世纪 90 年代中后期增能的内涵有了根本转变，特别是在后现代主义思潮的影响下，人们开始拒绝从社会环境理解增能内涵这种单一的解释，把现实生活中的多元化、复杂性以及变动性等特征也纳入增能内涵的考察中，不再仅仅关注它的社会变革性（Muchtar，Overton，& Palomino-Schalscha，2019）。这样，增能这一概念也就不再局限于社会领域的服务，它被广泛应用于社会工作的不同服务领域和不同服务人群，既有微观领域的精神障碍患者的康复（Russinova et al.，2018）以及康复期在社区生活的患者（Faith et al.，2019），也有宏观领域的处于社会弱势地位的妇女（Muchtar，Overton，& Palomino-Schalscha，2019）和流浪者（Huber et al.，2020）的能力提升，甚至包括发展中国家的弱势人群实践（Tan，2021）和中国的社会治理实践等（袁才成，2019）。显然，增能已经不是某一种理论流派的概念，而是理解服务对象以及社会工作专业服务的一种独特视角，它成为社会工作者实现助人自助专业服务目标的普遍诉求。值得注意的是，增能这一概念还被广泛引入其他学科中，受到众多学科的青睐，如心理学（Cattaneo & Chapman，2010）、社会学（Braithwaite，1994）、政治学（Hope & Jagers，2014）、护理学（Cicolini，Comparcini，& Simonetti，2014）以及教育学（Rahmawati et al.，2021）等，成为人们理解现实生活中的人及其成长改变规律的重要概念（Joseph，2020）。

作为变革性的增能内涵有一个基本假设，即人们在社会生活中会遭遇由社会结构因素导致的成长受阻现象，它使人们的基本权益受到剥夺，让人们感受到"失权"的无力感。这样，考察社会权力的特征及其运行状况就成为变革性增能内涵的核心，它要求人们采取行动应对社会层面的权力影响，对抗社会生活中的不合理的资源分配现象。显然，在这样的基本假设下，权力抗争也就被视为增能的重要实践策略，它能够保障人们的基本权益不受侵害（Bent-Goodley，2018）。女性主义者不赞同这样的假设，她们发现，一旦人们把权力的抗争作为保障自己权益的基本手段，就必然涉及从有权力的人手里争夺权力的过程，让自己从无权变成有权，最后增能必然会演变成权力斗争的游戏（Muchtar，Overton，& Palomino-Schalscha，2019）。实际上，人们的权力争夺很多时候并不会自然而然地出现增能，增能并不只是人们掌控感的增强，它同时还包含人们对现实生活处境的深入理解，以及与周围他人协同能力的提高（Pease，2002）。有学者直接引用福柯的权力观点，强调权力不是一种社会结构，不能被简单理解为一种说"不"的能力，它实际上是一种生产事务的能力，涉及人们的行动、主体性和影响力等（Heller，1996）。因此，增能的内涵不能被狭隘地理解为权力的抗争，它涉及人的主观心理状态的复杂变化过程，除了包括掌控感和力量感的增强之外，还包括参与现实生活能力的提高（Hansson & Björkman，2005）、自我主动性的加强以及自我满意感的增加等（Lam & Kwong，2014）。

实际上，增能是无法给予的。一旦人们在增能实践中缺乏批判反思的能力，就会不自觉地通过增能把自己认同的价值标准和责任要求转移给对方，做着增能形式的去能工作，让对方感受到的不是增能，而是失能（Lee，2001）。强制实施干预只会导致对方能力的丧失，并不会给对方增能。这也意味着，增能不能采用"需要－满足"这种传统的问题解决框架来考察，它不是给予和接受这种单向的影响关系（Joseph，2020）。显然，增能需要打破这种"非黑即白"的二元对立的交往关系，建立一种相互影响、共同学习的沟通方式，它需要人们在这种交互影响过程中重新定义彼此的位置和角色，从而找到更有利于自我成长的改变空间（Hölscher et al.，2019）。这样，个人的主动性就成为增能不可或缺的重要元素，人们只有主动寻求自己认定的现实生活目标并且感受到自己的主动影响能力时，才能保持自己行动的积极性，远离顺从、取悦、被动甚至疏离的生活状态（Alkire，2008）。值得注意的是，增能的这种主动性并不是人们借助某个方面的能力的变化实现的，它是人们对自己生活状态的重新理解和调整，是一种自我的改变，涉及复杂、多维的内涵变化（Faith & Rempfer，2018）。

人们只有在现实生活中把自己所学的新知识运用于现实问题的解决并且看到积极的成效时，才能对抗失能，主动融入现实生活，巩固自我的改变成效，增强自我的主动性（Faith et al.，2019）。

显然，增能不是一种被动接受指令的单向学习过程，而是主动融入现实生活处境中并且呈现自我主动性的交互影响过程，它拒绝那种从单向视角出发的分析、理解和定义，因而也就需要人们把自己放在特定日常生活场景中来理解个人的成长改变要求，不能脱离特定日常生活场景考察人的成长改变过程（Perkins & Zimmerman，1995）。相应地，限制社会弱势人群成长改变的日常生活场景中的社会问题才能够呈现出来，例如，社会污名化就是社会问题的一种常见表现形式，它迫使社会弱势人群陷入更为弱势的处境中（Itzhaky & York，2002）。值得注意的是，一旦人们从单一的角度来理解增能，就会不自觉地忽略人类现实生活的两个基本事实：一是人类是社会人，他们的生存和发展依赖他人，无法脱离他人而存在；二是人类生活处于社会物质环境中，依赖物质的生产和分配。正因如此，增能的内涵就需要场景化，这样做一方面能够避免陷入个人主义的窠臼中，只关注自己的感受，不关心他人的要求；另一方面能够避免掉入道德主义的陷阱中，只强调生活的意义，不考虑生活的现实要求（Leonardsen，2007）。这样，对于增能而言，场景化具有了哲学层面的意义，它是一种新的知识观，要求人们放弃决定论和相对主义的知识立场，从人们所处的日常生活场景出发寻找个人成长改变的空间，它既涉及场景化的日常生活要求，也涉及人们在特定日常生活场景中的主动性（Muchtar, Overton, & Palomino-Schalscha, 2019）。否则，人们的成长改变就无法与他们对日常生活场景的理解联系起来，人们的增能也因此变成"无本之木"，必然走向失能（Martin et al.，2022）。

增能的实现绝不可能是自动发生的，它除了需要人们拥有一定的动力和能力之外，还需要给予人们实现能力的机会（Appelbaum et al.，2000）。正是有了这样的机会，人们才能在能力的展现过程中尝试那些具有前瞻性的行为，使人们真正拥有了推动环境改变的能力，增能的主动性也因此得到延伸，而且能够成为人们生活经验的一部分，内化为个人自我成长的推动力（Parker & Wu, 2014）。实际上，心理增能的实现依赖人们对环境的态度。只有当人们不再把环境视为"给定"的条件时，他们才能在现实场景中创新自己的行为，呈现更强的主动性和问题解决能力（Spreitzer，1995）。显然，这里所说的机会不是定好目标让人们去行动的机会——一种从单一角度考察的指令性的实施机会，因为这样的机会只会让人们变成行动的工具，失去自我的主动性，而是让人们学会在特定日常生活场景中寻找问题解决方法并且推动环境一起改变的机会。这种机会具有授权的要求，它能够提升人们的自我决定能力，使人们的自我真正拥有主动性（Martin et al.，2022）。

显然，增能不同于人们常说的能力提升或者优势的发挥，它包含了人们的自主性、自决能力和自我效能等方面的改变，有了一种"由内向外"的主动性（Varik，Medar，& Saks，2020）。这样的变化仅仅依靠个人单方面的努力是无法实现的，它存在于人们与周围环境的交往关系中，是一种特定交往关系呈现出来的特征（Albuquerque，Santos，& Almeida，2016）。这样，伙伴关系的建设就成为人们实现增能的重要策略之一。这种伙伴关系不仅涉及服务对象与社会工作者之间的专业合作，而且涉及服务对象与周围他人之间的日常交往（Leung，2005）。其核心是尊重和保护人们的自决权，特别是由于社会工作者在专业服务中有了"专家"身份，他们就需要在专业服务与人们的自决权之间做出选择，维护两者的平衡，以保障社会工作专业服务能够真正推动人们自决能力的提升，并不仅仅是问题的消除（Askheim，2003）。其中，使用合作语言进行沟通就变得非常重要，因为这种对话方式能够让合作伙伴的感受和想法被体会到和听到，有了得到尊重和理解的体验。也正因如此，人们常常把参与和包容视为增能的前提，它让人们的合作关系真正拥有了促使自我成长的功能（Andersen，2018）。

在现实生活中人们需要面对的关系通常是多元的，涉及人们生活的多个不同层面和多个不同对象，不仅仅是单一的"我与你"的关系，因而增能也就具有了交叉性，它是人们在多重相互影响的复杂关系中所做的选择（Kitzinger，2004）。这样的选择必然具有在地的场景性特征，与在地的历史、文化以及人们的生活习俗有着密切的关联，是在地生活的人们根据自己的现实生活要求所做的改变努力（Muchtar，Overton，& Palomino-Schalscha，2019）。它需要人们融入在地的现实生活中，依据在地的现实要求并且通过多方协商的方式给自己的生活赋予一定的意义，让自己能够有效应对现实生活的变化以及由此带来的挑战。显然，增能是个别化的、独特的（Alonso-Poblacion, Fidalgo-Castro, & Monforte, 2016）。它是人们个人自我的改变，不仅涉及人们对自己所处的在地现实生活环境的深入理解，而且涉及人们主动性的发挥以及与周围他人合作伙伴关系的建设。可以说，这是一种自我增能（Kam, 2021）。它让人们拥有更为清晰的在地的主体意识（Albu-querque, Santos, & Almeida, 2016）和理性自决能力（Varik, Medar, & Sa-ks, 2020）。

值得注意的是，增能内涵的演变始终镶嵌于西方的个人主义和自我改善的文化传统中，这样的理解与有着不同文化传统的非西方社会之间会产生冲突（Parsloeb, 1996）。为此，有学者提倡在地化的服务，呼吁人们关注在地的生活方式以及自身拥有的理解框架，建立一种与西方增能内涵不同的东方范式（Chao & Huang, 2016）。实际上，在具体的增能实践中，中国人的自我观直接影响着中国本土的增能服务。受儒家文化的影响，中国人更为关注家庭关系和重要他人的作用，因而在增能服务中需要增强人们对生命意义的自我批判意识，注重检视个人的行为和品格，采取循序渐进的方式，而不是使用激进的变革手段（Yip, 2004）。在禅宗的影响下，增能被视为根据自然的节奏和发展要求寻找真我的过程，它需要人们消除一切不自然、不和谐的行动和想法（Brandon, 1979）。有学者直接从儒家文化的视角出发审视中国女性如何增能，强调这是女性发挥个人能动性并且主动修正权力关系的过程，受到在地的文化习俗的影响（Tan, 2020）。尽管人们渐渐意识到发展中国家的增能内涵应当不同于西方国家的增能内涵，有着自己独特的要求，但是有关这方面的研究和实践远远不足，还有很长的路要走（Daly, 2019）。

可见，增能是一个内涵非常丰富的概念，具有多维性，特别是20世纪90年代中期之后受全球化和后现代主义思潮的影响逐渐转向自我增能，关注个人在日常生活场景中的增能（Muchtar, Overton, & Palomino-Schalscha, 2019）。不过，值得注意的是，增能这一概念目前仍缺乏一致的共识，这导致它在研究和实务领域运用中存在诸多困难（Mackey & Petrucka, 2021）。

三　自我增能与问题解决

从表面上看，自我增能与问题解决是两种完全不同的问题理解方式。前者把问题视为人们的日常生活遭遇，表明人们的想法与现实要求之间出现了冲突，导致人们生活掌控能力的减退。这是人们运用双向视角考察人与环境相互影响的结果，把人放在了具体的现实生活环境中。后者把问题当作人们在达成自己目标过程中受到的阻碍，表明人们自身的成长改变愿望无法实现，使人们的现实生活出现不足。这是人们采用单向视角分析人与环境相互影响的结果，把人从人们的具体现实生活中抽离出来。不过，需要注意的是，一旦人们把场景这个概念引入问题解决的过程中，就会发现自我增能根本无法与问题解决拆分开来，它实际上就是一种场景问题解决，即在特定日常生活场景中解决遭遇的问题。这样，自我增能就包含了两个方面的内涵：问题解决和意识提升。也就是说，人们需要在特定日常生活场景中通过问题解决过程改变自己的观察视角以及对日常生活场景变化规律的理解，实现自我成长。否则，人们要么无法应对环境的变化，不断重复问题解决的过程；要么无法面对现实生活的挑战，陷入主观臆想的自我成长中。

实际上，人们在现实生活中遇到问题时，有两种面对问题的方式：问题解决和解决问题。问题解决是把问题放在第一位，把解决放在第二位，认为要对人们开展有针对性的服务活动，就需要首先了解人们到底面临什么问题，只有完全了解了问题，才能找到问题解决的有效办法。这种专业实践方式假设，人是具有欲求和理性的独立个体，一旦人们内心有了欲求，就会产生需求和动机，推动人们采取某种行动达到自己预定的目标。如果此时人们无法达到自己的目标，就会出现问题。显然，所谓的问题，就是因人们无法达成目标而呈现出来的生活中的不足。这种不足既可以表现在人的方面，也可以表现在环境的方面，甚至还可以表现在人与环境之间的关系上。这样，人们找到现实生活中存在的问题之后，就需要针对问题呈现出来的不足进行修补，让生活能够重新回归正常。这种问题解决的专业实践依据的是不足修补的逻辑，即专门针对现实生活中存在的不足进行修补，它的目标是让人们过上一种没有问题的正常生活。因此，所谓的问题解决，就是保证人们过上没有问题的生活，没有问题被视为人们生活的常态。

从形式上看，解决问题与问题解决只是对问题与解决的位置次序做了调整，两者正好相反，解决问题把解决放在第一位，把问题放在第二位，强调每个人都有自己应对现实问题的方法，如果人们想帮助他人，就首先需要了解他人的问题应对方式，在此基础上才能协助他人找到更为有效的

应对方法。但是，解决问题实际上有着自己独特的专业服务逻辑。它假设
每个人都有应对问题的能力，虽然应对的成效不一定能够达到令自己满意
的程度，但是都能够根据自己的理解对现实环境的要求做出行动的回应。
也就是说，人们在现实生活中遭遇问题，并不意味着人们的生活存在不足，
只是表明人们的行动应对方式与环境的现实要求存在差异，需要人们通过
行动反思更好地理解环境的要求及其变化规律，从而找到更有效的行动应
对方式，提升问题应对的成效。显然，解决问题采取了与问题解决不同的
服务思维方式，它不仅不再把问题当作人们的不足，而且放弃了问题解决
这种单向视角的考察，把人们放在他们自己的日常生活场景中，从人与环
境交互影响的双向视角出发理解人们在特定日常生活场景中的行动应对能
力。因此，解决问题过程中遭遇的问题也就成为人们行动应对方式改变的
起点，它提醒人们目前的行动应对方式在哪里受到了阻碍、周围环境出现
了什么方面的变化以及在这样的变化下人们的行动应对方式需要做出什么
样的调整等，由此，人们就能够在问题遭遇的日常生活场景中找到更为有
效的行动应对方式。可见，所谓的解决问题不是不要分析，也不是不考察
问题，而是以人们的应对行动为基础考察人们到底遭遇什么阻碍，分析这
样的阻碍是如何出现的，目的是帮助人们找到更为有效的行动应对方式。
它相信有问题才是生活的常态。问题解决与解决问题服务逻辑的差异比较
见表4-1。

表4-1　问题解决与解决问题服务逻辑的差异比较

对比项目	问题解决	解决问题
问题界定	不足	失控
问题解决	修补	协同
考察次序	问题第一，解决第二 （问题中寻找解决）	解决第一，问题第二 （解决中寻找办法）
考察焦点	抽离生活的问题	融入生活的问题
考察方式	因果分析	行动应对
考察目标	没有问题的生活	可改变的生活
思维类型	对象思维	行动思维

　　显然，解决问题的服务逻辑与问题解决是不同的，它需要人们把自己放在日常生活场景中，在问题的遭遇中寻找哪里可以改变，这是一种把人与环境放在一起整体考察的服务逻辑。它既需要人们体会自己的成长改变要求，也需要人们理解现实环境提出的挑战，在人与环境这样的交互影响中发觉其中可以改变之处，从而找到更为有效的行动应对方式。这样的服务逻辑遵循"哪里可改变就从哪里开始"的改变原则，是一种"由内向外"的改变方式，表现为人们场景自觉意识的增强和自决能力的提升。因此可以说，解决问题采用的就是自我增能的服务逻辑，它的目的并不只是问题的解决，更为重要的是，提升人们在日常生活场景中的理性自决能力。值得注意的是，这里所说的解决问题其实涉及两个方面的自我增能，而且这两个方面相互依存、相互补充。这两个方面分别是对不可改变的接纳和对可以改变的尝试。所谓对不可改变的接纳，是指人们在问题遭遇中需要接纳其中不可改变之处，让自我免受损害，把精力集中放在可以改变之处；所谓对可以改变的尝试，是指人们在问题遭遇中需要发觉其中可以改变之处，并且尝试更为有效的行动应对方式。这样，在解决问题的服务逻辑下，自我增能的内涵不仅得到了扩展，同时包含接纳和尝试两个方面的要求，而且变得更为清晰，就是帮助人们增强和提升问题遭遇中的场景自觉意识和自决能力。

　　一旦把自我增能与解决问题的过程联系起来，人们就会发现，此时的自我增能不再是人们失去生活掌控感并且感到无力时的一种行动尝试方式，而是伴随着人们的日常生活并且推动人们实现日常生活改变的行动尝试方式。这样，自我增能就能深入人们在日常生活中经历的每次解决问题的过程，与人们解决问题的实际能力紧密联系在一起，不再是一种纯粹的现实生活的理解方式，一种纯智力游戏，而是真正拥有推动现实生活发生改变的力量。显然，这种自我增能融入人们日常生活的解决问题的过程中，同时又为人们解决问题提供更为深入的观察视角，帮助人们更为准确地了解遭遇的现实问题，找到更为有效的行动应对方式。值得注意的是，这种融入了自我增能的解决问题的过程对问题的理解有自己独特的视角，不是把问题视为人们的不足，而是作为人们在现实生活中的遭遇，它假设现实环境与人们的想法和感受是不同的，这种不同在复杂、多元的现实生活环境中表现得尤为明显，直接对人们习以为常的生活方式提出挑战，出现人们常说的问题。面对这种问题，人们有效的解决方式不是采用传统的通过修补不足去适应环境的问题解决方式，而是使用行动反思的方法去找到更为有效的解决问题的行动应对方式。正因如此，自我增能就成为人们解决问题过程中不可或缺的核心内涵，它不仅要求人们通过对解决问题的应对行为进行反思，以便找到更为有效的行动应对方式，而且要求人们通过对应对行动的例外情况进行反思拓展对日常生活场景的理解，更为准确地了解日常生活场景的变化规律，真正提升人们在日常生活场景中的理性自决能力。

这样，行动反思就成为实现自我增能与解决问题整合的必要环节。值得注意的是，这种解决问题的行动反思与人们常说的经验学习的行动反思是不同的。两者的不同主要表现在以下三个方面。一是反思的焦点不同。解决问题的行动反思关注人们在问题场景中的行动应对成效，考察人们是否能够有效应对日常生活场景提出的挑战。这种行动反思能力越强，人们对现实生活挑战的行动应对能力也就越强，越能够管理好自己的日常生活，避免陷入困境中。经验学习的行动反思注重人们在现实生活中的行动经验的总结，考察人们是否能够在一个具体的现实环境中找到行动应对的方法。这种行动反思能力越强，人们从自己行动经验中学习的能力越强，越能够适应不同的具体现实生活状况。二是反思的要求不同。解决问题的行动反思通常针对的问题是非常清晰的，它要求人们能够在一定的时间内解决面临的问题，常常需要涉及周围他人或者相关方的考察。就服务对象来说，他们也不是不知道如何行动，而是行动应对方法的成效不佳。这种行动反思是为了提高人们行动应对的成效。经验学习的行动反思不同，它常常面对的是一种模糊的生活状况，需要通过具体的行动尝试明确具体的问题，并且通过行动经验的总结找到问题的应对办法。三是反思的目的不同。人们之所以需要运用解决问题的行动反思，是因为在现实生活中遇到了来自环境的挑战，想影响环境又影响不了，导致出现失能的无力感。在这样的处境下，人们需要借助行动反思拓展自己对环境的理解，了解环境的变化规律，从而在问题困境中找到哪里可以改变，重新找回对现实生活的掌控感。经验学习的行动反思基于这样一种假设，即现实与理论总是存在差异，人们只有借助行动才能进入现实生活中，并且只有通过行动反思的经验学习才能将现实与理论联系起来，找到正确理解现实生活的方式。当然，两者也有共同之处。它们都把行动作为人们认识和理解现实生活的重要手段，都强调行动经验对人们调整自身与环境之间关系的重要性，不再把人与环境视为可以相互割裂的单独元素。

正是因为解决问题的行动反思具有了在问题困境中寻求有效行动应对方式的现实要求，这样的行动反思也就需要与人们解决问题的意识提升结合起来。此时的问题就不是人们现实生活中的不足，而是人们在行动应对尝试遇到阻碍后得以反观自己的机会，它就像一面镜子照出被人们忽视的生活中的其他方面或者其他观察视角。如果人们能够按照问题提供的线索找到被自己忽视的方面，就能够把握问题提供的机会，拓展自我的观察视角，站在更高、更全面的位置角度上审视自己的日常生活安排，使自我拥有更强的理性自决能力。显然，这种解决问题的行动反思把行动应对的有效性视为日常生活场景中的行动准确性，它不仅仅是一个如何行动的技术问题，而是如何理解场景的变化并且找到自己最佳行动位置的过程。这样，意识提升就变成人们在解决问题过程中不可或缺的部分，它让人们在复杂、多元、变化的环境中拥有了有效行动的能力。值得注意的是，这样的意识提升始终围绕着如何有效行动，它让人与环境的改变能够衔接起来，相互依存、相互促进，超越人与环境的二元对立，摆脱传统意识提升所面临的"公平的陷阱"以及权力的对抗游戏。

可见，这种融入了解决问题要求的自我增能不仅能够把自我增能融入人们的日常生活中，提高人们对现实生活问题的解决能力，发挥社会工作在日常生活中促使人们发生积极改变的专业作用，而且能够将自我增能内化于人们内心精神层面的探索过程中，提升人们在日常生活场景中的自决能力，发挥社会工作在日常生活中激发人们主体性的专业作用，以实现人与环境的协同改变，承担起基层社会治理所赋予社会工作的专业责任。

第四节　场景实践与中国社会工作理论体系架构

中国社会工作的专业实践是在日常生活中开展的，它始终无法脱离日常生活场景，需要在日常生活场景中不断拓展和深入，依托场景实践。正是在这一基础上，中国社会工作与抽离日常生活的西方社会工作的专业化道路分道扬镳了。这样，场景实践不仅是一种实践策略，而且具有了理论内涵，这意味着中国社会工作理论体系的建构也无法脱离场景实践这一核心概念，需要以场景实践为中心搭建中国社会工作理论逻辑框架，对中国本土的丰富实践经验进行系统的总结和提炼，形成能够反映中国本土的实践要求、制度要求和文化要求的社会工作理论体系。只有这样，中国社会工作理论体系建设才能深深扎根于中国本土的社会工作日常实践中，拥有现实生活的基础和推动现实生活发生改变的力量，同时能够汲取中国文化的优秀精神资源，推动社会工作实践和理论的中国化，走出具有中国特色的社会工作专业化发展道路。

一　超越心理学与社会学

经历了 100 多年专业化发展的西方社会工作对这门学科的属性一直争论不休，常常摇摆于心理学与社会学之间（Abramovitz, 1998），导致理论建构的多样化和碎片化，迫使人们不断地追问社会工作的本质属性（McMillen, Morris, & Sherraden, 2004）。值得注意的是，西方社会工作是伴随着现代化的发展要求而产生的，它采取了一种抽离具体场景的现代化实践策略，把问题界定和问题解决视为专业实践的核心（Howe, 2009）。然而，这种实践策略在中国本土的场景实践中遭遇因过度关注问题而带来的污名化和边界不清的难题，特别是在倡导居民参与和居民议事的基层社会治理实践中，既没有传统社会工作所说的弱势人群，也没有传统社会工作所关注的问题，而是需要社会工作者深入考察居民在具体场景中的社区参与和议事能力，以激发居民和社区的活力（童敏、刘芳，2021）。因此，对社会工作实践的在地性（场景实践）考察就变得尤为重要，它不仅能够帮助中国社会工作者确定社会工作的学科属性，而且能够协助中国社会工作者找到这种融入具体场景的现代化道路的社会工作实践策略，建立具有实践自信、制度自信和文化自信的中国特色社会工作理论学派。

（一）西方社会工作专业实践中的在地性

尽管西方社会工作的实践逻辑是建立于"人在情境中"的基本假设基础上的，但是由于受到科学实证主义的现代化道路的影响，它采取的是一种抽离场景的专业服务策略，把"人在情境中"简单理解成人与环境之间的关系（Howe, 2009）。这样，西方社会工作就产生了三种常见类型的服务逻辑。第一种把人视为专业服务的核心，强调从个人内部的心理着手，通过心理调适去适应环境。这种服务逻辑突出社会工作的心理属性，把社会工作界定为心理科学（Brandell，2004）。第二种把环境作为专业服务的焦点，认为只有从社会环境入手，通过社会关系的改善，才能给人创造具有社会支持和公正公平的社会环境。这种服务逻辑强调社会工作的社会属性，把社会工作等同于社会科学（Ife et al.，2005）。第三种同时关注人和环境，把人和环境之间的平衡发展作为专业服务的关键。这种服务逻辑关注社会工作的生态属性，把社会工作视为一种生态学科（Gitterman & Germain，2008）。

虽然西方社会工作具有上述三种常见的专业服务逻辑，但是归根到底，它只涉及人与环境两个元素，因此常常又被称为"心理社会"双重视角的专业服务，即把心理和社会视为相互独立的因素，考察人的内部心理与外部社会如何相互作用（Howe，2002）。也正因如此，西方社会工作时常陷入学科属性的争论中，只要社会趋于稳定，人们就开始强调通过心理调适去适应外部环境，不自觉地突出心理的作用；而一旦社会遭遇危机，人们就开始注重通过环境的改善去适应个人的成长，又会不自觉地突出社会变革的重要性（Specht & Courtney，1994）。值得注意的是，尽管从形式上看西方社会工作的上述三种服务逻辑都涉及环境元素，但是都缺少对在地性的考察。像强调心理属性的服务逻辑就把环境视为静止不变等待人们去适应的对象，使环境没有了现实性，变成人们记忆中的环境；而强调社会属性和生态属性的实践逻辑则把环境当作服务提供者理解和规划的环境，使环境丢失了自主性，成为人们概念中的环境。这样，环境也就不再是人们在现实生活中真真切切感受到的环境，而成为一种抽象的概念，用于普遍规律的探寻。

尽管强调生态属性的社会工作实践逻辑开始尝试将人与环境结合起来，希望把人的改变放在环境中，但是它所注重的人与环境的结合仍然停留在逻辑概念的探讨上，并没有回到人们的日常生活中（Brueggemann，2002），也无法有效指导社会工作者在日常生活场景中开展专业服务（Kemp，Whittaker，& Tracy，1997）。首先注意到日常生活的是建构主义社会工作。由于受后现代主义思潮的影响，这一理论流派的社会工作不再深究问题表象背后的事实分析，而是把人们的日常生活作为专业服务的场所，注重个人生活意义的解释和主动性的发挥（Carpenter，2011）。值得注意的是，虽然建构主义社会工作注意到专业服务的场景化要求，甚至提到对在地性考察的必要性，但是由于建构主义社会工作只是对宏大叙事的反叛，它只关注那种与普遍规律相对立的生活特征，仍旧是概念中的日常生活（童敏，2021）。

显然，由于西方社会工作的专业化是在机构服务场景中实现的，它遵循的是一种抽离现实生活的实证主义因果逻辑（Meyer，1983）。因而，与抽离现实生活相反内涵的在地性也就一直不被西方社会工作重视，始终处于专业实践和理论建构的边缘。

（二）西方社会工作理论讨论中的在地性

西方社会工作理论对在地性的讨论，可以追溯到 20 世纪初，当时作为专业社会工作重要创始人之一的玛丽·里士满在 1901 年的全美工作会议上提出"在环境中帮助他人"（to help the person in his situation）的概念，强调有效的社会工作专业服务应该在服务对象的现实生活环境中去提供帮助（Richmond，1901）。里士满的这一想法影响了她的学生高登·汉密尔顿。汉密尔顿把它解释成"人在情境中"（the person-in-his situation），认为人与环境就是相互依存、相互转化的关系（Hamilton，1951）。之后，为了突出人与环境是不可分割的整体，弗洛伦斯·郝利斯将"人在情境中"理解成"人 - 环境格式塔"（person-situation gestalt）（Woods & Hollis，1990）。可是，20 世纪 60 年代之后，由于对生态性和社会性的强调，人们逐渐用生态环境（environment）和社会环境（social environment）去替代自己熟悉的生活环境（situation），环境的在地性也因此从人们的记忆中逐渐消失。

直到 20 世纪 90 年代，由于面临后现代多元生活的挑战，人们开始质疑社会层面的宏大叙事（Esping-Andersen，1996），把注意焦点转向了日常生活的在地实践（Healy，1998）。尽管这一时期有学者注意到社会工作专业服务的场景要求及在地性，但是由于受生态性和社会性概念的影响，这些有关场景和在地性的讨论呈现零星、松散的特点。例如，生活模式（the life model）就借用了生态学的栖息地（habitat）和位置（niche）的概念来突出社会工作专业服务的场景要求，希望把人们生活的自然环境也纳入专业服务范围中（Germain & Gitterman，1995）；宏观社会工作（the macro social work）则直接把场景作为人们经验生产的重要条件，强调这是一种"自下而上"的知识生产，需要建构社会现实（Long，Tice，& Morrison，2006）；而女性主义社会工作提出一种融入场景并且跟随场景一起改变的人与环境

"双赢"的实践策略，强调人的成长改变不仅无法脱离环境，而且还是环境改变的推动力（Orme，2009）。

进入 21 世纪之后，受社会批判理论的影响，澳大利亚社会工作学者简·福克（Jan Fook）直接提出场景实践的概念，认为社会工作是一种在日常生活场景中进行行动反思的实践，它不仅关注人们的具体行动反思过程，而且注重人们知识的在地性及具体形成过程（Fook，2002）。福克强调，这种场景实践知识深受场景的影响，并且随着人们的位置不同而呈现不同的要求，具有个别化和差异化的特征，完全不同于标准化、科学化的实证主义知识（Fook，2016）。与此同时，另一位澳大利亚社会工作学者凯伦·黑莉（Karen Healy）也从自己的实务研究中总结出场景实践的概念，因为她发现运用实证主义这种抽离日常生活的理论逻辑指导实践，总是让理论与实践之间存在无法弥合的鸿沟（Healy，2000）。为此，黑莉倡导一种"自下而上"的场景实践的理论逻辑，直接在日常生活场景中寻找有用的知识（Healy，2014）。

尽管西方社会工作理论是从在地实践开展讨论的，并且注意到社会工作的在地性要求，但是并没有就在地性的内涵进行深入探索，更没有把在地性作为社会工作的核心元素来考察。可以说，在西方社会工作理论探索中，在地性始终处于边缘的位置。不过，中国社会工作的专业服务不同，它是在人们熟悉的日常生活中展开的，在地性的考察也因此成为专业服务逻辑不可缺少的一部分（童敏，2019）。

（三）其他理论讨论中的在地性

尽管在地性没有成为西方社会工作专业服务逻辑和理论建构的核心，但是有关它的讨论时常可见。有学者认为，社会工作是一种情境性的职业，始终需要处理人与环境的关系，而人与环境在联结过程中就会产生在地性（Taylor，1999）。显然，在地性不同于情境性，不是一种等待人们去适应的环境，而是需要人们随时根据环境的变化做出选择和回应的交流状态（Stein，2010）。这样，在地性就具有了现实性的特点，它是人们在带有自己的理解和价值判断生活时，遭遇来自特定日常生活场景的挑战，这意味着日常生活场景不是一个概念，而是能够被人们真真切切感受到的现实存在（Graham et al.，2008）。正因如此，在地性也就具有了独特性，它是人们在特定历史和社会场景中的具体实践过程，只有从具体的日常生活场景出发才能理解其独特的内涵（Bradshaw & Graham，2007）。因此，在地性不是静止的，而是不断变化的。它不仅随着日常生活场景的变化而变化，而且随着人们应对日常生活场景方式的改变而改变。

实际上，作为社会工作功能学派思想来源的重要代表人物奥托·兰克（Otto Rank）就对在地性进行过深入讨论。他认为，人们的行动动力不是来自弗洛伊德精神分析学派所分析的个人内部的无意识，也不是来自行为主义所说的个人外部的环境刺激，而是人与环境交流过程中形成的个人意愿（Rank，1964）。一旦人与环境交流，就会形成个人意愿，而与个人意愿同时出现的还有现实生活中的反向意愿，它成为人们个人意愿实现的阻碍。反向意愿就像个人意愿的孪生兄弟，时刻提醒人们生活中的另一面，需要人们面对现实生活的各种限制（Dunlap，1996）。显然，在兰克看来，在地性是一种超出人们个人意愿的客观现实，这种客观现实只有通过与环境的直接接触才能被人们察觉到，是人们在现实生活中的切身感悟（Rank，1964）。兰克还发现，人们只有借助具体行动才能与现实生活直接接触，找到超越个人意愿实现在地性的具体方法，将个人意愿与现实生活的反向意愿结合起来，不断超越当下的自己，走向成熟（Rank，1941）。

对社会工作发展产生重要影响的美国实用主义，也针对在地性给出了自己独特的理解。美国实用主义代表人物威廉·詹姆斯（William James）就提倡彻底的经验主义，要求人们在具体的现实生活世界中既不放弃事实，也不放弃理性（陈亚军，2019）。而美国另一位实用主义重要代表人物约翰·杜威（John Dewey）则把经验视为人们具体生活的反映，不再作为纯粹主观的心理事件（Dewey，1926）。这样，人们通过行动及其行动过程中产生的经验就能够将理性与现实对接起来（Buch & Elkjaer，2019）。人们的行动也因此具有了探究的元素，能够让人们了解具体的现实生活要求，进而解决实际问题（Kaushik & Walsh，2019）。显然，杜威所说的经验是一种方法，它帮助人们深入现实生活中，揭示现实生活的真实性，因而具有生命性、实用性等特征（陈亚军，2019）。美国新实用主义代表人物理查德·罗蒂（Richard Rorty）把人们的经验延伸到社会层面的实践中，强调真理和知识是社会实践中出现的议题（Rorty，1991）。实际上，另一位新实用主义的重要代表人物希拉里·普特南（Hilary Putnam）也有类似的描述，他认为语言只是人们用来描述经验的工具，只有把实践放在优先位置，人们才能揭示现实生活的实在性 (Putnam, 1995)。可见,实用主义通过行动经验这个概念在主客体之间建立了联系,帮助人们重新找回现实生活的在地性 (Hothersall, 2019)。

受全球化运动和后现代主义思潮影响,第三波女性主义直接要求重新理解"人地关系",破除自然与社会的二元划分 (Collins, 1986)。它强调,自然也具有主动性,不应被当作静止并且受人类意志随意支配的对象 (Hinchliffe, 2007)。而且,人类生存的空间是由多元行动主体相互建构形成的,不存在单一、可规定的生活空间 (Johnston & Sidaway, 2016)。这样,"人地关系"就超出了人的意识规定,呈现意识之外的"物理性" (Hall, 2019)。正因如此,第三波女性主义提出场景化知识的概念,认为不仅知识生产过程具有场景性,而且被生产出来的知识也具有场景性 (Haraway, 2008)。这意味着,人们只有借助反身性随时审视自己所处的位置,才能了解自己知识的局限 (Hiemstra & Billo, 2017),察觉到场景中的现实差异 (McDowell, 1992)。可见,场景化知识是一种既依赖自己特殊位置又需要超越自己位置的知识,它只有通过在地实践才能获得。

显然,在地性内涵的核心是要求人们放弃人与环境二元对立的划分,在人们的日常生活场景中找到人与环境一起改变的知识。

(四)在地性及中国社会工作专业实践

值得注意的是,中国社会工作是在日常生活场景中开展的,特别是在基层社会治理实践中,这一特点更为明显,它要求社会工作者专注于居民活力的激发,通过居民的社区参与和议事促进社区的发展。因此,对于中国社会工作而言,它如果要有成效,就需要放弃从心理学或者社会学入手寻找问题解决的专业服务逻辑,走一条介于心理学与社会学之间、以人们的现实生活遭遇为焦点的专业服务路径,让人们的成长改变始终扎根于现实生活中。这样,对场景及其在地性的考察就成为这种专业服务逻辑的核心,无论是问题的界定还是问题的解决,都与人们特定日常生活场景中的在地自觉意识联系在一起。只有当人们拥有了这种在地自觉意识时,才能察觉到自己在现实生活中遭遇的问题,并且在问题的解决过程中看到现实生活中的可以改变之处,让人与环境一起改变。正因如此,中国社会工作需要围绕场景及其在地性建构自己的理论体系,让中国社会工作成为一门帮助人们在现实生活问题遭遇中实现自我成长的学科。

正是在这样的学科属性定位下，中国社会工作无论是在问题界定还是在问题解决上都不同于人与环境对立的西方社会工作，它首先需要确定问题发生和解决的日常生活场景，由此建构专业的服务逻辑和理论体系。这样，问题既不是人们生活的不足，也不是没有希望的生活叙事，而是给人们带来改变机会的生活遭遇，它让人们察觉到日常生活场景中与自己感受和想法不一样的另一面，即场景的在地性。也正是有了这样的遭遇，人们才有了从自己观察视角中跳出来审视自己的条件，从而能够深入了解自己需要面对的现实生活，使心理具有了现实性，能够将历史和社会实践的责任也融入个人的自觉意识中。在问题解决过程中，这种专业服务不是修补问题或者发挥自身的优势，而是在现实生活遭遇中接纳自己的现实生活局限，学会自我舍弃，找到日常生活场景中的可以改变之处，让个人的改变与环境的改善联系起来，实现自我超越①。显然，此时的社会不是冷漠的现实，而是具有了人文关怀的真实性，能够促进个人的意识提升，实现自我增能②，真正展现社会工作一直秉持的助人自助的价值理念。

中国社会工作之所以需要采取人与环境一起改变的专业服务逻辑，是因为它与西方社会工作所走的人与环境分离的科学实证主义专业化路径完全不同。西方社会工作的专业化探索是在 19 世纪末 20 世纪初科学实证主义盛行的现代化进程中展开的，而中国社会工作的专业化则是在 20 世纪 80 年代以来社会管理体制转型的中国特色社会主义建设中形成的，它与我国基层治理体系和治理能力现代化的追求是分不开的。这样，如何促进居民的社区参与和激发社区的活力，建立"共建共治共享"的社会治理新格局，就成为我国基层社会治理的关键，也是我国全面建成社会主义现代化的关键。显然，中国走的是一条人与环境协同改变的融入式的现代化道路，它要求人们主动融入现实生活，并且承担起推动现实生活发生积极改变的责任。正是在这样的现代化道路下，中国社会工作需要建立人与环境协同改

---

① 存在主义社会工作学者唐纳德·科利尔（Donald Krill）融合了东方哲学特别是禅宗和道家的思想之后提出自我舍弃（egolessness）和自我超越（ego transcendence）的概念，把个人的自我与周围环境联系在一起，但是由于缺乏场景概念，科利尔看不到历史和社会实践对自我成长的影响。请参阅 Krill，2014。

② 增能一直是西方社会工作专业实践和理论建构的核心概念，20 世纪 90 年代之前注重社会变革，20 世纪 90 年代之后转向日常生活场景中的个人增能，但是它缺乏对日常生活场景的现实性考察，导致心理属性与社会属性的割裂。请参阅 Varik，Medar，& Saks，2020。

变的理论体系，以便能够承担起历史和社会赋予的专业责任。

二 回归生活世界

最早提出生活世界这一概念的是德国著名哲学家、现象学创始人埃德蒙德·胡塞尔（Edmund Husserl），他在《欧洲科学的危机和先验现象学》一书中借用生活世界这一概念对抗因实证科学快速发展而带来的西方社会的危机，试图从先验（无法实证）的生活世界出发寻找解决西方社会危机的方案（李芳英，2005）。在胡塞尔看来，现实世界并不是等着人们去观察和分析的客观世界，而是被人们不断感受、体验的生活世界，它不仅与人们的生活感受和意义解释紧密联系在一起，而且无法独立于人们的意识之外（Eisewicht & Kirschner，2015）。这样，生活世界就具有了哲学层面的内涵，它其实是人们修正二元对立实证主义科学观的一种尝试，让一直不受关注、处于科学边缘的日常生活重新回归人们的观察视野中。继胡塞尔之后，另一位美国著名社会学家阿尔弗雷德·舒茨（Alfred Schutz）继续采用胡塞尔的生活世界的观点对西方实证主义社会学的研究传统展开了批判，强调人的现实世界是一种意义解释的世界，因而人们也就无法脱离人的精神世界去理解人的行为逻辑（刘振、徐立娟，2021）。

（一）生活世界的内涵

到目前为止，对生活世界内涵的界定仍然是模糊的。就胡塞尔而言，他强调生活世界有一个根本的特征，就是先验性，是先于科学验证的世界。这样的世界与科学理性世界正好相反，除了模糊、变化之外，是能够被人体验到的感性世界，无法脱离人们自身的观察和体验，它是一种境遇，始终处于变动之中，直接与人们的感受相连，具有相对真理的世界（张彤，2018）。正是因为这种境遇的特点，生活世界依赖于语境解释，常常被人们当作理所当然的安排，人们很少甚至从不怀疑它的存在，这是普通人在日常生活中感受到的现实世界（郑庆杰，2011）。值得注意的是，胡塞尔并没有把生活世界与科学理性世界完全割裂开来，只是认为科学理性世界完全忽视了现实生活的存在，实际上科学理性世界是建立在人们的生活世界之上的，科学理论能够随着时间的流逝逐渐被人们关注，融入人们的日常生活实践中，成为人们生活世界的一部分。在胡塞尔看来，生活世界是需要借助一次又一次的生活境遇中的对象认识才能够呈现出来的，它是人们境遇中的总体联系，是境遇中的普遍世界，因而也被人们视为一种先验的生活世界（Honer & Hitzler, 2015）。

尽管舒茨继承了胡塞尔的现象学传统，吸纳了胡塞尔的生活世界的概念，但是他与胡塞尔从先验哲学角度考察生活世界是不同的。舒茨把生活世界视为社会现象的一部分来理解，他从社会学出发关注人的社会行动的意义解释及社会基础，目的是帮助社会学找到理解人的社会行为的现实基础。正是基于这样的考察，舒茨将生活世界视为人们社会行动的前提条件，强调这是一个经过思维组织化和系统化的世界，包含人们理解和解释社会行动的各种方式，是各种社会行为得以展现的现实基础，它在个体对自己行动进行反思和考察之前就存在了，依据的是人们的一种实用动机（刘振、徐立娟，2021）。这样，在舒茨看来，生活世界的意义解释不是由单个个体创造出来的，也不是纯主观的个人意义解释，而是现实生活中客观存在的人们共同生活的世界。因此，生活世界就成为人们理解和解释社会现象的基础，也是人们开展一切研究的前提，它是人与人之间的现实意义关联，具有互为主体的特征（郑庆杰，2011）。

实际上，胡塞尔已经发现，生活世界不同于科学理性世界，具有人与人之间相互影响、互为主体的特征，是日常的行动者与周围他人相互影响而形成的主体之间的可能发展空间。这样，生活世界就不是一种客观意义上的现实世界，而是需要借助个人的行动并且与周围他人共享的意义上的世界。其中，每个个体在特定的时空中都经历着与周围他人的交互影响，形成既与个人相连，有着个人独特性，也与周围他人共享的经验世界。此时的个人已经不再是独立的个体，而是拥有了"我们"这样一种主体间共同体验的个体，他们彼此已经参与到对方的生活中，成为个人独特性不可或缺的一部分（庞学铨，2021）。值得注意的是，舒茨对生活世界的主体间性的理解与胡塞尔是不同的，他没有从现实生活中先验的个人行动出发理解人与人之间共享意义的主体间性，而是直接假设主体间性是生活世界的固有特征，先于个人的行动探索，它让人们之间拥有了社会和文化的意义关联。因此，对于舒茨而言，个体如何在这种拥有共同社会和文化关联的生活世界中获得这种共同经验就成为社会学的重要课题（何林，2010）。

在舒茨看来，除了主体间性之外，人们在生活世界中还有一个重要特征，就是当下。舒茨认为，人们只有生活在当下，才能以此时此刻的经验为基础建立自己所理解的日常生活世界，让自己与现实生活建立起某种意义联系。这样，借助此时此刻，人们不仅与周围他人建立起某种意义联系，有了经验共享的可能，而且与自己的过往经验也建立起某种意义联系，人们能够以此时此刻为焦点根据自己的兴趣爱好和动机意愿组织自己的过往经验，形成具有个人独特性的生活观察视角，审视和理解在此时此刻的现实生活中遭遇的事件（张彤，2018）。为了呈现生活世界的不同特征，舒茨采用不同的词来描述生活世界的内涵。例如，舒茨运用社会世界这个词来描述生活世界时，注重生活世界的社会性，强调人们的意义世界既需要与周围他人分享，也需要与前人以及后人分享，无法局限于个人主观的感受；舒茨使用常识世界这个术语来表达生活世界的内涵时，关注的是人们在日常生活中秉持的自然朴素的生活态度，强调人们这种初始的、简单的、不加批判的生活态度恰恰是社会学探索的现实生活基础。当然，这种简单朴素的现实生活蕴藏着主体间的意义关联和社会结构（郑庆杰，2011）。

值得注意的是，胡塞尔在提出生活世界这一概念时，还揭示出在生活世界中人们实践的另一个重要特征，就是借助身体与现实世界建立起普遍的联系。这样，身体就不是被观察、被治疗的对象，而是拥有了参与现实生活和建构现实生活的作用（扎哈维，2007）。显然，在科学理性世界中人们采用身心分离的二元观察视角审视人的身体，要么把人的身体视为生物体，当作科学研究的对象，观察人的身体机能和健康状况，要么对人的身体视而不见，只关注人的内心想法和感受，注重人的意义解释和伦理价值，导致人的身体在现实生活中失去了联结和参与的主动性，成为现实生活中可有可无的躯体。可见，生活世界的实践其实是人的一种身体实践，不仅身体随时都需要参与其中，而且身体状况的变化随时影响着现实生活的变化，它是人们融入现实生活和改变现实生活的直接体现者（庞学铨，2021）。正因如此，身体在现实生活中的感受变化和情绪表现就成为社会工作实践必须考察的重要内容（侯慧、何雪松，2019）。

实际上，生活世界对中国社会工作专业实践和理论建构的作用已经被一些学者注意到，他们以此为理论依据揭示中国社会工作专业实践中因过度强调科学理性而带来的弊端，常常使中国社会工作不自觉地陷入"政治嵌入"的游戏中，出现工具理性的"悬浮困境"（焦若水，2018）。这种生活世界的考察不仅有利于后脱贫时代的反贫困实践，能够帮助基层社会重构情感共同体（刘振、徐立娟，2021），而且有利于民族地区社会工作的本土化实践（王国渝，2019）。社会工作者只有关注人们的生活世界，才能发现人们在日常生活中具有了主体性，把问题的解决转变成人们主体性重塑的契机（焦若水，2018）。

（二）生活世界的回归

在后现代主义思潮的推动下，西方社会工作开始放弃追求"宏大"叙事的科学实证主义的专业实践逻辑，转向一直被人们忽视的"宏大"叙事背后的日常生活的考察，开始走进人们日常的生活世界中。那些由于受到普遍化、一致化的"客观"规律、"宏大"叙事影响而无法展现的日常生活中的多元生活故事，重新回到人们的观察视野中，成为社会工作专业实践的关注焦点（Lowe，1991）。这样，日常化的生活经验特别是那些在国际化交流中呈现出来的在地知识受到人们的重视。这种知识不是关注没有了在地实践特征的普遍化、一致化的"科学"标准解释，而是注重在地的独特的实践经验以及其中所蕴藏的在地的独特文化含义，与人们在地的日常生活息息相关。显然，这种日常生活中的实践知识不同于科学实证主义的标准化知识，具有多元化的发展要求，它需要人们在特定日常生活场景中能够厘清相关方的不同诉求，并且根据相关方的不同诉求找到有效的行动应对方式，既能够尊重相关方的发展要求，也能够拓展自己的发展空间（MIcek，2014）。正因如此，与多元化发展要求相适应的社会建构主义的理论逻辑受到人们的青睐，它与追求普遍化、标准化解释的传统社会工作实证主义逻辑正好相反，强调在地的实践经验以及人们参与现实生活的主动性（Healy，2014）。

值得注意的是，尽管在后现代社会生活中人们在地实践的日常生活经验重新受到社会的关注，人际微观场景中的权力分析也被作为重要的考察内容，社会工作专业实践和理论建构的范围得到了扩展，但是这样的分析和考察建立在话语分析上，把语言作为人们日常生活实践的重要工具，强调只有通过语言，人们才能组织自己的日常生活经验，才能交流、分享自己的生活经验，并且与周围他人一起建构现实生活（Gergen，1999）。显然，社会建构主义所说的日常生活实际上是一种借助语言进行解释和组织后的日常生活经验，它实质上仍旧是一种现实生活的意义解释方式，只是这种解释框架不同于科学实证主义所推崇的"宏大"的社会规律的叙事，有了关注人们个别化、在地化经验的诉求（Wise，1990）。正因如此，社会建构主义的理论逻辑框架也就仅仅局限于人与人之间的互动以及相互意义的建构过程，停留在日常生活的社会维度考察上，并没有关注到日常现实生活中的物质性和客观性，不自觉地夸大意义解释的作用，低估日常生活安排的要求，容易走向科学实证主义二元对立的反面，陷入相对主义的思维误区中。

直接提出从人们熟悉的日常生活场景出发开展社会工作专业服务的是澳大利亚国际知名社会工作学者简·福克，她发现传统的科学实证主义二元对立的思维方式不符合20世纪90年代之后的社会现实，因为此时人们的生活方式发生了巨大的变化，出现了多元化的发展趋势，人们的生活经验与现实场景的联系更为紧密，人们已经无法抽离具体的日常生活场景来组织和解释自己的生活经验（Fook，2002）。为此，福克在总结自己的社会工作专业服务经验基础上提出场景实践的概念，认为只有把人们放在日常生活场景这种现实的小环境中，才能理解他们的成长改变要求，在此基础上才能把握人们的自我成长改变规律，推动人们在现实困难面前发生积极的改变（White，Fook，& Gardner，2006）。福克强调，这种场景实践既不同于亚里士多德提出的个人实践，也不同于马克思阐述的社会实践，具有六个关键要素。（1）场景性（contextuality）。它是指这种实践受具体场景的影响，场景中的任何实践者都依赖这一场景采取具体的行动并且给予具体的解释，需要学会与整个场景一起工作的能力。（2）位置性（positionality）。它强调场景中的不同实践者具有不同的位置，只有同时从不同位置审视自己时，实践者才能认识自己在生活中的相对立场。（3）转移性（transferability）。它要求实践者具备创建与日常生活场景相关的知识和理论的能力，这种能力无法通过"自上而下"的验证实践来获得，而是需要在"自下而上"的创新实践中整合自身的以往经验来提升。（4）批判反身性（critical reflexivity）。它关注特定社会和历史条件下人们如何看待他人、世界以及与自我的关系，涉及多方举证，相互验证。（5）过程性（processuality）。它注重实践知识的具体创建过程，把实践知识视为一种过程知识。（6）超越视角（a transcendent vision）。它不仅涉及在特定情况下应对日常冲突的能力，而且包括超越当下目标继续在更高目标上持续工作的能力（Fook，2012）。显然，福克倡导的场景实践的知识是人们在现实生活实践中的知识，这种知识关注的重点不是问题是什么这种现象的静态理性分析，而是人们在特定日常生活场景中到底可以做什么才能克服问题这种行动的动态理性选择，它本身就包含了人与环境之间相互交错的复杂影响，人不仅无法脱离具体的环境，而且始终在受到环境影响的过程中推动环境的改变。因此，福克相信，只有把人放在他们的日常生活场景中，才能激发他们自身拥有的成长改变力量（Fook，2002）。

　　另一位澳大利亚社会工作学者凯伦·希利非常认同福克提出的场景实践知识的观点，她将自己的科学研究与社区的实践联系起来，尝试在场景实践中寻找能够指导现实生活实践的知识。她称这种知识是场景趋向（a contextually informed approach）的实践知识，它不仅是实践经验的理论解释，而且能够指导场景实践，具有了推动环境改变的力量（Hcaly，1998）。与福克关注日常生活交往中的小环境及其位置性不同，希利注重日常生活交往的话语体系以及背后所呈现的制度逻辑，拥有了更为广泛的视角审视日常生活的场景实践内涵（Healy，2014）。希利认为，这种场景实践的知识观有别于实证主义二元对立的科学实证主义知识观，它不再把理论视为高于实践并且指导实践的"自上而下"的知识，而是当作来自实践并且始终无法脱离实践的"自下而上"的知识，是对场景实践逻辑的理解和解释，是一种有关场景中如何行动的知识（Healy，2000）。

　　显然，福克和希利都把日常生活作为社会工作专业实践的基本场所，探索在这种日常生活场景中人们是如何生产知识的。这种知识本身就构成日常生活场景的一部分，它是在特定日常生活场景中生成并且推动日常生活场景发生改变的认识，具有了改变现实生活的力量和责任，不再是站在现实生活之外、以某种原则为导向（rule-bound）的分析和指令（Healy，2014）。正因如此，在福克看来，帮助人们学会批判反思就显得尤为重要，这种能力能够让人们融入日常生活场景中，而且只有通过对现实生活经验的批判反思，人们才能在特定日常生活场景中找到可以超越目前自身限制的方法和路径，实现现实生活中的"个人解放"（White，Fook，& Gardner，2006）。

（三）作为一种知识观的生活世界

　　尽管西方社会工作理论对人们的日常生活经验有不同的理解，但是它始终都把生活作为人们的一种日常经验，认为人们日常生活经验背后呈现的是人的心理特征或者社会结构。就日常生活经验本身而言，它是松散的、零碎的、变动的，无规律可循。正因如此，西方社会工作理论尝试对现实生活进行界定和分析时，都不可避免地将之延伸到心理的分析或者社会结构的分析，要么注重如何调整人的心理适应环境，要么把环境作为决定人的行为的根本原因。即使引入了社会建构主义逻辑来理解人们的日常生活，也依然强调人与人之间的相互建构，甚至直接提出场景实践的福克和希利，也只是注重展现人们社会层面的生活，并没有就生活本身开展讨论，依旧没有融入人们的生活世界中。因此可以说，在科学理性的实证主义知识观指导和影响下，生活这一概念始终作为科学理性的对立面被置于西方社会工作理论建构的边缘，当作心理分析和社会分析的原材料和附属品，并没有受到社会工作学者们的足够关注。

一旦把社会工作理论建构的焦点放在了心理分析或者社会分析上，人们就会不自觉地采取一种单向视角的对象思维方式，从日常生活中抽离出来，站在生活之外审视生活中遭遇的问题，只关注人们生活中的不足[①]，不是遭遇问题的心理层面或者社会层面，就是心理与社会两者关系的失衡，从根本上忽视了生活的一个重要特征，就是人与环境的联结，即人始终处在环境中，不仅受到环境的影响，而且在推动环境的变化。这样，无论是人还是环境都无法从日常生活中抽离出来，都需要放在日常生活场景中进行考察，考察的目的也不再是了解人们遭遇的问题"是什么"，而是人们如何在日常生活场景中有效应对环境提出的挑战，获得成长。因此，在日常生活场景中人们需要采取一种双向视角的场景思维方式。只有通过这种场景思维方式，人们才能在人与环境交互影响的过程中看到自己成长改变的可能空间，使自己的每一步成长改变不仅能够与现实的环境条件联系起来，拥有面对环境挑战的应对能力，而且能够与现实环境的变化规律结合起来，具有推动环境改变的预见能力。显然，这种双向视角的场景思维方式不同于单向视角的对象思维方式，它聚焦于"成为什么"，探索人如何在日常生活场景中克服环境提出的挑战使自身获得成长，对现实生活拥有更强的应对能力。

---

① 优势视角与问题视角相似，采取了抽离日常生活的观察视角，只是关注人们在现实生活中的优势部分。

从知识观层面而言，这种"成为什么"的知识不同于"是什么"的知识。两者的具体差别主要涉及以下五个方面。（1）焦点不同。这种"是什么"的知识是一种对象化的知识，是有关对象的类型化特征的知识，它表明这一对象所具有的区别于其他事物的特征。"成为什么"的知识是一种场景化的知识，是有关对象在日常生活场景中如何改变的知识，它表明这一对象所具有的在日常生活场景中改变目前状况的能力，需要超越目前的自身限制。（2）方法不同。"是什么"的知识主要借助观察手段，通过观察归纳出现象的类型和特征，从而明确对象的内涵。"成为什么"的知识主要凭借体验，通过体验找到日常生活场景中改变的可能空间和路径，从而提升对象的应对能力。（3）方向不同。"是什么"的知识是一种"由外向内"的知识，它需要借助现象的描述逐渐深入，最终明确对象的内涵，对象成了接受观察的对象，没有主动参与知识生产的能力。"成为什么"的知识不同，它是关注对象如何成长的知识，这是一种"由内向外"的知识，依赖对象自身的参与和体验，对象也因此具有了主动生产知识的能力。（4）逻辑不同。"是什么"的知识依据的是二元对立的观察逻辑，强调概念内涵的清晰、准确。"成为什么"的知识恰恰希望打破二元对立的观察逻辑，注重现实生活经验的反思以及自我意识提升的过程，它强调对象的反思性和超越性。（5）依据不同。"是什么"的知识依据的是人的分析理性，认为人具有客观观察和分析的理性能力，它以抽象的个人能力假设为基础。"成为什么"的知识注重的是人的场景理性，假设人在日常生活场景中具有如何应对环境挑战的理性自决能力，这种能力能够帮助人们融入日常生活中，了解现实生活的变化规律并且依据这样的变化规律推动现实生活发生积极的改变。如果说依据分析理性建立起来的"是什么"的知识能够帮助人们理解观察到的现象，那么建立在场景理性基础上的"成为什么"的知识则能够帮助人们在现实生活的问题遭遇中做出合理的选择。可见，生活既不是指人们分析现象的一种维度，也不是指不同于心理和社会的一种领域，而是人们理解现实的一种视角，一种建立在"成为什么"的知识观基础上理解人们成长改变规律的双向视角。它同样是一种科学，是有关人们在日常生活场景中如何做出理性自决的行动科学。

正是在这种"成为什么"的知识观的指导下，中国社会工作理论体系建构完全不同于西方的理论逻辑框架，不仅需要放弃抽离日常生活的实证主义逻辑，让人们能够真正融入日常的现实生活中，而且需要放弃容易跌入相对主义陷阱的建构主义逻辑，促使人们能够接纳日常现实生活的要求，在日常现实生活中寻找成长改变之路。显然，这种"成为什么"的知识信奉一种有条件的建构主义逻辑，即在推动人们接纳日常生活的现实基础上激发人们参与现实生活并且推动现实生活改变的成长动力，由此进一步促使人们扎根现实生活，深入了解现实生活的改变规律，为自我成长创造更大的改变空间。这样，人的成长改变就能够与环境的改善紧密结合起来，形成人与环境相互促进的积极改变圈。可以说，这种"成为什么"的知识生产依据的是现实建构主义，它一方面需要增强人们的现实性，促使人们能够接纳现实生活，面对现实生活的局限；另一方面需要增强人们的主动性，提升人们应对现实生活挑战和推动现实生活发生改变的能力。实际上，这里所说的现实性和主动性是紧密联系在一起的，它依托人与环境交互影响的双向视角，核心是增强人们在日常生活场景中的理性自决。

可见，中国社会工作理论体系建构需要依据现实建构主义，它不是解答如何帮助人们解决面临的问题那么简单，而是梳理如何协助人们在日常生活的问题困境中实现人的成长改变，包括如何接纳现实生活环境的要求以及如何在特定的现实生活环境中找到成长改变之处。也就是说，一旦引入这种"成为什么"的知识观，中国社会工作助人服务的客观性不是遭到削弱，而是得到增强，这样人们才能理性地面对日常现实生活中的要求，既不夸大它的客观性，也不忽视它的可变性，使中国社会工作助人服务真正发挥激发人们在特定社会历史处境中的能动性的积极作用。

（四）生活世界中的"事－人"双维整合框架

一旦人们在日常生活中遭遇困难，在这种特定日常生活场景中人们需要应对的既不是内部心理的困扰，也不是外部环境的局限，而是人们与现实生活环境交流过程中产生的生活压力，涉及人们日常生活安排的困难。这种生活压力不仅与人们的内部心理状况相关，还与外部环境的变化相联系，需要人们面对和处理在现实生活中遭遇的某件或者某些事情。因此，社会工作助人服务的焦点就自然集中在如何协助人们有效应对现实生活提出的挑战上。这样，尽管人们的心理困扰或者外部环境条件的限制会影响人们对现实生活压力的应对，但是最直接的影响来自人们对待生活压力的应对方式。只要人们有办法应对现实生活压力，现实生活环境提出的挑战就能得到克服；相反，如果人们的生活压力应对方式没有变化，那么无论人们的内部心理如何调整或者外部环境如何建设，现实生活状况仍然无法得到改善。显然，生活压力的应对不能简单还原成为心理困扰的消除和环境局限的处理。心理困扰的消除和环境局限的处理是第二位的，两者都需要围绕人们的生活压力应对方式的调整来开展。只有当心理困扰的消除和环境局限的处理有利于人们的生活压力应对时，它才有了促进人们生活发生积极改变的作用，才能保证社会工作的专业助人实践不至于陷入过度的心理干预或者环境保护中。因此，日常现实生活中的问题首先表现为人们日常生活安排的矛盾，它让人们感受到无力应对日常现实生活所要求完成的某些事情。

值得注意的是，在日常现实生活中每个人都不是一座"孤岛"，人们在应对现实生活压力时总是与周围他人特别是身边的重要他人联系在一起，直接影响人们的生活状况。这样，人们在面对和处理现实生活中的挑战时，就自然需要与身边的重要他人交流，不仅人们应对生活压力是否有成效会直接影响身边重要他人的生活，而且重要他人是否能够给予必要的支持也同样会直接影响人们应对现实生活困难的成效。实际上，在日常现实生活中人们始终无法脱离社会交往，需要协调与身边重要他人的关系，由此也会产生一种有关如何处理人际关系的问题。因此，当人们在日常现实生活中遭遇问题时，通常会面临两个层面的矛盾：一是日常生活安排怎么应对，这是一种有关人们遭遇的"事"如何应对，它的解决能够提升人们的问题解决能力；二是人际关系如何协调，这是一种有关人们遭遇的"人"如何沟通，它的解决能够增强人们之间的社会支持。也就是说，人们实际上生活在人际网络中，一旦人们在日常现实生活中遭遇问题，这个人际网络就会发挥作用，开始影响人们遭遇的问题以及问题的解决过程；同样，一旦人们的人际关系出现紧张，也会表现为人们日常生活安排的问题以及问题解决的困难。显然，人们在日常现实生活中遭遇的问题关乎两个维度，既涉及日常生活安排的"事"，也涉及人际交往中的"人"，因而这种在日常现实生活中开展专业服务的社会工作也就需要采取有关"事"和"人"的双维整合框架。

这里所说的"事-人"双维整合框架不能仅仅从字面上来理解，它是一个整体框架，指人们在现实生活的问题困境中遭遇来自两个方面的压力：

日常生活安排和人际交往。这两个方面的压力构成了人们成长改变的两个方面的要求，需要人们重新调整应对事情的方法和协调人际关系的方式，以减轻现实生活的压力，找到更为有效的应对办法。这样，日常生活安排的"事"就会与人际交往的"人"纠缠在一起，两者无法截然分开来理解。前者只是关注遭遇的事情怎么解决，如果与"人"割裂开来考察，就会促使人们采用单向视角的实证主义逻辑看待现实生活中遭遇的问题，出现抽离日常生活的困境，也会无视事情是发生在日常生活场景中并且涉及利益相关的多方这一事实；后者只是关注涉及的利益相关方的关系如何调整，如果与"事"分割开来理解，就会不自觉地迫使人们陷入利益相关方的权力角逐中，出现忽视问题遭遇中的日常生活安排的压力，看不到现实生活改变的希望。显然，只有当人们把"事"和"人"结合在一起看作一个整体的框架时，才能从日常生活场景出发理解自己遭遇的问题，"成为什么"也就自然变成人们解决现实生活问题的关键，它为人们在日常现实生活中找到解决问题的方法提供了一种新的逻辑框架。

这种"事-人"双维整合框架把"事"的问题解决和"人"的自我增能结合在一起，让人们的成长改变始终扎根于现实的日常生活中，成为推动日常生活改变的重要力量。它既包括人对周围环境的适应，也包括人对周围环境的改造，使中国社会工作避免陷入西方社会工作在理论建构过程中一直面临的心理调适与社会改革之间不可调和的矛盾中。这种"事-人"双维整合框架为日常生活中开展专业服务的中国社会工作提供了一种新的建构理论体系的逻辑框架，意味着中国社会工作需要建构一种人与环境协同改变的理论体系，这种理论体系以人们的生活世界为哲学基础，采取人与环境交互影响的双向视角，探究人们如何在日常生活的现实困境中实现自我的成长改变。

三　中国本土理论体系建构

由于中国社会工作的专业实践是在人们的日常生活场景中展开的，这种服务需要采用"事-人"双维整合框架，它同时具有促进"事"的解决和"人"的成长两种专业服务的功能。显然，这两种专业服务功能实际上代表着专业服务的两端。一端是"事"，即针对现实生活中遭遇问题的这件"事"开展专业服务，目的是帮助人们解决面临的问题，这是问题解决；另一端是"人",即针对现实生活遭遇中的问题利益相关方开展专业服务,目的是协助人们了解自己的现实生活处境,以便在无法把握的现实生活环境面前找到可以改变之处,从而推动现实生活环境发生积极的改变,提高人们自身对现实生活的掌控能力。这样,在本土的日常生活场景实践中,中国社会工作就会同时面临问题解决和自我增能两个方面的理论建构要求。值得注意的是,这两个方面的理论建构要求是紧密联系在一起的。如果只关注"事"的问题解决,那么中国社会工作会面临无法融入日常现实生活甚至直接与日常现实生活对抗的困境;如果只注重"人"的自我增能,那么中国社会工作会无力面对那些暂时无法改变的日常现实生活挑战的困难。因此,这种"事-人"双维整合的专业服务需要中国社会工作探索出一种能够同时整合问题解决和自我增能的理论框架。

(一) 增能式问题解决

与西方社会工作所倡导的问题解决的逻辑框架不同,中国社会工作所需要的问题解决专门针对日常生活场景中遭遇的问题,是在特定日常生活场景中开展的问题解决。这种问题解决不仅不能脱离日常现实生活,而且随时需要面对日常生活场景的变化,有了在不断变化的环境中寻找自我成长的增能诉求。显然,此时社会工作的问题解决不是只针对问题寻找解决方法,而是在现实生活的问题遭遇场景中寻找可以改变之处,有了在特定日常生活场景中通过自我成长改变空间的拓展寻找场景化的问题解决。它既需要人们在日常生活场景中解决问题,也需要人们在日常生活场景中实现自我增能。问题解决和自我增能借助现实生活的问题遭遇场景实现了联结。这样,场景实践对于中国社会工作而言,有着特别的专业诉求,它要求人们把关注的焦点从特定问题的解决转向特定日常生活场景中解决问题的过程,这意味着人们在特定日常生活场景中的行动应对方式成为专业服务考察的重点,而这种行动应对方式的有效性的提高离不开人们对自身行动经验和日常生活场景的自我反思。可见,这里所说的解决问题不仅仅是一种权宜之策,从容易改变的地方开始社会工作专业服务,更为重要的是,这是一种独特的看待问题解决的视角,它不再将问题视为人或者环境的不足,放弃西方社会工作所注重的不足修补的问题解决的理论逻辑,而是能够在人们的现实生活问题遭遇困境中找到成长改变的希望——一种在问题困境中寻求自我成长的问题解决视角。

正是把关注的焦点放在了人们解决问题的行动应对方式上，行动和反思就成为这种场景化问题解决的关键。此时的行动是指人们在遭遇问题后针对特定问题困境而采取的应对行动，目的是减少或者消除问题带来的困扰。此时的反思则是指人们针对行动的成效以及影响成效的因素进行考察，目的是找到更为有效应对问题的行动方式。显然，这种场景化问题解决的方式同时具有了问题解决和自我增能的功能，而且这两种功能是相互促进的。人们只有对特定现实生活问题遭遇场景中的行动应对方式开展行动反思，才能找到更为有效的行动应对方式，从而解决面临的现实问题。同样，人们的行动反思只有针对特定现实生活问题遭遇场景中的应对行动方式，才能保证行动反思具有推动人们改变现实生活的力量，避免陷入纯粹的智力或者文字游戏中。因此可以说，在中国本土社会工作专业实践中，这种场景实践具有自己独特的专业实践要素，它绝不是实践场景的小型化那么简单，而是需要人们把关注的焦点锁定在问题遭遇场景中的行动应对方式及其行动反思上，是人们日常生活场景中的问题解决能力的提升。

值得注意的是，一旦人们在问题解决过程中融入了自我增能的要素，就会通过特定日常生活场景中的应对行动及其行动反思的方式把场景变化的要求自然而然地整合到问题解决过程中。与西方传统的问题解决的理论逻辑框架相比，这种场景化问题解决的理论逻辑框架具有以下四个方面的特征。（1）客观性。它能够帮助人们直接面对日常现实生活中遭遇的问题，呈现问题遭遇场景中人与环境之间的相互影响，既不夸大问题的部分，也不忽视问题的存在，保证社会工作专业实践的客观性。相反，如果人们只是关注问题和问题解决，就会不自觉地把问题从人们的日常现实生活中抽离出来，曲解问题。（2）包容性。它能够促使人们对问题遭遇过程中的场景变化保持开放的态度，推动人们融入日常现实生活中，学会接纳现实生活的变化，不再相信现实生活是等着人们去适应这种传统社会工作的问题解决的观点。（3）能动性。它能够为人们展现日常现实生活问题遭遇场景中可以改变的空间，使人们可以参与现实生活并且推动现实生活发生积极的改变，看到自身拥有的能动性。显然，这样的能动性是人们在特定日常生活场景与问题遭遇过程中产生的，它本身就构成现实生活客观性的一部分。如果人们采取传统的问题解决的考察框架，就会不自觉地忽视人自身拥有的这种能动性。（4）超越性。它能够促使人们在每次问题解决的行动尝试中注意考察日常生活场景提供的成效反馈，让人们看到调整和改变现有问题解决行动方式的可能，推动人们不断拓展现有的观察视角，使问题解决具有了帮助人们不断超越自己、实现自我成长改变的增能的功能。

尽管西方社会工作也对人们的自我如何实现增能进行了深入探索，特别是受到人本主义和现象学的影响之后，有的学者甚至直接把自我的成长改变视为社会工作专业实践的唯一目标，但是他们并没有将人们的自我成长变化与现实生活中的问题解决联系起来，导致人的自我成长改变与环境的改善相互脱节（Krill，2011）。中国本土社会工作专业实践所提倡的在人们的日常生活场景中实施问题解决的方法与西方社会工作不同，这种场景化问题解决的方法把人们的自我成长改变融入问题解决过程中，不仅涉及人们如何在特定日常生活场景中界定问题和解决问题，而且涉及在问题解决的行动尝试之后对如何提升问题解决成效进行行动反思，通过行动成效的考察让人们看到被自己忽视的场景的要求，帮助人们拓宽自己的观察视角。显然，这种融入日常现实生活的场景化问题解决的理论逻辑框架完全不同于传统西方社会工作这种抽离日常现实生活的问题解决，它不再把人们的问题解决能力视为个人所拥有的某种理性分析和行动的能力，即一种建立在个人主义价值基础之上的考察框架，而是作为人们在特定日常生活场景中通过行动和反思才能达成的一种场景化的理性自决能力，需要人们对现实生活拥有一种关怀的伦理价值。

可见，问题解决与自我增能的整合不是两者简单相加，而是将问题解决深入人们的日常现实生活中，在人们遭遇问题的日常生活场景中开展专业服务，使问题解决场景化。只有这样，中国社会工作才能融入我国基层社会治理实践中，在人们熟悉的日常生活场景中开展专业服务，找到中国本土社会工作的专业化依据以及专业化发展道路。当然，这样的整合为中国社会工作者理解西方社会工作的专业实践策略和理论建构逻辑提供了一种新的视角，同时也为呈现中国社会工作的本土实践经验提供了新的可能空间。

（二）解决导向自我增能

尽管西方社会工作从 20 世纪 70 年代起就开始关注增能的实践，强调问题解决这种实践逻辑框架忽视了环境对人的成长改变所发挥的重要作用，特别是 20 世纪 90 年代中期之后，随着社会生活的多元化，人们在多元环境下的自我增能诉求变得越来越突出，但是由于受到二元对立的实证主义科学观的影响，西方社会工作始终把增能作为一种从环境改变入手的专业服务策略，视之为与问题解决完全不同的一种实践逻辑（Hölscher et al.，2019）。这样，只有当人们在现实生活中无法面对环境的挑战并且为此感到无力的时候，这种自我增能的实践策略才能发挥作用，它通过直接拓展现实环境中的自我成长空间提高人们对现实生活的掌控能力。显然，这样的实践策略并不适合在人们的日常现实生活中开展专业服务的中国本土社会工作，因为在日常现实生活中人们首先需要应对的是面临的问题，只有通过具体问题的解决，人们才能找到改变现实困境的办法，实现自我增能；其次，这种现实生活中的问题既与环境条件有关，也与人们的应对能力有关，只强调环境条件的限制，就会促使人们放弃在现实问题面前自己需要承担的改变责任。而一旦人们脱离现实问题的解决过程来考察自我增能，就会不自觉地陷入人与环境对抗的权力游戏中，忽视日常现实生活环境的多元化和复杂性的特点，导致日常现实生活的问题解决陷入僵局，最终使人们无法达成自我增能。因此，在中国本土的社会工作场景实践中问题解决与自我增能是相互依存的，不仅问题解决需要结合自我增能的要求，而且自我增能也需要融入问题解决的元素。

实际上，只有当人们的自我增能的实践过程融入了问题解决的元素时，自我增能才能走进人们的日常现实生活中，被人们接纳，成为人们在日常现实生活中应对现实困难的一种有效应对策略。这种应对策略不仅强调如何帮助人们解决面临的现实问题，而且注重如何提高人们解决这种问题的能力，使人们拥有了更为有效应对现实生活问题的能力和方法。显然，通过提高人们在日常现实生活中解决问题的能力这种方式，自我增能可以融入人们问题解决的行动尝试中，成为可以具体操作的实践过程，使自我增能具体化。这样，这种以解决为导向、关注人们解决问题能力提升的自我增能就有了与西方社会工作所推崇的自我增能不同的实践逻辑，它不仅使自我增能拥有更强的改变力量，与人们日常现实生活中的具体问题解决联系在一起，让人们看到自己拥有的改变环境的力量，而且使自我增能更为聚焦，集中在问题困境中人们的行动应对方式及其行动反思上，让自我增能与人们有效行动经验的总结结合在一起，避免自我增能内涵的模糊不清和泛化。可见，当人们以问题解决能力提升为中心重新理解自我增能的内涵时就会发现，自我增能不再是远离人们日常现实生活的公平环境的争取，而是在日常现实生活中推动环境发生积极改变的问题应对能力的提升（Boateng，2021）。

自我增能与问题解决的结合，使自我增能的实践策略能够深入人们的日常现实生活中，具有了审视人们问题解决行动尝试的经验及其现实生活基础的功能。这样，通过问题解决的行动反思，人们能够深入了解日常现实生活的要求以及变化的状况，拓宽自己的观察视野，让自己的问题解决的应对行动能够扎根于日常生活场景中，促使自我增能生活化。显然，这种生活化的自我增能实践策略与中国本土社会工作在人们的日常现实生活中开展专业服务的要求具有高度的契合性，它能够推动人们关注日常现实生活的发展要求，接纳现实生活的条件和限制，学会在日常生活场景中寻找自我成长改变的空间，把自我能力的提升与现实生活的改变紧密结合起来。与西方自我增能的实践策略相比，这种生活化的自我增能实践策略具有以下四个方面的特征。（1）有效性。它关注人们问题解决行动尝试的生活经验梳理和总结，促使人们注重行动尝试的现实生活条件和基础，帮助人们在具体的现实生活问题遭遇场景中找到更为有效的行动应对方式。（2）现实性。它通过行动尝试的生活经验梳理帮助人们深入日常现实生活中，分析自己行动应对的现实生活基础及变化状况，在不断变化的日常生活场景中寻找自我成长改变的可能空间，使自我的成长改变根植于日常生活场景中。（3）协同性。它关注人们如何在日常现实生活的问题遭遇场景中找到其中的可以改变之处，把个人自我成长与现实环境改变结合起来，从而让人们看到个人自我成长与现实环境改变之间的关系以及自我在推动环境改变中的作用，让人们不再把环境视为自己的对立面或者当作可有可无的成长背景。（4）发展性。它促使人们融入日常现实生活中，观察和理解现实生活的变化，把现实生活的变化作为自我增能的重要内容。这样，自我增能的内涵不仅涉及当下现实生活问题的解决，而且涉及当下潜在问题的应对以及未来现实生活问题的预防，使自我增能拥有了提升人们预见力的功能。

值得注意的是，由于这种生活化的自我增能是在人们的日常生活场景中展开的，它具有了打开人们视野、实现自我意识提升的功能，即通过问题解决的行动尝试和反思帮助人们调整目前的行动应对方式，拓宽自己的观察视野，在日常生活场景中找到更为有效的问题解决方式。这样，自我意识提升就成为实现这种生活化的自我增能的关键，它要求人们对日常生活场景的变化保持敏感，能够从自己的观察视野中跳出来，更清楚地了解日常生活场景的要求以及其中自己可以尝试的成长改变空间。显然，只有通过自我意识提升，人们才能更有效地应对日常生活场景提出的挑战，感受到自己不再是环境的被动适应者，拥有了主动寻找日常生活场景中的成长改变空间并且推动环境发生积极改变的能力。而一旦人们拥有了这种主动融入现实生活和推动现实生活发生改变的能力，就会进一步激发其增强自我意识的动力，使人的成长与环境的改善形成相互促进的闭环圈。

可见，问题解决与自我增能的结合并不是技能层面的简单相加，而是有了观察视角转变的要求，需要人们从之前人与环境二元对立的单向视角转向人与环境协同改变的双向视角。这样，人与环境之间的相互影响就需要放在特定日常生活场景中来考察，不再重点关注谁影响谁，而是如何在特定日常生活场景的问题应对中实现人的自我意识提升，增强特定日常生活场景中人们的理性自决，使人们在不断变化的多元化日常生活场景中真正拥有问题解决能力，实现助人自助的社会工作专业服务目标。

（三）自我境界提升

显然，人们在特定日常生活场景中实现自我意识提升的目的是增进自己对日常生活场景的了解，提高自己在特定日常生活场景中的理性自决能力，使自己观察和理解现实生活的视角得到拓展。这样的自我变化可以称为自我境界提升。尽管从表面上看自我增能与自我境界提升都包含人们能力的提升和自我的成长，但是两者的内涵存在明显的不同，各自有所侧重。自我增能注重人们的自我在现实环境挑战面前如何找到可以改变的空间，以便减轻人们在现实环境面前的无力感，它侧重于"助人"，目的是帮助人们摆脱弱势的困境。而自我境界提升更为关注人们在特定日常生活场景中如何理解特定日常生活场景以及利益相关方的不同要求，从而突破自己观察视角的局限，看到人与环境一起改变的可能，它侧重于"自助"。之所以自我增能和自我境界提升存在这样不同的理解，是因为两者看待社会工作的视角是不同的。自我增能是站在助人服务的立场看待社会工作的，把社会工作看作一种社会服务的输送，是在助人服务领域内理解人的成长改变规律。自我境界提升不同，它是站在人的成长立场审视社会工作的，把社会工作视为带动人们成长改变的科学，它是在一般科学意义上探讨人的成长改变规律。简单而言，自我增能把助人服务放在了第一位，探索助人服务中如何实现人的成长改变；自我境界提升则把人的成长改变放在了第一位，探寻助人服务如何遵守人的成长改变规律。

由于自我境界提升是站在一般科学意义上理解人的成长改变规律的，它包含看起来相互矛盾但实际上相互促进的两部分内容：一是对日常生活场景中不可改变之处的接纳；二是对日常生活场景中可以改变之处的拓展。也就是说，对于现实生活中遭遇困境的人们来说，他们首先需要寻找的答案是，在日常现实生活问题遭遇场景中哪里可以改变。只有清晰了解这一要求，人们才能明确自己在特定日常生活场景中所处的位置，客观呈现问题遭遇场景的不同要求。这样，在特定现实生活问题遭遇场景中人们的自我也就需要同时展现出两种不同的能力：接纳和拓展。尽管接纳看起来比较被动，是人们对不可改变现实的接受，但是实际上人们只要过度关注自我的拓展，忽视接纳的要求，就会不自觉地轻视环境的要求，最终遭遇现实的阻碍，甚至挫败。相反，如果人们只强调接纳的要求，无视自我的拓展，就会不自觉地忽视自己的应对能力，最终无法应对现实生活环境提出的挑战。显然，接纳和拓展都是人们在日常现实生活中获得成长改变不可或缺的，只是西方社会工作是从抽离日常生活的实证主义开始专业化探索的，把可以改变之处的拓展视为自我成长的标志。但是，人们一旦把社会工作专业实践引入日常生活中，对日常生活场景中不可以改变之处的接纳要求就会逐渐凸显，它与拓展要求会相互影响，一起推动人们自我的成长改变。

实际上，这种在日常生活场景中拓展可以改变之处的能力是自我得的能力，而接纳不可以改变之处的能力则是自我舍的能力。这两种自我的能力都是人们推动现实生活改变不可或缺的。尽管这两种自我的能力有不同的相互影响方式，但是它们都依赖于人们在现实生活问题遭遇场景中的自我判断，就是在问题遭遇场景中哪里可以改变。这一自我判断为现实生活问题遭遇场景的人们指出了努力的方向，让人们对其中可以改变之处采取得的方式，对其中不可以改变之处采取舍的方式。可见，无论采取的是得的方式还是舍的方式，它们的目标都是一致的，即推动人们在现实生活问题遭遇场景中找到可以获得自我成长改变的空间。这意味着在得和舍的自我成长逻辑下，人们对现实生活的理解是不同的，不再把人与其生活的日常生活场景割裂开来，而是假设人始终生活在日常生活场景中，既受到环境的影响，同时也影响着环境，是一种特定日常生活场景中的选择理性。这种选择理性不同于分析理性，随时需要人们结合日常生活场景变化的要求做出应对行动的选择，推动现实生活的改变，它使人们在日常生活场景中具有了改变现实的能动性。值得注意的是，人们的这种能动性有别于西方二元对立的分析，它既不赞同人决定环境的唯意志论，也不认同环境决定人的唯命运论，而是注重人与环境协同改变的有条件的意志论。

　　正是依据这种选择理性，人与环境的关系不再局限于同一层面的适应、抗争或者循环影响这种单向视角的交流，而是有了跳出自己目前观察视角的局限从更高层面理解的双向视角的反思要求。这样，自我舍的能力就与反思紧密联系在一起，具有了超越自己观察视角局限、拓宽自我观察视野的诉求，即舍弃先入为主的主观偏好，尽可能"客观"地呈现生活的现实要求。通常而言，这种自我舍弃具有三个方面的要求。一是放手（letting go），腾空自己内心各种先入为主的主观偏好，让特定日常生活场景中的遭遇能够"客观"呈现出来。显然，放手不同于放弃，不是对现实生活中的遭遇采取回避的态度，而是将自己内心过度掌控现实生活的要求放松一些，摆脱因过分获取或者抗争带来的不安和焦躁。它让人们能够直面现实生活的挑战，不论自己是否喜欢，都愿意主动承担现实生活遭遇带来的责任（Chan et al.，2014）。二是接纳，接受现实生活的变化，对现实生活遭遇采取不批判的态度，让日常生活场景的变化自然而然地进入人们的考察视野，成为人们理解现实生活要求和做出自己生活安排的重要依据，帮助人们与现实生活环境建立一种双向交流的机制（Zelazo & Lyons，2012）。这样，人们在现实生活的问题遭遇场景中就能放弃一厢情愿的自我拓展，学会"平静"面对现实生活中的挑战，让自己能够敏锐地察觉各方不同的诉求，对特定日常生活场景中的变化保持开放的态度，并且能够根据场景的变化做出积极主动的行动回应（彭彦琴、徐佳佳，2019）。三是内外合一，主动根据日常生活场景的变化要求做出积极的行动回应，让个人自我的成长与日常生活场景的变化紧密结合起来，相互促进，既不过分突出个人的成长发展要求，也不过分强调日常生活场景变化的诉求，使个人的自我成长能够深深扎根于日常生活场景中，并且成为推动日常生活场景发生改变的重要力量。可见，正是通过自我舍弃，人们能够融入自己的日常生活场景中，理解日常生活场景的变化规律，并且找到自身的成长改变空间，使个人的自我与外部环境实现内外合一（马吉德，2011）。值得注意的是，这里所说的自我舍弃的接纳不同于人本主义所倡导的接纳。人本主义所倡导的接纳是作为一种伦理价值原则来阐述的，它的目的是帮助社会工作者与服务对象建立一种有利于服务对象成长的辅导关系，让服务对象能够在信任、包容的环境中自主地探索自我成长中遭遇的各种困惑，它是建立助人服务机制的一个条件。这里所说的接纳是指人们对特定日常生活场景遭遇保持开放的态度，目的是建立一种具有高度自觉意识的人与环境双向交流的沟通方式，这是构建一种超越自身观察视角限制实现双向视角理解机制的条件（Fredrickson et al.，2008）。

显然，一旦人们从人与环境的双向视角来理解自我舍的能力就会发现，此时的自我舍弃具有两个不同层面的内涵。一是具体的得失，它是指人们放弃某种东西。通过具体东西的放弃，自我舍弃这一概念让人们看到现实生活的复杂性和人们选择的有限性。这样，当人们需要在日常现实生活中做出选择时，就需要考察选择的现实条件，在明了舍弃的基础上做出得的选择，或者在明了得的基础上做出舍的选择。一旦人们只顾及得到或者舍弃的方面，就会在现实生活中遭遇阻碍，最终迫使人们不得不注意观察被自己忽视的另一面。显然，自我舍弃概念的引入，不只是把西方社会工作长期忽视的自我舍的能力纳入自我成长的内涵中，让人们自我得的能力有了现实生活基础，真正使人们的自我成长能够扎根于自己的现实生活中，并且成为推动现实生活发生改变的重要力量。此时的现实生活具有了辩证性，意味着人们的任何选择都是有条件的，无论人们做出何种选择，得到和舍弃都是构成人们选择不可或缺的两面，它完全不同于西方单向视角的思维方式，展现出人与环境双向交流的要求。二是哲学层面的得失，它要求人们在特定日常生活场景中学会"客观"呈现现实的挑战和要求，避免局限于自己的观察视角内，学会"不执着于境"（彭彦琴、徐佳佳，2019）。此时的自我舍弃更为关注个人内心感受的警觉和考察，是人们心境状况的调整，它帮助人们学会"平静"地面对现实生活，放下因过分掌控现实生活要求而带来的焦躁不安，能够直面现实生活的变化，提升人们在特定日常生活场景中的理性自决能力（蒙培元，1998）。需要注意的是，尽管这种有关心境状况调整的自我舍弃的探索一直被西方社会工作忽视，但是中国文化有丰富的探索，它是中国文化精神资源的宝藏。因此，对于中国社会工作而言，自我舍弃概念的吸纳不仅可以联结中国文化精神资源，让中国社会工作能够深深扎根于中国文化中，拥有中国文化的精神内涵，而且能够修补西方社会工作对自我舍弃的忽视，延伸社会工作的专业内涵，促使社会工作更好地展现助人自助的价值理念，找到社会工作理论建构的场景理性的哲学依据。

（四）解决导向的理论整合模式

这种在日常现实生活中开展的"事－人"双维整合的专业实践需要中国社会工作建构一种新的理论框架，除了能够同时整合西方社会工作的问题解决和自我增能的理论逻辑之外，还需要修补西方社会工作因忽视自我舍弃而带来的不足，把关注"助人"的社会工作理论延伸到"自助"，补充自我境界提升的内涵，提高人们的场景理性自决能力，使中国社会工作真正拥有以助人自助为目的并且能够扎根于中国现实生活和文化精神传统的社会工作理论体系。为此，中国社会工作理论体系的建构就需要围绕解决问题，以解决为导向在问题解决和自我增能之间找到一种整合的理论逻辑框架。通过关注解决问题的具体应对行动，一方面，这种抽离日常生活的问题解决能够融入日常现实生活中，转化为特定现实生活问题遭遇场景中的应对行动，使问题解决能够深入人们日常现实生活中的解决问题的行动尝试中；另一方面，这种强调对现实生活环境进行抗争的自我增能能够深入人们的日常现实生活中，细化为针对每次解决问题行动尝试的反思和调整。这样，中国社会工作就能够以解决问题的行动尝试和反思为核心建构起自己的理论体系，让中国社会工作理论体系能够同时融合西方社会工作的问题解决和自我增能的理论逻辑。

一旦以解决为导向建构社会工作理论体系，作为社会工作理论基础的"人在情境中"的内涵就需要做出新的解释，因为此时的人与环境的关系除了需要吸纳场景的概念来考察，以保证两者之间的相互影响具有现实生活的基础之外，更为重要的是，人与环境之间的相互影响被视为多个不同主体之间的相互作用，需要采取双向视角来理解。这样，环境和周围他人就有了自己的声音和改变的要求，人们的自我增能也就需要关注自我意识的提升，注重通过解决问题的行动反思从单向视角的局限中摆脱出来，察觉到被自己忽视的环境和周围他人的改变要求，拓宽自己的观察视野。显然，中国社会工作理论体系建构需要从自我能力的提升转向理性自决意识的增强，拥有了不同于西方社会工作自我增能的理论建构方向。此时，服务对象已经不再被简单界定为需要帮助的对象，而是被视为陷入问题困境中但同样拥有成长改变要求的普通人。社会工作的考察焦点也就需要从服务转向成长，即从关注人们是否需要服务、需要什么样的服务转向人们面临什么样的成长阻碍、需要什么样的成长支持。因此，中国社会工作理论体系建构需要从如何提供有效的专业服务的局限中跳出来，专注于如何协助人们在现实生活的问题遭遇场景中实现自我成长。

在促使人们克服日常生活场景中的阻碍实现自我成长的过程中，自我意识提升成为实现这一转变的关键。它需要人们从单向视角的局限中跳出来，学会双向视角的考察，提升自己的场景理性自决能力。这样，自我舍弃的能力就变得不可或缺，因为只有通过自我舍弃，人们才能在自己的成长改变要求面前看到日常生活场景中的复杂性和条件限制，让自己的成长改变要求能够融入日常生活场景中，对日常生活场景的变化保持开放接纳的态度。同样，只有借助自我舍弃，人们才能在人与环境的对话交流中放下先入为主的主观偏好，"客观"呈现日常生活场景中的不同要求。中国社会工作因此从关注如何提供有效的专业服务转向如何促使服务对象的成长改变，由模仿西方社会工作的专业化发展走向探索自己的专业化发展道路。相应地，中国社会工作理论体系建构的焦点也就需要从专业服务的提供转向人的自我成长的实现，目的是提升人的场景理性自决能力。可见，这种解决导向的整合模式除了需要实现问题解决与自我增能理论逻辑的横向整合之外，还需要实现提供服务的单向视角的"助人"与促进自我成长的双向视角的"自助"的理论逻辑的纵向整合（见图 4-1）。

图 4-1　解决导向的理论整合模式

从图 4－1 可见，中国社会工作理论体系的建构需要实现两个方面的对话：一是问题解决理论逻辑与自我增能理论逻辑的对话，保证现实问题的解决与自我能力的提升整合起来，提高社会工作理论在变动的日常生活场景实践中的指导能力，避免要么忽视环境的变化，要么无视现实问题的解决，使社会工作失去解决问题的有效性，忘记了助人实践的基本要求；二是单向视角理论逻辑与双向视角理论逻辑的对话，保证社会工作的"助人"服务与"自助"服务整合起来，加强社会工作理论对人们内在改变动力的挖掘，延伸社会工作理论的文化精神维度的探索，将中国文化丰富的精神资源吸纳到社会工作理论体系的建构中，避免要么机械模仿西方社会工作理论，要么只关注中国独特的本土实践经验，人为地把西方社会工作的理论探索与中国社会工作的理论体系建构割裂开来，失去相互对话交流的学习空间，妨碍中国社会工作走向国际舞台。只有通过这两个方面的对话与整合，中国社会工作理论体系的建构才能深深扎根于中国本土基层社会治理实践的日常生活场景中，不仅拥有现实实践和制度基础，还拥有在地的精神文化资源。

值得注意的是，这种解决导向的理论整合模式不仅仅是将不同的理论整合在一起，以提升社会工作理论对社会工作专业实践的指导能力，增强社会工作这种实务理论的有效性，更为重要的是，这样的理论整合模式能够帮助人们拓展对服务对象以及社会工作学科的理解。就服务对象而言，这种解决导向的理论整合模式不再把问题视为不足，而是作为人们在日常生活与现实环境中的某种遭遇，提醒人们自己内心的愿望与现实环境要求之间存在差异，也不再突出服务对象需要服务的身份，而是作为普通的社会成员在日常现实生活中遭遇问题需要他人的支持。这样，服务对象作为人有什么成长改变的要求这一议题才能受到社会工作者的关注，才能在社会工作专业实践和理论建构中得到确立，并且放在首要的位置来考察。正是因为从这样的角度来理解服务对象，场景化的考察就成为理解服务对象的第一步，把服务对象放在他的日常生活场景中，呈现他在日常生活场景中遭遇的问题，并且由此找到他在现实生活阻碍面前的成长改变意愿。可见，服务对象需要社会工作者的帮助，既不是因为他遇到问题需要帮助，也不是因为他有需求需要帮助，而是在现实生活问题遭遇的成长改变过程中需要他人的支持。显然，从这样的角度理解服务对象能够将服务对象

"正常化"，拓展社会工作者对服务对象的理解，让服务对象的日常生活能够更全面地呈现出来。

与此相关联，在这样的观察视角下社会工作这门学科也有了新的理解内涵。它不仅是一门提供专业助人服务的学科，而且是一门促使人发生积极改变、实现自我成长的学科。这样，助人服务就能够放在人的成长改变规律中来考察，不是社会工作需要服务对象成长改变，以证明自己是一门提供专业服务的科学，而是服务对象在成长改变过程中需要社会工作的支持，社会工作的目标是促使服务对象成长改变，核心是实现服务对象的"自助"。可见，对社会工作有两种完全不同的理解方式：一种关注"助人"，注重提供专业服务；另一种关注"自助"，强调服务对象的成长改变。一旦人们从解决导向的理论整合模式来理解社会工作，就不再以社会工作者提供的专业服务为中心，而是把服务对象的成长改变作为专业服务的焦点，真正能够实现社会工作所倡导的助人自助的专业服务目标。社会工作也因此成为一门协助人们实现"自助"的科学，它不仅需要关注人们在日常生活场景中的问题解决，而且需要关注人们在问题解决过程中的自我反思，以实现自我意识提升，提高人们的场景理性的自决能力。显然，这种注重"自助"的社会工作依据的是人与环境双向交流的视角，它需要人们在特定日常生活场景中跳出单向视角的局限，学会运用双向视角来理解现实生活中遭遇的问题，具有了自我境界提升的要求。

可见，中国社会工作经历了10多年的快速发展之后正在面临深度职业化的要求，如何实现"高质量"的发展成为中国社会工作亟待解决的难题，这不仅关系到中国本土社会工作专业实践的发展，而且关系到中国社会工作理论体系的建构。通过对老、弱、残三个社会工作实践场域的服务项目的行动研究发现，场景实践已成为中国本土社会工作专业实践的基本方式，特别是在中国共产党第十九届中央委员会第五次全体会议之后，中国社会工作不仅融入了我国基层社会治理实践中，而且获得了国家层面的认可，成为我国基层社会治理创新的重要专业力量之一。场景实践要求中国社会工作者在日常生活场景中开展专业服务，这样的专业服务既需要关注人们在日常生活场景中实际问题的解决，也需要注重人们在日常生活场景中的自决意识的提升，有了通过解决问题的强调整合西方社会工作的问题解决和自我增能的理论逻辑的要求。同时，在复杂、多元的日常生活场景中，人们的解决问题过程需要与行动反思过程结合起来，有了从个人单向视角的"助人"服务中跳出来考察人与环境双向交流的要求，以促使人们学会使用双向视角审视场景实践，融入中国文化注重人与环境双向交流的自我境界提升的精神内涵。因此，中国社会工作需要建立一种解决导向的理论整合模式。只有这样，中国社会工作才能建立起具有实践自信、制度自信和文化自信的中国特色社会工作理论学派。

主要参考文献

安秋玲，2010，《社会工作者职业认同的影响因素》，《华东理工大学学报》（社会科学版）第 2 期。

安秋玲，2012，《中国社会工作本土化研究：已有探索与未来路径》，《华东理工大学学报》（社会科学版）第 6 期。

蔡屹、张昱，2013，《定位：医务社会工作的发展策略研究——以上海为例》，《华东理工大学学报》（社会科学版）第 5 期。

曹海军，2017，《"三社联动"的社区治理与服务创新——基于治理结构与运行机制的探索》，《行政论坛》第 2 期。

车志强、胡为民、杜春燕、朱红飞、李原海，1998，《影响精神分裂症患者求医模式因素调查》，《山西医科大学学报》第 S1 期。

陈蓓丽，2011，《上海社工机构发展之制度困境及发展路径研究》，《华东理工大学学报》（社会科学版）第 4 期。

陈成文、刘辉武、程珊，2014，《论加强社会工作与提升社会治理能力》，《社会工作》第 2 期。

陈成文、姚晓、廖欢，2016，《社会工作：实施精准扶贫的推进器》，《社会工作》第 3 期。

陈崇林，2006，《论政府与第三部门的"伙伴关系"——一种社会福利的研究视角》，载王思斌主编《中国社会工作研究》（第四辑），北京：社会科学文献出版社。

陈俊傲、陈丹群，2010，《改进高校老年人社区照顾：个案管理的引入——以 Y 大学社区为例》，《西北农林科技大学学报》（社会科学版）第 4 期。

陈立周，2017，《"找回社会"：中国社会工作转型的关键议题》，《思想战线》第 1 期。

陈少强、宋斌文，2008，《政府购买社会工作服务初步研究》，《财政研究》第 6 期。

陈树强，2004，《增权：社会工作理论与实践的新视角》，《社会观察》第 1 期。

陈涛，2008，《社会工作者在汶川地震后的调解者角色：机会与限制——以在四川某地围绕遇难学生家长工作的介入行动为例》，载王思斌主编《中国社会工作研究》（第六辑），北京：社会科学文献出版社。

陈伟东、吴岚波，2019，《从嵌入到融入：社区三社联动发展趋势研究》，《中州学刊》第 1 期。

陈伟杰，2016，《层级嵌入与社会工作的专业性——以 A 市妇联专业社会工作服务试点为例》，《妇女研究论丛》第 5 期。

陈文华、钟耀林、郑广怀，2020，《社会工作教育在社会工作专业化发展中的作用——基于一个整合的概念框架》，《社会工作》第 4 期。

陈亚军，2019，《实用主义：从皮尔士到布兰顿》，南京：江苏人民出版社。

慈勤英、赵彬，2013，《基于学生需求的社会工作专业课程设置研究——以武汉大学社会工作专业为例》，《社会工作》第 6 期。

邓明国，2017，《社会工作职业化迎来重要历史机遇》，《中国社会工作》第 33 期。

邓锁，2007，《双重制度约束与医院社会工作的专业实践——一个新制度主义视角的分析》，载王思斌主编《中国社会工作研究》（第五辑），北京：社会科学文献出版社。

丁辉侠、孟悄然，2017，《"三社联动"合作治理的困境与对策》，《中国民政》第 15 期。

杜立婕、吕静淑，2021，《积极嵌入和嵌合发展：突发公共卫生事件中的社会工作行动研究》，《社会工作与管理》第 5 期。

范明林，2015，《行动研究：社区青少年社会工作的服务改善》，《浙江工商大学学报》第 4 期。

范志海、焦志勇、战奕霖，2011，《禁毒社会工作的本土化经验及其反思——以上海为例》，《华东理工大学学报》（社会科学版）第 5 期。

方萍，2014，《"社区为本"的信访社会工作模式的运用研究——以 K 社区平息独生子女政策争议为例》，《社会工作》第 1 期。

方舒，2010，《职业社会工作者的专业标准与考核评价体系研究》，《社会工作》（下半月）第 3 期。

费梅苹，2007，《上海青少年社会工作者专业能力建设的行动研究》，《华东理工大学学报》（社会科学版）第 4 期。

费梅苹，2009a，《灾后社会重建中社会工作服务的方案设计》，《西北师大学报》（社会科学版）第 3 期。

费梅苹，2009b，《社会互动理论视角下青少年社区矫正社会工作服务研究》，《青少年犯罪问题》第 3 期。

冯丽婕、时方，2010，《基于生态系统理论的儿童个案实践及反思》，《社会工作》（下半月）第 9 期，第 21~23 页。

冯斯特、刘素珍，2014，《国内重性精神疾病患者社区管理现状与对策》，《中华护理杂志》第 6 期。

冯元、高菲，2019，《专业性、政治性与社会性耦合：民办社会工作机构高质量发展的基点》，《社会与公益》第 12 期。

冯元，2017，《新时期社会工作参与社会治理：理论依据、动力来源与路径选择》，《社会建设》第 6 期。

高建秀，2009，《文化、心理与临床技术：灾后临床社会工作探索》，《社会》第 3 期。

高丽、徐永祥，2016，《民办社会工作机构发展的多重特征及其生成机制分析——以社会治理创新为视角》，《社会工作》第 1 期。

高亮、齐凤，2014，《政府购买社会工作服务的法律规制研究》，《社会工作》第 3 期。

高灵芝、杨洪斌，2010，《个案管理应用于社会救助的优势与思路》，《东岳论丛》第 9 期。

高钟，2012，《中国本土企业社会工作面临的机遇与挑战》，《社会工作》第 2 期。

官蒲光，2014，《社会工作：社会治理创新的重要制度安排》，《中国民政》第 7 期。

古学斌，2015，《为何做社会工作实务研究》，《山东青年政治学院学报》第 2 期。

古学斌、张和清、杨锡聪，2007，《专业限制与文化识盲：农村社会工作实践中的文化问题》，《社会学研究》第 6 期。

顾东辉，2008，《都江堰市灾后安置点的居民需要——城北馨居祥园的案例》，载王思斌主编《中国社会工作研究》（第六辑），北京：社会科学文献出版社。

顾东辉，2016，《"三社联动"的内涵解构与逻辑演绎》，《学海》第 3 期。

顾东辉、金红，2006，《系统与场境：上海社会工作评估机制之研究》，载王思斌主编《中国社会工作研究》（第四辑），北京：社会科学文献出版社。

关文静，2009，《成年孤儿安置的个案工作方法》，《社会福利》第 12 期。

关信平，2020，《我国社会工作服务的多元化体制建设》，《社会工作与管理》第 5 期。

关信平，2021，《积极推动专业社会工作参与，高效实现"十四五"民政事业发展目标》，《中国社会工作》第 28 期。

郭建芹，2018，《"社会治理"的理论内涵和实践路径》，《管理观察》第 36 期。

郭丽强、郭伟和，2019，《通过专业化促进合法性——专业社区工作参与社区党建工作的个案研究》，《社会工作与管理》第 4 期。

郭伟和、范燕宁、席小华，2006，《优势为本的青少年社区整合干预模式探索——以杨宋社区案例为基础的行动研究》，载王思斌主编《中国社会工作研究》（第四辑），北京：社会科学文献出版社。

郭伟和，2018，《迈向反身性实践的社会工作实务理论——当前社会工作理论界的若干争论及其超越》，《学海》第 1 期。

郭伟和、徐明心、陈涛，2012，《社会工作实践模式：从"证据为本"到反思性对话实践——基于"青红社工"案例的行动研究》，《思想战线》第 3 期。

国家卫生和计划生育委员会编，2017，《中国卫生和计划生育统计年鉴2017》，北京：中国协和医科大学出版社。

韩江风，2019，《政府购买服务中第三方评估的内卷化及其优化——以Z市S区社会工作服务评估项目为例》，《四川理工学院学报》（社会科学版）第2期。

韩晓萌，2016，《"中国老年社会追踪调查"研究报告发布》，《中国高等教育》第6期。

韩中谊，2017，《习近平总书记传统文化服务基层治理思想解读》，《经济与社会发展》第1期。

何国良，2021，《"关系"：社会工作理论与实践的本质》，《社会建设》第1期。

何林，2010，《哈贝马斯与舒茨生活世界理论的比较研究》，《甘肃社会科学》第5期。

何敏桦、方洁虹，2019，《北斗星：激发大型城市社区的行动力量——以顺德常教社区治理项目为例》，《大社会》第Z1期。

何雪松，2017，《社会工作的理论追求及发展趋势》，《西北师大学报》（社会科学版）第4期。

何雪松、侯慧，2018，《社会工作专业化进程之中的"分"与"合"——以上海医务社会工作为案例的研究》，《河北学刊》第4期。

何雪松、刘莉，2021，《政府购买服务与社会工作的标准化——以上海的三个机构为例》，《华东师范大学学报》（哲学社会科学版）第2期。

何雪松，2018，《社会工作的社会理论：路径与议题》，《学海》第1期。

何雪松、童敏、郭伟和、陈涛、王小兰、吴帆、徐选国，2017，《"社会工作理论：哲理反思与文化自觉"笔谈》，《华东理工大学学报》（社会科学版）第6期。

何雪松、杨超，2019，《中国社会工作的本土化：政治、文化与实践》，《济南大学学报》（社会科学版）第1期。

侯慧、何雪松，2019，《重整生活世界：慢病女性的日常身体实践》，《上海大学学报》（社会科学版）第4期。

侯利文，2020，《教育先行抑或实践引领：再思社会工作理论与实践的关系》，《社会工作与管理》第1期。

侯日云，2021，《政策驱动下中国民办社会工作机构的协同发展》，《社科纵横》第5期。

胡杰成，2016，《社会组织承接政府购买社会服务的实践探索——广州市"家庭综合服务中心"调查报告》，《社会建设》第2期。

胡原、曾维忠，2019，《稳定脱贫的科学内涵、现实困境与机制重构——基于可持续生计-脆弱性-社会排斥分析框架》，《四川师范大学学报》（社会科学版）第5期。

黄洪基、田保传，2006，《体制创新与禁毒工作的社会化——关于上海禁毒社会工作制度的思考》，《上海大学学报》（社会科学版）第4期。

黄锐，2019，《重构社会工作实践理论：学科建构意义上的思考》，《社会科学》第8期。

黄锐，2020，《社会工作理论的两种书写方式》，《社会工作与管理》第 1 期。

黄耀明，2006，《浅析社会工作专业实习督导的角色定位与技巧》，《社会工作》第 9 期。

黄耀明，2014，《失独家庭重建的社会支持工作模式研究》，《北京社会科学》第 7 期。

黄悦勤，2011，《我国精神卫生的现状和挑战》，《中国卫生政策研究》第 9 期。

姜振华，2013，《从社工事务所的服务透视社会工作教育——以北京市两家社工事务所为例》，《中国青年政治学院学报》第 2 期。

焦若水，2014，《社区社会工作本土化与社区综合发展模式探索》，《探索》第 4 期。

焦若水，2018，《生活世界视角下社会工作本土化研究》，《广西民族大学学报》（哲学社会科学版）第 2 期。

井世洁，2011，《司法社会工作的方法学检视——基于学理与实践基础的思考》，《华东理工大学学报》（社会科学版）第 3 期。

雷明慧，1985，《危机及危机干预》，《国外医学：精神病学分册》第 2 期。

雷茜，2011，《社区社会工作本土化的实践——以佛山市罗村街道为例》，《社会工作》（学术版）第 8 期。

李倍倍，2019，《基层实践的社会工作专业主体性探索与构筑——基于一项政府购买服务的行动研究》，《社会工作》第 3 期。

李芳英，2005，《生活世界：在舒茨的视域中》，《重庆邮电学院学报》（社会科学版）第 2 期。

李红飞、温谋富，2018，《社会工作者在精准扶贫中的角色定位——基于晋江市特困家庭"四帮四扶"项目的分析》，《云南农业大学学报》（社会科学）第 4 期。

李红，2019，《探析中国特色社会主义社会治理之路》，《科学社会主义》第 4 期。

李林凤，2006，《社会工作视野下的城市少数民族流动人口问题》，《黑龙江民族丛刊》第 1 期。

李林凤，2007，《论社会工作方法在城市社区民族工作中的运用》，《社会工作》第 7 期。

李太斌，2006，《上海社会工作机构的实践与探索分析》，《中国青年政治学院学报》第 1 期。

李威利，2017，《党建引领的城市社区治理体系：上海经验》，《重庆社会科学》第 10 期。

李薇，2010，《大类培养模式下小组工作对大学生专业成长的作用——以长江大学社工 L 班团队建设小组为个案》，《社会工作》（下半月）第 11 期。

李晓凤，2018，《社会工作人才队伍的专业化、职业化新发展》，《大社会》第 4 期。

李晓凤，2019，《党建引领下中国特色社区社会工作实践体系探索——以深圳市社区党群服务中心实务经验为例》，《中国社会工作》第 22 期。

李学举，2006，《在全国民政厅局长会议上的讲话》，《中国民政》第 12 期。

李迎生，2007，《加快与和谐社会建设相配套的社会政策建设》，《河北学刊》第 3 期。

李迎生，2019，《构建中国特色社会工作学科体系和学术体系》，《中国社会工作》第 13 期。

李迎生、徐向文，2016，《社会工作助力精准扶贫：功能定位与实践探索》，《学海》第 4 期。

李正东，2018，《社会工作从业人员职业认同及其影响因素研究》，《华东理工大学学报》（社会科学版）第 2 期。

梁昆，2021，《中国的社会工作机构：问责、绩效、能力与专业性》，《华东理工大学学报》（社会科学版）第 3 期。

林建葵、周永梅、潘胜茂、曾钢、陆晓丹、蔡红涛，2015，《精神分裂症患者照顾者精神卫生知识需求调查分析》，《现代临床护理》第 6 期。

林卡，2009，《论中国社会工作职业化发展的社会环境及其面临的问题》，《社会科学》第 4 期。

林茂，2021，《系统论视角下社会工作理论的多元整合与发展趋势》，《河北学刊》第 4 期。

林闽钢、徐永祥，2017，《"三社联动"：社区治理创新的动力》，《中国社会工作》第 31 期。

林顺利、孟亚男，2018，《嵌入与脱嵌：社会工作参与精准扶贫的理论与实践》，《甘肃社会科学》第 3 期。

林雨欣，2021，《社会工作专业化的内涵、困境及路径分析》，《学海》第 4 期。

刘斌志、沈黎，2006，《社会工作督导反思：学习成为有效的社会工作督导老师》，《社会工作》第 9 期。

刘芳、徐兴文，2010，《小组工作在综合医院精神科精神疾病康复中的运用——以昆明 M 医院精神科"沟通小组"为例》，《社会工作》（下半月）第 12 期。

刘华丽、卢又华，2014，《从儒家思想看社会工作在中国实践的本土化》，《华东理工大学学报》（社会科学版）第 4 期。

刘姮、李诚，2019，《新中国 70 年社会治理的演进逻辑、时代特征及提升路径》，《学术探索》第 8 期。

刘继同，2006，《中国社会政策框架特征与社会工作发展战略》，《南开学报》（哲学社会科学版）第 6 期。

刘江、张闻达，2020，《社会工作评估研究的四种进路——基于我国中文研究文献的系统评价》，《华东理工大学学报》（社会科学版）第 4 期。

刘丽凤，2010，《结合案例分析游戏在儿童社会工作个案辅导中的运用》，《社会工作》第 3 期。

刘丽娟、王恩见，2021，《双重治理逻辑下政府购买社会工作服务项目的运作困境及对策》，《社会建设》第 3 期。

刘柳、季叶青，2016，《社会工作专业硕士毕业生的职业选择——以 A 大学 201X 级为例》，《社会工作与管理》第 4 期。

刘淑娟，2008，《浅析个案社会工作在社区矫正中的运用》，《黑龙江社会科学》第 1 期。

刘媛媛、李树文，2018，《校-政-机构合作背景下社会工作专业人才培养模式研究》，《中国社会工作》第 28 期。

刘振、徐立娟，2021，《走向生活世界：后脱贫时代反贫困社会工作的范式转型》，《深圳大学学报》（人文社会科学版）第 3 期。

刘振、徐永祥，2017，《中国社会工作的生成路径与发展困境——基于历史制度主义的分析》，《天府新论》第 5 期。

刘振、徐永祥，2019，《专业性与社会性的互构：里士满社会工作的历史命题及其当代意义》，《学海》第 4 期。

刘志红，2006，《学校社会工作的本土化研究》，《社会工作》第 12 期。

柳拯，2009，《我国社会工作发展现状、问题与对策》，《长沙民政职业技术学院学报》第 1 期。

卢磊、周世强，2015，《中国社会工作制度建设的基本现状与发展趋势》，《社会福利》（理论版）第 12 期。

卢露、蓝慧颖，2020，《社会工作介入民族地区社会治理的"在地化"探索——以广西"三区"计划融水项目点为例》，《山西经济管理干部学院学报》第 1 期。

卢敏，2020，《社会组织第三方评估体系的结构解析与优化建议》，《学会》第 6 期。

陆士桢、王志伟，2020，《中国社会工作本土化发展的双重机理及其实践路径》，《新视野》第 1 期。

陆士桢、郑玲，2013，《浅论我国民办社工服务机构的发展》，《社会工作》第 3 期。

吕青，2012，《创新社会管理的"三社联动"路径探析》，《华东理工大学学报》（社会科学版）第 6 期。

罗玲、范燕宁，2015，《试论社区矫正社会工作的本土发展》，《社会工作》第 5 期。

罗强强，2018，《"嵌入式"发展中的"内卷化"——社会工作参与基层社会治理的个案分析》，《江西师范大学学报》（哲学社会科学版）第 4 期。

马凤芝、王依娜，2021，《"共振式增能"：农村养老共同体构建的实践逻辑——基于水村和清村的经验研究》，《中国农业大学学报》（社会科学版）第 4 期。

马吉德、巴里，2011，《平常心：禅与精神分析》，吴燕霞、曹凌云译，上海：东方出版中心。

马俊达，2015，《政府购买社会服务研究——以 G 省购买民办社工机构服务为案例》，北京：中国社会出版社。

马良，2011，《构建"实习、教学、研究"三位一体的社会工作实习基地研究》，《浙江工商大学学报》第 4 期。

马良，2020，《社会工作在基层治理中的专业优势发挥》，《中国社会工作》第 34 期。

蒙培元，1998，《心灵超越与境界》，北京：人民出版社。

欧阳林舟、秦阿琳，2010，《充权理论在企业社会工作中的实践探究》，《社会工作》（下半月）第 12 期。

潘泽泉、黄业茂，2013，《残疾人家庭个案社会工作：基于优势视角的干预策略与本土化实践》，《湖南社会科学》第 1 期。

庞学铨，2021，《重建日常生活经验世界——新现象学的生活世界理论管窥》，《学术月刊》第 1 期。

彭华民，2017，《中国社会工作学科：百年论争、百年成长与自主性研究》，《社会科学》第 7 期。

彭惠青、仝斌，2018，《社会工作在基层治理专业化中的角色与功能》，《中国行政管理》第 1 期。

彭善民，2009，《政府主导型社会工作 NPO 与灾后重建——以上海 L 非营利组织为例》，《社会科学》第 2 期，第 64~69 页。

彭善民，2010a，《上海社会工作机构的生成轨迹与发展困境》，《社会科学》第 2 期。

彭善民，2010b，《篆刻艺术小组：戒毒社会工作的本土创新》，《福建论坛》（人文社会科学版）第 7 期。

彭秀良，2018，《本土化发展：中国社会工作恢复重建三十年历程回顾》，《中共石家庄市委党校学报》第 5 期。

彭彦琴、徐佳佳，2019，《舍受：一种被忽视的佛教情绪理论》，《苏州大学学报》（教育科学版）第 2 期。

钱宁，2007，《农村发展中的新贫困与社区能力建设：社会工作的视角》，《思想战线》第 1 期。

乔志宏，2019，《我国社会心理服务体系建设面临的困难与挑战》，《心理学通讯》第 1 期。

任敏、齐力，2021，《"五社联动"框架下"五社"要素的城乡比较》，《中国社会工作》第 7 期。

任伟，2010，《精神病患者危机状态分析与护理对策研究》，《中国当代医药》第 30 期。

任文启，2017，《社区治理抑或社区营造："三社联动"的理论脉络与实践反思》，《社会建设》第 6 期。

任文启，2021，《基层与动员：社会工作参与社区治理的基础与关隘》，《中国社会工作》

第 7 期。

任文启、梁盼，2017，《西部地区社会工作职业化发展的基本问题与内在原因分析》，《社会工作与管理》第 1 期。

《社会工作》杂志编辑部，2019，《中国本土社会工作理论体系的构建——新时代社会工作理论发展与创新论坛综述》，《社会工作》第 4 期。

史晨辉、马宁、王立英、易乐来、王勋、张五芳、吴霞民、张树彬、管丽丽、赵苗苗、马弘、王斌，2019，《中国精神卫生资源状况分析》，《中国卫生政策研究》第 2 期。

司武林、张彩云、张顿宸，2019，《社会工作机构参与社区治理问题分析——以东营市永安镇 HF 社区营造项目为例》，《社科纵横》第 5 期。

宋国恺，2013，《政府购买服务：一项社会治理机制创新》，《北京工业大学学报》（社会科学版）第 6 期。

宋莹，2008，《"优势视角"理论在"寓教于审"工作中的应用——以残疾未成年犯为视角》，《青少年犯罪问题》第 3 期。

宿玥，2018，《论破解"三社联动"现实困境的具体路径》，《大连干部学刊》第 10 期。

孙红立、葛茂宏、郭丽华、徐小勇，2014，《精神分裂症复发的研究进展》，《精神医学杂志》第 1 期。

孙健、田明，2019，《中国社会政策结构转型与治理关系重构》，《天津行政学院学报》第 6 期。

孙丽珍，2019，《基层治理视域下的传统乡贤文化》，《社会科学战线》第 6 期。

孙唐水，2010，《养老机构中开展老年小组工作的实证研究》，《南京人口管理干部学院学报》第 1 期。

孙涛，2016，《以"三社联动"推进基层社会治理创新》，《理论月刊》第 10 期。

孙中伟、周海燕，2019，《工作条件、家庭支持与职业发展：中国社会工作者离职意愿的多因素分析》，《社会工作与管理》第 4 期。

谭丽、曹凤云，2012，《上海市社会工作机构发展研究：功能、路径与现状》，《北京工业大学学报》（社会科学版）第 6 期。

唐斌，2010，《社会工作机构与政府组织的相互嵌入及其影响》，《社会工作》（下半月）第 7 期。

唐娟、路孝琴、陈丽芬、刘艳丽，2016，《北京市城市社区精神分裂症患者及家庭对社会资源知晓和利用情况及其影响因素调查分析》，《中国全科医学》第 20 期。

唐立、费梅苹，2021，《结构内化和反思建构：社会工作专业化逻辑的本土审视》，《理论月刊》第 1 期。

唐梅，2012，《参与式教学在 MSW "高级社会工作实务"课程中的运用》，《经济研究导刊》第 19 期。

唐咏，2012，《中国老年领域研究十年文献综述》，《新疆社会科学》（汉文版）第 3 期。

唐忠新，2017，《"三社联动"在创新社区治理中有大用》，《中国社会工作》第 31 期。

田国秀，2006，《从抗逆力视角对"问题青少年"实施干预》，《中国青年研究》第 11 期。

田舒，2016，《"三社联动"：破解社区治理困境的创新机制》，《理论月刊》第 4 期。

仝秋含，2020，《社会工作职业化背景下的自我认同——社工的社会支持与职业认同关系研究》，《重庆工商大学学报》（社会科学版）第 3 期。

童敏，2006，《中国本土社会工作专业实践的基本处境及其督导者的基本角色》，《社会》第 3 期。

童敏，2007，《东西方的碰撞和交流：社会工作的本土化与和谐社会建构》，《马克思主义与现实》第 4 期。

童敏，2013，《从问题视角到问题解决视角——社会工作优势视角的再审视》，《厦门大学学报》（哲学社会科学版）第 6 期。

童敏，2016，《项目服务的专业逻辑：社会工作专业化的本土路径》，《社会工作》第 3 期。

童敏，2017，《博爱还是仁爱：伦理价值的文化审视与文化自觉》，《山东青年政治学院学报》第 5 期。

童敏，2019，《十字路口的中国社会工作：专业困境与本土道路》，《社会科学辑刊》第 6 期。

童敏，2020，《空间思维的实践转向：本土社会工作专业化何以可能》，《社会科学辑刊》第 4 期。

童敏，2021，《重拾生活：社会工作的本质回归与理论重构》，《社会科学辑刊》第 6 期。

童敏、林丽芬，2015，《参与式实务研究的经验与反思：一项城市社区社会工作的研究》，《浙江工商大学学报》第 4 期。

童敏、刘芳，2019，《新时代的人文关怀：马克思主义社会工作的回顾与前瞻》，《浙江工商大学学报》第 6 期。

童敏、刘芳，2021，《基层治理与中国社会工作理论体系建构》，《河北学刊》第 4 期。

童敏、史天琪，2017，《社会工作专业服务的本土框架和理论依据——一项本土专业服务场域的动态分析》，《中国农业大学学报》（社会科学版）第 3 期。

童敏、史天琪，2018，《本土社工机构督导的层次和功能：一个探索性框架》，《社会工作与管理》第 1 期。

童敏、史天琪，2019，《本土语境下中国社会工作督导的内涵：项目实践中的自觉与自决》，《社会工作与管理》第 6 期。

童敏、许嘉祥，2019，《深度社会工作的百年审视与本土理论体系建构》，《厦门大学学报》（哲学社会科学版）第 3 期。

童敏、许嘉祥、蔡诗婕，2021，《大党建与社会工作：党建社会工作的现代性反思》，《社会建设》第 3 期。

童敏、周燚，2019，《从需求导向到问题导向：社会工作"中国道路"的专业合法性考察》，《社会工作》第 4 期。

童志锋，2017，《本土化与专业化：浙江社会工作的融合发展》，《社会工作与管理》第 5 期。

涂冰燕，2019，《全面深化改革背景下的社会治理逻辑研究》，《学习论坛》第 11 期。

汪鸿波、费梅苹，2019，《乡村振兴背景下农村社会工作的实践反思及分层互嵌》，《甘肃社会科学》第 1 期。

王才章，2019，《从职业到专业与从专业到职业——反思社会工作发展路径》，《重庆工商大学学报》（社会科学版）第 2 期。

王国渝，2019，《生活世界理论对民族地区社会工作研究的重要启示》，《西部学刊》第 12 期。

王惠娜，2020，《社会治理共同体的系统审视与构建路径探索》，《新丝路·中旬》第 9 期。

王佳，2013，《学校社会工作本土化实践与专业反思——以深圳市 Y 区为例》，《社会工作》第 4 期。

王杰、童敏，2021，《从嵌入到共生：社会工作的组织场域探析——基于深圳医务社会工作的考察》，《福建论坛》（人文社会科学版）第 3 期。

王俊秀，2020，《多重整合的社会心理服务体系：政策逻辑、建构策略与基本内核》，《心理科学进展》第 1 期。

王思斌，2004，《雷洁琼的社会工作思想与实践》，《社会工作》第 9 期。

王思斌，2007，《和谐社会建设迫切需要社会工作的参与》，《河北学刊》第 3 期。

王思斌，2011，《中国社会工作的嵌入性发展》，《社会科学战线》第 2 期。

王思斌，2014，《社会服务的结构与社会工作的责任》，《东岳论丛》第 1 期。

王思斌，2015，《社会工作机构在社会治理创新中的网络型服务治理》，《学海》第 3 期。

王思斌，2016a，《"三社联动"的逻辑与类型》，《中国社会工作》第 4 期。

王思斌，2016b，《精准扶贫的社会工作参与——兼论实践型精准扶贫》，《社会工作》第 3 期。

王思斌，2018，《走向社会工作理论与实践互相促进发展的新阶段》，《中国社会工作》第 31 期。

王思斌，2020a，《我国社会工作从嵌入性发展到融合性发展之分析》，《北京工业大学学报》（社会科学版）第 3 期。

王思斌，2020b，《促进我国社会工作融合发展》，《中国社会工作》第 4 期。

王思斌，2021，《积极建设乡镇社工站 促进基层治理现代化》，《中国社会工作》第 22 期。

王思斌、阮曾媛琪，2009，《和谐社会建设背景下中国社会工作的发展》，《中国社会科学》第 5 期。

王卫平、徐若兰，2012，《海峡西岸社会工作人才专业队伍建设与机制创新探索》，《东南学术》第 1 期。

王秀江，2010，《临时性救助管理机构社会工作岗位设置研究》，《中国青年政治学院学报》第 3 期。

王学梦、李敏，2018，《接纳、嵌入与融合："三社联动"的内在机理与关系建构》，《治理研究》第 6 期。

王轶虎、崔力军、潘鑫、陶白平，2017，《湖州市精神分裂症患者肇事肇祸的影响因素及预防研究》，《中国公共卫生管理》第 3 期。

韦克难、陈晶环，2019，《灾后重建社会工作嵌入性发展的机制与经验研究——以汶川地震灾后三地社会工作发展为例》，《社会科学研究》第 1 期。

韦克难、黄玉浓、张琼文，2013，《汶川地震灾后社会工作介入模式探讨》，《社会工作》第 1 期。

卫小将，2014，《中国社会工作发展模式与检视——基于上海、深圳和万载的探索分析》，《开发研究》第 5 期。

魏爽，2007，《高校学校社会工作介入空间略论》，《中国青年研究》第 5 期。

文军、陈倩雯，2019，《改革开放 40 年来中国社会工作理论研究的回顾与展望》，《西北师大学报》（社会科学版）第 2 期。

文军、刘昕，2015，《近八年以来中国社会工作研究的回顾与反思》，《华东理工大学学报》（社会科学版）第 6 期。

文军、吕洁琼，2018，《社会工作专业化：何以可能，何以可为?》，《河北学刊》第 4 期。

吴佳峻、高丽、徐选国，2021，《第三方评估何以促进政社关系转型——基于对上海市 H 区妇联购买社会服务项目的经验研究》，《社会工作与管理》第 6 期。

吴佳顺，2011，《城市社区治理中公民参与方式研究》，《辽宁行政学院学报》第 6 期。

吴建平，2011，《制度资源与组织载体：社会工作本土化的理论思考》，《中国青年政治学院学报》第 1 期。

吴立忠，2017，《论社会工作参与基层社区治理的功能》，《山东青年政治学院学报》第 3 期。

吴婷婷，2019，《社会工作参与城市社区治理研究——以北京市 Z 街道为例》，《内蒙古科技与经济》第 14 期。

吴耀健，2020，《未完成的专业化：社会工作项目评估标准中管理与专业的动态平衡》，
　　《社会工作与管理》第 5 期。

吴耀健、陈安娜，2017，《行政化与专业自闭桎梏：广东 D 区民办社会工作机构的内卷
　　化》，《社会工作》第 5 期。

吴越菲，2018，《社会工作"去专业化"：专业化进程中的理论张力与实践反叛》，《河北
　　学刊》第 4 期。

席小华，2017，《从隔离到契合：社会工作在少年司法场域的嵌入性发展——基于 B 市
　　的一项实证研究》，载王思斌主编《中国社会工作研究》（第一辑），北京：社会科
　　学文献出版社。

向春玲，2019，《70 年来中国社会治理的"四大转变"》，《人民论坛》第 29 期。

行红芳，2010，《社会工作职业化进程中的矛盾与社会工作教育的回应》，《社会工作》
　　（下半月）第 6 期。

徐翀，2012，《社会工作者保护保障机制探析》，《中国青年政治学院学报》第 6 期。

徐道稳，2017，《中国社会工作行政化发展模式及其转型》，《社会科学》第 10 期。

徐道稳，2021a，《教育与评价相结合：社会工作专业人才培养新模式》，《中国社会工
　　作》第 6 期。

徐道稳，2021b，《略谈社会工作服务评估三要素》，《中国社会工作》第 24 期。

徐道稳，2021c，《迈向社会工作法治化》，《中国社会工作》第 34 期。

徐华、隋亮，2019，《"被资源化"－我国专业社会工作发展的困境与出路》，《社会工
　　作与管理》第 1 期。

徐晖，2008，《精神分裂症患者病耻感及其与服药依从性关系的研究》，博士学位论文，
　　中国协和医科大学。

徐晖、李峥，2007，《精神疾病患者病耻感的研究进展》，《中华护理杂志》第 5 期。

徐若兰、林宇，2014，《社区社会工作岗位设置与评价体系研究——以福建省厦门市为
　　例》，《福建论坛》（人文社会科学版）第 3 期。

徐小言、钟仁耀，2019，《农村健康贫困的演变逻辑与治理路径的优化》，《西南民族大
　　学学报》（人文社科版）第 7 期。

徐选国，2019，《从嵌入系统到嵌入生活：我国社会工作的范式转向与时代选择》，《社
　　会工作与管理》第 3 期。

徐选国，2020，《关于社会工作社会性的三种认识误区》，《社会与公益》第 5 期。

徐选国、黄景莲，2020，《从政社关系到党社关系：社会工作介入社区治理的情景变迁
　　与理论转向》，《社会科学》第 3 期。

徐选国、黄颖，2017，《政社分开与团结：政府购买社会服务第三方评估的风险及其治

理——基于 S 市的评估实践》,《社会工作与管理》第 2 期。

徐选国、罗茜,2020,《嵌入何以发展:社会工作本土化进程中嵌入观的流变与再构》,
　　《新视野》第 1 期。

徐选国、徐永祥,2016,《基层社会治理中的"三社联动":内涵、机制及其实践逻
　　辑——基于深圳市 H 社区的探索》,《社会科学》第 7 期。

徐选国、赵阳,2018,《迈向共享发展:改革开放 40 年我国社会工作实践的结构转向》,
　　《新视野》第 4 期。

徐永祥、曹国慧,2016,《"三社联动"的历史实践与概念辨析》,《云南师范大学学报》
　　(哲学社会科学版)第 2 期。

许小玲、彭华民,2015,《资源与权力:多元互动中社会工作机构发展模式研究》,《内
　　蒙古社会科学》第 5 期。

严春鹤,2018,《民办社会工作机构发展困境认识探究——以安庆市为例》,《成都师范
　　学院学报》第 12 期。

杨超,2022,《社会工作技术的理论建构》,《学习与实践》第 2 期。

杨发祥、叶淑静,2016,《社工薪酬的结构性困境与可能出路——以珠三角地区为例》,
　　《江苏行政学院学报》第 5 期。

杨敏,2010,《社会工作发展与我国高等教育的理念转变和制度创新——专业化职业化
　　大背景下中国社会工作发展的一点思考》,《实习与实践》第 10 期。

杨明伟、王绪尧,2021,《乡村振兴背景下社会工作"在地化"发展困境及对策》,《黑
　　龙江生态工程职业学院学报》第 6 期。

杨文才,2019,《社会工作机构参与协同治理的运行机制研究》,《中州学刊》第 3 期。

杨锃、王群,2018,《社会工作专业化从何而来?——基于 2014 年上海大都市社区调
　　查》,《社会建设》第 2 期。

姚进忠,2018,《社会工作服务评估再检视》,《社会与公益》第 4 期。

姚迈新,2019,《以习近平社会治理观为指导 创新社会治理理论与实践》,《行政与法》
　　第 7 期。

叶南客、陈金城,2010,《我国"三社联动"的模式选择与策略研究》,《南京社会科
　　学》第 12 期。

叶南客,2017,《"三社联动"的内涵拓展、运行逻辑与推进策略》,《理论探索》第
　　5 期。

易松国,2013,《民办社会工作机构的问题与发展路向——以深圳为例》,《社会工作》
　　第 5 期。

易松国,2019,《社会工作认同:一个专业教育需要正视的问题》,《学海》第 1 期。

殷妙仲,2011,《专业、科学、本土化:中国社会工作十年的三个迷思》,《社会科学》

第 1 期。

尹阿雳、赵环、徐选国，2016，《双向嵌入：理解中国社会工作发展路径的新视角》，《社会工作》第 3 期。

尹保华，2008，《试论中国社会工作职业化》，《社会主义研究》第 1 期。

于海亭、王煜普，2001，《精神分裂症与情感性精神障碍复发的相关因素》，《中国民政医学杂志》第 5 期。

宇峰、张秋菊，2019，《新公共服务范式下地方政府社会治理路径分析》，《鞍山师范学院学报》第 3 期。

袁方成，2019，《增能居民：社区参与的主体性逻辑与行动路径》，《行政论坛》第 1 期。

袁华音，1993，《民政工作与社会工作趋合论》，《社会学研究》第 4 期。

袁君刚，2017，《社会工作参与农村精准扶贫的比较优势探索》，《西北农林科技大学学报》（社会科学版）第 1 期。

曾华源，2012，《社会工作实习教学：理论、实务与研究》，台北：五南图书出版公司。

曾群，2009，《人情、信任与工作关系：灾后社区社会工作实务的伦理反思》，《社会》第 3 期。

曾守锤，2010，《流动儿童的心理适应：困境、问题、优势及建议》，《华东理工大学学报》（社会科学版）第 5 期。

曾永辉、钟向阳、林媛，2010，《小组社会工作在大学生情绪管理中的应用与实施》，《社会工作》（下半月）第 4 期。

扎哈维，D.，2007，《胡塞尔现象学》，李忠伟译，上海：上海世纪出版集团。

翟桔红，2007，《推进社会工作职业化，提升政府公共服务效能》，《社会主义研究》第 6 期。

张超，2017，《身份焦虑：社会工作机构的合法性困境及其突破》，《社会工作》第 1 期。

张超，2019，《民办社会工作机构的"专业性"何以安放？》，《社会与公益》第 12 期。

张大维、赵彦静，2017，《"三社联动"中社会工作的专业缺位与补位》，《中州学刊》第 10 期。

张和清、廖其能，2020，《乡镇（街道）专业社会工作发展中互为主体性建构研究——以广东"双百计划"为例》，《社会工作》第 5 期。

张和清、裴谕新、阎红红、刘念、杨明宇、苏巧平、卓彩琴，2008，《社会工作者在灾后重建中的行动策略和角色定位——以汶川县映秀镇广州社会工作站为例》，载王思斌主编《中国社会工作研究》（第六辑），北京：社会科学文献出版社。

张和清，2015，《知行合一：社会工作行动研究的历程》，《浙江工商大学学报》第 4 期。

张莉萍、韦晓冬，2011，《中国社会工作本土化实践－督导人才培养研究报告——以珠江三角洲地区为例》，《华东理工大学学报》（社会科学版）第 6 期。

张彤，2018，《舒茨的现象学批判：作为一种方法论的生活世界理论》，《江海学刊》第 3 期。

张卫、孙运宏、后梦婷，2019，《创新参与社会治理路径 推进社会组织统战工作——江苏推进社会组织参与社会治理路径探析》，《江苏省社会主义学院学报》第 4 期。

张学东，2014，《社会工作承运中政府与机构的契约关系及重构》，《社会工作》第 3 期。

张宇莲，2009，《"专业性"社会工作的本土实践反思以灾后重建为例》，《社会》第 3 期。

张宇莲，2011，《研究取向的社会工作教育实习模式》，《浙江工商大学学报》第 4 期。

张昱，2008a，《个体社会关系是社会工作的基本对象——灾后社会工作的实践反思》，载王思斌主编《中国社会工作研究》（第六辑），北京：社会科学文献出版社。

张昱，2008b，《社会工作职业化的困惑及其发展前景》，《社会观察》第 7 期。

张昱，2009，《灾民文化与社会工作的介入》，《社会》第 3 期。

章长城、张婷，2010，《完善我国社会工作者职业资格认证制度》，《中国人力资源开发》第 2 期。

赵淑兰、贾维周，2006，《论社会工作介入社会福利政策的必要性与方式》，《社会工作》第 11 期。

赵一红，2012，《基于社会系统论的视角：社会工作三大方法的整合运用——以社区社会工作模式为例》，《中国社会科学院研究生院学报》第 3 期。

赵一红，2016，《我国本土化老年社会工作的发展路径研究》，《社会科学辑刊》第 1 期。

郑广怀，2018，《社会工作与社会理论：迈向行动 - 话语的理论框架》，《学海》第 1 期。

郑广怀，2020，《教育引领还是教育降维：社会工作教育先行的反思》，《学海》第 1 期。

郑广怀、孟祥哲、刘杰，2021，《回归社会性：社会工作参与新冠肺炎疫情应对的关键议题》，《社会工作与管理》第 5 期。

郑钧蔚，2015，《社会治理理论的基本内涵及主要内容》，《才智》第 5 期。

郑庆杰，2011，《生活世界与行动意义研究的可能性——对舒茨现象学社会学的一项考察》，《前沿》第 1 期。

《中国民政》编辑部，2017，《厦门市出台"关于政府购买社会工作服务的实施意见"》，《中国民政》第 4 期。

钟莹，2006，《城市和谐社区建设中的主要问题与对策回应——论社区工作专业化是解决社区建设问题的重要途径》，《科技进步与对策》第 6 期。

周爱民，2010，《精神分裂症复发的有关因素及预防》，《中国当代医药》第 2 期。

周迪、王明哲，2019，《返贫现象的内在逻辑：脆弱性脱贫理论及验证》，《财经研究》第 11 期。

周沛，2006，《社会工作和社会保障的同源性及其在和谐社会构建中的重要意义》，《江苏社会科学》第 2 期。

周沛，2007，《论社会福利的体系构建》，《南京大学学报》第 6 期。

周文栋，2020，《对高级社会工作师评价的热议：理论与实务之争吗?》，《社会与公益》第 1 期。

朱健刚、陈安娜，2013，《嵌入中的专业社会工作与街区权力关系——对一个政府购买服务项目的个案分析》，《社会学研究》第 1 期。

朱健刚、童秋婷，2017，《反思社会工作的"证照化"》，《中国农业大学学报》（社会科学版）第 3 期。

朱希峰，2009，《平等合作：从灾后重建看政府与社会工作服务组织的伙伴关系》，《社会》第 3 期。

朱湉，2018，《论习近平家庭建设思想的基本内容》，《江苏师范大学学报》（哲学社会科学版）第 2 期。

朱贻亮、宋玉，2011，《小组工作对学龄初期儿童的介入初探——以湖北省荆州市实验小学 XX 班为个案》，《社会工作》（下半月）第 1 期。

朱胤霖，2020，《新发展阶段社会治理：内涵、意义和实践路径》，《区域治理》第 47 期。

邹鹰、杨芳勇、程激清、陈建平，2015，《"三社联动"社会工作专业主体性建构研究——基于江西的经验》，《社会工作》第 6 期。

Abramovitz, M. 1998. "Social Work and Social Reform：An Arena of Struggle." *Social Work* 43 (6)：512 – 526.

Adams, R. 1990. *Self-help, Social Work and Empowerment.* London：Macmillan.

Adams, R. 1996. *Social Work and Empowerment* (2nd ed.). London：Macmillan.

Addams, J. 1910. *Public Activities and Investigations. Jane Addams：A Centennial Reader.* New York：Macmillan.

Albuquerque, C. P., Santos, C. C., & Almeida, H. 2016. "Assessing 'Empowerment' as Social Development：Goal and Process." *European Journal of Social Work* 20 (1)：88 – 100.

Alkire, S. 2008. *Concepts and Measures of Agency, OPHI Working Paper Series No.* 9. London：University of Oxford.

Alonso-Poblacion, E., Fidalgo-Castro, A., & Monforte, D. P. 2016. "Ethnographic Filmmaking as Narrative Capital Enhancement Among Atauro Diver women：A Theoretical Exploration." *Development in Practice* 26 (3)：262 – 271.

Andersen, M. L. 2018. "Involvement or Empowerment-Assumptions and Differences in Social Work Practice." *Nordic Social Work Research* 10 (3)：283 – 298.

Appelbaum, E., Bailey, T., Berg, P., & Kalleberg, A. L. 2000. *Manufacturing Advantage：*

Why High-performance Work Systems Pay Off. New York, Ithaca: Cornell University Press.

Askheim, O. P. 2003. "Empowerment as Guidance for Professional Social Work: An Act of Balancing on a Slack Rope. " *European Journal of Social Work* 6 (3): 229 – 240.

Barber, J. G. 1991. *Beyond Casework.* London: BASW/Macmillan.

Barkdull, C. 2009. "Exploring Intersections of Identity with Native American Women Leaders. " *Affilia* 24 (2): 120 – 136.

Bent-Goodley, T. B. 2018. "Empowerment in Action: SW Lead Advocate Champion. " *Social Work* 63 (2): 101 – 103.

Besthorn, F. H. 2001. "Transpersonal Psychology and Deep Ecological Philosophy: Exploring Linkages and Applications for Social Work. " In E. R. Canda and E. D. Smith (eds.), *Transpersonal Perspectives on Spirituality in Social Work* (*pp.* 23 – 44). Binghamton, NY: Naworth Press.

Blundo, R. & Greene, R. R. 2008. "Social Construction. " In Robert R. Greene (3rd ed.), *Human Behavior Theory and Social Work Practice* (*pp.* 237 – 264). New Jersey: Transaction Publisher.

Boateng, D. A. 2021. "Pathways for the Economic Empowerment of Female Entrepreneurs in Emerging Economies: Implications for Social Work. " *International Social Work* 51 (2): 216 – 232.

Bradshaw, C. & Graham, J. R. 2007. "Localization of Social Work Practice, Education, and Research: A Content Analysis. " *Social Development Issues* 29 (2): 92 – 111.

Braithwaite, J. 1994. "A Sociology of Modelling and the Politics of Empowerment. " *The British Journal of Sociology* 44 (3): 445 – 479.

Brandell, J. R. 2004. *Psychodynamic Social Work.* New York: Columbia University Press.

Brandon, D. 1979. "Zen Practice in Social Work. " In D. Brandon & B. Jordon (Eds.), *Creative Social Work* (*pp.* 30 – 35). Oxford, England: Basil Blackwell.

Brieland, D. 1990. "The Hull-House Tradition and the Contemporary Social Worker: Was Jane Addams a Social Worker?" *Social Work* 35 (2): 134 – 138.

Brueggemann, W. G. 2002. *The Practice of Macro Social Work* (2nd ed.). Belmont, CA: Books/Cole.

Buch, A. & Elkjaer, B. 2019. "Pragmatism and Practice Theory: Convergences or Collisions. " *Caderno de Administração* 27 (2): 1 – 17.

Buecher, S. & Cylke, F. K. 1997. "The Centrality of Social Movements. " In Steven M. Buecher and F. Kurt Cylke (eds.), *Social Movements: Perspectives and Issues* (*pp.* 558 – 579). Mountain View, CA: Mayfield.

Canda, E. R. & Furman, L. D. 2010. *Spiritual Diversity in Social Work Practice: The Heart of Helping* (2nd eds.). New York: Oxford University of Press.

Carpenter, D. E. 2011. "Constructive: A Conceptual Framework for Social Work Treatment. " In Francis J. Turner (5th Ed.), *Social Work Treatment: Interlocking Theoretical Approaches* (*pp.* 117 – 133). New York: Oxford University Press.

Cattaneo, L. B. & Chapman, A. R. 2010. "The Process of Empowerment: A Model for Use in Research and Practice. " *American Psychologist* 34 (7): 646 – 659.

Chan, C. H. Y. , Chan, T. H. Y. , Leung, P. P. Y. , Brenner, M. J. , Wong, V. P. Y. , & Leung E. K. T. 2014. "Rethinking Well-Being in Terms of Affliction and Equanimity: Development of a Holistic Well-Being Scale. " *Journal of Ethnic & Cultural Diversity in Social Work* 23 (3 – 4): 289 – 308.

Chao, T. S. & Huang, H. 2016. "The East Asian Age-friendly Cities Promotion: Taiwan's Experience and the Need for an Oriental Paradigm. " *Global Health Promotion* 23 (Suppl. 1): 85 – 89.

Cicolini, G. , Comparcini, D. , & Simonetti, V. 2014. Workplace Empowerment and Nurses' Job Satisfaction: A Systematic Literature Review. *Journal of Nursing Management* 64 (7): 855 – 871.

Collins, B. G. 1986. "Defining Feminist Social Work. " *Social Work* 31 (3): 214 – 219.

Cowley, Au-Deane S. 1996. "Transpersonal Social Work. " In Francis J. Turner (4 ed.). *Social Work Treatment: Interlocking Theoretical Approaches* (*pp.* 663 – 698). New York: The Free Press.

Cox, C. B. & Ephross, P. H. 1998. *Ethnicity and Social Work Practice.* New York: Oxford University Press.

Cox, E. O. 1989. "Empowerment of the Low-income Elderly Through Group Work. " In Judith A. B. Lee (ed.), *Group Work with the Poor and Oppressed* (*pp.* 111 – 125). New York: Haworth Press.

Daly, M. 2019. "The Long Road to Gender Equality. Social Politics: International Studies in Gender. " *State & Society* 26 (4): 512 – 518.

De Shazer, S. 1994. *Words Were Originally Magic.* New York: W. W. Norton & Company, Inc.

Dewey, J. 1926. *Experience and Nature.* Chicago: London Open Court Publishing Company.

Dominelli, L. 1992. "More than a Method: Feminist Social Work. " In K. Campbell (ed.), *Critical Feminism: Argument in the Disciplines* (*pp.* 75 – 92). Buckinghham: Open University Press.

Dominelli, L. 2002a. "Anti-oppressive Practice in Context. " In R. Adams, L. Dominelli, &

M. Payne (2nd eds.), *Social Work: Themes, Issues and Critical Debates* (*pp.* 3 – 19). New York: Palgrave.

Dominelli, L. 2002b. *Feminist Social Work Theory and Practice*. Basingstoke: Palgrave.

Dunlap, K. M. 1996. "Functional Theory and Social Work Practice. " In Francis J. Turner (4th ed.), *Social Work Treatment: Interlocking Theoretical Approaches* (*pp.* 319 – 340). New York: The Free Press.

Eisewicht, P. & Kirschner, H. 2015. "Giving in on the Field: Localizing Life-world Analytic Ethnography in Mediatized Fields. " *Journal of Contemporary Ethnography* 44 (5): 657 – 673.

Erikson, E. 1959. "Identity and the Life Cycle. " *Psychological Issues* 1 (1): 50 – 100.

Esping-Andersen, G. 1996. " After the Golden Age? Welfare State Dilemmas in a Global Economy. " In G. Esping-Andersen (ed.), *Welfare Sates in Transitions: National Adaptations in Global Economies* (*pp.* 1 – 31). London: Sage.

Faith, L. A. , Collins, J. O. , Decker, J. , Grove, A. , Jarvis, S. P. , & Rempfer, M. V. 2019. "Experiences of Empowerment in a Community Cognitive Enhancement Therapy Program: An Exploratory Qualitative study. " *Psychosis* 43 (4): 319 – 330.

Faith, L. A. & Rempfer, M. V. 2018. "Comparison of Performance-based Assessment and Real-world Skill in People with Serious Mental Illness: Ecological Validity of the Test of Grocery Shopping Skills. " *Psychiatry Research* 26 (1): 11 – 17.

Fook, J. 2002. *Social Work: Critical Theory and Practice*. London: Sage.

Fook, J. 2012. "Critical Reflection in Context Contemporary Perspectives and Issues. " In Jan Fook and Fiona Gardner (eds), *Critical Reflection in Context: Applications in Health and Social Care* (*pp.* 1 – 24). London: Routledge.

Fook, J. 2016. *Social Work: A Critical Approach to Practice*. London: Sage.

Fouché, C. B. 2015. *Practice Research Partnerships in Social Work: Making a Difference*. Bristol, UK: Policy Press.

Fredrickson, B. L. , Cohn, M. A. , Coffey, K. A. , Pek, J. , & Finkel, S. M. 2008. "Open Hearts Build Lives: Positive Emotions, Induced Through Loving-kindness Meditation, Build Consequential Personal Resources. " *Journal of Personality and Social Psychology* 95 (5): 1045 – 1062.

Freedberg, S. 2009. *Relational Theory for Social Work Practice: A Feminist Perspective*. New York: Routledge.

Freire, P. 1972. *Pedagogy of the Oppressed*. Harmondsworth: Penguin.

Freud, A. 1936. *The Ego and the Mechanisms of Defense*. New York: International University Press.

Ganzer, C. & Ornstein, E. D. 2008. "In Andout of Enactments: A Relational Perspective on the Short-and Long-term Treatment of Substance Abuse. " *Clinical Social Work Journal* 36 (2): 155 – 164.

Gelinas, D. 1998. "Points of Reference to Distinguish Case Management from Assertive Community Treatment. " *Sante Mentale au Quebec* 23 (2): 17 – 47.

Gergen, J. K. 1999. *An Invitation to Social Construction*. London: Sage Publications, p. 168 – 170.

Germain, C. B. 1994. "Human Behavior and the Social Environment. " In F. G. Reamer (ed.), *The Foundations of Social Work Knowledge* (*pp.* 88 – 121). New York: Columbia University Press.

Germain, C. B. 1968. "Social Study: Past and Future. " *Social Casework* 49 (7): 403 – 409.

Germain, C. B. (ed.) 1979. *Social Work Practice: People and Environment*. New York: Columbia University Press.

Germain, C. B. & Gitterman, A. 1995. "Ecological Perspective. " In A. Edwards (ed.), *Encyclopedia of Social Work* (19th ed. , *pp.* 816 – 824). Silver Spring, MD: National Association of Social Workers.

Gitterman, A. 1996. "Advances in the Life Model of Social Work Practice. " In Francis J. Turner (4 ed.). *Social Work Treatment: Interlocking Theoretical Approaches* (*pp.* 389 – 408). New York: The Free Press.

Gitterman, A. & Germain, C. B. 2008. *The Life Model of Social Work Practice: Advances in Theory and Practice* (3rd eds.) . New York: Columbia University.

Goldstein, E. G. 1995. *Ego Psychology and Social Work Practice* (2nd ed.) . New York: The Free Press.

Goldstein, E. G. , Miehls, D. , & Ringel, S. 2009. *Advanced Clinical Social Work Practice: Relational Principles and Techniques*. New York: Columbia University Press.

Goldstein, H. 1984a. "Preface. " In H. Goldstein (ed.), *Creative Change: A Cognitive-humanistic Approach to Social Work Practice* (*pp.* x – xiv). New York: Tavistock Publications.

Goldstein, H. 1984b. "A Cognitive-humanistic Approach to Practice: Philosophical and Theoretical Foundations. " In H. Goldstein (ed.), *Creative Change: A Cognitive-humanistic Approach to Social Work Practice* (*pp.* 3 – 32). New York: Tavistock Publications.

Goldstein, H. 1973. *Social Work Practice: A Unitary Approach*. Columbia: University of South Carolina Press.

Gordon, W. E. 1969. "Basic Constructs for an Integrative and Generative Conception of Social Work. " In G. Hearn (ed.), *The General Systems Approach: Contributions Toward a Holistic Conception of Social Work* (*pp.* 5 – 11). New York: Council on Social Work Education.

Graham, J. R. , Brownlee, K. , Shier, M. , & Doucette, E. 2008. "Localization ofSocial Work

Knowledge Through Practitioner Adaptations in Northern Ontario and the Northwest Territories, Canada. " *Arctic* 61 (4): 399 – 406.

Greene, G. J. 1996. "Communication Theory and Social Work Intervention. " In Francis J. Turner (4th ed.). *Social Work Treatment: Interlocking Theoretical Approaches* (*pp.* 116 – 145). New York: The Free Press.

Greene, G. J. 2011. "Strategic Therapy and Social Work Intervention. " In Francis J. Turner (5 ed.). *Social Work Treatment: Interlocking Theoretical Approaches* (*pp.* 486 – 512). New York: The Oxford University Press.

Greene, R. R. 2008. "Ecological Perspective: An Eclectic Theoretical Framework for Social Work Practice. " In Roberta R. Greene, *Human Behavior and Social Work Practice* (*pp.* 199 – 236). New Jersey: Transaction Publishers.

Gutiérrez, L. M. , DeLois, K. A. , & GlenMaye, L. 1995. "Understanding Empowerment Practice: Building on Practitioner-based Knowledge. " *Families in Society* 76 (8): 534 – 542.

Gutiérrez, L. 1990. "Working with Women of Color: An Empowerment Perspective. " *Social Work* 35 (1): 149 – 155.

Hale, J. 1983. "Feminism and Social Work Practice. " In B. Jordan and N. Parton (eds), *The Political Dimensions of Social Work* (*pp.* 167 – 187). Oxford: Blackwells.

Haley, J. 1973. *Uncommon Therapy: The Psychiatric Techniques of Milton H. Erickson , MD.* New York: W. W. Norton.

Hall, S. M. 2019. "Everyday Austerity: Towards Relational Geographies of Family, Friendship and Intimacy. " *Progress in Human Geography* 43 (5): 769 – 789.

Hamilton, G. 1941. "Underlying Philosophy of Social Casework. " *The Family* 18 (1): 139 – 148.

Hamilton, G. 1951. *Theory and Practice of Casework* (2nd ed.). New York: Columbia University Press.

Hansson, L. & Björkman, T. 2005. "Empowerment in People with a Mental Illness: Reliability and Validity of the Swedish Version of an Empowerment Scale. " *Scandinavian Journal of Caring Sciences* 19 (1): 32 – 38.

Haraway, D. 2008. *When Species Meet.* Minneapolis: University of Minnesota Press.

Hartman, A. 1970. "To Think about the Unthinkable. " *Social Casework* 51 (8): 467 – 474.

Hartmann, H. 1939. *Ego Psychology and the Problem of Adaptation.* New York: International University Press, p. 124 – 130.

Hartmann, H. & Kris, E. 1945. "The Generic Approach in Psychoanalysis. " *Psychoanalytic Study of the Child* 1 (2): 11 – 29.

Healy, K. 1998. "Participation and Child Protection: The Importance of Context. " *The British*

Journal of Social Work 28 (6): 897 – 914.

Healy, K. 2000. *Social Work Practice: Contemporary Perspectives on Change.* London: Sage.

Healy, K. 2014. *Social Work Theories in Context: Creating Frameworks for Practice.* New York: Palgrave Macmillan.

Heller, K. J. 1996. "Power, Subjectification and Resistance in Foucault. " *Sub-stance* 25 (1): 78 – 110.

Hick, S. & Pozzuto, R. 2005. "Introduction: Towards 'Becoming' a Critical Social Worker. " In S. Hick, J. Fook and R. Pozzuto (eds.), *Social Work: A Critical Turn (pp. ix – xviii).* Toronto: Thompson Educational Publishing.

Hiemstra, N. & Billo, E. 2017. "Introduction to Focus Section: Feminist Research and Knowledge Production in Geography. " *Professional Geographer* 69 (2): 284 – 290.

Hinchliffe, S. 2007. *Geographies of Nature: Societies, Environments, Ecologies.* London: Sage.

Hölscher, K. , Wittmayer, J. M. , Avelino, F. , & Giezen, M. 2019. "Opening up the Transition Arena: An Analysis of (dis) Empowerment of Civil Society Actors in Transition Management in Cities. " *Technological Forecasting and Social Change* 14 (5): 176 – 185.

Holmes, G. E. & Saleebey, D. 1993. "Empowerment, the Medical Model and the Politics of Clienthood. " *Journal of Progressive Human Service* 4 (1): 61 – 78.

Honer, A. & Hitzler, R. 2015. "Life-World-AnalyticalEthnography: A Phenomenology-based Research Approach. " *Journal of Contemporary Ethnography* 44 (5): 544 – 562.

Hope, E. C. & Jagers, R. J. 2014. "The Role of Sociopolitical Attitudes and Civic Education in the Civic Engagement of Black Youth. " *Journal of Research on Adolescence* 48 (3): 460 – 470.

Horkheimer, M. 1972. *Critical Theory.* New York: Herder and Herder.

Hothersall, S. J. 2019. "Epistemology and Social Work: Enhancing the Integration of Theory, Practice and Research Through Philosophical Pragmatism. " *European Journal of Social Work* 22 (5): 860 – 870.

Howe, D. 2002. "Psychosocial Work. " In R. Adams, L. Dominelli, & M. Payne (Eds.), *Social Work: Themes, Issues and Critical Debates.* New York: Palgrave.

Howe, D. 2009. *A Brief Introduction to Social Work Theory.* Basingstoke: Palgrave Macmillan.

Huber, M. A. , Brown, L. D. , Metze, R. N. , Stam, M. , Van Regenmortel, T. , & Abma, T. N. 2020. "Exploring Empowerment of Participants and Peer Workers in a Self-managed Homeless Shelter. " *Journal of Social Work* 86 (1): 26 – 45.

Ife, J. , Healy, K. , Spratt, T. , & Solomon, B. 2005. "Current Understandings of Critical Social Work. " In S. Hick, J. Fook and R. Pozzuto (eds.), *Social Work: A Critical Turn* (*pp.* 3 – 23). Toronto: Thompson Educational Publishing, Inc.

Itzhaky, H. & York, A. S. 2002. "Showing Results in Community Organization." *Journal of Social Work* 47 (2): 125 – 131.

Johnston, R. & Sidaway, J. D. 2016. *Geography and Geographers: Anglo-American Human Geography Since* 1945 (*7th eds.*). London: Routledge.

Jordan, J. V. 1991. "Empathy, Mutuality and Therapeutic Change: Clinical Implications of a Relational Model." In J. V. Jordan, A. G. Kaplan, J. B. Miller, L. P. Stiver and J. L. Surrey (eds.), *Woman's Growth in Connection* (*pp.* 283 – 290). New York: Guilford Press.

Jordan, J. V. 1997. "A Relational Perspective for Understanding Woman's Development." In J. V. Jordan (ed.), *Woman's Growth in Diversity: More Writings from the Stone Center* (*pp.* 9 – 24). New York: Guilford Press.

Joseph, R. 2020. "The Theory of Empowerment: A Critical Analysis with the Theory Evaluation Scale." *Journal of Human Behavior in the Social Environment* 31 (2): 138 – 157.

Kam, P. K. 2021. "From the Strengths Perspective to an Empowerment-Participation-Strengths Model in Social Work Practice." *The British Journal of Social Work* 46 (4): 1425 – 1444.

Kaplan, A. & Surrey, J. L. 1984. "The Relational Self in Women: Developmental Theory and Public Policy." In Lenore Walker (ed.), *Women and Mental Health Policy* (*pp.* 79 – 94). Beverly Hills, Calif: Sage Publications.

Kaushik, V. & Walsh, C. A. 2019. "Pragmatism as a Research Paradigm and its Implications for Social Work Research." *Social Sciences* 8 (9): 255 – 272.

Kemp, S. P., Whittaker, J. K., & Tracy, E. 1997. *Person-environment Practice: The Social Ecology of Interpersonal Helping*. New York: Aldine de Gruyter.

Kitzinger, C. 2004. "Feminist Approaches." In C. Seale, G. Gobo, J. F. Gubrium, and D. Silverman (eds), *Qualitative Research Practice* (*pp.* 125 – 140). London: Sage.

Kondrat, M. E. 1995. "Concept, Act, and Interest in Professional Practice: Implications of an Empowerment Perspective." *Social Service Review* 69 (3): 305 – 328.

Kondrat, M. E. 1999. "Who is the 'Self' in Self-awareness: Professional Self-awareness from a Critical Theory Perspective." *Social Service Review* 73 (4): 451 – 477.

Krill, D. F. 1978. *Existential Social Work*. New York: The Free Press.

Krill, D. F. 1996. "Existential Social Work." In Francis J. Turner (4 ed.). *Social Work Treatment: Interlocking Theoretical Approaches* (*pp.* 251 – 281). New York: The Free Press.

Krill, D. F. 2011. "Existential Social Work." In Francis J. Turner (5th ed.), *Social Work Treatment: Interlocking Theoretical Approaches* (*pp.* 179 – 204). New York: Oxford University Press.

Krill, D. F. 2014. "Existential Social Work. " *Advances in Social Work* 15 (1): 117 – 128.

Lam, C. M. & Kwong, W. M. 2014. "Powerful Parent Educators and Powerless Parents: The 'Empowerment Paradox' in Parent Education. " *Journal of Social Work* 14 (2): 183 – 195.

Lee, J. A. B. 1996. "The Empowerment Approach to Social Work Practice. " In Francis J. Turner (4 ed.). *Social Work Treatment: Interlocking Theoretical Approaches* (*pp.* 218 – 249). New York: The Free Press.

Lee, J. A. B. 2001. *The Empowerment Approach to Social Work Practice: Building the Beloved Community* (*2nd ed.*). New York: Columbia University Press.

Lee, M. Y. 2011. "Solution-focused Theory. " In Francis J. Turner (5th ed.), *Social Work Treatment: Interlocking Theoretical Approaches* (*pp.* 460 – 476). New York: Oxford University Press.

Leighninger, R. D. 1978. "Systems Theory. " *Journal of Sociology and Social Welfare* 5 (4): 446 – 480.

Leonard, P. 1997. *Postmodern Welfare: Reconstructing an Emancipatory Project.* London: Sage.

Leonardsen, M. 2007. "Empowerment in Social Work: An Individual Vs. a Relational Perspective. " *International Journal of Social Welfare* 16 (1): 3 – 11.

Leung, L. C. 2005. "Empowering Women in Social Work Practice—A Hong Kong Case. " *International Social Work* 48 (8): 429 – 439.

Long, D. D. , Tice, C. J. , & Morrison, J. D. 2006. *Macro Social Work Practice: A Strengths Perspective.* Belmont, CA: Thomson Higher Education.

Lowe, R. 1991. "Postmodern Themes and Therapeutic Practices: Notes Towards the Definition. " *Dulwich Center Newsletter* 3 (1): 41 – 53.

Mackey, A. & Petrucka, P. 2021. "Technology as the Key to Women's Empowerment: A Scoping Review. " *MBC Women's Health* 21 (1): 45 – 78.

Mahler, M. S. 1971. "A Study of the Separation-individuation Process and its Possible Application to Borderline Phenomena in the Psychoanalytic Situation. " *Psychoanalytic Study of the Child* 26 (1): 403 – 424.

Martin, J. H. C. , Peters P. , Blomme R. J. , & Schaveling J. 2022. " 'To Empower or not to Empower, that's the Question' , Using an Empowerment Process Approach to Explain Employees' Workplace Proactivity. " *The International Journal of Human Resource Management* 33 (14): 2829 – 2855.

McDowell, L. 1992. "Doing Gender: Feminism, Feminists and Research Methods in Human Geography. " *Transactions of the Institute of British Geographers* 17 (4): 399 – 416.

McLauglin, K. 2014. "Empowering the People: 'Empowerment' and British Journal of Social

Work，1971 – 99. ” *Critical and Radical Social Work* 2（2）：203 – 216.

McMillen，J. C. ，Morris，L. ，& Sherraden，M. 2004. “Ending Social Work's Grudge Match：Problems Versus Strengths. ” *Families in Society* 85（3）：317 – 325.

Meyer，C. H. 1973. “Purpose and Boundaries Casework Fifty Years Later. ” *Social Casework* 54（2）：269 – 275.

Meyer，C. H. 1983. *Clinical Social Work in the Ecosystems Perspective.* New York：Columbia University Press.

MIcek，S. 2014. “Are We Doing Enough to Develop Cross-cultural Competencies for Social Work. ” *British Journal of Social Work* 44（2）：1984 – 2003.

Miehls，D. 2011. “Relational Theory and Social Work. ” In Francis J. Turner（5th ed. ），*Social Work Treatment：Interlocking Theoretical Approaches*（*pp.* 401 – 412）. New York：Oxford University Press.

Miller，J. B. 1991. “The Construction of Anger in Women and Men. ” In J. V. Jordan，A. G. Kaplan，J. B. Miller，L. P. Stiver and J. L. Surrey（eds. ），*Woman's Growth in Connection*（*pp.* 181 – 196）. New York：Guilford Press.

Mizrahi，T. 2015. “Community Organizing Principles and Guidelines. ” In K. Corcoran & A. R. Roberts（eds. ），*Social Workers' Desk Reference*（3rd ed. ，*pp.* 194 – 206）. New York：Oxford University Press.

Moon，K. A. 2007. “A Client-centered Review of Rogers with Gloria. ” *Journal of Counseling & Development* 85（3）：277 – 285.

Muchtar，A. T. ，Overton，J. ，& Palomino-Schalscha，M. 2019. “Contextualizing Empowerment：Highlighting Key Elements from Women's Stories of Empowerment. ” *Development in Practice* 21（8）：1053 – 1063.

Nardone，G. & Watzlawick，P. 1993. *The Art of Change：Strategic Therapy and Hypnotherapy without Trance.* San Francisco：Jossey-Bass Publishers.

Nick，G. 2010. *Mental Health Social Work in Context.* New York：Routledge.

Northen，H. 1994. *Clinical Social Work*（2nd ed. ）. New York：Columbia University Press.

Orme，J. 2009. “Feminist Social Work. ” In M. Gray and S. A. Webb（eds. ），*Social Work Theories and Methods*（*pp.* 65 – 75）. London：Sage.

Orme，J. 2001. *Gender and Community Care：Social Work and Social Care Perspectives.* New York：Palgrave.

Orr，K. & Bennett，M. 2009. “Reflexivity in the Co-production of Academic—Practitioner Research. ” *Qualitative Research in Organizations and Management：An International Journal* 4（1）：85 – 102.

Parker, S. K. & Wu, C. H. 2014. "Leading for Proactivity: How Leaders Cultivate Staff who Make Things Happen. " In D. Day (Ed.), *The Oxford Handbook of Leadership and Organizations* (*pp.* 380 – 403). Oxford, UK: Oxford University Press.

Parsloe, P. 1996a. "Empowerment in Social Work Practice. " In P. Parsloe (ed.), *Pathways to Empowerment* (*pp.* 1 – 10). Birmingham: Venture.

Parsloe, P. 1996b. "Helping Individuals to Take Power. " In P. Parsloe (ed.), *Pathways to Empowerment* (*pp.* 111 – 123). Birmingham: Venture.

Payne, M. 2011. *Humanistic Social Work: Core Principles in Practice.* London: LYCEUM Books Inc.

Payne, M. 2005. *Modern Social Work Theory* (*3rd ed.*). New York: Palgrave Macmillan.

Pease, B. 2002. "Rethinking Empowerment: A Postmodern Reappraisal for Emancipatory Practice. " *British Journal of Social Work* 32 (1): 135 – 147.

Perkins, D. D. & Zimmerman, M. A. 1995. "Empowerment Theory, Research, and Application. " *American Journal of Community Psychology* 23 (5): 569 – 579.

Perlman, H. 1957. *Social Casework: A Problem-solving Process.* Chicago: University of Chicago Press.

Pernell, R. B. 1986. "Empowerment and Social Group Work. " In Marvin Parnes (ed.), *Innovations in Social Group Work* (*pp.* 107 – 118). New York: Haworth Press.

Pincus, A. & Minahan, A. 1973. *Social Work Practice: Model and Method.* Itasca, IL: Peacock.

Pozzuto, R. , Angell G. B. , & Dezendorf P. K. 2005. "Therapeutic Critique: Traditional Versus Critical Perspective. " In S. Hick, J. Fook and R. Pozzuto (eds.), *Social Work: A Critical Turn* (*pp.* 25 – 38). Toronto: Thompson Educational Publishing, Inc.

Pringle, K. 1992. "Child Sexual Abuse Perpetrated by Welfare Professionals and Problem of Men. " *Critical Social Policy* 36 (1): 4 – 19.

Putnam, H. 1995. *Pragmatism.* Oxford: Blackwell Publishers Ltd.

Rahmawati, Y. , Taylor, E. , Taylor, P. C. , & Koul, R. 2021. "Student Empowerment in a Constructivist Values Learning Environment for a Healthy and Sustainable World. " *Learning Environments Research* 28 (3): 451 – 468.

Rank, O. 1941. *Beyond Psychology.* New York: Dover Publications Inc.

Rank, O. 1964. *Will Therapy and Truth and Reality.* New York: Alfred A. Knopf.

Rapaport, D. 1959. "An Historical Survey of Psychoanalytic Ego Psychology. " *Introduction to Psychological Issues* 1 (3): 5 – 17.

Rapp, C. A. & Chamberlain, R. 1985. "Case Management Services for the Chronically Mentally ill. " *Social Work* 30 (4): 417 – 422.

Rapp, C. A. & Goscha, R. J. 2006. *The Strength Model: Case Management with People with Psychiatric Disabilities* (*2nd ed.*). New York: Oxford University Press.

Rapp, R. C. 2007. "The Strengths Perspective: Proving 'my Strengths' and 'it Works'." *Social Work* 52 (2): 181 – 186.

Reason, P. & Bradbury, H. 2001. "Inquiry and Participation in Search of a World Worthy of Human Aspiration." In P. Reason and H. Bradbury (Eds.), *Handbook of Action Research: Participative Inquiry and Practice* (*pp.* 1 – 14). London: Sage.

Reisch, M. & Garvin, C. 2016. *Social Work Practice and Social Justice: Concepts, Challenges, and Strategies.* New York, NY: Oxford University Press.

Richmond, M. E. 1901. "Charitable Cooperation." *In Proceedings of the National Conference on Charities and Corrections*, 1901 (*pp.* 298 – 313). Boston: Press of Geoge H. Ellis.

Richmond, M. E. 1917. *Social Diagnosis.* New York: Russell Sage Foundation.

Richmond, M. E. 1922. *What is Social Casework?* New York: Russell Sage.

Rogers, C. R. 1961. *On Becoming a Person.* Boston: Houghton Mifflin.

Rorty, R. 1991. *Objectivity, Relativism and Truth.* Cambridge: University Press.

Rose, S. M. 1990. "Advocacy/Empowerment: An Approach to Clinical Practice for Social Work." *Journal of Sociology and Social Welfare* 17 (2): 41 – 52.

Rowe, W. 1981. "Laboratory Training in the Baccalaureate Curriculum." *Canadian Journal of Social Work Education* 7 (3): 93 – 104.

Rowe, W. 1996. "Client-centered Theory: A Person-center Approach." In Francis J. Turner (4 ed.). *Social Work Treatment: Interlocking Theoretical Approaches* (*pp.* 69 – 93). New York: The Free Press.

Russinova, Z., Gidugu, V., Bloch, P., Restrepo-Toro, M., & Rogers, E. S. 2018. "Empowering Individuals with Psychiatric Disabilities to Work: Results of a Randomized Trial." *Psychiatric Rehabilitation Journal* 20 (3): 196 – 207.

Saleebey, D. 2004. "'The Power of Place': Another Look at the Environment." *Families in Society* 85 (1): 7 – 16.

Saleebey, D. 2006a. "Introduction: Power in the People." In D. Saleebey, *The Strengths Perspective in Social Work Perspective* (*pp.* 1 – 24) (*4th ed.*). Boston: Pearson Education, Inc.

Saleebey, D. 2006b. "Community Development, Neighborhood Empowerment, and Individual Resilience." In D. Saleebey, *The Strengths Perspective in Social Work Perspective* (*pp.* 241 – 260) (*4th ed.*). Boston: Pearson Education, Inc.

Sands, R. & Nuccio, K. 1992. "Postmodern Feminist Theory and Social Work." *Social Work* 37 (6): 489 – 494.

Sarason, I. G. & Sarason, B. R. 2009. "Social Support: Mapping the Construct." *Journal of Social and Personal Relationships* 26 (1): 113 – 120.

Sheldon, B. 1998. "Research and Theory." In Cigno, K. And Bourn, D. (eds.), *Cognitive-behavioral Social Work in Practice* (*pp.* 1 – 38). Aldershot: Ashgate Arena.

Simon, B. L. 1990. "Rethinking Empowerment." *Journal of Progressive Human Services* 1 (1): 27 – 39.

Sisneros, J., Stakeman, C., Joyner, M., & Schmitz, C. L. 2008. *Critical Multicultural Social Work*. Chicago: Lyceum Books Inc.

Solomon, B. B. 1976. *Black Empowerment: Social Work in Oppressed Communities*. New York: Columbia University Press.

Specht, H. & Courtney, M. E. 1994. *Unfaithful Angels: How Social Work Has Abandoned its Mission*. New York: The Free Press.

Spreitzer, G. M. 1995. "Psychological Empowerment in the Workplace: Dimensions, Measurement, and Validation." *Academy of Management Journal* 38 (5): 1442 – 1465.

Stein, E. S. 2010. "Otto Rank: Pioneering Ideals for Social Work Theory and Practice." *Psychoanalytic Social Work* 17 (2): 116 – 131.

Stolorow, R. D. & Atwood, G. 1992. *Contexts of Being: The Intersubjective Foundations of Psychological Life*. Hillsdale, NJ: Analytic Press.

Strean, H. S. 1996. "Psychoanalytic Theory and Social Work Treatment." In Francis J. Turner (4 ed.). *Social Work Treatment: Interlocking Theoretical Approaches* (*pp.* 523 – 554). New York: The Free Press.

Sullivan, W. P. & Rapp, C. A. 2006. "Honoring Philosophical Traditions: The Strengths Model and the Social Environment." In D. Saleebey, *The Strengths Perspective in Social Work Perspective* (*pp.* 261 – 278) (*4th ed.*). Boston: Pearson Education, Inc.

Sundar, P. 2009. "Multiculturalism." In M. Gray and S. A. Webb (eds.), *Social Work Theories and Methods* (*pp.* 98 – 108). London: Sage.

Tan, C. 2020. *Confucian Philosophy for Contemporary Education*. London: Routledge.

Tan, C. 2021. "A Confucian Interpretation of Women's Empowerment." *Journal of Gender Studies* 21 (8): 927 – 937.

Taylor, Z. 1999. "Values, Theories and Methods in Social Work Education: A Culturally Transferable Core." *International Social Work* 42 (3): 309 – 318.

Thomas, M. & Pierson, J. 1995. *Dictionary of Social Work*. London: Collins Educational.

Tracy, E. M. & Brown, S. 2011. "Social Networks and Social Work Practice." In Francis J. Turner (5th ed.), *Social Work Treatment: Interlocking Theoretical Approaches* (*pp.* 447 – 459). New

York: Oxford University Press.

Valentich, M. 2011. "On Being and Calling Oneself Feminist Social Worker. " *Affilia* 26 (1):
22 – 31.

Varik, M. , Medar, M. , & Saks, K. 2020. "Informal Caregivers' Experiences of Caring for Persons with Dementia in Estonia: A Narrative Study. " *Health and Social Care in the Community* 28 (2): 448 – 455.

Vourlekis, B. S. 2008. "Cognitive Theory for Social Work Practice. " In Roberta R. Greene (3rd ed.), *Human Behavior Theory and Social Work Practice* (*pp*. 133 – 163). New Jersey: Transaction Publishers.

Walsh, R. & Vaughn, F. (eds.) 1980. *Beyond Ego: Transpersonal Dimensions in Psychology*. Los Angeles: J. P. Tarcher.

Weedon, C. 1987. *Feminist Practice and Poststructuralist Theory*. Oxford: Basic Blackwell.

Weick, A. 1981. "Reframing the Person-in-Environment Perspective. " *Social Work* 26 (1): 140 – 143.

Weinstein, L. C. , Henwood, B. F. , Cody, J. W. , Jordan, M. , & Lelar, R. 2011. "Transforming Assertive Community Treatment into an Integrated Care System: The Role of Nursing and Primary Care Partnerships. " *Journal of the American Psychiatric Nurses Association* 17 (1): 64 – 71.

White, M. & Epston, D. 1990. *Narrative Means to Therapeutic Ends*. New York: W. W. Norton & Company.

White, S. , Fook, J. , & Gardner, F. 2006. *Critical Reflection in Health and Social Care* (eds.). Buckingham: Open University Press.

White, V. 2006. *The State of Feminist Social Work*. New York: Routledge.

Wise, S. 1990. "Becoming aFeminist Social Work. " In L. Stanley (ed.), *Feminist Praxis: Research, Theory and Epistemology in Feminist Sociology* (*pp*. 236 – 249). London: Routledge.

Woods, M. E. & Hollis, F. 1990. *Casework: A Psychosocial Theory* (4th ed.). New York: McGraw-Hill Publishing Company.

Yip, Kam-shing. 2004. "The Empowerment Model—A Critical Reflection of Empowerment in Chinese Culture. " *The Journal of Social Work* 49 (3): 479 – 487.

Zelazo, P. D. & Lyons, K. E. 2012. "The Potential Benefits of Mindfulness Training in Early Childhood: A Developmental Social Cognitive Neuroscience Perspective. " *Child Development Perspectives* 6 (2): 154 – 160.

图书在版编目（CIP）数据

场景实践：中国特色社会工作理论体系的建构 / 童
敏著. -- 北京：社会科学文献出版社，2023.9
（社会工作硕士专业丛书）
ISBN 978 - 7 - 5228 - 2083 - 5

Ⅰ.①场…　Ⅱ.①童…　Ⅲ.①社会工作 - 研究 - 中国
Ⅳ.①D632

中国国家版本馆 CIP 数据核字（2023）第 125858 号

社会工作硕士专业丛书
场景实践
　　——中国特色社会工作理论体系的建构

著　　者 / 童　敏

出 版 人 / 冀祥德
组稿编辑 / 杨桂凤
责任编辑 / 孟宁宁
责任印制 / 王京美

出　　版 / 社会科学文献出版社·群学出版分社（010）59367002
　　　　　　地址：北京市北三环中路甲 29 号院华龙大厦　邮编：100029
　　　　　　网址：www.ssap.com.cn
发　　行 / 社会科学文献出版社（010）59367028
印　　装 / 三河市尚艺印装有限公司

规　　格 / 开　本：787mm × 1092mm　1/16
　　　　　　印　张：19　字　数：310 千字
版　　次 / 2023 年 9 月第 1 版　2023 年 9 月第 1 次印刷
书　　号 / ISBN 978 - 7 - 5228 - 2083 - 5
定　　价 / 128.00 元

读者服务电话：4008918866